本书由延庆区红色文化研究中心资助出版

北京宣传文化引导基金
BEIJING CULTURE GUIDING FUND
北京宣传文化引导基金资助项目

红色妫川

周诠 主编

北京出版集团
北京出版社

图书在版编目（CIP）数据

红色妫川 / 周诠主编 . — 北京：北京出版社，
2023.8
ISBN 978-7-200-18209-5

Ⅰ . ①红… Ⅱ . ①周… Ⅲ . ①延庆区—地方史—通俗
读物 Ⅳ . ①K291.3-49

中国国家版本馆CIP数据核字（2023）第156793号

红色妫川
HONGSE GUI CHUAN
周诠　主编

*
北 京 出 版 集 团
北 京 出 版 社　　出版
（北京北三环中路6号）
邮政编码：100120

网　　　　址：www.bph.com.cn
北 京 出 版 集 团 总 发 行
新 华 书 店 经 销
北京汇瑞嘉合文化发展有限公司印刷

*
787毫米×1092毫米　16开本　25印张　343千字
2023年8月第1版　2023年8月第1次印刷
ISBN 978-7-200-18209-5
定价：98.00元
如有印装质量问题，由本社负责调换
质量监督电话：010-58572393

《红色妫川》编委会

顾　问　刘继臣

主　编　周　诠

编　辑　(以姓氏笔画为序)

石中元　卢志鑫　孙思升　杨东旭　孟昭旭

赵万里　郭　强　郭东亮

目 录

概　述　001

革命故事

第五辑

概　述

妫川延庆，一片古老而神奇的土地，很早就有人类活动足迹，远有"炎黄、山戎、御路、长城、畿辅"等文化脉络，近有"铁路工运及早期党建""平北抗战摇篮"等红色文化基因，现有"北京夏都""中国天然氧吧""绿色国际赛会地"等生态文明标识。在这里，历史遗存，古色盎然；革命老区，红色炽热；生态建设，绿色飞扬。毋庸讳言，秀丽的自然风光、深厚的文化积淀，成就古邑名城。

妫川红色文化，可谓根深叶茂。

1922年，中共早期党员何孟雄在康庄铁路工人中发展党员，1925年年初建立康庄铁路党支部。全民抗战时期，延庆更是平北抗日根据地的中心区，无数英雄儿女曾在这里浴血奋战。1938年，八路军第四纵队在挺进冀东途经延庆大庄科时，发展党员、发动群众、组织抗战，并于霹破石村建立昌延联合县政府，为后来开辟以海陀山为依托的平北抗日根据地，实现平西、平北、冀东"三位一体"总战略，谱写可歌可泣的民族救亡壮丽诗篇打下了坚实的基础。

和平年代建设时期，红色文化在延庆继续传承。

新中国成立之初，中央人民政府把兴修水利列入国家的重要议事日程。在中国共产党领导下，1951年10月至1954年4月，中国水利史上的里程碑——官厅水库胜利建成。在水库建设过程中，延庆动员了极大的社会力量，其中付出最多的是库区移民，他们离开世代生养的家园，体现了延庆人的自我牺牲、舍家为国精神。

留下记忆、记住乡愁，可以对热爱家乡的人产生震撼的文化感动；以史鉴今、启迪后人，可以激发我们的民族自豪感和自信心。红色文化，体现着我们党在争取民族解放、富强民主的实践中形成的勇于担当的理想信念、精神追求和意志品质，是一种深厚的文化积淀，也是共产党人初心的再现。《红色妫川》即在继承奋发向上的革命文化。

一

平北，是指民国时期北平市以北，平承（北平—承德）铁路以西，平绥（北平—绥远）铁路以北，长城内外的广大地区。平北地区北部为草原，南部是平川，中部居燕山余脉；域内有长城纵横交贯，又有古北口、白马关、居庸关等险关狭隘，自古为兵家必争之地。

抗日战争时期，平北抗日根据地及其游击区以延庆、赤城交界的海陀山为中心，北至沽源、宝昌，南抵昌平、顺义，西及张家口，东接承德，面积约2.5万平方公里，是晋察冀抗日根据地的重要组成部分。其中，延庆地处冀、热、察三省的连接处和伪满洲国、伪蒙疆联合自治政府、伪华北自治政府3个伪政权的接合部，有"一县三政"的说法。

平北地区是"拱卫京畿、屏蔽中原、连通三北（华北、东北、西北）"的重要门户，战略地位独特。在平绥路东段和平承路沿线，分别驻有日军第二、第十五两个旅团的大部和伪满、伪蒙疆的军队，并在张家口设有伪"蒙疆自治政府"和日本驻"蒙疆派遣军司令部"。因此，开辟平北地区，可以将平西和冀东连接起来，使3个地区的抗日斗争互相配合，并成为长期坚持抗战和战略反攻的重要阵地。

抗日战争进入相持阶段后，中国共产党审时度势，做出了开辟平北抗日根据地的战略决策。其间虽经历一波三折，但最终使之成为巩固的抗日阵地，成为联结平西、冀东抗日根据地的桥梁和反攻东北的前哨，对晋察冀乃至整个华北抗战的胜利，对抗战胜利后中国共产党在非常复杂的形势下进行解放战争，夺取全国性胜利，都具有极为重要的意义。

平北抗日根据地的建立与发展，大致分为4个阶段。

一是准备阶段，时间为1938年6月至1939年秋。

八路军平北地区抗日工作的开辟，开始于1938年。1938年2月，晋察冀军区司令员兼政委聂荣臻派一一五师第一支队政委邓华率主力部队挺进平西斋堂。4月，八路军总部电令一二〇师雁北支队（宋时轮支队）挺进斋堂。5月27日，为支援冀东人民武装抗日起义，两个支队合编，番号为八路军第四纵队，宋时轮任司令员，邓华任政治委员，伍晋南为政治部主任，受聂荣臻直接指挥。

1938年6月，八路军第四纵队由宋时轮、邓华率领挺进冀东，留下第四纵队政治部主任伍晋南率领的一支武装，在平北发动群众，建立抗日民主政权，开展游击战争，传播抗日火种。在3个月的游击活动中，一度开辟了昌平、滦平、密云3个地区，成立了昌滦密临时联合县政府。但因敌我力量悬殊，同年10月被迫撤出，返回平西抗日根据地。

抗日战争进入战略相持阶段后，中共中央对冀热察地区创建抗日根据地进行重新部署。1939年2月7日，以第四纵队为基础，在平西根据地组建冀热察挺进军，萧克任司令员，程世才任参谋长，伍晋南任政治部主任，统一指挥平西、平北、冀东地区的抗日武装斗争。

1939年夏，挺进军总兵力达到12000人。同年6月，根据八路军总部《冀热察军事行动方针》的指示，挺进军第三十四大队和游击一支队奉命挺进平北。此时，日伪在平北的统治已得到加强，加上挺进军活动地域狭小，地方工作薄弱，给养难以解决。大队长刘开锡率部进入昌平十三陵地区时，在马刨泉一带遇袭，遭受重大损失，一个月后返回平西，留下少数人又坚持了3个月，也撤回平西。

八路军两次挺进平北，虽然没能立足，但取得了一些经验教训，在平北地区播下了革命种子，唤醒了人民群众的觉悟，发现和培养了一批当地抗日积极分子，为以后开辟根据地创造了有利条件。

二是初创阶段，时间为1940年1月至1941年6月。

1939年10月，平北工作委员会在平西成立，王伍任书记，史克宁为组织部长，李熔旭为宣传部长，钟辉琨负责军事。11月，八路军冀热察挺进军司令员萧克致电中共中央军委，提出"巩固平西，坚持冀东，开展平北"的"三位一体"的战略任务，明确提出开辟平北抗日根据地这一战略构想，并将平西、平北、冀东三块根据地统一规划，为平北抗日根据地的创建提供了理论指导。晋察冀军区决定派出小股部队梯次挺进平北，开展游击战争，实行从隐蔽到公开、站稳脚跟、逐步前进、根据地从小到大发展的方针。

八路军冀热察挺进军党委决定第三次挺进平北，创建平北抗日根据地。

1940年1月，平北工作委员会和冀热察挺进军九团八连及平北地方游击队30余人，组成游击大队，一同开进平北，在延庆、昌平交界的十三陵以北地区"后七村"开展工作，创建昌延联合县，建立平北第一个稳固的抗日民主政权。他们紧紧抓住武装斗争和发动群众两个中心，连续取得数次战斗的胜利，地方工作得以顺利开展。取得立足点后，冀热察区党委和挺进军决定采取"梯次增兵"的办法，继续增派骨干力量进入平北。

1940年4月至7月间，挺进军十团在团长白乙化和政治部主任吴涛的带领下，七团在平北军分区司令员程世才、政治部主任段苏权的带领下，先后挺进平北。此后，粉碎日伪军8次"扫荡"，武装斗争的胜利为政权建设提供了条件和保障。其间，平北工委移驻海陀山区，龙赤联合县、丰滦密联合县、龙延怀联合县抗日民主政府相继成立。

1941年，以龙赤、龙延怀两县为基础，由龙赤县抽调干部向北发展，在宣赤公路以北，西至张家口，东至独石口长城，北达坝上草原，建立了龙崇赤联合县，全县共辖10个区。到1941年春，平北已由数小块抗日根据地连接扩大为具有6个联合县政权的大块抗日根据地，东西达250公里、南北达200公里，人口约40万。同年6月，滦昌怀工作委员会和办事处宣布成立。

至此，中共冀热察区党委和挺进军实现了"巩固平西、坚持冀东、开辟平北"、创建冀热察大块抗日根据地的战略任务。平西与平北、冀东连接起来，冀热察区抗日根据地的人口达到320万，部队发展到7个团和9个区队，共1.6万余人，游击队近1万人，并建立了广大的民兵组织。

1941年6月16日，中共中央北方分局在《关于冀热察地区形势及目前中心工作的报告》中指出："以冀察热边为中心创造大块游击根据地的任务，目前基本上已经实现，因此，冀察热党目前工作中心应放在巩固现有阵地，在巩固中向前发展。"

三是巩固阶段，时间为1941年7月至1943年年底。

1941年7月至1942年年底，日伪军对平北根据地进行残酷的大规模的"扫荡""蚕食""清乡"，实行"三光"政策，制造无人区。根据地被分割、缩小，部分较巩固的地区变成游击区、敌占区，生产遭到严重破坏，投敌变节者增多。丰滦密联合县由原来的16个区减少到12个。在延庆和怀来的平川地带，地方工作一度难以开展，滦昌怀委员会一度停止工作。龙赤、龙崇赤、龙延怀地区原本已连成大片根据地，1942年又被分割成许多小块地区。龙崇赤除1个区外，其他10个区均丧失工作基础。

1943年2月，晋察冀分局《中共中央北方分局关于三年来平北工作总结的决定》，对平北根据地的创建与巩固做了历史评估，充分肯定了平北党和全体军民在开辟平北过程中的艰苦奋斗和流血牺牲，但也指出了工作中存在的问题和不足。为贯彻分局对平北工作的指示，1943年5月5日，平北地委在龙赤县西坡召开扩大会议，地委委员和各县县委书记、县长及部队负责同志共40余人参加会议。5月25日，会议通过了《全面开展反"蚕食"斗争》等一系列文件，结束了为期20天的会议。会后，平北党政军群各级组织认真贯彻执行分局指示，在政权建设方面采取了一系列措施：第一，响应中央号召，实行"精兵简政"，缩小党政军机关编制，平北地委改为平西地分委，部队减少非战斗人员，缩编消耗较大的骑兵；第二，按照"三三制"原则进行基层政权民主选举，团结进步势力，打击反动势力；第三，着力改造村级政权，与日伪军的"蚕食"进行针锋相对的斗争。

上述措施，巩固了各级政权，并依托政权开展减租减息、大生产和扩军运动，从1943年下半年开始，逐渐扭转被动局面，根据地逐步得到恢复。

四是发展阶段，时间为1944年1月至1945年8月。

1944年，随着世界反法西斯战争的节节胜利，平北地区的抗战也发生转机，由被动应付日伪军的"扫荡"转为主动出击。

根据形势发展，1944年9月，平北抗日根据地将原有的6个县划分为崇礼、赤（城）源（沽源）、宣（化）怀（来）、龙关、赤城、延庆、昌平、怀（柔）顺（义）8个县。到1944年年底，基本改变了敌我犬牙交错的态势，使各根据地连成一片。平北抗日根据地军民与平西、冀东、冀中军民配合作战，把日伪势力追逼到仅仅包括北平城圈的小范围区域里。

1945年1月，中共平西地分委恢复为平北地委。在日本投降前夕，除少数城镇据点外，平北广大农村地区已被八路军全部收复、控制。日本投降后，平北地委在新解放的锡林郭勒盟、察哈尔盟及张北、尚义、兴和、多伦、宝昌、商都、化德、康保8个县，迅速建立起人民政权。

平北抗日根据地的建设，为晋察冀解放区的巩固做出了历史贡献。

一是如同尖刀插进傀儡政权。

平北抗日根据地的建立和发展，牵制、抗击了华北地区大量日伪军，形似在伪满、伪蒙疆、伪华北的3个傀儡政权中间插上一把"尖刀"，对其周围的天津、张家口、承德等大中城市形成紧紧包围的态势，直接威胁平古、平绥等联系东北、绥远的铁路大动脉，威胁华北地区日军最大的统治中心——北平。平北抗日根据地广大军民与华北其他抗日根据地军民紧密配合，协同作战，使日军深陷敌后战场的泥潭，有力地配合了正面战场作战。

二是发挥了巨大的跳板作用。

平北抗日根据地创建后，在斗争中不断发展壮大。1945年8月23日，平北抗日根据地军民依靠自己的力量，独立作战，收复了战区内最大的城市、伪蒙疆首府——张家口，日本帝国主义扶植下的伪蒙疆政权宣告垮台。平北全境除昌平、怀柔、密云、顺义4座县城被日军交给国民党孙连仲部接收外，其余地区均由中国共产党领导的八路军接收，成为人民军队走向东北的重要跳板。张家口是抗战以来八路军收复的最大的一座城市，为中国共产党治理大城市积累了经验。

三是为新建立和巩固东北根据地创造有利条件。

张家口解放后，八路军乘胜收复了周围10多座县城，整个察哈尔省全部为我所有。因此，以平北抗日根据地为中心，把晋察冀和东北连接起来，成为中国共产党和人民军队进入东北的重大战略安排。从1945年秋季开始，10万军队和2万名干部经平北地区向东北挺进，为建立巩固的东北根据地做出了应有的贡献。

二

延庆，唐朝时称妫川，包括今延庆大部和怀来部分地区。抗日战争期间，妫川大地正是平北抗日根据地的中心区。海陀山下、妫水岸边，浸染着无数抗日英烈的鲜血。

抗日战争时期，延庆处在伪满洲国、伪蒙疆和伪华北3个不同政治军事集团统治的接合部，刘斌堡以东之四海、珍珠泉、小川、花盆等地属于伪满统治，归热河省丰宁县；大庄科地区部分村庄（十三陵"后七村"）归伪华北政务委员会（1939年12月成立）管辖；延庆其他地区归伪蒙疆自治政府（1939年9月成立）管辖。

日伪政权实行保甲制，对所辖地区人民进行疯狂的经济掠夺和政治压迫，他们打着"共荣"的幌子，实行奴化教育。广大人民失去人身自由，过着暗无天日的生活。

1938年5月，为开辟华北冀热边抗日根据地，按照中央军委和八路军总部命令，一一五师邓华支队和一二〇师宋时轮支队在平西斋堂合编为八路军第四纵队，受聂荣臻直接指挥，进军冀东。部队合编后，两支队分路继续东进：宋时轮支队经青龙桥、铁炉子、东三岔进入冀东；邓华支队一部经康庄、延庆、永宁、四海进入怀柔。

6月1日，邓华支队攻打延庆县城，击毙日伪军10余人，接着转向永宁，强袭四海日军据点，攻下2个炮楼，击毙日伪军10余人，后转入怀柔。6月5日，宋时轮支队之三十四大队（队长易耀彩、政委王再兴、总支书记张汉元）攻打大庄科伪警察分所。伪警察将3个日本兵打死后投诚，有30余人参加八路军，然后进入怀柔。宋时轮支队一部和骑兵大队由伍晋南、唐家礼、王季龙、詹大南率领，从永宁奔白河堡、千家店、花盆一带开展游击斗争，并在花盆消灭伪满洲军一个营，击毙日本兵数人，转入怀柔秋场、大地一带。

主力部队挺进冀东后，宋时轮支队留下三十六大队（队长唐家礼、特派员詹大南）中的挺进大队（队长邓典龙、教导员钟辉琨）和骑兵大队（队长王臻川），由伍晋南统一指挥，在四海、汤河口之间，潮白河以西开展游击战争。随同部队留下的还有一个地方工作委员会，刘国梁为主任。6月，他们到达东三岔，建立滦（平）昌（平）密（云）临时联合县政府，张书彦任县长，刘国梁任工委书记。

10月，支援冀东暴动的部队相继撤回平西整训，在平北留下一个排的武装及地方工委的刘国梁、张书彦、史克宁（第四纵队民运科长）等10余人，以"后七村"为基地，发动群众，宣传党的抗日主张，发展共产党员，组织救国会，建立游击队。

1939年2月7日，以第四纵队为基础，组建八路军冀热察挺进军，萧克任司令员，统一指挥平西、平北、冀东地区的抗日武装斗争。为加强延庆南山地区建设，1939年2月，第四纵队派出蓟遵兴游击第一支队（也叫蓟县游击队，在平西成立）到延庆南山马场川一带，配合刘国梁开展工作。4月，刘国梁奉命撤回平西，在"后七村"发展的100多人的游击队，沿途损失大半，到平西只剩30余人。6月，三十四大队（大队长刘开锡）和蓟遵兴游击第一支队准备去冀东开展工作，在明十三陵东遭遇阻截之敌，三十四大队返回平西，蓟县游击队开到延庆东南山一带活动。不久，延怀游击支队和由冀东回平西的吴广义大队800余人先后到达"后七村"，在此开辟新区。由于地方小、人员多、目标大、给养无法解决等困难，加上没有建立根据地的明确任务，几支队伍先后撤回平西。少数干部坚持到年底，也都返回平西。

八路军及其地方工作人员虽然暂时撤回了平西，但他们在昌延广大地区播下了抗日的种子，唤醒了人民的觉悟，抗日的烽火已在人民心中点燃。

1939年年底，抗日战争进入相持阶段，日军将注意力转向其后方统治区。根据晋察冀中央分局的决定，冀热察区党委和挺进军军政委员会，确定了"巩固平西，坚持冀东，开展平北"的"三位一体"的战略任务，重建中共平北工委，王伍任书记，史克宁为组织部长，李熔旭为宣传部长，钟辉琨负责军事。随后，钟辉琨和刘汉才率平北游击大队（钟为大队长，刘为政委）及在"后七村"发展的30余人的游击队，加上23名地方干部开进平北，到达延庆南山，创建昌延抗日根据地。1940年1月5日夜，昌延联合县政府在霹破石村宣告成立，县长为胡瑛，张子丰任县政府秘书。这是决定开辟平北根据地后建立的第一个巩固的联合县政府。

根据挺进军军政委员会的指示，部队进入平北后，以游击战为主，先打投敌而祸国殃民的汉奸、伪警和土匪，扫清工作障碍，以求站住脚跟，然后伺机打击日伪军。部队首先肃清了"后七村"各个山头的零星土匪，先后歼灭十三陵一带的多股土匪，为民除害，争取民心，接着袭击大观头敌据点，俘敌19人，缴获步枪18支、手枪2支，又在白河堡一带歼灭日军一部，击毙指挥官以下20余人，缴获一些枪支弹药。两次战斗影响很大，游击队在战斗中发展壮大，到4月已扩充到5个连约600人。

抗日政府重视地方工作，干部分组到基层筹建区村政权。经过三四个月的努力，建立了5个行政区，即中心区（"后七村"一带）、台自沟区、马场区、十三陵区（泰陵北部山地）和经济隐蔽区（延庆南山根川地边沿），任命了区委书记和区长，有抗战工作的行政村达到50余个。

3月底4月初，第一任昌延县委书记徐智甫到任，大力加强昌延地区党的领导。在党的领导下，根据地各项工作有序开展起来，在40多个村建立了党支部，有党员331人，救国会、农救会、青救会等群众组织也在各村相继建立。

1940年4月25日，冀热察挺进军十团参谋长才山、政治部主任吴涛率十团三营及司、政、供、卫机关各一部人员向平北开进。部队到达"后七村"时，受到人民群众的热烈欢迎。部队与钟辉琨部会合后，留下九连由副营长赵立业率领，在"后七村"与平北游击大队一起活动，迎接团主力，其他人员进入密云北部开辟新区。4月，苏梅率挺进军军部特务连到达平北，先在延庆以东地区活动，于老君堂伏击敌汽车，毙伤日警务官毛利以下10余人，后又转至千家店、东卯（现属赤城）一带，把抗日烽火烧到延庆东北地区。不久，王伍调离，由苏梅接任工委书记。

1940年5月28日，冀热察挺进军十团团长白乙化率第一营及团直属队到达沙塘沟。第二天上午，昌平、黄花城、大庄科、永宁敌3000余人，将一营三面包围，企图截击消灭。按照战斗部署，钟辉琨和赵立业率队阻截南来之敌，白乙化率主力将东北来敌伪满洲军三十五团二营死死咬住，并进行反击。战斗从上午一直打到天黑，最后歼敌200余人，击毙伪营长苏庆生以下40余人。随后，白乙化率部摆脱敌人包围，迅速东进，与才山、吴涛所部会合；钟辉琨率挺进大队（改为游击一支队，队长刘开锡，政委钟辉琨，参谋长邓典龙）向北转移，到延庆北山、赤城一带打击敌人，开辟新区。赵立业率九连在原地与地方干部配合坚持斗争，牵制敌人。

八路军东进和北上均有重要战略意义，既可到外线作战，开辟新区，又可插敌背后，威胁敌军，打破其对昌延根据地的威胁。

沙塘沟反击战给伪满洲军沉重打击，引起敌人恐慌。从5月下旬开始，日伪军先后集中5000多兵力，对昌延中心区进行大规模"扫荡"，历时3

个多月，妄图摧毁刚刚建立起来的根据地，将八路军赶出昌延地区。

昌延抗日军民在极端困难的情况下，与敌人进行了巧妙周旋与激烈斗争，也付出了惨重代价。8月28日，县委书记徐智甫和县长胡瑛在窑湾东黄土梁不幸牺牲。

为加强平北工作，1940年6月，平北军分区政治部在平西成立，段苏权任主任。6月27日，段苏权和七团参谋长彭寿生、政治处副主任张振元率政治处部分干部和七团二营及警卫排开赴平北。途经延庆佛峪口和水峪口之间，同日军80余人相遇，经激战烧毁敌汽车两辆，歼敌一部，然后进入海陀山区。战斗中，张振元不幸牺牲。7月建立平北地委，苏梅代理书记，张致祥任专署专员。同时，平北军分区司令部建立，程世才任司令员，指挥七团一、三营开进平北。不久，段苏权和程世才率队伍一部，转战到延庆五里坡、海沟深山区，在南碾沟安营扎寨。从此，平北党政军领导机关即以大海陀为依托，领导平北地区的抗日战争，直到取得最后胜利。

平北抗日根据地日益发展壮大，令日军惊恐不安，他们妄图把这块新生的根据地扼杀在摇篮里。1940年9月9日开始，日军集中数千兵力，采取"铁壁包围""捕捉奇袭""纵横扫荡""反转电击"的战术，向密云以西延庆以东地区进行大"扫荡"。在连续78天的大"扫荡"中，日军对昌延中心区采取报复性的烧杀抢掠，将"后七村"的民房几乎烧光。

徐智甫和胡瑛牺牲后，昌延联合县的工作相当困难。为了恢复昌延县抗战工作，中共平北地委决定史克宁代理县委书记、高镇平代理县长，苏建国代理县游击大队长，迅速恢复昌延工作。9月16日，七团供给处主任郝沛霖调任昌延县长，高镇平为教育科科长，张子丰任民政科科长，杨俊廷任财政科科长。9月下旬，组成新县委领导班子，史克宁任县委书记，徐亮任组织部部长，王毅任宣传部部长。

为了巩固昌延中心区，县委一手抓根据地建设，一手主动开展对敌斗争，有计划有组织地发动"破交"斗争、抗粮斗争、反抽丁斗争、反伪联乡斗争，并取得较大胜利。到1941年年初，昌延联合县已建立13个区政权，根据地有8万余人，南到昌平川，北接龙赤，西接龙延怀，东接丰滦密，西南隔平绥路与平西的昌宛联合县相邻，东西长70余里，南北宽60余里，面积约1050平方公里。

两次大"扫荡"不但没有摧毁昌延中心区，反而使昌延县有机会向川区发展，并团结各阶层群众参加游击战争，主动发动进攻。敌人随即改变方向，暂时放松了对南山的注意，开始对川区抗日力量进行偷袭。

1941年5月，日伪对延庆川进行大"扫荡"。其间，派出伪蒙疆自治政府军数百人的骑兵大队（俗称"三大队"）到延庆川横行，特务班诱劝、诱降、诱捕地方干部，警备队进行"反间"，挑拨军民内部团结，搅得整个延庆川人心惶惶，陷入混乱状态。1941年秋，日伪制造了骇人听闻的西羊坊惨案，烧毁民房490多间，抢粮864石，抓走24名无辜农民，22人惨死于康庄。一些村干部和群众积极分子不能立足，跑到外地谋生，自找出路。一些干部牺牲了，一些干部叛变了。

敌人的残暴并没有吓倒人民。他们在党的领导下，继续坚持与敌斗争。大部分区村干部不离区，不离村，同广大群众同露营、同战斗，顶住了敌人的强大压力。同年10月12日，日军调集其平绥路东段独立混成旅团及其伪军3000余人，向赤城、龙关、延庆地区大举"扫荡"，遭八路军迎头痛击，一无所获，狼狈逃走。

从1940年年初到1941年年底，昌延人民同日伪军进行了多次较量，在日伪铁蹄下建立抗日根据地，争取发展空间，并在挫折和失败中得到锻炼。

1942年，伪满、伪蒙疆和伪华北三方实行协调行动，对平北根据地进行了时间最长、次数最多、手段最毒辣最野蛮的"扫荡"，实行其阴险的"七分政治、三分军事"的"蚕食"进攻计划，企图将根据地分割、摧毁。敌人的"蚕食"进攻持续了两年多，使昌延根据地受到极大损失。二区、四区、五区、七区、八区被搞垮，六区也受到严重损失，大部区干部不得不到南山和部队一起活动，整个根据地经受着抗战以来最艰苦、最复杂、最漫长的严峻考验。

如何打破敌人的"蚕食"进攻，成为昌延党政军民的首要任务。为此，活动在丰滦密地区的十团主力四个连由团长王亢、副政委曾威率领返回昌延地区，以延庆南山为中心，分散活动于延庆川、昌平川，积极开展游击活动，坚持昌延根据地，相机恢复滦昌怀地区。

1943年初，平北地委对昌延党政领导做出调整，史克宁调分区学习，郝沛霖调专署工作，朱峥调地区妇联。昌延县委书记由十团政委吴涛兼任，但因吴涛在丰滦密地区，后改由十团副政委曾威兼任。葛震为副书记兼宣传部部长，郭韫任县长。先后任常委的还有方明（组织部部长）、李庚尧（民运部部长）、王亢（军事委员）、秦城（滦昌怀县分委书记）等。

在"蚕食"进攻中，敌人推行"集家并村"和"部落化"，制造无人区，企图割断共产党八路军与人民群众的联系，巩固其野蛮统治。1942年春，敌人即派大批警察监督催促，强迫群众修筑"围子"。二区群众在区长刘文科、游击队长卫兴顺的带领下，镇压铁杆汉奸温永兴，率先拆除汉家川"围子"。昌延县委抓住有利时机，发动群众拆毁"围子"，半个月内，把鹞子岭、王家堡、杏树台、二道关的"围子"全部拆毁，取得了反"围子"斗争的第一个胜利。随后，各区的反"围子"斗争扎扎实实地开展起来。

在反"围子"斗争的同时，抗日军民与日伪军进行了破交（破袭敌交通线）及抗拉夫（抵抗敌强拉民夫）斗争，将敌人的电话线、交通线摧毁，迫使敌人各据点间失去联系。反"围子"斗争深得民心，群众真正地发动起来，各种群众组织相继建立，党的支部得以恢复，区游击队和游击小组得到发展，武装斗争逐渐开展起来。

1943年10月10日，十团团长王亢指挥部队，在太子沟重创伪满洲军三十五团二营，活捉并处决营长赵海臣。太子沟战斗是反"蚕食"斗争中一个很大的胜利，沉重打击了日伪的嚣张气焰，军民抗日热情不断高涨，昌延南山地区的形势开始向好的方面转化。

在党的正确领导下，一年多的反"蚕食"斗争使抗日军民更加坚强，革命队伍更加纯洁，力量更加壮大，推动了抗日战争向胜利发展。

1943年5月，平北地委召开县、团领导干部联席会议，进行整风学习，昌延县委书记葛震和十团团长王亢参加。根据上级决定，此次会议后，平北地委改为地分委，由段苏权任书记，陆平任副书记，受平西地委领导。此后，在党的领导下，根据地军民不断总结经验和教训，积极开展对敌斗争，党员队伍逐渐扩大。到1944年年底，昌延县242个行政村，已建立党的支部的有107个，占总村数的44%。1945年年底，延庆县246个行政村，已建立党的支部的有138个，占总村数的56%，党员人数已有2165人。

1945年1月，晋察冀党委决定恢复平北地委，段苏权任书记，陆平任副书记。地委扩大会议决定，撤销6个联合县，恢复为8个县。昌延分县，葛震任延庆县委书记，王华任县长。

1945年，平北地委适时提出"扩大与巩固解放区，缩小敌占区，大力贯彻政策，发动群众，发展党的队伍，加强新解放区工作"的任务。为此，平北军民在党的领导下，同八路军冀察军区部队密切配合，从5月15日至25日发动第一期战役，从5月25日至7月20日发动第二期战役，不断取得胜利，攻克大量敌据点，扩大了解放区，缩小了敌占区。此时，延庆城内日军已逃窜，伪军龟缩在延庆、永宁、康庄3个据点内观望。

8月15日，日本天皇裕仁宣布接受无条件投降。

8月15日，冀察军区电令平北分区司令员詹大南和政委段苏权，率主力十团、四十团逼近张家口；副司令员钟辉琨和平北地委副书记陆平指挥各县支队围攻各县城，敦促敌伪投降。

经过紧张的准备和激烈的战斗，8月23日晨，八路军平北部队攻占张家口，伪蒙疆自治政府的"首府"回到人民手中。这是抗日战争中八路军解放的第一个中等城市，具有重要意义。在此之前的8月21日，新六团在钟辉琨和陆平率领下，由葛震率领的延庆县游击支队配合，攻占康庄火车站，破坏怀来到康庄的铁路大桥，阻止了日军南逃。

解放张家口之后，八路军于9月19日攻克新保安，20日收复怀来县城。

詹大南、钟辉琨、陆平率领部队解放延庆县城。

9月20日傍晚，八路军前卫部队到达延庆城下，伪军和伪县署职员乱作一团，逃到延庆的怀来县伪警察300余人缴械投降。伪县长谢玉辉带领随从，混在人群中逃走，后被缉拿归案。伪警察头子张凤元带队逃往永宁。

第二天，八路军一部追敌至永宁，伪军弃城逃至永宁城南。八路军派出延庆县委书记葛震和分区参议员张华亭作为代表，进城去做工作，促其投降。张凤元见大势已去，同100余伪警察队放下武器，接受改编。9月21日，《晋察冀日报》发布新华社电讯："察南之延庆县城已于21日为我攻克，我俘虏伪军300余。残敌一部向东逃窜，我乘胜追击，复占领延庆东60里之永宁城。"

1945年9月21日，被日伪统治达8年之久的妫川延庆，大部回到人民手中。

10月3日，县委和县政府在延庆城召开群众大会；10月6日，又在永宁召开群众大会，庆祝抗日战争的伟大胜利。

三

解放战争期间，中国共产党领导的人民军队和民兵游击队在妫川大地上，与国民党反动派进行了坚决斗争，迎来了新中国的诞生。

1945年秋，中共延庆县委按照12地委（原平北地委）的部署，在全县开展清算复仇斗争，以保卫抗战胜利成果。人民群众对汉奸特务十分痛恨，纷纷揭发其罪行，要求政府惩办。延庆县政府在延庆、永宁召开群众大会，镇压了一批为日军效劳、残害百姓的伪军政要人员，没收其全部财产，归贫雇农所有。

1946年9月，国民党军进攻解放区，延庆游击队和民兵立刻动员起来，英勇抗击国民党军队的军事进攻，连续打退国民党军队向解放区的骚扰。驻南口、关沟的国民党军队连续进犯延庆解放区，其目的是占领平绥线，进攻张家口。早在8月30日，毛泽东就为中共中央拟电，指示聂荣臻："（一）杨得志、苏振华纵队已到延庆，整训甚好，该部队需补充新兵，每团充实至2500人作为突出力量；（二）平北、平西各地构筑碉堡，以地方兵团加强守备，如敌进攻，坚决歼灭之，决不轻易放弃地方。"9月10日，驻延庆部队复电中央军委："康庄怀来线将完成第一线筑成，并开始策划构筑下花园、延庆、龙关地带，准备在要口择重点筑堡。"

从1946年9月29日开始，国民党第十六军首先由南口、八达岭平绥线北进，企图通过延庆，攻占张家口。解放军独五旅顽强阻击敌人，掩护地方政府和重要物资的转移。9月30日，敌十六军九十四师进犯康庄，被解放军二十六团阻截。10月1日后，国民党军向延庆县城南侧百眼泉阵地连续猛攻三昼夜，被解放军二十四团阻击。10月11日，国民党军队占领张家口。延庆保卫战经过13天的战斗，歼敌800余人，胜利完成阻击任务。因中共中央有新的战略部署，解放军在完成阻击任务后，奉命撤出战斗，转往北山赤城一带。国民党军于10月12日占领延庆县城。

为坚持南北山的斗争，延庆县党政军干部撤到赤城县白塔村。县委召开重要会议，分析当时的形势，树立坚持斗争的信心，将县委、县政府分成两部分，分别领导南山、北山根据地人民坚持游击战争。

国民党军占领延庆川区后，常到抗战时开辟的根据地特别是游击区"扫荡"。一些曾被打击过的地方敌伪势力，乘机反攻倒算。众多区干部与县领导机关失去联系，但他们坚持发动群众，通过组织联防和民兵爆破开展武装斗争，配合内线主动出击，保护群众，打击敌人。

为反击国民党军队的进攻，冀热察区党委根据形势发展和对敌斗争的需要，决定在延庆、赤城、滦平、怀柔、密云等县的边缘山区，以四海地区为中心，建立一个县，使之成为冀热察地区的后方，成为华北进入东北的通道。

1947年1月3日，四海县在永安堡宣布成立。随后建立健全了党、政、军、群团及区级领导机构，积极开展剿匪生产自救和土地改革。12月，四海县被撤销，在四海地区组成土改工作团，隶属怀柔县。1948年4月，恢复四海县建制。由于两度建立四海县，故有"前后四海县"的说法。

1947年秋，冀热察军区独五旅为配合地方土地改革，到延庆寻机歼敌。10月8日晚上，部队到达后所屯附近。旧县守敌暂三军一个营误认为是县大队，企图在后所屯地区进行伏击，独五旅前卫营向敌左翼迂回，六团二营迅速向敌右翼和侧后包抄，将敌四面包围，激战近2小时，敌军一个营除跑掉10余人外全部被歼，这是国民党军队占领延庆后，第一次遭受毁灭性打击。10月9日，曹官营战斗经过4个小时激战，国民党军队逃掉1个营，被歼2个营。12月8日，高山寺围歼战，又歼敌2个营。

独五旅在延庆打击了国民党军的嚣张气焰，鼓舞了人民群众的斗志。为保存实力、更有效地歼灭敌人，部队主动撤离四海地区进行战略转移。

1948年1月12日，国民党暂三军十一师及13个伪大乡队共3000余人，从延庆、永宁向四海靠拢，企图寻找独二师决战，反被独二师在南湾附近三面包围。经两天两夜激战，独二师毙敌200余人，俘敌300余人，13个伪大乡队基本被消灭，延庆地区的斗争形势开始好转。

随着全国战略进攻的节节胜利，延庆地区的对敌斗争形势也从根本上发生了变化，盘踞在延庆、永宁城内的敌军惶惶不可终日。

1948年4月23日，冀热察辽二十六团在延庆、怀柔、四海县大队的配合下，对永宁城发起攻击，于14时结束战斗，永宁城回到人民手中。

永宁解放后，冀热察独立第七师在延庆、赤城县大队的配合下，于5月18日晚，以突然行动，扫清延庆城外围阜高营、孟庄、黑龙庙、小纸坊屯、下屯、南辛堡、石河营等敌据点，并占领东关、西关、北关。19日晨2时，向延庆城发起总攻，8时10分解放延庆城。

延庆县委、县政府从1946年10月12日撤出县城，到1948年5月19日，历时一年零七个月七天，延庆县城第二次获得解放。人民解放战争进展神速，出乎人们的意料。至此，除康庄、八达岭、青龙桥铁路沿线，延庆县境基本解放。

为了支援解放战争，迅速推翻国民党反动政府，中共中央号召全民动员起来，全力支援人民解放战争，解放全中国。根据冀热察军区的指示，延庆县成立支前指挥部，动员组织1万余人、担架100余副，运输牲口2000余头、粮食200万斤、战柴1150万斤、战草30万斤，送到前线，充分显示了延庆人民对解放战争的空前热情和做出的重大贡献。

1948年11月1日，即沈阳解放的前一天，东北野战军第四纵队和第十一纵队奉命入关，以闪电般的速度，打乱了国民党军的阵脚。12月5日，四纵四十一军接到中央军委电令，以急行军速度迅速插入平绥线，于9日拂晓，出其不意地出现在平绥线上的八达岭、康庄、怀来等地，切断了康庄与南口、怀来等地敌军的联系，并包围康庄守敌。

经一天一夜激战，康庄守敌6600余人被全歼，实现了"将国民党军队摆下的一字长蛇阵切成数段，然后逐段吃掉"的战略意图。康庄战斗的胜利，完成了斩断长蛇的任务，为平津战役的胜利奠定了基础。

1949年3月，延庆县召开第一次党员代表大会，出席会议正式代表58人，列席代表43人。会议传达了中共察哈尔省党代会精神，讨论了干部思想问题和农业生产任务。

1949年10月1日，首都30万军民在天安门前集会，隆重庆祝开国大典。同日，延庆人民群众在县城集会，欢庆新中国成立。

四

延庆地区地处京都西北，"南抱居庸之翠，北踞龙门之险"，是北京通往张家口、内蒙古和东北地区的交通要道，占据"枢纽"和"堡垒"的战略地位。

从南北纵向看，延庆与怀来、张家口形成一个区域整体，抗战时期地处各种反共势力的交会地，平北根据地的建立就凸显出"堡垒"的战略地位。在平西、平北、冀东3个根据地中，平北被称为"敌后之敌后"，环境最艰苦，战斗最险恶。但另一方面，平北又十分重要，它与平西、冀东"三位一体"，互为依托，如同在华北北部筑就的抗日钢铁长城，对北平、张家口等重要城市和交通干线形成巨大牵制。

从东西横向看，延庆地处太行山跨向燕山的核心点，八路军从平西到冀东创建根据地必经此地，"枢纽"作用同样凸显。1945年，八路军数万干部和军队指战员经此出关，进入东北战场；1947年，十数万解放军又经此入关，解放平津。解放战争时期，延庆是中共从华北进入东北、从东北南下的咽喉要道之一。

延庆是马克思主义与中国工人运动最早的结合地之一。1925年成立的康庄铁路工人党支部，是中国共产党人把马克思主义与中国工人运动相结合的光辉典范。

抗日战争期间，延庆是平北抗日根据地的中心区，是晋察冀敌后战场的最前沿，最早燃起了平北抗日的火种。沙塘沟是平北最早开辟的根据地中心区，昌延联合县政府及参议会的建立体现出共产党人创造性开展革命斗争的勇气和智慧。解放战争期间，延庆是连接东北和华北战场的重要区域，是辽沈战役向平津战役过渡的纽带，为两大战役的胜利发挥了独特的作用。难以计数的中华英杰和妫川儿女，在这里浴血奋战，谱写了可歌可泣的壮丽诗篇。

这是一片曾经备受侵略者欺凌和反动势力蹂躏的土地，也是一片充满抗争精神的土地，更是一片被英烈鲜血染红的土地。

古老的妫川，见证了日伪军对延庆百姓的残暴统治和对驻延八路军与游击队的疯狂进攻，残杀虐待十团战俘，屠杀当地群众，制造了骇人听闻的岔道"万人坑"、大柏老、西羊坊、佛峪口等诸多惨案。

古老的妫川，见证了中国共产党领导下的武装力量与日伪进行的不屈不挠的斗争，赢得了一次次战斗的胜利。1938年6月，伍晋南、詹大南指挥花盆战斗，全歼伪满洲军1个营。1940年5月，白乙化指挥沙塘沟战斗，击毙伪满洲军三十五团二营营长苏庆生，是十团进入平北后取得的第一场胜利，也是八路军三进平北站稳脚跟的关键一仗。1940年7月，熊尚林指挥的佛峪口战斗，为平北军分区政治部机关顺利进入海陀山区，以及平北地委和平北军分区领导机关驻扎延庆深山打开了通道。1943年10月，王亢指挥的太子沟战斗，活捉伪满洲军三十五团二营营长赵海臣，成为昌延根据地发展壮大的转折点。此外，黑峪口战斗、应梦寺战斗、柳沟阻击战、古城战斗、八里庄战斗、双营伏击战、玉渡山中反"扫荡"、吕庄伏击战，一场场较量，一次次胜利，积小胜为大胜，终于让延庆人民迎来抗战胜利的曙光。

古老的妫川，目睹了中国人民解放军不屈不挠，同国民党反动派军队进行的殊死较量。延庆阻击战、南湾伏击战、永宁攻城战、强攻延庆城、平津战役康庄战斗，一场场战斗的胜利，为迎来华北战场乃至全国的胜利奠定了基础，最终迎来了新生的人民政权。

古老的妫川，留下了白乙化、李荣顺、吴迪、才山等抗日英烈的身影，铭刻着邓华、段苏权、詹大南、伍晋南、王亢、吴涛、钟辉琨、曾威等开国将军的战斗足迹，激励着妫川儿女姜国亭、冯占吉、张成海、黎晓初走上抗战道路，并在战斗中锻炼成长为党的优秀干部。在牺牲的革命烈士中，有党组织派到延庆领导革命斗争而牺牲的第一任昌延县委书记徐智甫、县长胡瑛，有解放军独二师参谋长吴迪，有冀热察挺进军七团治处副主任张振元；在延庆本地牺牲的革命烈士中，有为救抗日干部而英勇献身的岳坦，有在对敌斗争中牺牲的卫兴顺、王永和，有县议长温克明，有战斗到最后一刻的游击队中队长赵起，有大义凛然的派出所所长董玉亭，有刘胡兰式的女英雄贾桂珍和韩桂芝……他们在革命斗争中视死如归、百折不挠，充分展现出中国共产党人的英雄气概。

在战火纷飞的年代，英勇的延庆人民付出了巨大的牺牲，为夺取胜利做出了重要贡献。抗日战争中，登记在册的革命烈士508名，被害群众2000余人，被烧毁的民房万余间。解放战争中，登记在册的革命烈士924

名，被害群众千人以上，被烧毁的民房3000余间。

延庆闪亮的红色文化，是中国共产党革命精神在延庆的生动体现，它依托于北京红色文化，又具有地域性的特质，以巍峨的海陀山为标志，矗立于北京红色文化高地之上。

延庆的红色文化，既是妫川大地的一段光辉历史，也是一以贯之的革命精神的源头。走在奋进新时代的征程中，唯有"不忘初心"，才是妫川儿女砥砺前行的不竭动力！

（林遥　周诠）

第一辑
纪念展陈

延庆首个党组织诞生地：康庄火车站老站房

在延庆爱国主义教育基地中，康庄火车站老站房无疑是资格最老的。其主要原因：一是党在这里的活动早，即1922年党组织就在这里开展活动；二是领导人资格老，在这里点燃革命火种的何孟雄是中国共产党创始人之一、北方工人运动领袖之一。

1909年康庄火车站通车后，来自广东、天津、唐山等地的1000多名工人来到这里，从事机务、车务、警务等工作。1920年，李大钊派遣共产主义小组成员在京张铁路沿线的工人中传播马克思主义，建立工会组织，发展中共党员和共青团员。康庄火车站的工人初步受到共产主义思想影响。

1922年年初，共产党员何孟雄在京张铁路沿线开展工人运动，秘密筹建党的组织，康庄火车站工人纷纷参加工会活动。1月，香港发生海员大罢工，康庄火车站工人每人捐献一天的工资，共筹集1000多块现大洋，通过长辛店铁路工会送给香港海员工会。4月9日，长辛店铁路工会成立工人俱乐部，康庄火车站派周振声参加。周振声回到康庄后，积极响应中国劳动组合书记部的号召，以长辛店工人为榜样，建立起康庄火车站工人俱乐部，开展工人运动。6月，何孟雄发展康庄火车站工人李连生、周振声、刘树深加入中国共产党，成为中共历史上入党较早的一批党员。从此，康庄火车站的铁路工人有了革命基础，在党的领导下，开始进行不懈的斗争。

1923年，随着中国工人运动高潮的到来，为配合京汉铁路工人大罢工，周振声等人先后到长辛店、郑州，参加工人罢工动员大会。2月6日，康庄火车站800名工人用镐把、长矛、大刀把自己武装起来，从库房开出十几辆机车，随时准备到长辛店支援罢工。2月7日，长辛店工人罢工遭到军阀残酷镇压，党组织为减少损失，指示康庄火车站工人不要去做无谓的牺牲。康庄火车站铁路工人自发募捐，把募来的款项送到长辛店，慰问受害者家属。

1924年年底，中共北方区委派人到康庄火车站领导工人运动，发展党员，建立党组织。1925年年初，铁路工人黄振武、沈德存等人入党，康庄火车站党支部在火车站站房成立，周振声为支部书记。康庄火车站党支部是延庆地区最早建立的党组织，在领导工人运动、开展护路斗争方面发挥了重要作用。

1925年5月，全国第二次劳动大会在广州召开，周振声前往参加。回到北京后，他在京张铁路沿线工人中进行秘密宣传，为工人运动点燃新的火种，储备新的能量。8月中旬，京张铁路总工会在张家口成立，康庄火车站周振声、沈德存、刘树深、黄振武、杨忠义、韩宝元等人参加了成立大会。10月，张家口地委成立，直接领导康庄火车站党支部。11月，康庄火车站党支部派黄振武、杨忠义去张家口地委，参加一个月的党员训练班。

1925年，冯玉祥的国民军与奉系军阀交战，康庄火车站工人两个多月没有领到工资，生活极度困难。这时，康庄火车站党支部配合中共张家口地委和京张铁路总工会及时发动工人开展索薪运动，提出按时发放工资、保障工人工作安全、改善福利待遇、不得随意开除工人等要求，并成立纠察队，维护运动秩序。他们在康庄火车站和行经火车站的列车上，贴满了索薪运动的标语，以造声势。在党的领导下，工人索薪运动最终取得了胜利。

1926年2月7日，周振声代表京张铁路工会前往天津，出席铁路总工会第三次代表大会，并被选举为执行委员。会后，周振声回到康庄火车站，向工人们传达会议精神。康庄火车站工人斗争形势发展向好，可是这年8月，驻延庆的冯玉祥国民军被奉军偷袭，康庄火车站的党员和工人积极分子40余人随国民军撤离。奉军对康庄火车站进行大清洗，工人运动遭到残酷镇压。留下的个别党员因无法开展活动，只得隐蔽起来，党的活动被迫停止。

1935年秋，张文海、董昆一、周致远等5名共产党员受中共北平市委指派，到康庄火车站扶轮学校当教员，秘密重建党支部。张文海任支部书记。他们在工人和学生中宣传党的政策和抗日救国主张，领导师生开展学潮，把"兰衣社"的校长孟召全赶跑，由董昆一担任校长。卢沟桥事变后，教师党员被派往外地工作，新发展的学生党员仍坚持活动。康庄火车站党支部，是共产党在延庆地区最早的党组织，活动只限于铁路车站，没有向周边农村发展。

从北洋军阀统治时期到国民党统治时期，再到日本侵华时期和解放战争时期，康庄火车站都是延庆地区反抗暴虐统治的最前线，在中国共产党的领导下，工人运动取得一个又一个胜利。

历经百年风雨，康庄火车站依然保留着当年的历史风貌，老站房、机车库、水塔、工人俱乐部等历史建筑虽然有些残破，但仍能看出当年辉煌的影子。自2013年被评为爱国主义教育基地以来，康庄火车站这个百年老站在向人们展示中国近代铁路文明的同时，也向人们讲述着红色火种由"星星之火"向燎原之势发展的艰难历程。不忘初心，牢记使命，我们应该铭记这段艰辛的历史，继承先烈遗志，用实际行动去完成革命前辈未竟的事业。

（赵万里）

平北红色第一村：沙塘沟纪念馆

近些年来，每逢清明节、"七一"、"八一"等特殊节日，在延庆深山区大庄科乡沙塘沟村一带，人们经常可以看到身穿八路军服装的人们在这里开展纪念活动。熟悉这里情况的人都知道，沙塘沟村是平北地区第一个农村党支部诞生地，是抗日战争时期平北地区最早的抗日根据地，被称为红色第一村。

1938年春，为支援冀东人民武装起义（又称冀东抗日大暴动），中央军委命令八路军一一五师邓华支队和一二〇师宋时轮支队合编为八路军第四纵队，迅速挺进冀东。部队取道平北的昌平、延庆进入冀东。6月初，宋时轮支队三十四大队进入"后七村"，打下日伪大庄科警察所后，继续东进。其间，部队留下一部，以刘国梁为首进入大庄科附近的东三岔村（时归昌平县管辖）。第二天，刘国梁召开群众大会，宣布成立滦（平）昌（平）密（云）临时联合县政府，由张书彦任县长，刘国梁为工委书记。10月，参加冀东暴动的八路军撤回平西，滦昌密联合县撤销，留下地方工委刘国梁、张书彦等10余人，前往沙塘沟村，秘密发展党员。

1938年12月12日，刘国梁、陶元庆在沙塘沟介绍张福、张朴加入中国共产党。是月，沙塘沟党支部成立，共有党员12名，成为平北农村建立的第一个党支部。后来，张福、张朴又介绍张瑞、胡殿鳌、张银、张殿入党，他们成为昌延联合县农村早期的党员。随后，刘国梁等以沙塘沟为中心，开始建立抗日武装组织，经过3个多月的努力，游击队发展到100多人。

通过宣传抗日主张，发动群众，村里组织起救国会、青救会、妇救会、农救会，建立起自卫军，培养了一大批抗日积极分子。在沙塘沟党组织的带动下，到1938年年底，附近村庄有不少青壮年相继参加了游击队。在战争年代，老区人民同日伪军进行了艰苦卓绝的斗争。游击队在后方支援前线，妇救会为战士做饭、做军鞋、缝补军装，儿童团站岗放哨，村民团结一心抗击日寇，为平北抗战做出了重大贡献。

共产党播下了火种，使沙塘沟成为抗日战争时期平北最早的抗日根据地，也为"后七村"的发展和以后昌延联合县的建立奠定了基础。

为了铭记历史、砥砺后人，20世纪末，延庆县党史办公室和平北抗战纪念馆等有关部门和当地政府开始收集资料，准备在沙塘沟筹建革命传统教育展览馆。2003年6月，沙塘沟村"平北红色第一村"展览开馆。展览通过展板和大量实物、照片，重点介绍平北地区革命发源地、党员发展史和八路军第四纵队领导人民同日伪斗争以及老区人民进行土地改革、支援抗战的情况。

2004年，"平北红色第一村"沙塘沟被北京市委宣传部、共青团北京市委员会、首都大学生联合会等6家单位命名为首都大学生社会实践示范基地。2005年，沙塘沟战斗遗址、第一批党员活动旧址、八路军供给处等5处教育场所得到恢复；2007年，被评为市级爱国主义教育基地。

2013年，在上级有关部门的支持下，大庄科乡和沙塘沟村将原展馆拆除重建。2014年5月，展馆重建完成并开放，被命名为"平北红色第一村纪念馆"。纪念馆总面积约300平方米，共分为6个单元。

近年来，"平北红色第一村"吸引了北京市各大高校和中小学的众多师生前来参观，接受爱国主义教育。大批党员和入党积极分子前来参观，接受"不忘初心，牢记使命"的革命传统教育。

沙塘沟红色第一村，已成为北京郊区重要的红色教育基地。

（赵万里）

昌延联合县政府旧址：霹破石陈列馆

抗日战争时期，小小的延庆县存在5个政权。其中3个是伪满洲国、伪华北政府和伪蒙疆政府；另外两个就是共产党领导的昌延联合县和龙延怀联合县抗日民主政府，我们抗日民主政权代表人民和另外三个伪政权进行了殊死斗争，终于迎来了最后的胜利。

昌延联合县政府旧址位于北京市延庆区大庄科乡霹破石村，成立于1940年1月，是抗日战争时期平北地区正式宣告成立的第一个抗日民主政权和重要革命根据地。它的成立，使平北地区抗日斗争进入了一个新阶段，为平北地区抗日战争的最后胜利做出了重大贡献。

1939年，根据冀热察军政委员会提出的"巩固平西，坚持冀东，开展平北"的"三位一体"的战略任务，八路军从平西梯次挺进平北，开辟平北抗日根据地。

1939年底，八路军第三次挺进平北。挺进大队由钟辉琨率领，顶着呼啸的北风，躲过敌人的岗哨，穿过南口，越过长城，进入"后七村"一带。他们宣传群众，联合一切可以联合的抗日力量，打击日伪，铲除汉奸，建立抗日根据地。

1940年元旦刚过，一支按政府建制组建的队伍，从平西出发，经过几天的艰苦行军，到达霹破石村。1月5日夜，平北工作委员会在霹破石村宣布昌延联合县成立。这是共产党在平北正式建立的第一个抗日民主政权。昌延联合县成立后，任命胡瑛为县长，由北平工委代行县委职权。不久，任命徐智甫为县委书记。昌延联合县成立后，北至延庆川，东至汉家川，南至十三陵，分别建立起中心区、台自沟区、马场区、十三陵区、经济隐蔽区等5个行政区。各行政区成立后，县区地方干部分组开展工作，在各村普遍建立起救国会、农救会、青救会、妇救会等群众性组织。在建立各级基层政权的同时，昌延联合县县委、县政府也十分注重抗日武装组织的发展、壮大，选派干部到各区组织成立自卫军（民兵组织），收编孙元洪的黑马队、姬永明的连庄会等多个土匪组织，建立抗日游击队。经努力，昌延游击大队发展到4个中队，共计200余人，他们活跃在延庆川至十三陵一带，袭击日伪局子，铲除日伪汉奸，抗日行动异常活跃。更重要的是，这一时期党的组织得到发展和壮大，建立起40多个党支部。到1944年年底，开辟发展了13个行政区，有党员2000余人，在107个村建立了党支部。

昌延联合县抗日民主政权的建立，为平北抗日根据地的开辟奠定了根基，作为第一个联合县级政权，实际成为平北抗日根据地的摇篮。

2011年6月10日，为了纪念平北抗战和平北地区第一个共产党领导的抗日民主政权——昌延联合县政府的成立，在中国共产党成立90周年前夕，当地党委和政府，决定为"昌延联合县政府旧址"正式挂牌。

昌延联合县政府旧址原有房屋和周边旧房43.5间，按照修旧如旧的原则进行修复。整修后的遗址，恢复还原了原县委书记、县长和民政科、财粮科、实业科、联络科、公安科的办公场景，展示了当年的水井、消息树、古钟等实物，还原了当年战斗、生活的场景，并开辟出40多平方米的展示区。

昌延联合县政府旧址展示昌延地区抗战时期的历史故事和英雄人物等抗战业绩，是昌平和延庆人民联合抗击日寇侵略的重要见证，也成为两地人民心中永不逝去的红色记忆。

（赵万里）

平北军分区司令部遗址：南碾沟碑亭

随着2022年北京冬奥会的成功举办，延庆海陀山因为举办高山滑雪和雪车雪橇比赛而闻名中外，成为滑雪胜地和网红打卡地。很多人可能不知道，就在距离比赛场地不远处的南碾沟，就是红色革命教育基地——平北军分区司令部遗址。

1938年春，冀东人民发起抗日大暴动，中共中央及时派出部队前去支援，八路军一一五师和一二〇师各抽出一个支队，组建八路军第四纵队，在平西斋堂集结，挥师冀东。为缩短路程，争取有利战机，纵队选择从平西至平北延庆的路线到达冀东。1938年6月，八路军第四纵队从平西挺进平北，消灭敌伪地方武装，摧毁反动政权，留下抗日火种，为两年后成功开辟平北抗日根据地创造了条件。

1939年年底，平北工委成立，1940年7月改为平北地委。同时，平北军分区司令部在河北省滦平县五道营成立。同年秋，平北军分区司令部转战至海陀山东麓延庆北部的五里坡、海沟深山区，司令部驻地在南碾沟村。此后，平北党政军领导机关以大海陀为依托，以延庆、赤城为中心，深入宣传并组织抗战，领导和发动平北地区人民建立抗日民主政权，开展抗日游击战争，粉碎日伪军数次大"扫荡"和"蚕食"阴谋，扩大了抗日武装，建立了抗日政权。其间，在平北地区相继建立起昌延、滦密、龙赤及龙延怀4个抗日联合县政权，根据地（包括游击区）的人口接近50万，不仅扩大和巩固了抗日根据地，也为坚持晋察冀敌后抗战做出了重要贡献。

抗战胜利后，我党领导的数万名干部和部队指战员，经平北进入东北，为建立东北解放区和率先解放东北做出了贡献。

北平以北这片广袤的抗日根据地，许多革命先烈为了人民的幸福、民族的解放和国家的富强，在硝烟弥漫的战场上英勇战斗，视死如归，直到流尽最后一滴血，永远长眠在这片热土上。

1987年7月，中共延庆县委、延庆县人民政府，在当年平北军分区司令部所在地——南碾沟村西山坡上，建立平北军分区司令部纪念碑亭。碑亭的长、宽、高各为3米；碑身由花岗岩雕刻而成，高1米，宽0.5米。碑文记述道：

中国共产党领导下的八路军第四纵队，于1938年6月从平西挺进平北，同群众一起浴血奋战，消灭敌之地方武装，摧毁反动政权，开辟革命根据地。

1940年7月，在滦平县五道营建立平北军分区司令部。同年秋，转战海陀山东麓延庆县南碾沟村，宣传群众、领导群众、武装群众，相继建立滦密、昌延、龙赤等县，发展群众组织，建立民主政权，扩大武装力量，发展党的组织，团结各界父老兄弟姐妹，开展游击战争，抗日救国。1945年春，迁址赤城县雕鹗堡。

为缅怀老一辈的革命英雄事迹，继承党的光荣传统，激励子孙后代奋发图强，继往开来，振兴中华，特树此碑。

1993年1月，该遗址被确立为延庆县文物保护单位。

（赵万里）

平北抗日烈士纪念园：全国爱国主义教育示范基地

在延庆的红色教育基地中，有一处闻名遐迩的全国爱国主义教育基地，它就是毗邻龙庆峡风景区的平北抗日烈士纪念园。

平北抗日烈士纪念园坐落在北京市延庆区张山营镇韩郝庄村，占地面积2.4万平方米，由烈士纪念碑、纪念馆、专题馆和群雕组成，是全国百家爱国主义教育基地之一。2005年11月，被中宣部列为全国第三批爱国主义教育示范基地。2009年3月，被国务院批准为第五批全国重点烈士纪念建筑物保护单位。2014年9月，经党中央、国务院批准，入选第一批80处国家级抗战纪念设施、遗址。

平北抗日烈士纪念碑是纪念园主建筑物之一，于1989年10月落成。碑阳为聂荣臻元帅题写的"平北抗日战争烈士纪念碑"，碑阴为彭真委员长题写的"平北抗日烈士永垂不朽"。纪念碑高14.2米，宽6.3米，坐北朝南，并向外扭转了15°角，使与碑身成45°的碑名面和龙庆支路平行，打破传统纪念碑对称格局，以突出碑身的步枪、刺刀造型，寓意平北抗日军民奋勇杀敌，保家卫国，与敌人血战到底的民族精神和英雄气概。

平北抗日烈士纪念园主展馆——平北抗日战争纪念馆，1997年7月正式开放，面积550平方米，展线130米长。2007年6月完成第一次改扩建。2021年6月完成第二次改扩建，展览面积2500平方米，展线达480米长，于6月25日正式对外开放。展览主要展示1933年3月至1945年9月，平北军民反抗日军侵略的红色历史。展览由序厅、主展厅和尾厅组成。主展厅分为"抗日烽火 激荡平北""浴血奋战 夺取胜利""红旗招展 屹立海陀""红色精神 赓续前行"4部分。"抗日烽火 激荡平北"主要展示平北抗日战争爆发前，全国抗日战争的背景；"浴血奋战 夺取胜利"主要展示日军在平北地区的暴行，以及八路军挺进平北、军民一心、积极抗日，直至取得抗战胜利的主要史实；"红旗招展　屹立海陀"则展示在中国共产党领导下，平北抗日根据地的建设情况；"红色精神　赓续前行"部分，展示了在平北牺牲的部分烈士生平，以及平北地区重要的抗战纪念场所。

专题馆2017年建成，建筑面积2000平方米，首展内容是"法宝——平北抗日根据地党的建设"，用"红色"说党建、用"红色"说党风廉政建设，同时以党建、党风廉政建设来反映红色教育，使平北成为广大党员教育的一块重要阵地，进而实现红色文化教育与党校教育、社会教育的有机结合。

平北抗日烈士纪念园自2008年免费向社会开放至2022年以来，累计接待社会各界群众约150万人次，已经成为延庆红色教育和红色旅游的龙头引擎。

（赵万里）

第二辑

惨案遗址

大柏老惨案

抗日战争时期，依靠和发动群众，是八路军战胜日寇的法宝之一。日本侵略者为了挑拨和破坏军民鱼水关系，对支持八路军的人民群众，一方面进行威逼利诱，一方面进行疯狂屠杀。

1940年下半年，日伪军为了扑灭八路军挺进平北的抗日烽火，对根据地进行残酷"扫荡"，并加紧刺探抗日军民情报，镇压军民抗日行动。

当时，平北军分区司令部已经在大海陀深处南碾沟安营扎寨，延庆北山一带时常有八路军活动，大柏老村也有游击队的踪影。驻扎在延庆城的日伪军听到消息后，便当年8月的一天，将大柏老村村长姚金玉传到延庆警察署。伪警官问姚金玉："你们村有没有八路军？"姚金玉当然知道有，但是他摇了摇头说："没有。"敌人又问："如果我们在你们村抓到八路军，你这个村长怎么办？"姚金玉坚决地说："真抓到八路军，就杀我的头。"

几天后的一个深夜，日本特务、伪警察50多人偷偷从延庆城出发，摸到大柏老村村公所。当时村公所设在一个庙里，里边住着两个人：一个是看门的老道，本县黄柏寺村人，出家后一直住这里；另一个是本村的郭聪，已参加北山游击队。那天，郭聪独自一人回村执行任务，因多日不在家，他怕动烟火引起别人怀疑，便悄悄地和老道一同住到庙里。

天还没亮，敌人突然闯进屋，端着枪大喊："起来！快起来！"郭聪立刻坐起，穿衣服时不小心将手枪掉在炕上。敌人二话没说，一拥而上将郭聪绑上，悄悄抓走，关入延庆监狱进行审讯。面对敌人的威逼利诱和各种酷刑，郭聪咬紧牙关，拒绝向敌人透露游击队的任何情报。

9月17日，延庆伪警察署三中队队长左尚志和日本特务带领100多人，把大柏老村包围。

敌人进村后，碰见村民祁茂春，问他："村长在哪儿住？"祁茂春说："不知道。"这时，藏在家门口玉米秸堆里的副村长唐富智听到敌人找村长，于是钻出来说："我是村副。你们找村长吗？"敌人说："对，我们找村长有要事商量。"唐富智不知敌人的诡计，于是带着敌人去找村长。找到村长姚金玉后，敌人凶相毕露，立刻把他们两人全部绑上。敌人接着来到村公所，把炊事员冯贵生也绑上，将3人一同押入古城"围子"。几天后，又把他们关进了延庆监狱。

审讯时，他们三人被铁丝绑住双手。日本指挥官毛利问姚金玉："你不是说村里没有八路吗，郭聪算不算八路？"姚金玉回答说："八路有胳膊有腿到处游击，我哪知道他们会来我们村。"毛利又问："知道八路军游击队的其他情况吗？"三人说："确实不知道。"毛利最后让他们劝郭聪投降自首，姚金玉说那是郭聪自己的事情，他不会去劝。毛利恼羞成怒，对姚金玉、唐富智和冯贵生施以各种刑罚，但三人坚强不屈，没有一个向敌人提供情报。

敌人黔驴技穷，露出了狰狞的面目。10月17日，日伪警察署从延庆监狱开出一辆汽车，拉着郭聪、姚金玉等13名被捕的人，来到大柏老村南场上，在村东崖子上架好机枪。敌人已预先在此挖好坑，此时将郭聪、姚金玉等13人押到坑沿边。这时，大柏老村响起一阵阵锣声，只听刘老三爷边打锣边喊："全村乡亲们，皇军叫咱们马上到南场上保村长去。"乡亲们听说保释村长，男女老少立刻赶到南场上跪下，一起向敌人求情，央求他们放了村长等人，并说他们都是地地道道的良民和好人。

面对求情的乡亲们，伪警察冷笑道："我知道他们都是好人，是私通八路欺骗皇军的好人，现在就让你们看看私通八路欺骗皇军的下场。"

随后，敌人挥起洋刀，寒光一闪，一个被捕者人头落地，骨碌碌滚到坑里，脖腔里一股热血直蹿出来。见此情景，乡亲们吓得闭上眼睛，孩子们则哇哇大哭。

杀一儆百，恐吓百姓，是敌人惯用的手段。百姓越怕，敌人越猖狂。毫无人性的敌人在大庭广众之下把杀人当成游戏，就像在做着一件很平常的事情。他们轮流用刀砍人，砍掉一个人头，就用凉水冲一次刀，用布擦干净，然后换一个人再砍下一个。就这样，13个被押来的人全部死在敌人的屠刀下。这13人中能够记住名字的只有姚金玉、唐富智、郭聪、冯贵生，还有小柏老村的赵三立、杜老，另外7人则没有留下姓名。

压迫深，反抗重。敌人的屠杀没有扑灭延庆北山一带的抗日烽火，越来越多的百姓认识到敌人残忍的面目，不少年轻人放下锄头，进入北山，参加八路军，走上了武装抗日的道路。

（郭东亮）

西羊坊惨案

在延庆县城北侧冠山脚下，有一个美丽的山村——西羊坊。谁曾想到，在抗战时期，这个村曾因日寇的"三光"政策而惨遭灭顶之灾。白长学1928年出生，2021年93岁，是那场惨案的亲历者、幸存者。回忆起少年时代经历的那场惨案，80多年过去，仍然心有余悸。

西羊坊是八路军从北山根据地进入延庆川区的一个前哨阵地，也是敌人围堵八路军出山的一个立脚点。敌人为了监视八路军、游击队和老百姓的抗日活动，1941年在西羊坊村东小鲁庄修建岗楼，驻兵把守，切断了八路军从北山根据地进入延庆川区的通道。有了日本人撑腰，伪军、汉奸、特务在西羊坊一带无恶不作，欺压百姓，活动更加猖獗。

为拔掉敌人这只"眼睛"，打通北山与川区之间的联系，1941年10月6日，八路军游击队经过周密布置，趁着夜色的掩护，里应外合，一举端掉小鲁庄岗楼，消灭伪军30多人。

日伪军吃了游击队的亏之后，气急败坏，伺机进行疯狂报复。他们认为端掉岗楼的游击队员主要是西羊坊人，称西羊坊多家"私通八路"。

11月4日，敌人纠集伪蒙疆骑兵三大队、特务队和伪警察一、二、三中队等约800人，以"清剿"地下共产党、游击队为目标，连夜摸到西羊坊，包围了全村。天亮后，他们挨家挨户搜查，把村里所有的男女老少400多人赶到村南的大场上，把老头、妇女、青壮年男子分为三排，又从青壮年男子中挑出27名进行逼供。村民李永来看势态不妙，趁敌人不注意悄悄逃走了。

日伪军持枪围在场院四周，三步一岗，五步一哨，架起机枪，端起刺刀，凶神恶煞地恐吓着乡亲们。日本军官挥着东洋刀嗷嗷吼叫，要人们说出谁是共产党，谁是游击队员。面对敌人的威胁，乡亲们一声不吭，他们用沉默表达自己的愤怒。日本军官暴跳如雷，气急败坏地命令烧房。不一会儿，村里火焰四起，很快成了一片火海。手无寸铁的乡亲们，只好眼睁睁地望着自己房子被大火吞噬，心急如焚，却又无可奈何。

时近中午，大火熄灭，村里房屋全被烧毁。敌人把26名青壮年用绳子绑着，连成一串押往县城。途中有1名青年挣脱逃跑，走到伪县政府大场上又跑掉1人，其余24人则被敌人关进延庆监狱。

在此后的9天里，这24名青壮年被敌人反复拷打审问，逼问八路军、游击队的下落和情况。敌人用棍棒打、用香烧、用开水烫、用通条烙，各种酷刑轮番折磨村民。他们虽然遍体鳞伤，但仍咬紧牙关，没有说出八路军、游击队的情况。

眼见榨不出需要的情报，敌人于11月13日，把2名年纪最小的留在监狱继续关押，将其余人押到康庄刑场。22个青壮年个个被反绑在木桩上，圈在铁丝网内。惨无人道的日伪军先是架起机枪打"人头靶"——用绑在木桩上的活人做射击靶子，一阵枪声过后，10名无辜乡亲惨遭杀害。接着敌人又放出10多条洋狗，疯狂撕咬活着的村民，日伪军则围在四周观赏取乐。那些洋狗张开凶残大口，拼命撕咬那些毫无自卫能力的被缚者。第一个被洋狗咬住的是白留满，他疼痛难忍，惨叫着呼喊他爹去救他。他爹也被关在铁丝网内，眼看着亲骨肉被活活咬死，肝肠寸断，却无可奈何。不一会儿，惨叫声连成一片，乡亲们有的被咬开胸膛，有的被撕掉脸上的肉，有的被咬断胳膊和小腿，其状惨不忍睹。在一阵阵撕心裂肺的惨叫声后，12名村民被洋狗活活咬死。

这次被敌人残酷杀害的22名群众是白留满、白长景、白长庆、白长友、白长雨、白长玉、白长根、白长林、白元华、白红元、白万场、白老雨、白志写、李三根、白小四、李六全、李所、朱小扁、陈德绪、陈德红、马全柱、马九所。这些人死后，尸首没有被允许领回。延庆监狱里关押的那2名少年，于11月15日被取保放回。

西羊坊惨案，22名乡亲惨遭杀害，其中白氏老太太一家死了3口人，分别是她老伴、哥哥和儿子，另有5户绝了后。全村490多间房屋被烧毁，农具、木材、家具、衣服等生活用具被烧成灰烬，整个西羊坊成了一片焦土。敌人抢走粮食864石、猪50头、鸡450只，以及众多大牲畜。由于无法生存，全村共卖地300多亩。

西羊坊惨案发生后，除有4人留在村里生活，其他乡亲有的投靠亲友，有的流落他乡。一直到1942年春天，部分村民才陆续回村，重建家园，但大部分乡亲音信全无。

敌人本来以为可以通过制造惨案来威胁昌延县抗日军民的斗志，没想到适得其反，其暴行更加激起平北地区军民的抗战意志，他们团结一致，同仇敌忾，经过数年斗争，最终迎来了胜利的曙光。

（郭东亮）

佛峪口惨案

2022年北京冬奥会高山滑雪、雪车雪橇比赛让延庆海陀山惊艳世界，然而人们可能忽略了一个默默无闻的功臣——佛峪口水库，比赛场地人工造雪的水都是由佛峪口水库提供的。也许很多人更想不到，就在80年前，日寇曾经在佛峪口制造过残杀中国民夫的血腥惨案。

1942年，是平北军民同敌人斗争最艰苦的一年。

这一年伪满洲国、伪蒙疆和伪华北自治政府在日本人的指挥下协调行动，对平北根据地进行了时间最长、次数最多、手段最毒辣、最野蛮的"扫荡"，并开始实行其阴险的所谓"七分政治、三分军事"的"蚕食"计划，企图将整块根据地分割成许多小块，然后各个击破，彻底摧毁。

延庆佛峪口至赤城阎家坪间的山中小路是连接共产党昌延县和龙延怀县两块根据地的重要通道。为此，敌人在沿途主要地点建立炮楼，但是仍然阻止不了八路军行动，于是决定将这条进山小路修建拓宽，便于他们集中延庆、赤城、龙关、怀来的力量，协同对我平北根据地进行合围"扫荡"。

1942年2月，日伪军把佛峪口附近西大庄科村的房屋全都烧毁，并且追杀躲在村子四周山上的村民。百姓们无家可归，只好离开家园四处逃难。敌人此举的阴谋是防止八路军以西大庄科村为中转站，在昌延县和龙延怀县两块根据地之间自由穿插往来。

随后不久，日伪军开始从怀来、延庆、龙关、赤城等县征调民夫，准备将佛峪口到阎家坪一段山路拓宽、铲平，修成简易公路。他们把延庆县的民夫分成两班，县城东各村为一班，干一个月；县城西各村为一班，干一个月。民夫们从家里自带粮食自己做饭，住在佛峪口水磨上。每天出工600多人，早上5点必须吃完饭，5点半钟点名，点到一个人就在其背上盖一个图章作为记号，若收工回来背上没有图章，就按未出工处理，对其实施毒打。民夫们要跑步进入沟内工地，日伪军坐在三辆大汽车上在后边催赶。车上的日伪军手里拿着鞭子或木棒，抽打跑得慢的民夫们。有的民夫身体有病跑不动，凶残的日伪军就用绳子捆上他们，将他们扔进路边沟里一个3米多深的老坝坑里淹死。

上工时，为了防止民夫逃跑，工地四周山头设有岗哨。民夫干活时不准说话，不准直腰，不准休息，不准大小便。

民夫们修的山沟怪石嶙峋，灌木杂树丛生，施工难度非常大。除了爆破山石用炸药外，其他完全靠民夫们的体力。山路边有一些多年长成的榆树，它们的根紧紧扎在岩石缝隙间，十分坚韧，日伪军却硬让民夫们一棵一棵地连根拔掉。有一次，因为几个民夫拔不起一棵榆树，日伪军认为他们不卖力，当场用刀把其中一人劈死，以此恐吓其他民夫。工地放炮崩下的石头大小不均，1立方米大小的石头，两个人推着翻三四滚，才能推到路边的沟里。如果推不动，日伪军就用刺刀捅民夫的屁股。半间房大的石头，10多个民夫往山下推，推不动时鬼子就让监工头儿用棒子打，直到石头推下山沟。

往下推石头时，日伪军不管民夫人身安全，砸死人的事经常发生。从阎家坪三道梁往下推石头时，很多民夫被砸死砸伤。对于修公路砸死、被打死的民夫，日伪军和伪县政府一律不管。家住佛峪口附近的死了，尸体能被亲朋好友抬回去；家在远处的，就被直接扔到山沟里喂凶禽野兽。

监工的日伪军觉得打民夫太累，于是看谁干活不顺眼，就命令两个民夫相互打脸，谁不使劲打就拿棒子狠狠打谁。在日伪军的逼迫下，民夫们只有互相打得鼻青脸肿，顺嘴流血，鬼子才得意地叫停。

监工的日伪军打人不需要借口，他们把杀人当成一种娱乐。

下辛庄的李松山正在工地上干活儿，不知怎地，日伪军觉得他不顺眼，突然上去，抬起穿着大皮靴的脚，狠狠对他要害部位猛踢，直到把他活活踢死在工地上。香村营的一个民夫，被敌人用铁丝捆上四肢，再坠上大石头，扔进佛峪口的老坝坑里，活活淹死。旧县村的袁成义，被敌人莫名其妙地打死在佛峪口。旧县村的贺永昌，被敌人推下大石崖，又用石头从上边砸，幸而有树和岩石挡住，侥幸捡了一条命。耿家营村赵俊碧，日伪军没在他身上捆石头，将他直接扔到水坑里，他会水，趁敌人不备，偷偷从水坑里爬出来逃跑，后来参加八路军，编入平北四十团（后改为二十四团），成长为二连的排长。

1942年4月14日，日伪军把他们认为不好的9个民夫集中到一起，让他们走到大水坑边，猛地向前一推，9个人全部被推下水坑。陈家营的孙连富和一个姓李的人逃出来，其余7人全被淹死。

这条公路的修建从春季开始，到秋天结束。据不完全统计，怀来、延庆、龙关、赤城等县被征调的民夫，上千人惨死在这条路上。按照该路路长20公里计算，平均每公里就有50个同胞罹难。

（郭东亮）

人间地狱——"集家并村"

千家店镇是延庆百里山水画廊景区的核心区，近年来吸引了众多京津冀市民前来度假休闲。人们不会想到，七十多年前，日伪军在这里推行"集家并村"（当地人称为"归围子"），对百姓进行惨无人道的封锁和奴役。2021年10月，87岁的平台子村原书记王廷武、94岁的红旗甸村老兵胡广荣、94岁的千家店村老兵王恩志，面对来访者，又回忆起那段不堪回首的岁月。

毁灭家园　赶进"人圈"

从1941年秋季开始，关内外日伪军协同动作，一边在长城沿线挖沟设防，一边逼群众实施"集家并村"，企图把居住在长城内外几十里乃至百余里范围的老百姓，以武力强迫赶进围子，推行"部落化"管理，制造"无人区"，实现其"固边政策"，企图切断八路军与人民群众的联系，消灭共产党抗日武装。

日伪军搞的"集家并村"，老百姓叫作"归围子"，是一种十分残酷的统治方式。他们要求各个村的老百姓在规定时间内进入围子，原来的房子不管新旧，一律无条件拆除，拆下来的材料运到围子盖新房。如果舍不得拆，敌人就放火烧毁。有人家的房子是新盖的，舍不得拆，又不让敌人烧，就遭到毒打，严重者因此被打死。

最可气的是，敌人要求老百姓"集家并村"是岁末年初的冬季，按照常理，冰天雪地不适合施工。可敌人为了切断八路军和老百姓的联系，让八路军不好过冬，专门选择这个时间"集家并村"。围子里的空间本来就小，加之时间紧，材料差，许多人盖的房子与其说是房子，不如说是牛棚马圈。低矮的房屋缺砖少石，多是用土夯起来的。房上面没有瓦，用秸秆棚上再抹泥。每到夏天，雨水直接漏进来，让人无处藏身，有限的衣服、被子、粮食都被弄湿。这样的房子冬天自然不能避寒，加之没有御寒的炉火，很多人只能躲在被窝；有的家长怕冻坏孩子，晚上干脆将做饭的铁锅卸下来，让孩子窝在灶火堂的灰堆里取暖。王廷武说自己长到10多岁时，从来没穿过袜子。他和许多人一样，手脚和脸颊被冻得黢青。

敌人让老百姓进入的围子，围墙用石头砌成或用土夯实，墙宽5尺至6尺，高1丈2尺至1丈3尺，双层围墙，里层较低，可登墙站岗。墙的四角构筑炮楼，小围子留一个大门，大围子留几个大门，门上设有岗楼。太阳下山闭门，太阳出来开门，门口有警察或部落官员把守。围子内设有部落长、部落团长、甲长、牌长，他们沆瀣一气，欺压盘剥围子里的百姓。

"部落"建成后，日伪宣布每个部落外10里范围内为"无住地带"，允许部落百姓耕作但不许住人，10里范围外为"无住禁作地带"，严禁任何人居住和耕作，制造"无人区"。百姓进入部落，就失去了生产、生活、言论等自由，只能像牛马一样任凭敌人奴役，过着猪狗不如的生活，百姓愤怒地称"部落"为"人圈"。

暗无天日的"人圈生活"

进入围子——"人圈"，就意味着彻底失去自由。老百姓被迫迁离的村庄不准再居住，日伪称之为"无住地带"或"无住禁作区"。老百姓出现在这里，很可能被当成抗日分子杀害。

对于进入围子的老百姓，敌人将他们的粮食、布匹等生活必需品都集中起来。1942年1月，敌人实行所谓的配给制，重要生活必需品统由伪满兴农合作社"配给"，禁止私人买卖。围子里的村民每天只能吃5两粗粮，吃大米、白面视为犯法。敌人为了防止老百姓支持八路军，配给的东西非常有限，再加上层层克扣，能到老百姓手里的东西可谓少之又少，根本满足不了日常生活需要。老百姓忍饥挨饿是普遍现象。因此，不少老百姓只好跑到自家土地上种庄稼。

但是，进入围子生活后，大多数老百姓距离自家的耕地都远了很多。他们每天去地里干活儿，来回都要走很远的路，又要按照要求太阳出来才能出去，太阳落山前必须回去。于是，有些老百姓悄悄在自己庄稼地边儿搭起小窝棚，想起早贪黑把庄稼种好。狠毒的敌人认为这是反抗行为，他们经常到山中巡逻，看到小窝棚就烧，对窝棚里的老百姓不是毒打就是屠杀。

对于老百姓千辛万苦种植的庄稼，日伪军害怕被八路军利用，在庄稼还没有完全成熟时，便偷偷给割掉了。因为吃不饱，老百姓只能吃树叶树皮和草根野菜，特别是杏树叶，很多家都储存了很多，放在大缸里煮熟了发酵，以此果腹。因为不好消化，很多人闹肚子，拉不出大便，有人因此而丧命。

因为贫穷，缺少布匹和衣服，有的大姑娘没衣穿，终日以破烂布连缀麻袋片围坐炕上，不敢出门。一家数口只有一两件破烂衣衫，谁出门谁穿。有人因为外出买布做衣裳，也有人因为买猪崽回来养活，日伪军以私通八路为名对他们进行毒打，有的被活活打死。

"人圈"内房少人多，人满为患。外来户只好住在破庙、猪圈、牛圈、驴圈或菜窖里，有的几家合住一间房，卫生条件极差，虱子、臭虫、跳蚤成堆，瘟疫、伤寒、疮疥流行，许多人因病而亡。那时候，不论大人还是孩子，病死、饿死、冻死、被打死的情况经常发生。据王廷武老人回忆，那时候孩子得了天花没钱没药医治，基本上活不下来。孩子死了，大人们就用干草裹上，扔到围子外边，任凭野狗饿狼撕咬，人们对此竟习以为常。王廷武老人说，那时候的人想活个六七十岁很不容易，很多人四五十岁就死了。如果日本人不失败，围子里面的人谁也别想活下来。

那时，日伪军和部落长、部落团长、甲长、牌长还经常利用查户口、集合、军训、派夫等名义，到"人圈"巡视，寻机奸污妇女。他们见谁家有漂亮的大姑娘或小媳妇，便把人家男人派夫或用其他名义支开，然后强行奸污人家的女人，有的甚至赖在人家炕上过夜，让人家女人陪着睡觉。花盆村围子就多次发生过日伪军光天化日之下强奸轮奸妇女的恶劣事件。王廷武老人清楚记得，有一个日本军官强奸一名妇女，过了一段时间，他又到围子喝酒，喝醉后要求围子里的人集合点名，企图找那名妇女再行强奸。不想这名妇女事先得到信儿，已躲藏起来。他找不到人，便让人折来柳树条，把当天负责集合点名的甲长打得皮开肉绽。王廷武老人还记得，最让老百姓害怕的是满洲军换防，他们见东西就抢，见妇女就欺负。每到这时候，围子里的妇女们都集中躲到一起，以防止单个被他们欺负。因为害怕日伪军的兽行，有的妇女自杀，有的吓得精神失常，不少人抛家弃产，逃命他乡。

当牛做马服徭役

住在围子里的老百姓，本来生活就苦，但日伪军仍然没有减轻对他们的欺压，各种名义的徭役不断落在他们头上。王廷武的父亲王富多次被征徭役，赶着自家的牛车，去200多里外的丰宁县买盐，风餐露宿，每次大概需要10天时间才能走个来回。王廷武家还有头毛驴，也成了敌人的运输工具。敌人下乡外出经常征用这头毛驴，王富一家敢怒不敢言。

王廷武那时10岁左右，也被迫去服徭役。他多次从花盆出发，将几捆山柴背到20里地外的千家店警察所，经常受到克扣和训斥。

伪满洲国对群众进行奴化教育和管理，除了要求中青年男人在围子里站岗放哨看大门外，还对他们进行军事训练，肆意对参加军训的人进行迫害。他们借口训练中动作不合要求，时常毒打百姓，很多人被打伤致残。

围子里的百姓已痛苦万分，但敌人的苛捐杂税却多如牛毛，什么地亩税、所得税、营业税、救国捐……连婚丧嫁娶也无一不税。除捐税外，汉奸、特务更是鱼肉乡里，敲诈勒索。他们任意给人加"政治犯""思想犯""经济犯""通匪犯""嫌疑犯"等罪名进行讹诈，百姓怕受刑治罪，有的借贷，有的倾家荡产给他们送礼免于惩罚。

据《丰宁县志》记载：截至1944年4月，伪满在全县（包括千家店地区）实行"集家并村"完毕，并训练培养自卫团，制造"无人区"，防御抗日力量。在"集家并村"过程中，全县修"围子"227个，拆、烧毁民房52383间，荒废土地154244亩。老百姓因此死亡逃亡不计其数。

从这部县志记载的血淋淋的罪恶，不难看出千家店地区"人圈"里人们地狱般的奴隶生活。

附　录

千家店地区部分"集家并村"（"人圈"）一览表

围子中心村庄	归并村庄	备注
千家店村围子	东店、西店、大古坟沟、小古坟沟、后沟、囤子沟、石湖、小户岭、排字岭、花石梁、沟门	有东西二门
河南村围子	河南、上德龙湾、白塔南沟	只有北门
下德龙湾村围子	下德龙湾、辛栅子、桥堡沟、古家窑、三道梁、大半沟、小半沟	
花盆村围子	水泉沟、大虎岭、牤牛沟、茨顶、耗眼梁	
大楝树村围子	三间房村、马蹄沟村、后沟上马沟村、帽山沟村、半沟村、遗迹大东沟村	只有南门
红旗甸村围子	红旗甸、六道河、大石窑、水头、下马鹿沟、河西	

（郭东亮）

岔道"万人坑"

八达岭长城北侧的岔道古城，是长城的重要支点。这里风景独特，"岔道秋风"是明清时期著名"妫川八景"之一。然而，鲜为人知的是，就在岔道城西北角的山坡下，有一处"万人坑"遗址，那是当年日寇残害平北百姓的血迹斑斑的铁证。

敌人的"蚕食"计划

1941年12月3日，太平洋战争爆发以后，日本法西斯提出"确保华北"的方针，为实现其"兵战基地""以战养战"的狂妄计划，他们对华北根据地的"蚕食""扫荡"更加猖狂了。

敌人的蚕食政策主要有两方面。一是"集家并村"，推行"部落化"，制造无人区。其具体办法是修筑"围子"，门上写着"××部落"，大门两旁写着"东亚共荣"和"民生向上"等，强逼老百姓拆毁或烧毁原有房屋，离开原来居住的村落，搬进"围子"居住。规定天亮前和太阳落山后百姓不准进出，违者一律以"共匪"论罪。老百姓被迫迁离的原住区不准住人，即所谓"无住地带"，也叫"无住禁作区"。目的是割断共产党八路军与人民群众的联系，使之失去群众，被迫离开根据地。二是抓民夫挖封锁沟。在延庆的岔道至永宁之间挖"封锁沟"，企图限制八路军活动，割断延庆地区南北山的联系。在昌平，从南口沿山根至古北口挖封锁沟，切断各根据地间的连接。在龙延怀地区，以龙关为中心，向外扩展挖封锁沟，包围压缩延庆北山中心区，切断西部与西北部的联系。

1942年8月，日伪军从各地抓来许多民夫，派伪警监标，开始在延庆岔道至永宁的南山边挖一条封锁沟。这条封锁沟全长60余里，宽2丈5尺，深2丈，每公里设1个炮楼，驻伪警察二三十人监视来往行人。白天，敌人强迫民夫挖沟；晚上，八路军动员群众填沟。结果，这条封锁沟挖得非常缓慢。

岔道城下人间地狱

1943年3月，日伪军为了加快挖沟进度，又从张家口、绥远、怀来、张北和延庆当地抓来6000多名民夫，调500名日军和伪军监工。被抓来的民夫们晚上住在寒冷的露天大地上，每天天不亮就被赶到工地挖沟，一直干到星星月亮出来，一天要干十七八个小时的苦役。

延庆的3月，大地还未解冰，再加上山石坚硬，施工非常困难，也非常危险。民夫们有的被塌方砸死，有的被放炮崩死，摔伤、砸伤的不计其数。而监工的日伪军只关心挖沟进度，根本不管民夫们的死活。他们看到民夫不顺眼或者感觉干活不卖力，肆意毒打，不分青红皂白。

民夫们干的是牛马活，吃的是发了霉的黑豆面和高粱米，喝的是脏凉水。但是，就连这种散发着霉烂臭味的饭食，日伪军也不让民夫吃饱。他们为了省粮食，偷着往里面掺沙子和泥土，做饭时故意不做熟。过度的劳累、恶劣的饮食和非人的居住环境，让不少民夫患上痢疾、胃炎和其他疾病。

丧尽天良的日伪军不但不给民夫治病，反而把1尺多长的玻璃管插入这些患者肛门内，往肚子里打凉水，声称这样能治痢疾，结果民夫们的病情更加恶化。惨无人道的日伪军哪管这些，仍然用刺刀逼着民夫们去干活。对那些犯了重病、实在干不了活的民夫，日伪军把他们关进集中营。所谓"集中营"，就是在地上挖一个有6间房子大的地窖，让重病不能干活的民夫住进去。地窖里既阴暗又潮湿，几百名病人不能躺，不能坐，只好站着挤在里面。

民夫由于长期吃发了霉的黑豆面和高粱米，干着超过身体极限的体力活，一些民夫饿死、病死在地窖里。眼看这些民夫再也不能为他们干活了，日伪军于是下毒手，借口说民夫得了"霍列拉"（霍乱）传染病，把他们从地窖里拉出来，赶到3丈多高的岔道北城墙上，然后推下去。民夫们有的被摔死，有的摔得半死不活。凶残的日伪军则不管他们是死是活，一律把他们拉到一个大坑旁边，然后在坑内架上干草木柴，泼浇上煤油，再点燃进行火烧。投在火坑里的民夫有的没死，就顽强地爬出火坑，站在坑四周的日伪军又用刺刀把人刺进火坑。就这样，在不到半年的时间里，七八百民夫先后被推进"万人坑"内，活活烧死。

填平"封锁沟"

日本法西斯的暴行，激起了民夫的反抗，他们聚众暴动，打死监工，拆除沟墙，合伙逃走。

为打破日军的蚕食，救助挖沟民夫，1943年8月，八路军决定利用青纱帐做掩护，集中力量发动群众填沟。主力十团、县区游击队、民兵和群众数千人一起参加，各村分段包干突击填沟。部队负责监视柳沟、高山寺等据点的敌人，使之不敢出来。一夜之间，几乎把敌人苦心经营的封锁沟全部填平。十团一个连还伏击了伪蒙疆骑兵大队一个排，缴获一批枪支弹药。封锁沟被填平后，敌人再也没有能力恢复，南山根据地进一步得到巩固。

1965年，延庆县发掘"万人坑"时，发现尸骨700多具。

1985年，岔道"万人坑"被公布为延庆县文物保护单位。

1997年，岔道"万人坑"被延庆县政府确定为国耻纪念地。

（郭东亮）

日军残杀十团战俘

抗战时期，活跃在平北地区的八路军十团能征善战，深受百姓爱戴。日伪军却对十团恨之入骨，他们公然违背国际公约，对十团战俘进行残酷折磨，甚至杀害。

1990年王耕烈士之弟王彦，听说下辛庄李德是当年从南苑监狱逃出来的十团战士，特意去找李德了解他哥王耕的被俘惨死情况，李德对王彦哭着诉说了那段历史。

1943年初夏，八路军十团某连悄悄来到延庆马场区老仁庄西沟执行任务。不料，这一行动被叛徒告知了县城里的日伪军。

活动在延庆一带的老十团是日伪军的宿敌，他们发动群众建立根据地，锄汉奸，拔岗楼，打伏击，搅得日伪军日夜不安，他们多次围剿十团，每次十团都成功脱险。

这次，他们看到时机来了，马上集中五六百兵力，趁着夜色悄悄出发，于拂晓前包围了位于老仁庄西沟一个连的八路军。当八路军哨兵发现敌人的时候，部队已经被团团围住。敌人仗着人多势众，武器又好，要求八路军放下武器立刻投降。虽然敌众我寡，但八路军在连长的指挥下，坚决不投降，用愤怒的子弹和手榴弹回击敌人。敌我双方在老仁庄西沟展开了激烈的攻防战，枪炮声响成一片。

敌人占据制高点和有利地形，八路军四面受敌，处于被动挨打境地。拂晓时分，连长决定趁天未全亮，组织全连突围。连长带领全连左突右杀，始终冲不出包围圈。最后，连长等20人牺牲，其他88人被俘。敌人用汽车把这些被俘人员拉到延庆县城监狱。

当天下午，日本指导官开始审讯被俘人员。第一个受审的是连指导员，敌人让他说出被俘者中谁是党员干部。没想到，这个家伙竟然是个软骨头，经不住敌人的严刑拷打，一股脑交待出了副班长以上23名干部的名单（包括他本人）。敌人得到甜头，试图各个击破，但令他们没有想到的是，老十团的其他干部战士们，虽然受尽酷刑，但都坚贞不屈，宁死不降，拒绝向敌人透露任何秘密。

日伪军恼羞成怒，第二天上午，把22名八路军干部拉到延庆南城门外，让65名被俘战士站在一旁观看，四周布满岗哨，10多只瞪着血红的眼睛的大狼狗龇牙咧嘴，狂吠不停。日军指挥官一声令下，疯狂的敌人如狼似虎般把22名干部衣服扒光，让他们赤身裸体站着。面对敌人的无耻，八路军干部、战士破口大骂日伪汉奸。

突然，日军指挥官举起东洋刀，一声令下，那些凶恶的狼狗疯狂地向赤身裸体的干部们扑过来。霎时，狼狗撕咬狂吠，八路军指战员的惨叫声、大骂声响成一片，让人听了不寒而栗。过了半小时，22位干部的叫骂声逐渐低下来。他们被狼狗咬得血肉模糊，鲜血染红了身下的土地，最终，全部牺牲了。残忍的日伪军像观看表演一样，眼看着22名干部惨死在狼狗嘴下，狂笑不止。

22名战友遇难后不久，日伪军把李德、王耕等65名战士拉到南苑监狱，百般虐待折磨。战士们被逼着干苦工，每天披星戴月，一干就是10到12个小时。他们被打骂是家常便饭，累了直直腰也要挨监工的皮鞭和棒打。这么大的劳动量，敌人一顿饭只给两个小窝头和一碗稀粥。战士们吃不饱，只好喝凉水将就。牢房里没有任何铺盖，夜里他们就睡在湿地上。

寒冷的冬天，牢房里没有任何取暖设施，饥寒交迫的战俘们冻得战栗不已，只能抱在一起相互取暖。很多人手脚被冻伤，不能干活。最令人发指的是，高强度的劳动和非人的待遇，让很多人生了病，等战俘死了，立刻拉出去，随便埋在一个坑里。有的战士身体虚弱，失去了劳动能力，就被日本兵直接用刺刀挑死。

下辛庄村的李德等3人没得大病，借埋尸体的机会逃走。到1945年春，其他一同去南苑监狱的62名战士先后惨死在监狱里。

据李德讲，那位叛变投敌的指导员，后来被八路军镇压，一顶叛徒汉奸的帽子永远把他钉在了历史的耻辱柱上。

老仁庄西沟战斗及后来的残杀战俘，致使八路军老十团某连几乎全军覆没。其中，1人叛变，20人壮烈牺牲，23名干部惨死于日军的狼狗之口，61名战士在日军监狱里被活活折磨致死，仅有3名战士生还。这是平北抗战史上最悲壮的一幕，也是惨无人道的日本帝国主义杀戮中国人民的罪证。

（郭东亮　孙思升）

火烧西三岔

延庆城东南20公里崇山峻岭深处，有个山环岭抱、僻静幽深的小山村——西三岔。抗战时期，这里也是一个藏匿伤员、支持抗战的红色小山村。

1938年，平北抗日根据地滦昌密临时联合县政府初建时，曾在这里落脚。后来，昌延联合县抗日部队的卫生院（所）曾驻扎于西三岔村北沟。这里既是延庆南山一带活动的八路军和游击队伤员救治的避难所，也成了日军掠掳的重点，曾3次被烧，给这4.54平方公里的小山村留下了深深的创伤。

1940年9月15日（中秋节前一天），一小队日伪军对西三岔村进行偷袭，企图抓捕县干部，不想被山哨及时发现，鸣枪示警。县干部立刻组织乡亲们转移，男女老少一起钻入深山，躲藏到密林深处。日伪军挨家挨户搜了个遍，也没瞅见一个人。他们估计县干部就在深山里，却不敢肆意搜山，气急败坏之际，便把乡亲们没来得及藏好的粮食、牲畜洗劫一空。临走前，又点火烧房，以解心头之恨。看着大火熊熊烧起来，他们顶着惨淡的夕阳逃回据点。大火着了一天半夜，把整个山窝窝都烧红了，距离几十里外的地方都能瞅见滚滚浓烟。村民回来时，见房子没了，粮食没了，牲口棚烧了，没来得及拉走的牲口和在村边散养的鸡也不见了，他们的心却碎了。

西三岔村第二次被烧，是在1943年端午节那天。伪满洲军三十五团二营营长赵海臣得到消息，说西三岔村住着抗日干部。那天一大早，赵海臣带领他的二营，层层包围西三岔，妄图偷袭抓捕抗日干部。赵海臣穿着普通士兵的衣服，命令部下挨家挨户搜查，没想到一无所获。原来，抗日军民事先得到消息，早就躲进深山里了。日伪军对着山林放了一阵空枪，见没动静，赵海臣极为恼怒，便指使手下烧杀抢掠。他们要拉走一头牤牛时，不想这牛很有骨气，任凭他们死拉硬拽，也不肯跟着走。赵海臣让人残忍地砸断牤牛的两条后腿，拿铁链子将它勒在碾框上，而后堆上干柴，活活将牛烧死。乡亲们在山上望见，肺都气炸了，牤牛的主人王大爷急火攻心，晕倒在柴林里。赵海臣土匪流氓出身，杀人放火无恶不作，老百姓恨不得剥他的皮、吃他的肉。可喜的是，没过多久，八路军十团在王亢团长的带领下，在太子沟战斗中把他抓获，公审后处以死刑。

西三岔老兵张永宽当年在昌延联合县县大队打过游击，他回忆说："俺家被烧后，父母兄弟每天以野菜树叶充饥，住的是马架子窝棚，遮不住风，挡不住雨，天寒地冻的时节，围着火盆锅度命。无家可归的乡亲，被迫流落他乡，体弱的老人和婴幼儿悲惨地离开了人世。"

张瑞年轻时是平北卫生院（所）的医务人员，曾亲身经历敌伪"扫荡"卫生院的全过程：

平北抗战形势紧，战斗频繁而激烈。1943年春，50多名伤病员送到了西三岔北沟卫生院治疗，县大队派来了10名武装人员加强防卫。一天，大清早，有个老大娘出院放鸡，猛听到沟里头有响动，就扒着矮墙往外瞅，只见黑压压一队人马正向卫生院冲来。她急得大喊起来，惊动了警卫人员，立时飞报院领导，大家抬着、背着伤病员便往后山跑。老乡们被惊动了，有的蹬上条裤子，有的披件袄，扶老携幼，开始钻沟爬山。敌人的目标是卫生院，枪子儿像雨点一样往他们头上打。有个战士没跑脱，被敌人射得浑身都是血窟窿，把一大片山草都染红了。

日伪军瞅着这地方山高沟深，地形复杂，怕有埋伏，不敢硬追，就一面往山上放乱枪，一面放火烧卫生院。后来，游击队赶来了，一阵愤怒的枪弹把敌人打跑了。可卫生院房子被烧了，医疗设备被毁坏了，流血流汗弄来的药品全没了……

军都山脉，抗日英雄如雷贯耳；妫川大地，抗日事迹可歌可泣。延庆人民不怕牺牲英勇抗战，海陀见证，历史铭记。

（卢志鑫　马维德）

黑河川李殿仕反革命暴乱

黑河川是河北省赤城县东南部和北京市延庆区东北部一段地貌独特的狭长地域，南北长130多公里，东西宽30多公里，黑河流经其间。这里林草茂密，人烟稀少，解放前是土匪、大帮出没和为非作歹的地方。1934年至1956年，这里先后属于河北省丰宁县、赤城县，1956年以后，黑河川地区的花盆、沙梁子等乡村划归延庆县。1946年秋天，黑河川发生一系列震惊平北地区的李殿仕"还乡团"屠杀革命干部群众、连续破坏4个区政权的反革命暴乱事件。

李殿仕第一次作乱和失败

李殿仕是赤城县东卯乡水磨湾村的地主，1942年冬，被日伪任命为东卯村村长，成了统治东卯一带的地头蛇。

1945年8月15日日寇投降后，国民党反动派疯狂抢夺人民的胜利果实，各地的汉奸、地主、恶霸纷纷起来组织武装，抢占地盘，以配合国民党军向解放区进攻。在东卯乡，以李殿仕为首的恶霸势力，勾结其他土匪恶霸，收罗东卯伪警察署的宪兵、警察、特务80多人，接管日伪的军火物资，组织反革命武装——自称"保卫团"。李殿仕任团长，企图通过策反区小队、袭击我基层政权、屠杀党政干部等手段，对人民政权进行反扑，对人民施行残酷统治，将黑河川重新带回暗无天日的时代。

1945年10月，我军平北主力部队第24团开赴热河西部，途经黑河川，在张家营一带消灭了李殿仕的靠山周丕显及其土匪势力。与此同时，大阁县独立团进驻东卯区，通牒李殿仕立刻投降。李殿仕见势不妙，带领他的队伍在东沟、大西沟一线转山头，躲避打击。在山中躲了一个多月后，他预感形势不妙，无法站稳脚跟，于11月底带领亲信邵普、李兆维，在千家店地区菜木沟村其内弟杨瑞森家躲了两天，将枪支藏匿起来，然后化装辗转逃亡北平。其余匪徒化整为零，就地潜伏下来。

李殿仕"还乡团"血债累累

在北平期间，李殿仕一方面和国民党军政上层勾结，寻求帮助；一方面招兵买马，密谋策划新的叛乱。

1946年9月上旬，国民党军队向大阁县发动军事进攻。李殿仕认为时机已到，带着国民党察哈尔省政府资助的法币5万元作路费，于9月7日动身，经怀柔、三道河、棒槌沟，9月10日到达菜木沟其内弟家，取出埋藏的两支手枪。旋即又通过大树村地主王瑞，将王瑞的女婿周正刚（日伪甲长，混入区小队任副队长）叫到仁义沟山坡上秘密会面。李殿仕劝周正刚归顺，周正刚欣然同意。随后，李殿仕给周正刚布置叛乱任务。经过一系列串联活动，区小队内部动摇分子及潜伏的顽伪人员共40多人，秘密加入李殿仕还乡团，伺机进行暴乱。

对此，花盆区委书记顾朋等同志却毫无察觉。

1946年9月10日（旧历八月十五），花盆村按照传统开始唱戏，区委书记顾朋带领区小队队员去看戏。9月11日，将近中午，随着早场戏开台，叛乱开始。叛乱分子先是捆绑了区委书记顾朋，随后集合区小队30名干部和队员，宣布叛变。中午，周正刚带人截获由东北过往的解放军2名战士和一辆大车。当天下午，顾朋和这2名战士在三道营的西河沟被枪杀。

当时，区长刘荣华对花盆"砸区"事件一无所知。他在11日由东卯去花盆，路经头道营，到明春发家休息。在叛徒指引下，匪徒突入明春发家，抓捕了刘荣华。他们剥光刘荣华的衣服，带到东卯照簸梁沟残酷杀害。回到东卯后，他们又抓走了刘荣华的爱人李春秀。

花盆"砸区"事件发生时，茨营（今赤城境内）区长董殿连带5名区小队队员正在万泉寺做群众工作。参加花盆叛变的原区小队班长张斌带队，到古子房村找到村长李义林和小区委员朱秀山，李、朱二人随即叛变革命，带张斌于9月12日上午赶到万泉寺杀害了董殿连。

9月13日，这伙穷凶极恶的家伙又将水磨湾村村长高玉山、区中队长张天元残杀。15日下午，李殿仕带"还乡团"到达三道川，将该村农民积极分子刘永和、桦树背村干部郭万贵杀害。

从9月10日到9月底的20天中，李殿仕带领"还乡团"，南起花盆，北至三道川，一连破坏了黑河川地区4个区政权，杀害我区、村干部和战士30多人。一时间，李殿仕带领"还乡团"为所欲为，黑河川血雨腥风，一片白色恐怖。

随后，李殿仕带着这些"功劳"到北平大吹大擂，邀功请赏。

国民党察哈尔省政府授予李殿仕"还乡团"以"察哈尔省沽源县二、四区保安队"番号，随国民党第三十五军第一一六师向延庆、赤城、沽源等地发动军事进攻。

10月底，国民党军队占领永宁，李殿仕带张涛等10余人抵达永宁。随后，李殿仕指使手下刘仕禄杀害东卯村村长王万富、花盆村村长刘瑞及群众4人。

11月上旬，李殿仕带领"还乡团"从永宁出发，途中收编两股土匪，使"还乡团"人数达到160多人。他们在道德沟杀害大阁县县大队班长纪守臣后，于11月26日偷袭驻头道营的大阁县大队，打死县民政科长黎明，屋内5人顽强抵抗，掩护区长赵明然成功突围。"还乡团"将房子用柴草点燃，屋内5人壮烈牺牲。11月下旬，李殿仕又带领"还乡团"在五道沟门抓捕解放军第十六团1名指导员及7名战士，指导员当场被杀，7名战士下落不明。

12月初，李殿仕率"还乡团"返回永宁，被国民党察哈尔省政府任命为保安队长。12月底，李殿仕又带领"还乡团"从永宁出发，经九里梁、六道河、千家店、红旗甸、谷子坊到大阁，而后转向帽儿山、汤河口，最后返回永宁。这一路上，他们无恶不作，大肆捕杀革命干部，在槽碾沟杀害区委委员1名；在千家店下德龙湾村抓捕大阁县干部刘天存、李恩铎，将二人身上浇上煤油，活活烧死；在茄沟梁抓获杨木栅区农会主任田万宝，用火烧腿脚、用烙铁烙眼眶，百般折磨，然后将他拖到收粮沟，让"还乡团"用来练刺刀，致使田万宝牺牲。

1947年1月18日，李殿仕"还乡团"又在牛圈沟抓捕区小队战士田斌，在花盆村南小碓臼沟门，用刺刀挑死。

"还乡团"灰飞烟灭　机关算尽难逃法网

李殿仕"还乡团"的罪恶行径激起了受害地区军民的无比愤怒，纷纷要求解放军予以歼灭，血债血还。

1947年1月，中共冀热察区党委发出指示，要求坚决彻底消灭李殿仕"还乡团"。为此，中共热西与察东两个地委在花盆召开消灭李殿仕"还乡团"联席会议。1月中旬，察东地委书记赵振中亲率滦河分队与黑河分队，北进黑河地区围剿李殿仕"还乡团"。李殿仕凭借人地两熟，带领"还乡团"负隅顽抗。但是，在强大的人民武装进剿和政治攻势下，一周以后，李殿仕及其"还乡团"全线崩溃，于1月21日（农历除夕）逃出黑河川，新生的人民政权得以巩固。

1947年1月下旬，李殿仕率残部逃到永宁，与大乡长吴耀环、自卫队长池猴联合，给国民党军打外围，包围永宁狗儿铺（今清泉铺），打死区小队战士7人，抓捕14人；偷袭黑汉岭，打死区小队干部1人，抓捕2人。1月底，李殿仕率匪队向后城南山一带骚扰，在跳石河被我军打退，败回永宁。

1947年2月初，国民党反动派先后任命李殿仕为沽源县保警大队大队长、保安第十六大队大队长、沽源县副县长兼保警团副团长、沽源县代理县长。在此期间，李殿仕带队四处扫荡，不断破坏我基层政权，捕杀我地方干部，残害百姓，烧杀抢掠，罪恶滔天。1948年11月24日，张家口解放后，李殿仕只身逃往北平。

李殿仕不愧恶霸巨匪，老奸巨猾。北平和平解放后，他隐姓埋名、东躲西藏，销声匿迹。这一躲就是10年。然而，正义终归没有缺席，1958年10月13日，李殿仕在天津被捕归案。

1960年1月14日，河北省龙关县人民法院在龙关城南门外广场召开公判大会，会后将李殿仕绑赴刑场，执行枪决。这个罪恶多端、双手沾满人民鲜血的"还乡团"头子，终于没有逃过历史的审判和人民的惩罚。

（郭东亮）

第三辑

红色战斗故事

花盆战斗

花盆村位于延庆城区东北70公里处，是深藏在百里山水画廊的一个美丽山村。1938年，八路军在延庆的立威之战，就发生在这里。

1933年秋，伪满洲国在花盆、千家店地区建立保甲制，并设立伪警察分所，这里的人民从此陷入了水深火热之中。

1938年5月，为了支援冀东暴动，八路军第四纵队兵分两路挺进冀东。时任政治部主任的伍晋南率领第三十六大队及骑兵大队、独立营留在平北开辟根据地。6月，当第三十六大队和骑兵大队经延庆白河堡、千家店，准备奔向怀柔县的秋场、大地村一带活动时，与伪满洲军的一个营在花盆村不期相遇，随后在这里展开了一场激烈的战斗。

当第三十六大队和骑兵大队到达千家店村时，根据情报得知，花盆村平时有伪满洲军四五十人，他们抢粮派款，欺压百姓，无恶不作。部队当即决定消灭这股敌人，为民除害，杀杀敌人的嚣张气焰。

夜袭敌哨

花盆村在千家店村东大约10公里的地方。当天黄昏，部队悄悄奔向花盆村。花盆村四周都是起伏的山峦，村南有一孤山，该山东西走向。山上全是乱石，山的北侧是悬崖峭壁，仅有一条小道可上山，山下有东西走向的一条河套。

为了保证全歼敌人，伍晋南做出部署：教导员王季龙和特派员詹大南率骑兵一、三连在前，伍晋南和营长唐家礼率骑兵二、四连和机枪连在后，由西向东疾驰。接近花盆村时，詹大南率骑兵一连在前，王季龙居中，三连紧跟，其余的在后。部队准备从花盆村南沿孤山半山腰插到花盆村东面，包围花盆村，以便歼灭敌人。在行军中，八路军感觉孤山上好像有敌情。王季龙命令三连停止前进，原地隐蔽待命，派三连三班长王家胜连续三次上山侦察。王家胜悄悄爬到山顶附近，发现敌人的排哨，山顶上还有麦草、毛驴、铁皮箱等。

王季龙听了汇报，立即组织三连袭击敌人。三连乘着夜幕悄悄爬上山，突然向敌人发起攻击。不到15分钟拿下山头，俘虏8人，打死3人，跑了五六个人。

王季龙在审讯俘虏时得知，敌人是从怀柔县汤河口来的伪满洲军三十五团二营，副营长是日本人，其余的全是伪军。日伪军下辖三个步兵连和一个机枪连，共计400多人，重机枪2挺，小炮2门，还有轻机枪等。他们听说千家店来了八路军，派出排哨到孤山顶上监视八路军动向，整个部队均在花盆村里休息。

攻占制高点

王季龙命令通信员下山向伍晋南、唐家礼报告敌情，又命令一排长郝志高带全排在山顶坚守，占领制高点，以火力压制敌人。一连长毛风旺率二排从孤山右侧下山占领小山包，控制花盆村的制高点。王季龙和指导员何志成一起率三排押着俘虏从孤山右侧下山，准备把敌人消灭在村里。

不料，在花盆村里休息的敌人，以为八路军全部在山上，也立即乘夜幕沿孤山一条河槽，悄悄往上爬，企图偷袭八路军。

当八路军发现敌人正在偷偷上山，王季龙当即命令部队迅速返回，与敌人抢占制高点。此时，敌我双方同时向孤山顶冲去。战斗打响后，双方展开激战。山顶上八路军只剩下十余人，与敌战斗了半个多小时，子弹、手榴弹都打光了，缴获敌排哨的子弹箱打不开，情况十分危急。王季龙及时命令部队后撤，敌人一个营完全控制了山顶，固守不动。

王季龙下山向伍晋南、詹大南、唐家礼介绍敌情。让大家没想到的是，本想捞一网小鱼小虾打打牙祭，却撞上了一条大鱼。两强相遇勇者胜，这让部队领导既紧张又兴奋。伍晋南召集大家开会，经过研究后决定，在天亮前打响战斗，坚决消灭敌人。

全歼日伪一个营

根据新的情况，部队又进行了新的战斗部署：詹大南率一连担任突击队主攻，王季龙率三连担任预备队，郝玉英连长率四连一排并携带四五挺轻机枪，占领孤山东侧的后山，以火力压制敌人。骑兵连沿孤山下一条南北走向的河套沟插下去，对敌形成合围。

天还没亮，战斗打响了。四连的机枪压住了敌人的火力，一连迅速发起攻击。由于敌人凭借居高临下的地形拼命抵抗，我军进攻一度受阻。但是夜战和近战是八路军的强项，经过不懈努力，我军终于接近山头，并击毙了正在督战的日寇副营长。敌人阵脚大乱，纷纷向山后逃走。一连乘势冲上山顶，紧追残敌。骑兵连早已插到沟底，截住逃跑的敌人。

敌人被四处包围，走投无路，只好排好队，脱掉军装，身着白衬衣，以班为单位，举手投降。我军执行俘虏政策，对俘虏进行了宣传教育，发给路费，释放回家。第二天上午，得到失败消息的日伪军在飞机的配合下，开始向八路军进行报复。八路军则迅速转移到怀柔县山区的秋场、大地村一带，同刘国梁、钟辉琨的游击队会合，开始执行新的任务。

花盆战斗，八路军以伤亡5人的代价，全歼敌伪三十五团二营，俘敌360多人，缴获子弹3万发，手枪30余把，"三八"式步枪340余支，重、轻机枪14挺和掷弹筒工具等物。花盆战斗是抗日战争期间发生在延庆地区最早的一场战斗，沉重打击了日伪军的嚣张气焰，大大鼓舞了人民群众的抗战信心和决心。

（郭东亮）

沙塘沟战斗

平北红色第一村沙塘沟，在战争年代留下无数可歌可泣的红色故事。1940年5月29日清晨，一场战斗在延庆县大庄科乡沙塘沟村附近打响。交战的双方，一方是八路军晋察冀军区第十团及平北游击大队，另一方是驻大庄科的伪满洲军和从昌平、黄花城、永宁三个方向前来驰援的3000多名日伪军。这场战斗的规模并不大，但其意义之大却可以载入平北抗战史册。

一

1939年年底，抗日战争进入相持阶段，日军将注意力转向其后方统治区。根据中共中央冀热察游击战争要大发展的指示精神，冀热察挺进军司令萧克撰写了《挺进军三位一体的任务》一文（发表于1939年年底《挺进报》），详细论述和阐明了"三位一体"（巩固平西，坚持冀东，开展平北）任务的战略意义。文章指出，平北地区是平西和冀东向热河发展的前沿阵地，是联系平西、冀东的交通要道，是开展冀热察游击战争所必须开辟的重要地区，是发展冀东的战略依托点。

开辟以海陀山为中心的平北抗日根据地，可以使冀东抗日根据地和平西抗日根据地连成一片，也使八路军把控华北和连接西北、东北的长远战略成为可能，意义十分重要。

二

1940年年初，冀热察挺进军司令部发出命令，白乙化和他带领的十团被派往平北，开辟平北抗日根据地。

接到任务后，白乙化决定按照"梯次进兵"的思路，决定让十团分两次进入平北。4月20日，政治部主任吴涛、参谋长才山率三营先行出发，进入平北开展对敌斗争；5月26日下午，白乙化率一营和团部工作人员从平西出发，横跨平绥铁路，穿过十三陵，经德胜口、果庄，进入铁炉、里长沟、霹破石等当地群众称为十三陵"后七村"的大庄科地区。

5月28日下午，十团到达"后七村"的沙塘沟村，与此前到达这里开辟根据地的钟辉琨平北游击大队和十团三营副营长赵立业率领的九连会合。这里是八路军开辟的游击区，群众基础较好，白乙化决定在这里略作休整。

十团的活动早已引起平北日伪军的注意，他们精心编织了一个大的包围圈，由昌平、黄花城、大庄科、永宁的日伪军合计3000多人，借着夜色悄悄向大庄科围拢过来。在29日清早，开始向十团发起进攻。

敌人的来犯在白乙化的意料之中，相关情报也说明敌人有进攻的迹象，但是四路敌人同时进攻，出乎白乙化的意料。

三

由于事先已经实地考察沙塘沟村周围的地形地貌，面对大敌压境，白乙化并不慌张，他和王亢、钟辉琨、赵立业认真研究敌情后，做出如下部署：白乙化带领一营在沙塘沟村附近的山梁阻击敌人主力——伪满洲军三十五团二营和日军一部；钟辉琨的平北游击大队和赵立业的九连在其他方向牵制阻击昌平、黄花城敌人。

白乙化根据战场变化对一营再次做出部署：白乙化自己带领特务连抢占沙塘沟北山控制要点，王亢带领其他三个连隐蔽集结在沙塘沟东侧，形成犄角之势，互相策应。

当进犯的敌人慢慢靠近时，王亢带领三个连突然向敌人发起进攻。面对八路军的突然冲击，敌人一阵慌乱，他们撤退一段距离后，开始借助地形进行抵抗。其中一伙日伪军躲在一块巨石后，凶狠地向八路军射击。"叭勾叭勾"，清脆的三八式步枪声格外刺耳。眼看十团一营进攻受阻，王亢指示战士们组成突击小队迅速打掉大石头后面的敌人。在火力掩护下，一营的一个班匍匐接近敌人，一齐向巨石后的敌人投掷手榴弹，战士们乘着手榴弹爆炸浓烟，奋起冲向敌人。

就在沙塘沟村战斗打响不久，东南方向车岭一带枪声大作，北面的董家沟、景而沟也很快传来枪声，敌我双方在多个地点同时交锋。

这是一场异常艰苦的战斗。一方面，十团初到平北，首战必须取胜，这样才能震慑敌人，鼓舞群众；另一方面，平北也是敌人的禁脔，决不允许八路军随意出入，日伪军想趁八路军立足未稳，给八路军来个下马威，将八路军踢出平北。双方志在必得，战斗的残酷可想而知。

这场战斗从清晨打到黄昏，敌人在两架大炮和飞机的配合下，向一营阵地疯狂进攻了7次。一营官兵同仇敌忾，7次打退敌人进攻，誓死不退。与此同时，钟辉琨的平北游击大队和赵立业的九连也在其他方向成功阻击敌人，日伪军200多人进入松树沟后，被九连和游击大队在庙儿岭截住一顿痛打，让他们包抄十团主力的如意算盘落了空。傍晚，敌人看到不能取胜，又怕八路军晚上袭击，只好乘着夜色狼狈撤退。

沙塘沟战斗是八路军十团进入平北后取得的第一场胜利。这场战斗，八路军伤亡较小，仅牺牲8人、伤10余人，击毙伪满洲军三十五团二营营长苏庆生等200余人，伤敌40余人，有力打击了伪满洲军三十五团的嚣张气焰，振奋了延庆地区人民的抗战精神，坚定了抗日决心，为八路军开辟以海陀山为中心的平北抗日根据地打下了良好基础。

沙塘沟战斗结束后，十团略作休整，连夜经延庆川北进，过黄峪口、白河堡，从延庆东部山区进入怀柔。6月3日，十团主力到达密云水川地区，与十团三营胜利会师。

（郭东亮）

佛峪口战斗

抗战时期，佛峪口是八路军从延庆川区进入海陀山根据地的重要关口，也是敌我反复争夺的一个重要支点。

1940年是我贯彻冀热察挺进军关于"巩固平西，坚持冀东，开展平北"战略的关键一年，也是八路军下决心开辟平北的开局之年。

1940年6月，平北军分区政治部在平西成立，由段苏权任主任，决定进入平北海陀山一带开辟北山根据地。担任护送平北军分区政治部任务的是冀热察挺进军七团二营和警卫排，由当年红军强渡大渡河口的十八勇士之一——时任二营营长的熊尚林率领。

当时抗战形势严酷，斗争环境纷繁复杂。6月26日夜，敌人戒备森严，八路军未能穿过平绥路，只好原路返回驻地。但是，八路军的行踪和意图已经引起敌人注意。

6月27日夜，在熊尚林的指挥下，七团二营和警卫排护卫着平北军分区政治部和地委机关人员，经过一夜奔波，巧妙地穿越了平绥路，渡过了妫水河，向进入海陀山区的佛峪口进发。佛峪口南临延（庆）怀（来）平川，北靠松山海陀山。从佛峪口到赤城阎家坪约30华里，两山夹峙，中间为河谷和盘山小路，是龙关、赤城与延庆、怀来乃至平绥路之间的交通枢纽。这时太阳已经出山，由于一路上没有碰到敌情，八路军官兵不由得兴奋起来，以为护送任务胜利在望。

七团二营在到达距离佛峪口约3华里的地方时，突然发现日寇两辆汽车停在佛峪口外，车上80多名日军早已占据山口有利地形。八路军进入海陀山的最佳通道被敌人卡死了。

这种情况对于熊尚林来说，可谓重担千斤，一方面要保护好政治部领导，一方面要攻克佛峪口进入海陀山。敌人以逸待劳，居高临下；八路军长途行军，远来疲惫，形势对八路军非常不利。敌人见八路军没有后退迹象，于是凭借有利地形和精良武器，率先向我猛烈开火，企图阻击八路军前进。熊尚林眼见军情紧急，便和教导员李荣顺简单商量后，决定迅速布置部队向敌人发起进攻。

这天上午，佛峪口前的枪炮声一阵紧似一阵。八路军向敌人发起了一次又一次冲锋，敌人则凭着武士道精神拼命抵抗。时间一点一点过去，八路军伤亡较大，可是敌人的阵地还没有攻下来。

关键时刻，熊尚林拿出当年强渡大渡河的英雄气概，大喊一声："同志们，上刺刀，跟我冲啊！"他身先士卒，在喊声中带领官兵们冲入敌阵，与敌人展开白刃战，很快冲乱了敌人的阵脚。

这时，战斗已经持续了3个小时，从延庆和康庄增援的大批日伪军正在接近战场，与佛峪口的残敌对八路军形成南北夹击之势。为了保护政治部的安全，三营迅速撤出战场，改道水峪口，进入海陀山区。

此战八路军毙伤敌怀来日寇驻军本和田部40余名，烧毁敌汽车2辆。八路军虽付出牺牲38人、伤30人的沉重代价，但胜利完成了护送军分区政治部进入海陀山的光荣任务，为八路军平北党政军领导机关在大海陀南碾沟安营扎寨，领导平北军民抗日直至取得胜利奠定了基础。

来而不往非礼也。就在敌人为在佛峪口成功阻击八路军而扬扬自得的一个多月之后，1940年8月的一天黑夜，平北游击支队为惩罚佛峪口的敌人，支队长刘开锡、政委钟辉琨命令二大队三中队夜袭佛峪口敌人据点。

三中队队长闫福田经过周密部署，侦知平时驻守佛峪口日伪军50余人，有2挺歪把子机枪。敌人平时在沟口放哨巡逻，警戒把守，主要任务是看守沟口，防止平西八路军越过平绥路和妫水河，进入海陀山。敌人没有碉堡，全都住在五间营房里。

八路军海陀山抗日根据地刚刚开辟，且进山之战打得不太顺利，被迫改道进入海陀山，敌人以为八路军短期内很难恢复元气，对从北面的袭击缺少戒备。只要南面怀来县没有八路军过河的情报，佛峪口的敌人就觉得不会有战事。

这天夜里，三中队经过周密布置，首先抢占了有利地形，安排了警戒哨。侦察员报告敌人早已酣然入睡，机枪在地下，步枪全在墙上挂着。闫福田亲率突击队一个排，悄悄进入敌人营房，有的拿机枪，有的摘大枪。敌人被惊醒，睡眼惺忪，不知发生了什么事情，闫福田举着驳壳枪大吼："不许动，谁动打死谁！"等敌人明白过来，枪已在三营突击队员手里，只得老老实实做了俘虏。

就这样，三中队一枪未发，神不知鬼不觉地夜袭了佛峪口，俘虏伪军小队长以下51名，缴获机枪2挺，步枪、手枪48支，子弹和手榴弹数十箱。夜袭佛峪口，报了进山被阻的一箭之仇，狠狠打击了日伪军的嚣张气焰，鼓舞了平北军民的抗日斗志。

（郭东亮）

黑峪口战斗

黑峪口自古以来就是延庆通往河北赤城和坝上草原的重要关口，也是辽、金、元"三朝御路"的重要节点。抗战时期，八路军曾在此设伏，痛击日寇运输车队。

1942年春天，日伪军向我抗日根据地的龙关、赤城中心区"扫荡"，妄图一举消灭我新生的抗日军队。大敌当前，为保存有生力量、有效打击敌人，平北军分区领导机关决定部队分散到游击区活动，以迷惑敌人，配合地方开展工作，不失时机地杀伤敌人。

当时，平北游击大队的六中队奉命从五间房向延庆县永宁附近开拔。为防止走漏消息，部队每进入一村庄，就先放出警戒，封锁消息，不许任何人向敌据点方向去。有时情况紧急，就在村边找个大院集体休息和上课，一旦有情况，马上就能行动，或摆脱敌人，或投入战斗。

1942年4月初的一天夜里，六中队宿营于北山边南侧的北张庄，第二天拂晓前转移到黑峪口村西侧的屈家窑村。黑峪口是延庆通往白河堡、后城、龙门所等地的必经之路，修有简易大车道，路两侧是山坡。上午10时左右，六中队指导员郭振普在村里给部队上政治课，队长江文带着通信员到村边游动查哨，观察敌情。

此时正是延庆初春时节，满山的杏花开得正旺。蓝天丽日，能见度很高。

江文带着通信员来到一处高坡上，警惕地向四面巡视。站在这里，美丽的妫川大地一览无余。过了一会儿，江文似乎听到了汽车马达的声音，他和通信员循声望去，只见延庆方向的道路上来了一队汽车，大约十几辆，正驶过吕庄向黑峪口奔来。

敌情突然而至，江文当即回村通报敌情，命令部队立即上山阻击敌人。

部队在农民王大来带领下，跑步上了黑峪口沟的西嘴子，迅速占据有利地形，居高临下准备战斗。

不一会儿，日伪军的汽车进入黑峪口沟里的烂墙子附近。

由于是初春，山上植被还没有长出来，加上我军战斗心切，隐蔽不够仔细。敌人很快发现山沟两侧山上我军动向（沟东侧是昌延县区小队，事先没和六中队联系，发现敌情后也迅速上山），以为中了埋伏，便停下车来。当鬼子看到山上准备阻击他们的是武器简陋的游击队时，便骄横地派出一个加强班，带一挺歪把子机枪和一具掷弹筒，一边射击，一边号叫着向六中队一排的阵地扑来，妄图扭转不利形势。

江文队长具有丰富的作战经验，他让战士们做好隐蔽，不许随便还击。当敌人接近我前沿阵地，相距我军只有30多米远时，江文下令开火。刹那间，一群手榴弹像黑色的复仇鸟一样扑向敌群，随后是一阵剧烈的爆炸声。狂妄的敌人被炸得滚的滚，爬的爬，"哇啦哇啦"乱叫。趁敌混乱，江文命令二排掩护，一排发起冲击。一排战士如同下山猛虎冲向敌人，战士李怀德冲在最前边，他看到一挺日伪军丢下的歪把子机枪，正高兴地拾起来时，不料一个装死的鬼子一跃而起，端着刺刀，猛刺过来。李怀德躲闪不及，棉裤被刺破一个长口子，幸好没刺着肉。李怀德大怒，抢起枪托砸向鬼子兵脑袋，鬼子兵顿时倒下。李怀德又发现了敌人丢弃的掷弹筒，但他不认识是什么东西，捡起来一看，说："好大的气管子！"随手又把它扔在地上。另外一个战士李宝林拾起掷弹筒，告诉他说，这是鬼子的小炮，不是气管子。战斗后很长一段时间里，同志们还风趣幽默地跟李怀德开玩笑，把他叫"大气管子"。经过短暂的战斗，敌人的加强班基本被干掉了。

这时，躲在沟里观战的鬼子已乱作一团，他们有的躲在汽车下面负隅顽抗，有的则开车向沟外逃跑。因为惊慌失措，一辆汽车翻在路上，堵住了另外几辆汽车。

绝对不能让敌人这样跑掉！江文队长看到这种情况，马上命令一排冲下沟去，烧毁没有跑掉的汽车。一排在排长韩万和带领下，以泰山压顶之势，冲下山去。躲在汽车下的鬼子钻出来，端着枪和八路军拼刺刀，敌我双方很快扭打在一起。由于八路军人数占优且以逸待劳，经过一番短兵相接，沟里没有逃走的鬼子全被消灭了。

六中队的战士绝大部分是山里人，从来没见过汽车；就是川区的战士，也只是远远看见过跑着的汽车，不知道在什么地方点火才能把车烧掉。江文队长告诉大家，在司机座位下面有油箱，容易点燃。于是战士们迅速分开去点油箱，不一会儿汽车就燃烧起来。当战士们爬上山坡远处时，这些汽车接二连三地爆炸了。战士们风趣地说："这是敌人在欢送我们。"

这次战斗，速战速决，前后只进行了半个小时。六中队缴获歪把子机枪1挺，八八式掷弹筒1具，三八式步枪7支，军用物资（粮食、皮鞋、罐头）若干，文件4箱，打坏、烧毁汽车4辆。六中队一排长韩万和、五班长李占春负伤，1名战士牺牲。

从缴获的文件得知，日伪部队属于日军镐旅团的四中队，他们是执行任务运输物资到后城据点的。这次战斗缴获了敌人"扫荡"我根据地的作战计划和其他重要机密文件，打乱了敌人的部署，改变了敌人作战行动。六中队因此受到平北军分区通令嘉奖。

黑峪口战斗，平北军民以小的代价取得较大胜利，打出了游击队的威风，在当地群众中传为佳话。

（郭东亮）

应梦寺战斗

从延庆城区向北望去，隐约可见北山上有一座寺院，多数延庆人都知道，那就是著名的应梦寺。应梦寺坐落在靳家堡村北面的应梦山上，明代《隆庆志》记载，辽代萧太后驻跸儒州，夜梦北山上有一座殿阁辉煌的寺院，醒来后便命人按照她的梦境，建起了应梦寺。谁能想到，抗战期间，千年古刹毁于日寇之手。

1942年春季的一天，延庆县四区区小队的雷英、车兴旺、白造祥等人在应梦寺开会，研究对敌策略。这里山高林密，交通不便，是开会研究工作的好地方。与此同时，四区区小队的宋德连、田广林、张同林等人到山下不远处的西羊坊村做群众安置工作。

此时距离骇人听闻的西羊坊惨案已经半年了。在西羊坊惨案中，全村22名乡亲惨遭杀害，864石粮食被敌人抢走，490多间房屋被烧毁，农具、木材、家具、衣服等生活用具被烧成灰烬，整个西羊坊村成了一片焦土。由于无法生存，乡亲们被迫卖地300多亩，投亲靠友，流落他乡。一直到1942年春天以后，部分村民才陆续回来种地，但大部分乡亲音信全无。针对这种情况，四区区小队决定进村了解情况，动员已经回村的百姓劝说外出逃难的乡亲回村生产，重建家园。

中午，区小队还在串户访问，忽然听见村南传来狗吠声。有村民跑来说"鬼子又进村了"，村里的青壮年立刻隐蔽躲藏。由于是白天，区小队人少、武器差，宋德连、田广林、张同林等人决定迅速撤退。他们从村北顺山坡直奔应梦寺跑去，希望和正在应梦寺开会的同志会合，一同抗击敌人。他们刚刚跑到北山根儿，就被日伪军发现了。这伙由伪警察带路、到北山根儿催军粮、抢东西的日伪军一边射击，一边拼命向他们追赶。宋德连等人撤到山坡上一看，发现敌人不多，于是依靠有利地形，开始还击。敌人见开枪还击的人不多，确认是八路军游击队，叫喊着向山上进攻，紧追不放。

宋德连等人边打边向山上的应梦寺撤去，因为上面更有利于消灭敌人。应梦寺海拔 1005 米，距地面垂直攀升高度约 500 米，上山只有一条小路，崎岖蜿蜒，两侧布满荆棘。山上开会的区小队听到枪声，知道山下发生情况，迅速组织人力，封锁了进入应梦寺的几个险要路口。一个小时后，田广林等人爬上应梦寺，把敌人情况做了汇报。

区小队两支人马会合后有 30 余人，他们居高临下，开始阻击敌人。一时间，双方对射的枪声响成一片。由于占据着空间高度，区小队的手榴弹扔得特别远，随着一声声爆炸声，鬼子胆战心惊。大约半个小时后，骄横的日伪军伤亡 10 余人，但却无法攻上应梦寺。眼见山上火力渐猛，取胜无望，他们只好抬着伤亡人员狼狈下山，撤回延庆县城。田广林和雷英说："今天也让鬼子尝尝咱们区小队的厉害，让他们知道咱们也不是好惹的。"

1942 年 5 月，日伪军从张家口调集兵力向海陀山大海沟一带"扫荡"。延庆日伪军觉得游击队就住在应梦寺，于是在伪警察的配合下，对应梦寺进行偷袭，蓄意对游击队进行报复。当敌人接近应梦寺时，害怕遭到八路军居高临下的打击，命令山下敌人对准应梦寺开炮，炸毁了一些殿堂。随后，日伪军冲上应梦寺寻找游击队，但除了被炸得东倒西歪的庙宇殿堂外，根本没有游击队的影子。穷凶极恶的日伪军以"勾结共匪"为名，残忍地将在该寺常住的欧姓道士杀死，随后放火焚烧寺院，千年古刹变成了一片废墟。

新中国成立后，重修应梦寺始终是延庆人民的一大心愿。21 世纪初，经国家文物局批准，北京市文物研究所和延庆县文物管理所根据历史记载，勘查遗址遗迹，本着修旧如旧的原则对应梦寺进行重建。2011 年秋天，应梦寺开始对外开放。复建后的应梦寺建筑面积达 2000 平方米，为明式风格，三进院落，屋舍堂皇巍峨，寺后古柏参天，寺中绿树与丹漆交相辉映。恢复历史风貌的应梦寺庄严肃穆，已成为延庆一处旅游文化古迹。

（郭东亮）

水头战斗

水头是千家店镇一个小山村，山清水秀，撤乡并镇前归红旗甸乡所辖。2021年10月，文史工作者对千家店镇进行红色历史挖掘时，听当地老人和镇村干部讲述了八路军十团在水头村突围的战斗故事。

1942年是平北抗日根据地斗争最艰苦的时期。位于延庆东北部和赤城县东南部的黑河川，是察哈尔省连接热河的交通要道。日伪军对此地十分重视，他们不仅设重兵把守，还用高压政策，实行残酷统治。在这里，日寇强制推行"集家并村"，搞"无住地带"，全部拆除散落在山沟里的自然村落，将百姓强迫迁到大村"围子"里居住，进而建筑围墙，发"良民证"，排查出入群众；建村公所，置部落警察，搞强化治安；同时设立白草、东卯两个警察署，设千家店、瓦房沟、喜峰嵯、三道川4个警察分驻所，还在白草、东卯常驻兵力两个团，另置宪兵、特务百余人。区区弹丸之地，军政警宪和伪满洲军遍布横行，反动势力甚为嚣张。敌人妄图通过这些手段切断群众与八路军的联系，对我根据地进行蚕食和围剿，困死八路军游击队，铲除抗日根据地。

初秋的一天夜里，八路军平北十团在团长王亢的带领下，在怀柔宝山寺拔掉敌人三个据点。战斗结束后，十团准备沿花盆、千家店返回海陀山南碾沟驻地，水头村的青石沟是十团返回的必经之路。八路军由东山梁沟出来进西山梁沟时，被两个特务发现，立刻向日本鬼子报告。鬼子迅速集结附近兵力，由红旗甸进沟，提前到达青石沟，占据有利地形，设下埋伏圈，准备在此堵截八路军十团。

当时正是9月初秋，地里的庄稼已经快成熟，鬼子来到水头村之后，在庄稼地里进行埋伏，并在青石沟沟口架起3挺机枪，企图将八路军一举歼灭。早上7点多钟，十团200多人由水头出来，准备进石槽沟时，陷入了敌人设下的伏击圈。鬼子居高临下对十团展开猛烈袭击。王亢见状，迅速组织部队进行反击，整个山谷顿时枪声大作，杀声一片。

敌人占据有利地形，再加上敌我兵力悬殊，十团终因寡不敌众，最后被打散。部分战士撤到一处叫老龙背的山梁，继续与鬼子激战。这时，鬼子围住老龙背的出口，以猛烈火力进行堵截，致十几名战士牺牲。为保存实力，王亢带领其余战士暂时躲进山沟里，准备伺机再次突围。经过仔细侦察，发现鬼子的指挥部就设在刘家梁的山嘴上，于是王亢命令集中一切火力，并用小火炮猛轰鬼子的指挥部。只听"轰隆隆"一阵炮响，几发炮弹正中鬼子的指挥部，鬼子指挥官当场被炸死。鬼子像没头的苍蝇，顿时乱作一团，鬼哭狼嚎。王亢趁机带领战士迅速突围。此次战斗，20多名八路军战士英勇牺牲。

战斗结束后，当地百姓发现青石沟附近的山上到处都是尸体，其中有一位战士满身是血，浑身是伤，却死死拽住鬼子不放。人们把八路军战士的尸体掩埋在青石沟边上，并为他们立起"无名烈士之墓"的木牌。

新中国成立后，水头村的中、小学生每年清明节都来到烈士墓前，为无名烈士扫墓。2015年，延庆县民政局把烈士遗骨移至八达岭革命烈士陵园，供更多的人祭奠凭吊。

（郭东亮）

太子沟战斗

在延庆井庄镇和大庄科的交界，有一条山沟名叫太子沟，70多年前，这里进行过一场战斗，八路军十团在团长王亢的指挥下，完胜伪满洲军三十五团二营，活捉营长赵海臣。那个作恶多端的汉奸，终于败在了他的东北老乡兼同学王亢的手上。

阴险毒辣的赵海臣

赵海臣原是东北地区占山为王的一个土匪首领，专门从事打家劫舍的勾当。伪满洲国成立后，这家伙见风使舵投入日本人的怀抱，靠着镇压抗日军民的功劳，1943年晋升为驻延庆县大庄科地区的伪满洲军三十五团二营少校营长。他诡计多端，阴险毒辣，每次"扫荡"悄悄出发，烧杀抢掠后又悄悄回来。为掩护自己，他常常扮成士兵模样，使人认不出他的真实面目，有时"扫荡"从东边出去，转一圈又从西边回来。经过赵海臣"扫荡"过的村庄，家具被打烂，房屋被烧光，鸡犬不得留。光在大庄科一带，赵海臣就亲手杀了10多名抗日干部和游击队员。不仅如此，赵海臣还口出狂言，要像捡芝麻一样捡十团，最后就能把十团团长王亢捡着了。王亢和赵海臣曾经是同学。这家伙经常对老百姓进行反动宣传："你们不要听八路军的，八路军是兔子尾巴，长不了。"延庆抗日军民对赵海臣恨之入骨。

当时，王亢率领的十团住在山道岭（北地隘子），政委是李光辉，曾威是副政委兼昌延联合县委书记，葛震是县委副书记，郭韫是县长。有的老百姓担心地对王亢说："王团长，赵海臣要像捡芝麻一样捡你们。"王亢回答道："好！不是他捡我们，就是我捡他们，走着瞧吧。"

王亢布下包围圈

1943年10月10日，驻扎在大庄科的伪满三十五团，除二营留守外，一、三两营在团长刘书元的带领下，带着大炮、迫击炮，往德胜口、昌平、南口方向"扫荡"去了。

面对装备精良的敌人，十团隐蔽在山上，放敌人过去。但是等敌人走远后，王亢通过望远镜进行观察，发现果庄后梁一带还有敌人在活动。其实，这伙敌人就是赵海臣的二营，他们奉命留守。原来，赵海臣这个铁杆汉奸不甘寂寞，偷偷带领二营出来对抗日根据地进行破坏。太子沟一带是十团军需品的隐藏地，敌人在以往"扫荡"中曾经偷袭过，抢走部分物资。赵海臣还想到此捡便宜，于是带领二营再次来到太子沟。

王亢没想到，此刻他遇到的就是赵海臣的二营，觉得战机来了，应该打他一下子。于是，王亢立即赶回团部，跟政委商量，趁敌人不备，迅速包围、消灭他们。

当王亢率领两个连悄悄摸上山，发现太子沟黄羊崖子一带有200多敌人正在抢东西、烧房。

于是，王亢带领一连一个排在沟顶制高点作为预备队，命令一连两个排向右侧山梁移动，二连向左侧山梁移动，全部到位后，发起攻击。

活捉赵海臣

下午3点，两个连的八路军悄悄向左右两梁插下去，先后到达有利位置。山沟里狂妄的敌人对于山上发生的变化一无所知，他们还掘地三尺，想要搜出八路军的军需物资。

王亢看时机已到，果断命令开火。两连队伍居高临下，机枪、步枪、手榴弹像暴雨般对着山沟里的敌人倾泻下去，山谷里发出雷鸣般的回响。敌人猝不及防，遭袭后不知所措，乱作一团。他们慌乱地跑到几块大山石后面，妄图凭借山石进行顽抗。十团队伍一边射击一边靠近敌人。当他们了解到对手就是赵海臣时，战士们斗志更加昂扬，发誓一定要好好教训一下这个汉奸。

一个小时以后，在十团战士的猛烈进攻下，敌人伤亡惨重，逐渐抵挡不住。但是，狂妄的赵海臣丝毫没有撤退的意思，竟然指挥残兵败将妄图抢占制高点，负隅顽抗。当他们拼命靠近山头制高点时，王亢带领一个排的战士早已经恭候多时，手榴弹扣在战士手上，引弦待发。当敌人筋疲力尽跑到附近二十几米远的地方，一排手榴弹像一群乌鸦一样飞向敌人，手榴弹还没炸完，一阵密集的子弹已经射向敌人。数十名敌人应声倒下，剩下的连滚带爬，往山崖后面跑。

这时，十团三支人马已经将残敌团团围住，在进攻的同时，命令敌人放下武器，立刻投降。下午6时，赵海臣及敌连长、副连长、医生、日本指挥官田代等七八十名日伪军被俘。

此战，十团官兵以和敌人旗鼓相当的兵力，歼敌200多人，缴获机枪3挺、日本三八式步枪100多支。

赵海臣民愤极大，老百姓纷纷要求处决他。十团请示军分区，军分区同意处决赵海臣。第二天，在莲花滩村召开公审大会，抗日军民上千人参加大会，受到迫害的群众纷纷上台控诉赵海臣的滔天罪行。会后，赵海臣被执行枪决。

太子沟战斗，十团威名远播，沉重打击了敌人的嚣张气焰，鼓舞了延庆军民抗战到底的决心。从此，昌延联合县南山地区的形势开始好转，延庆川区的工作也逐步打开了局面。

（郭东亮）

柳沟阻击战

提起延庆区井庄镇柳沟村，人们首先想到的就是火盆锅豆腐宴。柳沟村位于九龙山和燕羽山两山之间的开阔地，古为关隘，是兵家必争之地。明代筑城屯兵守护十三陵，称柳沟营（城）。抗战时期，柳沟又成为敌我双方争夺的一个重要支点。

平北根据地建立之后，因柳沟地处中共昌延联合县和龙延怀联合县接合部，成为平北抗日根据地的重要通道和枢纽，战略地位至关重要。1940年，日伪军对昌延中心区进行"扫荡"，就在柳沟修建炮楼，驻重兵把守。1942年年初，伪蒙疆警备队200余人，受伪延庆县政府警备科指挥，分驻柳沟、高山寺、白草洼、佛峪口、大石峪等据点，对我游击区形成包抄之势，专门攻击八路军及地方抗日武装。为此，我八路军、游击队奋起反抗。平北游击大队班长赵起率游击队端掉柳沟警察局；八路军晋察冀军区十团一连周德礼率领全连在柳沟西梁全歼伪蒙疆骑兵一个排；一区民兵大队长黎光辉带领东沟和窑湾的民兵游击组，游击组长李明带领冯家庙游击组，在柳沟城外埋下地雷，炸死多个到南山"扫荡"而夜宿柳沟的日伪军。

1943年5月20日夜，昌延联合县区游击队和民兵配合十团四连，开始对柳沟据点进行包围。至第三日，康庄日伪军300多人前来增援，十团二连在柳沟玉皇山与增援之敌激战，从早晨8时一直战至下午4时。日伪军久攻不下，伤亡七八十人，黄昏时无奈逃回县城。据点被困，伪警察盼援军未到，伪警察队长李矬子焦急万分。此人身材矮小，小嘴小眼，能吹善媚。见八路军久围不撤，求援无望，于半夜时分，带兵偷偷溜出北门逃跑。刚出柳沟北门，伪警察踩上地雷，死伤10余人。疾行8里，途经老君堂村边，又遭游击队民兵截击，留下10余具尸体。至第二天中午，才率20余个残兵逃回县城。

丢掉柳沟后，日伪军心有不甘，伺时反击。12月27日晚，驻柳沟十团团长王亢得到消息，从县城出来一个营的日伪军，向柳沟杀来。此日正值农历腊月初一，月黑天高，寒风刺骨，昼短夜长。王团长了解情况后，陷入踌躇：此时天还没亮，沟通不便；直接迎击，十团主力不在柳沟；转移撤退，助长敌人气焰，乡亲们遭罪。王亢咬紧牙关，眉头皱了几皱，计上心来，一拳砸在桌子上，发出了阻击敌军的动员令："打他个龟孙子！"排兵布阵时，王亢没有占领西山梁制高点，而是把两个连埋伏在柳沟西城下，武委会主任胡寿录组织民兵游击队策应善后。

天刚亮，敌军进至柳沟城外。这时，天空阴气沉沉，初冬的积雪盖在柳沟的土地上，白茫茫的，照得天地通亮。不出王亢所料，敌人速派重兵抢占西山梁制高点，李矬子带领"尖兵班"摸到西关，试探性地与十团岗哨接上了火。西关的街道比西城低有2丈深，埋伏在街道两旁和城门外的战士屏住呼吸，严阵以待。近点儿，近点儿，再近点儿，敌人进入伏击圈后，王亢大喊一声："打！"并甩出一枪，李矬子应声倒下。十团战士居高临下瞄准射击，把手榴弹扔到敌人头顶上，"尖兵班"纷纷倒下。紧接着，大批日伪军沿着西关的两趟街，向西城"哇啦哇啦"拥上来，气势非常嚣张。日伪军万万没想到，此地正是八路军的重兵防守之地，一时间，机枪、步枪、手榴弹一齐打向他们。情知进了八路军的伏击圈，敌人如同热锅上的蚂蚁，死的死、伤的伤，败下阵来。

飞扬跋扈的敌人凭借兵力优势，不甘心失败，重新组织进攻。王亢重新进行军事部署，把埋伏在西关街道两侧的战士收缩到西城外，以防敌人包抄。果不其然，日伪军沿着关外两条街及其南北两面包抄进攻，形成四路合围之势。兵临城下，两军对垒，仇人相见，分外眼红，敌我双方战斗的惨烈超乎想象，双方的枪声、手榴弹声、喊杀声响成一片。日伪军在军官的督战下，亦步亦趋地往前冲，前面的倒下了，后面的又拥了上来。当他们冲到城门口时，一连机枪班长李燕田端起机枪，挺身跃出掩体，大喊：

"我是柳沟人，誓死保卫柳沟！"一串串仇恨的子弹扫了过去，前面的日伪军纷纷倒下，后面的鬼哭狼嚎，形成颓势。这时，李燕田不幸被敌人乱枪击中，身受重伤。我军士气不减，越战越勇，日伪军溃不成军，收拾残兵败将，狼狈逃回县城，好长时间不敢再犯柳沟。

柳沟战斗是一场漂亮的阻击战，消灭日伪军连长以下110多人，缴获枪支100多支以及大批弹药。战斗中，柳沟武委会主任胡寿录带领民兵担架队，用门板或筐箩把12名伤员相继抬到柳沟村东，由卫生队进行包扎上药。战斗结束后，王亢派人把4名重伤员转送南山医疗所治疗，李燕田等2位伤员因伤势过重，医治无效，不幸牺牲；8名轻伤员留在柳沟村民家中治疗，在妇女干部贾桂珍、韩桂芝带领下，柳沟王素兰等人积极收留伤员于家中养伤。在部队卫生员的指导下，她们为伤员喂饭喂水，洗涮上药，接屎接尿。半个月后，8名轻伤员痊愈归队。

（孙思升　孟昭旭　郭东亮）

古城战斗

古城村位于延庆著名旅游风景区龙庆峡东南侧。据史籍记载，古城村在西汉就有村落，为上谷郡夷舆县治所，其土城遗址在今村东。东汉时废夷舆县，该村遂有古城之名。古城村不仅历史悠久，地势也非常有特点，它背靠大山，面临妫川，进可攻，退可守。抗日战争时期，八路军曾在这里痛击日军。

1944年1月18日，恰好是腊月二十三，农历小年。就在这一天，八路军十团和日伪军在这里展开了一场激战。

这天天气格外冷，天空乌云密布，天亮时地面上的雪已有脚脖子深。驻扎在昌延联合县古城村十团的战士们像往常一样，一大早就踏着积雪出操练兵，然后准备过小年吃饺子。

古城村位于延庆县城东北9.8公里，东南距常家营2.1公里，西南濒临古城河道（如今河道北侧就是具有"塞外漓江"之称的著名风景名胜区——龙庆峡）。据史籍记载，古城村在西汉就有村落，为上谷郡夷舆县治所，其土城遗址在今村东。东汉时废夷舆县，该村遂有古城之名。古城村不仅历史悠久，地势也非常有特点，它背靠大山，面临妫川，进可攻，退可守。因此，十团选择在该村驻扎休整过年。

让人没想到的是，驻扎在延庆的敌人却模仿八路军的作战套路，利用节庆和恶劣天气，悄悄向古城村移动，准备给十团来个突然袭击。

上午7时左右，哨兵报告村东和村南发现日伪军，正向古城村包抄过来。接着，哨兵又来报告，古城村西也出现80多名伪警察。小小古城村，突然间东、南、西三面出现敌人，情况十分紧急。

在古城村驻扎的十团只有团部人员和两个连，另外就是昌延联合县基干队和县大队约百十号人。面对突发的敌情，十团团长王亢、政委曾威商议之后，很快做出判断，敌人虽然对我军偷袭合围，但肯定对我军虚实并不十分清楚。于是决定：让炊事班人员首先向北山方向撤离，佯装败退，吸引敌人。

当时，十团战士和昌延联合县政府的人员尚未早餐，原本打算出完早操回来吃饺子，由于突然出现敌情，饺子吃不成了。可饺子都已下锅，接近煮熟，炊事员只好连汤带水装在水桶里挑走。

西面的敌人发现撤退的炊事员队伍后，立刻疯狂向他们射击。枪林弹雨中，有的水桶被打透，热乎乎的饺子汤从枪窟窿里往外漏。有的炊事员中弹倒下，饺子撒在雪地和血水里。

就在敌人向炊事员队伍开火的时候，曾威率领一个排，带一挺重机枪，迅速跑到古城村西北的一个小山坡上埋伏起来。

敌人看到八路军炊事员队伍匆忙撤退，忘乎所以追赶过来，想趁机扩大战果。当他们追到西北小山坡时，我军的重机枪突然愤怒地吼叫起来，敌人被打倒一大片，赶紧趴在地上还击。

就在西侧战斗开始的同时，负责东侧作战的王亢团长举着枪，亲自率两个连呐喊着冲出古城村。那时，民间流传一句话："天不怕，地不怕，就怕王亢一咬牙！"看到十团来势凶猛，进攻的敌人停止脚步，双方在古城村外的旷野和道路上厮杀起来。

敌人碰到十团主力，不会轻易放弃。双方在古城村外反复冲杀，激烈的枪炮声、呐喊声从早上一直持续到黄昏。十团凭借顽强的战斗作风，把东面敌人赶到常家营村以南的河套地区，并且压制住敌人火力。敌人西面的警察队本就被我军压制，听说东路同伙被打退，慌忙后撤。敌人精心设计的两面夹击，结果变成了两面逃窜。

古城战斗是敌人精心策划的一次偷袭战，八路军虽是仓促应战，但是由于判断准确，部署得当，最终粉碎了敌人的合围。此战十团缴获机枪1挺、步枪20多支、战马16匹，并且俘获敌人负责通信的一个鸽子班。

（郭东亮）

八里庄战斗

元宵佳节，是中国最重要的传统节日之一。在《水浒传》等古典小说中，这一天也是好汉们出来展示本领的日子。1944年元宵节当天（2月27日），驻扎延庆城区的日伪军居然东施效颦，利用元宵节偷袭驻扎在八里庄的八路军，结果却是偷鸡不成蚀把米，遭到八路军游击队痛击。

1944年2月26日（正月十四），昌延联合县七区区长雷英、青年主任（区委组织委员）王奎，带领区小队30余人，进驻八里庄村，探听延庆城内日伪活动情况，伺机打击出城活动的小股敌人。但是，他们的行动被敌人获知，敌人计划利用正月十五人们过节的时候，偷偷围剿消灭区小队。值得庆幸的是，就在同一天中午，平北军分区教导大队也到八里庄村驻防，使区干部和区小队幸免一场灾难。

事情开始是这样的。1944年2月24日，驻守在大海陀村的平北军分区教导大队，在大队长陈静安的带领下开展急行军演习。他们穿过几十里的峡谷从佛峪口出来，进入延庆北山根儿一带，25日进驻上阪泉村。26日，教导大队进驻八里庄村，准备驻扎两天，借着"正月十五花灯节"的机会，搞一次军民联欢，让战士们高高兴兴过个元宵节。当天，军民一起演练高跷、旱船、秧歌，各中队战士整整排练了半天和一个晚上，准备正月十五上街演出。

27日早晨，各中队5点就起床了。大队长陈静安指示各中队，要加强村南岗哨，预防延庆城内的日伪军出来捣乱。

8时左右，村南岗哨发现一里地以外地方有股敌人，向八里庄悄悄移动，当即报告了大队长陈静安。陈静安听到报告后，命令各中队立刻准备战斗，打敌人个措手不及。

教导大队装备比较好，每个中队有两挺歪把子机枪和一门迫击炮，步枪、手榴弹、子弹充足。干部战士都有作战经验，战斗水平较高。当陈静安大队长来到前沿阵地时，各中队已经做好战斗准备，等待敌人的进攻。

敌人是从延庆县城出来的讨伐队，总指挥官是日伪讨伐大队长迟静。他们集中警察队250余人、三大队250余人（这个三大队是从内蒙古新调来的，队员多是大烟鬼），还有驻在文庙里的日本兵100余人，共计600余人。

敌人知道八路军住在八里庄，但是不知道具体情况，还以为碰到的是区小队，没太当回事。只听陈静安大队长一声喊："打！"霎时间，寂静的八里庄村前机枪、手榴弹、步枪一齐开火，打得敌人猝不及防。敌人没有藏身之地，只能狼狈后退，一边后退一边还击，撤到安全距离之后才停下来。

教导大队的战士越打越勇，有的中队提出要冲出战壕追击敌人，陈静安大队长命令说："没弄清敌人的情况，只许阻击，不许冲锋。要提高警惕，加强防备，打好阻击战。"于是，战士们边打边喊："冲呀，捉活的！杀呀，别让鬼子汉奸跑了！"

敌人见八路军光喊不出击，更加认为对手是区小队，便集中兵力组织了一次冲锋，不料再次遭到教导大队的痛击，伤亡惨重。此时，教导大队的60迫击炮打出两发炮弹，正好打在敌方人堆里。敌人阵脚大乱，停止前进，又不甘心失败，远远和我军对峙起来。

正在这时，永宁来了一伙伪满洲军，有400余人，他们去康庄火车站运粮，路过延庆，听见城北枪声，便跑步来到八里庄。

伪警察队和三大队告诉这伙伪满洲军，八里庄遇到八路军，有多少人情况不明；他们打得很顽强，武器也很好，不能硬攻。敌人重新调整阵势，兵分三路包围八里庄村。警察大队和鬼子兵继续从南面进攻；三大队从米家堡村、老仁庄村绕过去，从东往西进攻；满洲军从陶庄围过去，从西往东进攻。针对敌情变化，大队长陈静安重新安排兵力：一中队为预备队，二中队仍坚持正面阻击南面之敌，三中队阻击西面之敌，四中队阻击东面之敌，区小队支援三中队打西面之敌。

敌人三面进攻，教导大队依托八里庄有利地形，与敌人展开了针锋相对的战斗。敌人一次次冲锋，都被教导大队打了回去。

由于教导大队和区小队坚守阵地不出击，敌人始终摸不清八里庄到底有多少兵力。到下午两点，战斗进行了六七个小时，敌人伤亡很大。由于心里没数，敌人不敢再进攻，抬着伤兵开始撤退。赶来参战的伪满洲军本想借机找找便宜，不想被打死一个营长，士气十分低落。由于隐蔽得当，教导大队只有6位战士负伤，被老乡用担架抬上，送进北山治疗。

为防止敌人报复，当天晚上，教导大队撤往东北方向，经古城村北（今龙庆峡）进入北山。昌延联合县七区区小队和教导大队告别后，在区长雷英和青年主任王奎的带领下，从丁家堡子村北（今野山峡）进入北山休整。

（郭东亮）

双营伏击战

延庆镇双营村，是延庆保存较好的明代古村落，曾因成为电影《地道战》《桥隆飙》《三进山城》的外景地而名噪一时。而在抗日战争期间，这里发生过一场激烈的战斗——双营伏击战。

1944年，延庆抗战进入黎明前的黑暗，也是日伪军最嚣张的时刻。当时，最让老百姓痛恨的除了日伪军，还有日军豢养的"清乡队"，这是一支由当地地痞、流氓及叛变投敌分子组成的汉奸队伍。其中，就有叛变投敌的平北地委警卫队原队长王成启。这支凶暴残忍的"清乡队"，由延庆的日本警务署科长毛栗和五县（延庆县、怀来县、龙关县、赤城县、涿鹿县）指导官恒野直接指挥。

"清乡队"是日军豢养的恶狗，不但熟悉八路军活动规律，更对当地群众中的"堡垒户"了如指掌。他们倚仗日伪军撑腰，在延庆地区为非作歹，为虎作伥。根据地的许多干部、地下党员被他们抓捕；许多"堡垒户"受到他们的迫害；当年许多受减租减息政策得到实惠的群众积极分子遭拷打、被关押，甚至杀害；很多八路军家属更是他们欺辱敲诈的对象，整个延庆川被他们搞得暗无天日，民不聊生。延庆百姓对铁杆汉奸恨之入骨。

十团转战到昌延地区后，一直在寻机消灭这股敌人。

1944年3月2日，十团团长王亢、副政委曾威率领三个连队和周德礼率领的游击队进驻双营村。指挥所就设在靠近城东门的潘会家里。十团进驻双营，大胆地向延庆县城逼近，就是为了引诱日伪军前来进攻，以达到一举歼灭"清乡队"的目的。

团长王亢选中了双营是绝对有道理的。

双营村距离延庆县城东北4公里，原是明清军屯城堡。四周筑有高3

丈、底宽2丈5尺、顶宽1丈有余的围墙。只有东、西两面开有城门，住着不到百户人家。城墙以外1公里范围内没有村庄和树木，地势平坦。登上双营城墙四顾，可以一览无余。由于这里的城墙是用黏土垒起来的，既厚又高，易守难攻，进退自如。

十团进入双营村的当天下午，延庆城里的日伪军就得到了情报。下午2点多钟，团长王亢站在双营城的城墙上，从望远镜中看到近200名敌人急急忙忙走出延庆城东门，又折转向北，停在县城东北三里河村边的野地里。日伪军架起八一式迫击炮，连续向双营村轰击，许多炮弹落在指挥所附近，老百姓的住房也被轰出不少窟窿。

后来才知道，是叛徒王成启向日伪军介绍双营城城高墙厚，易守难攻，所以敌人一改过去那种横冲直撞的进攻方式，只是远远地朝这边开炮，并不急于发起进攻。

团长王亢一看敌人不上钩，找来副政委曾威商量对策，然后做出部署：以散兵为诱饵，诱使敌人上当。团长王亢命令周德礼带领游击队和各连勤杂人员，装扮成溃逃的散兵，出双营西门朝北山黄柏寺方向跑，并要求他们跑得越乱越好。

战斗中，敌人突然发现"一股八路向北山逃跑"，而且溃不成军，立刻下令停止对双营的炮击，转而轰击这股"溃逃"的人群。王成启在日本人面前看到了效忠机会，带着手下的100余名清乡队员，向着北山方向追击。此时，日伪军以为十团真的被炮火吓跑了，就以胜利者的姿态收起迫击炮，耀武扬威地回县城去了。警务署科长毛栗和五县指导官恒野率领"清乡队"，一直追到米家堡西南的田野。他们排成东西一列横队，用机枪和步枪对着周德礼的游击队和各连勤杂人员所在方向一阵乱打。

正在"清乡队"大显淫威的时候，团长王亢指挥一连、二连、四连的战士们，包抄到米家堡村西敌人的背后。一声令下，机枪、步枪同时开火。佯装"溃逃"的游击队听到枪声，转身投入战斗，对敌人形成了合围。

飞扬跋扈的"清乡队"两面受敌，立刻停止追击的脚步，像没头的苍蝇一样开枪还击，妄图从十团的包围圈冲出去。

十团战士绝不手软，他们把仇恨的子弹射向到处乱窜的敌人。一时间，激烈的枪声和手榴弹爆炸声，将敌人打得晕头转向。

擒贼先擒王。战斗刚一打响，十团战士首先击毙了声嘶力竭挥舞战刀的毛栗和恒野，给敌人来个干净利索的斩首行动。"清乡队"这伙亡命徒，平日耀武扬威，完全是狗仗人势，现在一看两个日本人横尸田野，立刻变成了丧家之犬。他们有的拼命逃窜，有的趴在地上装死，有的一个劲儿往尸体下面钻，更多的则是走投无路，乖乖地跪在地上，举手投降。

由于指挥得当，十团又占有绝对优势，战斗只进行了短短30分钟就结束了。毛栗、恒野以下30多人被击毙，其他几十人成了俘虏，作恶多端的"清乡队"得到了应有的惩罚。叛徒王成启侥幸脱逃，但是正义的审判没有缺席。1948年5月，延庆城二次解放时，王成启被八路军击毙，附近群众拍手称快。

"清乡队"覆灭的消息很快在延庆大地传播开来，百姓闻之欢欣鼓舞。双营伏击战的胜利，扭转了整个延庆川区的抗战形势，成为昌延地区抗日战争的一个重要转折点。

新中国成立后，双营城一度成为抗战影片的外景拍摄地，风靡全国的《地道战》《桥隆飙》《三进山城》等电影都曾到村里拍摄，双营也因此名噪一时。

（郭东亮）

玉渡山中反"扫荡"

提起玉渡山，今天人们首先想到的就是这里幽静的自然风光。然而，在抗战时期，这里却是敌人"扫荡"与我军反"扫荡"的重要战场。

1944年4月，根据侦察员的报告，日军联合龙关县、赤城县、延庆县3县的日军400余人、特务警察600余人，要来玉渡山"扫荡"。

玉渡山是海陀山的东南屏障，这里山高林密，在100平方公里的大山深处散落着后河、五里坡、海沟、五间房、路家河5个行政村和10余个小自然村。敌人来玉渡山"扫荡"，就是妄想通过抢光、烧光、杀光的"三光"政策，把玉渡山里的村庄变成无人区，进而以此为依托，蚕食和摧垮南碾沟的平北军分区司令部。当时，覃国翰任军分区司令员，段苏权任平北地委书记兼军分区政委。

接到情报后，段苏权立即召开会议，部署反击日伪军的战斗。他要求军区、地委、龙（关）延（庆）怀（来）联合县县政府，迅速发动群众转移，搞好"坚壁清野"，将粮、钱、牲口全部转移或就地掩埋。区游击队长王耀武带领区游击队和各村民兵搞支前工作，调集公粮、衣服、鞋袜，组织民兵抬担架、送水、送饭，指挥群众转移到安全地方。

两天后，"坚壁清野"工作完成，群众的粮钱物牲畜全部转移，村民大多数提前转移，个别胆大和观望的转移不积极，偷偷留在村里。

第三天，敌人从龙关、赤城、延庆兵分三路进攻玉渡山，直奔后河、五里坡、海沟、五间房和路家河而来，结果扑了个空。气急败坏的日伪军闯进村庄以搜查八路军为名，奸淫烧杀，无恶不作。"扫荡"持续了10多天，农民房子被烧，粮食、衣服、被子被抢，家具全部被砸。留在家中的少数百姓被捉、被打、被杀，跑出村的躲在山中，饥寒交迫，不敢回家。

当时，驻扎在平北军分区司令部附近的只有八团，团长为詹大南。根据敌进我退、敌疲我打的原则，詹大南率领八团从佛峪口悄悄潜出，形成包围圈，然后经过张山营、上阪泉，再从西羊坊、小鲁庄北两道沟内进山，兵分两路，里应外合，形成关门打狗之势。

詹大南要求八团官兵接近敌人后迅速攻击，只许前进，不许后退，坚决消灭敌人，严防敌人从各个沟口逃跑。

敌人没有料到，本想把八路军困在山中，却反被八路军包围。既然已经没有退路，于是拼命向八团阵地冲击，妄图突围。

这场战斗从早上7点半一直打到晚上7点，枪声、炮声、手榴弹声、杀声、喊声震天动地，在玉渡山中此起彼伏。漫山遍野都能听到八路军战士们的呐喊声："杀呀！打呀！别让小日本跑了！为乡亲们报仇！"

这一天，敌人对八团疯狂反攻了10余次，均被八团打退。在八团阵地前，敌人已经伤亡500余人。晚上7时，保卫司令部和群众的任务已经完成，八团给敌人让出一条路，然后对敌人进行侧击和追击。

为防龙、延、赤各县敌人前来增援，军分区命令八团追击一段后停止追击，留一个排坚守阵地，为大部队断后，其余部队迅速撤离。

大部队安全撤离后，留守排准备撤退，不料当他们撤出大南山头阵地500米左右时，敌人一个中队的兵力又杀了个回马枪，正从前山坡爬上来。此时，留守排战士只能前进，不能后退，只有进攻才有可能胜利。排长当即下令，战士们端着刺刀向敌人冲去。在半个小时的激烈拼杀中，全排30余名战士全部壮烈牺牲。

玉渡山反"扫荡"，八团官兵斗智斗勇，取得战斗胜利，而日伪军的春季大"扫荡"也以失败而告终。

1981年7月1日，延庆县委、县政府为缅怀老一辈革命者的丰功伟绩，在南碾沟建立纪念牌和纪念亭，不定期举行纪念活动。20世纪90年代，玉渡山有路家河、高家河、苏家河、五里坡、海沟、五间房等6个自然村，合计100户362口人。后来，为改善村民生存条件、提高生活水平，当地政府开发玉渡山风景区，各村村民全部迁出。

（郭东亮）

吕庄伏击战

在平北抗战中，由于敌我力量悬殊，八路军多依托山区地形或者夜间隐蔽和敌人周旋作战。1944年后，随着国际形势和国内形势的变化，中国抗日战争进入局部反攻阶段，平北抗日形势也发生了根本性改变。平北军分区十团在延庆取得一系列战斗的胜利，不仅在山区和夜间，就是在川区和白天，也逐步争得了战斗的主动权。吕庄伏击战就是在这样的背景下进行的一场战斗。

当时，按照日伪区域划分，延庆县属伪蒙疆察南行政厅管辖，永宁镇属延庆县。伪满洲军三十五团长期在永宁镇驻扎一个营，借口是保护伪满洲国边境安全。这个营食用的粮食需要用火车从外地运到康庄，然后再用毛驴驮子运到永宁。他们的运粮规律是每年春秋各一次，每次都出动部队进行武装保护。

十团将此情况报告给军分区司令部，并请求寻机伏击永宁镇伪满洲军的运粮队。不久，军分区司令部批准了十团的作战计划。

1945年3月1日（正月十七），当老百姓还沉浸在春节氛围中的时候，十团侦察员得知驻扎在永宁镇的伪满洲军约两个连的兵力，带着民夫和毛驴驮子前往延庆方向。根据这个情报，十团分析敌人可能是运粮来了。按照以往规律，敌人运一次粮往返需要三天时间：第一天从永宁到康庄住一夜，第二天装上粮食到延庆住一夜，第三天由延庆返回永宁。因此，十团决定于3月3日伏击敌人，地点选在吕庄。

吕庄位于延庆城东北约8.5公里，一条简易公路从村子中间穿过，将村子分为两部分，路南的叫前吕庄，路北的叫后吕庄，后吕庄还有残破的土围墙。前后吕庄夹道，是延庆到永宁的必经之地，在这里打埋伏，地形对我军非常有利。

十团指挥这次战斗的是团长李荣顺、政委曾威和副参谋长周德礼，军分区政委段苏权到现场勘察地形，指导制订作战方案。当时，十团在延庆川区有三个主力连，延庆县大队一个连也可集中使用，而敌人运粮队只有两个连的兵力。对比部队的政治素质、群众基础和实际兵力，我军占有较大优势，有把握消灭这股敌人。

公路围墙内，一连在村的西南角，二连在村的东南角，四连在村子南门口两侧，其中一个排隐蔽在大门外几堆高粱秸秆内。作战计划要求一连和四连放过敌人尖兵，集中力量攻击敌人大队人马，二连负责消灭敌人尖兵。县大队一个连做预备队，摆在后吕庄的西北孙家庄，既可支援进攻，也可掩护转移。

3月3日拂晓前，十团各连进入阵地隐蔽，同时严密封锁消息，严阵以待敌人的到来。

十团焦急地等待数小时之后，直到上午9点多钟，伪满洲军的尖兵才越过八里店村。也许敌人担心出事，后面的大队人马和尖兵之间距离很远，行军速度也很慢。

在十团指战员的焦急等待中，敌人的尖兵终于进入了我军伏击阵地。但这伙敌人很狡猾，他们并没有从两个村庄之间直接走过去，而是在后吕庄南门口附近停下来，东张西望进行侦察。

当敌人的大队人马接近吕庄村西，距离十团伏击阵地还有300米远时，意想不到的事情发生了。敌人尖兵发现了隐藏在附近高粱秸秆内我军战士的刺刀，随即惊恐地喊起来："村里有八路！村里有八路！"他们一边尖叫，一边加速步伐推进。

面对这突如其来的变化，同四连官兵一起埋伏的团副参谋长周德礼随机应变，不等总指挥下令，立即指挥四连以迅雷不及掩耳之势，向敌人的尖兵冲去，机枪、步枪、手榴弹一齐开火。敌尖兵四处逃窜，有的被打死，有的被打伤，有的投降做了俘虏。

敌人大队人马听到枪声后，不仅不去支援，反而掉头往延庆县城撤退。

距离这股敌人最近的十团一连翻出土围墙，冲出村子，向敌人追去。但是，因为距离过远，加之敌人交替掩护，一连只能眼看着敌人逃回延庆县城而无可奈何。

战斗结束后，十团本着人道主义精神，责成延庆县抗日民主政府将敌人伤兵和尸体交给永宁镇的敌人。俘虏经过教育，有的拿上路费回家，有的参加了八路军，成为抗日战士。

1945年3月15日，《晋察冀日报》曾载文报道这次战斗，内容如下：

晋察军区3月11日战报，3月3日（迟到）平绥路怀来东十二里康庄，伪满洲军三百五十余名，掩护向永宁城运粮，为我某团一部于永宁城西南十里吕庄设伏，因暴露目标过早，仅将其先头部队尖兵排歼灭。我缴获轻机枪一挺，步枪十二支，驳壳枪一支，子弹一万零八百五十三发，战马一匹，炮弹一枚，刺刀十六把，毙伪十名（小队长一名），伤伪二十名，俘九名，我仅伤亡六名。

多年以后，周德礼在回忆文章中说，吕庄战斗虽然歼灭一些敌人，但是没有达到预期目的，是一次值得总结经验教训的战斗。

（郭东亮）

收复延庆永宁

1945年9月21日，新华社发布电讯："察南之延庆城已于二十一日为我攻克。我俘虏伪军三百余。残敌一部向东逃窜，我乘胜追击，复占延庆东四十里之永宁城。"这场战斗的背景和经过是这样的。

1945年8月23日，晋察冀军区十团和四十团在兄弟部队的配合下，迅速、果敢地解放了华北重镇张家口。这一胜利，极大地鼓舞了平北抗日军民，使盘踞在平张铁路张家口至康庄段沿线各城镇的伪军惊恐不安。但是，国民党反动派为了抢夺胜利果实，派遣特务收罗各地伪军和土匪，封官许愿，拒绝向抗日军民缴械投降。

为了粉碎蒋、伪合流阴谋，平北主力十团和四十团根据冀察军区的命令，迅速挥师东进，在新编四团和六团的配合下，从9月2日到20日，先后解放宣化、沙城、新保安和怀来县城，俘虏伪怀来县长张让山。

20日下午，我先头部队在八路军第十二军分区副司令钟辉琨的带领下，乘胜追击到延庆县城西关外。

当时，延庆城内驻有一个警察大队（包括三个步兵中队和一个骑兵中队），共400余人，总头子叫左尚志。另一个头子叫张风元，带两个中队驻守在延庆城东40里的永宁镇。日本宣布投降后，这里的伪军如丧家之犬，惶惶不可终日。后来国民党与他们取得联系，并派飞机送来委任状和军服，给他们撑腰打气。我军连克张家口、宣化、新保安、怀来等城市后，他们还是胆战心惊。

因此，当我军到达延庆县城西关外不久，城西南妫水河边路口炮楼一个班的敌人，虽然配有一挺轻机枪，但慑于八路军的威名，不敢抵抗。一经喊话进行政治攻势，便挑起白旗走出炮楼投降了。

我军紧接着向西城边逼近，只见城门紧闭，城上不少伪军站岗，城里还敲锣打鼓，虚张声势。钟辉琨命令追击炮连先发射两发炮弹，再看看动静。两发炮弹射出之后，城墙上轰轰两声巨响，城里立刻安静下来。

晚上10点，八路军第十二军分区司令詹大南带领十团、四十团和新六团先后到达。钟辉琨向詹大南报告敌情，并建议部队立即包围延庆城。

敌人得知我军主力到来后，如惊弓之鸟，在夜幕掩护下，争先恐后从东门和南门逃往城外。由于缺乏指挥，加上夜色朦胧，奔逃的敌人在路上拥挤踩踏，不少人因此受伤。

当我军做好准备攻击西城门时，西城门内200多伪军突然打开城门，举手投降。原来，他们是收到怀来伪县长张让山劝降信的怀来逃敌。

21日早，抗日军民收复延庆县城。此时距离1937年9月25日日伪军占领延庆县城整整8年零27天，塞外古城终于回到延庆人民的手中。

从延庆城逃出的伪军，一股向八达岭、北平方向逃窜，结果被县大队击败于西拨子；另一股伪军逃奔康庄，也遭我军迎头痛击，20多名伪军在高粱地里跑昏了头，碰到我军炊事班，炊事员一喊话，他们乖乖投降，做了俘虏。

另外，还有一部分敌人向东逃窜至永宁城。永宁城的伪军见延庆城被八路军占领，惊恐万状，于是在我军追兵还没有到达前，便在张风元的带领下，仓皇向北平方向逃窜。他们逃到半路，在二道河与我警卫连相遇。我军立刻开始攻击，敌人无心恋战，随即掉头北窜，碰到从延庆追来的十团，怀疑中了埋伏，转了一个圈，又逃回永宁城。

为了减少攻城的牺牲，我军决定先和平争取敌人，于是派出延庆县委书记葛震和分区参议员张华亭作为谈判代表，进城做工作。葛震和张华亭向张风元晓之以理，动之以情。在大军压境和强大的思想政治攻势之下，张风元带领200多人投降，永宁城宣告解放。

至此，张家口至康庄的平张铁路沿线的据点全部被八路军占领，平西抗日根据地和平北抗日根据地连成一片。

10月3日和6日，延庆县委县政府分别在延庆城和永宁城召开群众大会，庆祝抗日战争的伟大胜利。

（郭东亮）

延庆阻击战

解放战争初期，在延庆有一场战役，受到中央领导的关注和指挥，这就是著名的"延庆阻击战"。

那时，驻扎在南口和关沟的国民党军不断侵犯延庆解放区，目的是要沿平绥铁路北上，进攻张家口。1946年9月，蒋介石令第十一战区孙连仲、第十二战区傅作义，从东、西两线对晋察冀解放区政治、经济、军事中心张家口发动进攻。东线以第十一战区第十六军、第五十三军为主攻，分别由南口和怀柔经延庆和康庄沿平绥铁路向怀来进攻；西线以第十二战区、第二战区5个师、1个纵队集结大同、集宁一线，待机行动。

针对国民党反动派的进攻，党中央立即进行部署阻击。8月30日，毛泽东主席为中共中央拟电，指示晋察冀军区司令员聂荣臻："（一）杨（得志）、苏（振华）纵队已到延庆整训甚好，该部队需补充新兵，每团充实至二千五百人作为突击力量；（二）平北、平西各地构筑碉堡，以地方兵团加强守备，如敌进攻，坚决歼灭之，决不轻易放弃地方。"9月2日，又发电指示："张家口沿线至延庆、龙关、怀来、涿鹿各县须择要点建立堡垒，规划范围，指定地方兵团囤积粮食，准备固守。"

9月10日，晋察冀军区复电中央军委："康庄怀来线将完成第一线筑城，并开始策划构筑下花园、延庆、龙关地带，准备在要口择重点筑堡。"根据中央军委指示，由军区副司令员萧克、副政治委员罗瑞卿组成晋察冀中央局和晋察冀军区中国人民解放军野战指挥机关，集中兵力，配置在延庆、怀来地区，作为主要防御部队，打击由北平北进的国民党军队。具体部署是：第二纵队第五旅一个团在岔道、康庄间运动防御，消耗、迟滞国民党军队行动；第五旅主力和第四旅第十二团控制怀来地区，坚决抗击敌人进攻。

9月中旬，在人民群众的大力支援下，延庆、怀来地区筑成掩体与交通壕相连的大纵深、支撑点式的三道防御阵地，用以阻击国民党军队西进，保卫张家口。

9月29日2时许，国民党军第十六军、第五十三军第一三〇师共4个师的兵力，分两个梯队，沿平绥铁路向延庆地区人民解放军发动进攻。第一梯队第十六军第九十四师和第二十二师在飞机、坦克掩护下向岔道、南园攻击，其一个团同时向程家窑、黄土梁攻击，目标是攻占延庆城。

晋察冀军区独立第五旅在旅长詹大南率领下，奉命坚决阻击敌人前进。独立五旅二十四团第三营首先在大泥河与敌人交火。三营官兵凭借顽强的战斗意志，在敌人飞机大炮进攻下毫无畏惧，坚持与敌激战两天两夜。后来敌人越来越多，三营为避免被敌人包围，只好边打边退，撤到延庆城外。这时，二十四团的另外两个营及时赶到，协助三营进行布防，化解危机。

9月30日，国民党第十六军九十四师进犯康庄，发炮千余发，掩护冲锋10多次，均被我军击退。我军在毙伤400余敌人后，为保存有生力量，于30日下午6时主动撤出战斗。

随后，两路敌人集中兵力专攻延庆城。在敌人飞机坦克大炮构成的强大火力压迫下，我军向延庆城内收缩。

针对敌情变化，二十四团团长吴迪及时调整部署，并亲率二营担任守城任务。副团长梁岐率三营在城东，营长周德礼率一营在城西，摆开阵势，死守不退。此时，事先部署的二十二团在东路怀柔黄花城经4天激烈阻击战后，派遣二营和三营赶至延庆城北至曹官营一带阻击敌人。

10月1日至3日，敌军以一个团的兵力，向城南百眼泉我二十四团一营九连阵地连续猛攻。进攻持续了3昼夜。敌人用数十门大炮向我军阵地轰炸，几十辆坦克向我阵地进攻，每天冲锋多则七八次，少则三四次。由于我军事先构筑了坚固的工事，广大指战员战斗情绪高昂。同时，官兵们发扬善于近战的优良传统，当敌人临近时一阵猛打，然后组织小部队出击，将敌击退。敌退之后，我军用敌人丢弃的武器弹药补充自己，同时抓紧抢修前沿工事，以备敌人再次冲锋。疯狂的敌人曾一度占领百眼泉前沿阵地，但当夜就被我军夺回。

我二十二团在县城东翼不断反击敌人的进攻，有力配合了二十四团的正面阻击战。此后，敌我双方在延庆城周围展开激烈战斗，枪炮声喊杀声昼夜不断，你拼我夺，不相上下。

10月11日，国民党军占领张家口。独立五旅的阻击任务已经完成，在当天主动撤出战斗。

延庆阻击战经过13天的激烈战斗，独立五旅歼敌800余人，胜利地完成阻击任务，受到晋察冀军区副司令员萧克的嘉奖。延庆保卫战，我军以一个旅阻击蒋军一个军，第一次与"飞机加大炮"的强敌作战。广大指战员不畏强敌，苦战13天，拖住了敌人，赢得了时间，掩护了地方政府机关和重要物资的及时转移。延庆保卫战的重大意义在于给进犯解放区的蒋军以迎头痛击，不让其轻易夺取抗战胜利果实。该战史称"延庆阻击战"。

（郭东亮）

南湾伏击战

　　延庆区四海镇的四季花海以其壮美的景色让无数游客流连忘返，然而，很多人不知道，解放战争时期，就在四季花海一带，曾发生过一场激烈的战斗——南湾伏击战。

　　1947年6月，人民解放军揭开由战略防御转入战略进攻的序幕。中共中央、中央军委要求晋察冀军区继续坚持内线作战，分批歼敌，收复失地，扩大解放区，策应外线兵团作战，为最后全歼内线国民党军队创造条件。为此，平北地区军民集中兵力，通过机动灵活的运动战和歼灭战，拔除据点，夺取敌人控制区，不断消灭国民党军队有生力量。

　　1947年10月，冀察军区独立第五旅奉命改编为冀察热辽军区独立第二师，詹大南任师长，李光辉任政治委员，吴迪任参谋长，下辖第四、第五、第六三个团。改编结束后，独立第二师为配合地方土地改革，到延庆地区寻找战机。在不到3个月的时间里，通过后所屯战斗、阜高营战斗、老君堂战斗，消灭延庆地区敌人5个营，沉重打击了国民党军。

　　敌人恼羞成怒，伺机报复独二师。1948年1月12日，国民党暂编第三军第十一师带领延庆县13个伪大乡队共3000余人，从永宁镇出发，向四海地区出击，企图寻找独二师决战。

　　正在四海地区活动的独二师得知敌情后，立即进行部署。师长詹大南命令五团（团长李洪元）占据南湾北山和大胜岭后山，六团（团长梁岐）占领南湾村南的乔玉顶等高地，布成6里长的大口袋阵。察东分区独立团和延庆县大队在钟辉琨的率领下，在延庆县城东北米粮屯和烧窑峪一带牵制延庆、康庄援敌。同时，詹大南命令远在怀柔黄花城、石湖峪的四团（团长刘义荣）急行军赶至黑汉岭以东，断敌后路。

　　五团和六团进入阵地后不久，就与敌人打起来。仇人相见，分外眼红，战斗一开始就异常激烈。

战前，我军得到的情报是，敌人只有两个团。但是战斗打响后，从俘虏口中得知，敌人是一个整师。我军的战斗任务立刻显得艰巨起来。所幸的是，战斗开始不久，平北军分区独立团（团长黄炳南）在司令员曾威的带领下，紧随六团进入战斗。即便如此，在战场上我军兵力仍显不足，只是占据着地形优势。

敌人遇到顽强阻击，立即集中兵力和火器，企图夺取六团一连阵地制高点乔玉顶。他们重金悬赏组成敢死队，不顾一切，拼命向乔玉顶冲锋。我军则据险死守，寸土不让，敌人的进攻一次次被打退。与此同时，我军的其他阵地也多次打退敌人的进攻。

因为要等待援军形成包围圈，我军只是死守阵地，没有向进攻敌人发起冲锋，而进攻的敌人也不能攻占我军阵地，于是双方在战场上形成僵持局面。

黄昏时分，远道而来的四团赶至黑汉岭，随即迅速占据东大嵯、楼子坡等有利地形。至此，敌人陷入四面包围之中，成了瓮中之鳖。

我军四团的到来，瞬间改变了敌我之间的形势。敌人困兽犹斗，为了突围，不断疯狂进攻乔玉顶高地，战斗进入白热化。眼看乔玉顶高地就要失守，关键时刻，师参谋长吴迪前来阵地指挥战斗，稳住阵脚。不久，吴迪不幸被敌人冷枪击中，英勇牺牲。吴迪原籍湖北黄安县（今红安县），是参加过长征的红军干部。抗战时期，他机智勇敢，出入敌占区如入无人之境，被誉为"无敌"英雄，享有很高威望。吴迪的牺牲激起了我军战士复仇的怒火，一时间，战斗更加激烈。

入夜之后，敌人在付出巨大代价后占领了乔玉顶制高点。但是那天月黑风高，伸手不见五指，敌人对我军威胁不大。而我军熟悉地形，又惯于夜战近战，因此决定继续作战，大量歼灭敌人有生力量，天亮前撤出战斗。于是，我军发起全面总攻。一时间，冲锋号声、喊杀声、激烈的枪声在方圆几平方公里内此起彼伏，很多阵地上展开了激烈的白刃战、肉搏战。

战至午夜，我军四团二营四连二排长王谦率全排战士，冲进南湾村敌师部大院，对敌人实行斩首行动，捣毁敌指挥机关，俘敌一部。敌指挥系统顿时瘫痪，失去指挥的敌人乱作一团，残敌在我军的猛烈进攻下，逐渐集中于大胜岭东侧和乔玉顶负隅顽抗。

我军为减少伤亡，更有效地全歼敌人，于13日凌晨出人意料地停止攻击，悄悄撤出战场，至黑汉岭至刘斌堡之间敌人回撤的道路两侧，埋伏于山脚下，准备给敌人来个二次伏击。

据险死守的敌人等到天亮，仍然看不到我军踪影，以为我军畏战逃跑，于是整顿残兵败将准备撤回永宁。让敌人没想到的是，回撤的路上没走多远，又进入了我军的伏击圈。这时的敌人已经成了惊弓之鸟，再也没有组织像样的攻击，不顾一切向永宁溃逃，武器辎重随处丢弃。

南湾伏击战，我军毙伤敌1500余人，俘敌300余人，缴山炮1门，六〇炮5门，重机枪12挺，轻机枪45挺，步枪226支及众多军用物资。战斗结束后，王谦排被授予"南湾排"的光荣称号。

这次战斗的胜利，沉重打击了敌人的猖狂气焰，扭转了察南地区的战局，有力配合了解放军东北及华北的冬季作战，延庆地区的形势明显好转。该战史称"南湾伏击战"，亦称"四海战斗"或"大胜岭伏击战"。

（郭东亮）

永宁攻城战（二次解放）

1948年4月22日，西北野战军收复延安，这是解放战争轰动全国的一个标志性事件。很多人不知道的是，就在当天，冀热察军区开始进攻永宁城，并于次日解放永宁城，彻底改变了延庆地区敌我之间的斗争态势。

永宁城位于延庆地理上的中心点，始建于唐贞观十八年（644），明朝先后进行了三次修整。该城为正方形，周长6里13步，高3丈5尺，以砖石砌筑。永宁城是沟通西面川区县城和东部山区、南山解放区和北山解放区的交通要道，也是当时国民党"围剿"解放军的一个桥头堡。

我军占领永宁城，将把延庆南部、北部和东部的根据地连成一片，同时对西面延庆县城的敌人产生威慑。

当时，永宁城内盘踞着延庆县保警大队近400人，南湾伏击战遭到毁灭性打击后重新拼凑的13个还乡团300多人，合计700多人。这些家伙平时对付游击队还能抵挡一阵子，如果跟解放军正规部队对垒，虽然有高大的城墙为依托，最终肯定难逃覆灭下场。所以，我军选择永宁城作为延庆解放战争中要攻取的第一个城镇。

1948年4月22日，也就是我西北野战军收复延安的当天，冀热察军区独立第二十六团在延庆、怀柔、四海3个县大队配合下，由平北军分区司令员唐家礼统一指挥，向永宁城发起攻击。

我军的具体部署是：二十六团二连攻取北门，怀柔县大队三连配合；二十六团一连跟随二连进入北门后，顺南北大街直捣南门；二十六团三连埋伏在南门外，负责歼灭逃跑之敌；二十六团四连负责夺取西门。四海县大队一连攻取东门，二连埋伏于东门外截击逃跑之敌；延庆县大队两个连负责歼灭西门外居民区的还乡团，并以一部助攻西门。二十六团另一个连和部分区游击队埋伏在延庆至永宁之间，负责警戒和截击延庆增援之敌。

我军选择北门作为突破口，是因为南门、西门与城外落差较大，需要仰攻。东门外视野开阔，没有隐蔽物。而北门紧邻同一水平线的北关和左所屯两个村子，作为掩体，便于进攻和防守。

我军利用夜幕接近敌人，攻击部队接近北门之后，敌人误认为是区游击队袭扰，当知道是野战部队在攻城时，开始拼命抵抗。

二十六团二连在火力掩护下，向北门发起猛攻。爆破组将炸药放在一辆手推车上，然后将用水浸透的几层棉被盖在炸药上，推车的战士头顶湿棉被，低头猫腰推着车向北门前进。敌人知道这是来炸城门的，于是集中火力向这辆手推车射击，但是，子弹打在湿漉漉的棉被上，无济于事。我军则集中火力进行掩护，打得城墙上的敌人抬不起头来。推炸药车的战士则快速接近北门，然后将车停在北门洞里，随后拉开导火索并迅速滚入护城河内。只听一声巨响，在一片耀眼的火光中，北门被炸开了。由于距离太近，炸药威力又大，这名爆破战士的耳朵被震聋，战斗结束后就复员了。

没等硝烟散尽和敌人缓过劲来，二连战士便呐喊着冲进北门，一部分负责肃清北门城墙两侧的敌人，一部分直奔城中心的玉皇阁。玉皇阁近20米高，上面的敌人居高临下拼命射击。二连利用夜幕掩护，从不同方向逼近玉皇阁，很快形成包围之势。玉皇阁上的敌人见势不妙，慌忙逃走，二连则迅速占领玉皇阁这个永宁城制高点。

二连的突破对于攻城部队是个巨大的鼓舞，对于其他三个城门的敌人则是致命的威胁，因为他们要受到内外夹攻。我军其他各连则按预定计划，经过短兵相接和猛烈进攻，永宁城的南门、东门、西门陆续被攻克。由于出城的退路被我军堵死，溃败的敌人只好沿着城墙和街道胡同节节败退。

战至23日凌晨，残敌逐渐退败到永宁城东南一隅的伪保警大队部。困兽犹斗，他们借助掩体顽抗，一直到拂晓。

天一亮，敌人认为延庆的国民党军队会来增援，于是固守待援。23日上午，我军多次进攻，都被敌人密集的火力挡住。我军做思想政治工作，要求敌人投降，遭到拒绝，敌我双方形成僵局。

23日中午12时，我军将几门攻城炮运到城东南前沿阵地，随即向敌人据点猛烈轰击，战士们呐喊着向敌人发起总攻。没有退路的残敌垂死挣扎，双方展开巷战，逐房逐院争夺。战斗至13时许，敌军渐渐不支，伪保警大队长率残敌跳城墙逃跑。当时，永宁城城墙高3丈5尺，城墙下边还有一人多深的护城河，因此，敌人摔得非死即伤，惨叫声一片，个别命大的侥幸逃走，大部分当了俘虏。

23日14时，战斗结束。我军毙敌保警大队长和还乡团65人，伤39人，俘虏伪镇长吴寿清（吴贵）以下545人，缴获各种枪支315支（挺），刚刚拼凑重建的13个还乡团再次被歼。我军伤亡40余人，延庆县大队连长赵本牺牲。

该战史称"永宁攻城战"。

（郭东亮）

强攻延庆城

研究延庆红色革命历史，有4个时间点应该记住：1937年8月27日，日军占领延庆县城；1945年9月21日，八路军解放延庆县城，史称"一次解放"；1946年10月11日，国民党军队再次占领延庆县城；1948年5月19日，人民解放军解放延庆县城，史称"二次解放"，这一天也称为"延庆解放日"。这里介绍的就是延庆县城"二次解放"——强攻延庆城。

1948年4月，华北军区杨罗耿兵团为配合东北野战军南出辽沈，准备越过平绥铁路，到平北、冀东地区作战，把傅作义集团军拖在华北。冀热察军区为保障杨罗耿兵团这一行动，率军区机关和独立第七师南下，决定由独立七师夺取延庆城。

延庆城是察哈尔省南部重镇，是连接我华北和东北两大战略区域的枢纽和战略要地。攻克延庆城，不仅可以直接掩护杨罗耿兵团越过平绥铁路，而且对我军今后在平北的行动也非常有利。

二十团接受攻城任务 秣马厉兵积极备战

延庆城及其周围守敌包括察哈尔省保安第二总队500人，连同伪保警团和乡镇土匪武装，共2000余人，由伪县长兼团长崔少荃和伪察哈尔省保安第二总队上校总队长焦子午指挥。延庆城有3丈6尺高的完整古城墙，砖石结构，城内外修筑了非常坚固的大小堡垒数十个，城外有护城河，且四周开阔，易守难攻。

1948年5月14日，独立七师师长陈宗坤、政委谢明召开各团干部会议，介绍延庆敌情，下达战斗任务。

会议决定，二十团担任主攻任务，二十一团担任助攻，十九团为预备

勇牺牲。为给营长和教导员报仇，八连和九连奋勇杀敌，连续攻克5个碉堡，控制北城区大部，有力配合了一营夺取钟鼓楼的行动。

三营七连由东城墙运动到北城，在从北城向西城门大碉堡接近时，遭到敌人三面火力阻击，四次攻击均未成功，伤亡50多人，三排机枪手全部牺牲。关键时刻，杨罗耿兵团四纵队十一旅的山炮配合七连，向西城门大碉堡进行轰击。趁此时机，七连一班班长刘贵全率领全班冲到大碉堡跟前。敌人从堡内投出手榴弹，都被刘贵全踢下城墙，紧接着，他从碉堡射击孔塞进两颗手榴弹，伪县长兼团长崔少荃当即被炸死，其他敌人惊恐万状，马上举手投降。

二营作为预备队也投入部分兵力参与县城西南区的战斗，他们夺取4个堡垒，歼敌300多人，70多个敌人从城西南跳城逃跑，没跑多远，就被杨罗耿兵团四纵队十一旅全部俘获。

我军大获全胜　延庆城二次解放

截至19日8时10分，经过一夜激战，战斗胜利结束。被国民党军占据一年七个月零七天的延庆城迎来了二次解放，彻底回到人民手中。

强攻延庆城，解放军歼灭伪察哈尔保安第二总队、伪保警团和伪乡镇土匪等2000余人，毙伪延庆县长兼保警团长崔少荃以下234人，伤敌176人，俘获察哈尔省保安第二总队上校总队长焦子午等以下1473人；缴获六〇迫击炮3门，马炮2门，轻重机枪17挺，长短枪880余支，掷弹筒3个，手榴弹2185枚，各种子弹40541发，粮食50余万斤。我军牺牲55人（营级干部3人），伤221人（团级干部1人）。史称该战为"延庆攻城战"。

1948年5月19日，延庆县城获得解放，以此为标志，这一天也被称为"延庆解放日"。

（郭东亮）

平津战役康庄战斗

在革命战争年代，康庄地区不仅诞生了延庆第一个红色党支部——康庄火车站党支部，而且发生过决定平津战役走向的关键战斗——"腰斩长蛇"康庄战斗。

1948年11月，辽沈战役结束后，淮海战役激战正酣。国民党剩下的最大的一支武装力量，就是华北"剿总"司令傅作义指挥的60余万人马，他们凭借张家口、北平、天津、唐山等中心城市组成"一字长蛇阵"，同我华北军区对峙。

当时，人民解放军华北军区总兵力仅为46万人，消灭傅作义集团的条件还不具备。为此，中央军委审时度势，一面命令东北野战军提前隐蔽入关，一面命令华北军区突击平张线，迅速包围张家口，迫使傅作义西援，进而拖住华北地区的国民党部队，减少淮海战役的压力，加速全国解放战争进程。

11月29日，华北军区第三兵团突然向张家口外围国民党军发起攻击，平津战役拉开序幕。同日，傅作义急令其嫡系部队第三十五军从丰台和长辛店乘坐400辆汽车驰援张家口，命令驻昌平第一〇四军移至怀来，驻涿县第十六军移至昌平、南口、康庄，以确保北平与张家口间的交通安全畅通。至此，解放军吸引傅作义主力西援的目的已经达到。

12月2日，中央军委命令华北军区第二兵团由易县经紫荆关向涿鹿、下花园急进，切断怀来、宣化间的联系；命令东北野战军先遣兵团第四纵队，由蓟县向怀来、康庄、南口一带急进，切断北平与怀来间的联系，实行"隔而不围"。

12月3日夜，东北野战军先遣兵团命令四纵司令员吴克华、政治委员莫文骅率领四纵切断平绥路，不让敌西进解围的第一〇四军、第十六军与第三十五军靠拢。

12月5日，东北野战军先遣兵团十一纵在行进途中攻克密云，傅作义发觉东北野战军已入关，直接威胁北平，遂令第三十五军向东撤返，令第一〇四、第十六军由怀来、康庄向西接应。12月6日，国民党第三十五军乘汽车自张家口东撤。华北军区第四纵队第十二旅在冀热察军区部队的配合下节节阻击，拼死将其抑留在新保安地区。

12月7日，经过4个日夜急行军后，四纵到达延庆县四海地区。8日13时，先遣兵团命令四纵于当夜穿插到怀来、康庄、八达岭之间，包围康庄守敌，堵击敌人东窜，阻击北平之敌西援。不久，四纵再次收到先遣兵团的电令，严令四纵于12月8日夜切断康庄、怀来与康庄、南口敌军的联系，并包围康庄守敌。此时，四纵前卫十一师已经通过永宁镇和延庆镇，接近指定位置，十师、十二师尚在行军途中。

根据先遣兵团紧急指示，司令员吴克华、政治委员莫文骅迅速研究确定了作战部署：十师以一个团占领养鹅池、屯军营、外炮、榆林堡，负责包围康庄之敌，十师主力集结于下屯、西桑园地区，做好攻击准备，并随时准备追击退却之敌；十一师以一个团占领康庄、怀来之间的石柱、石桥和东西花园等有利地形，负责切断康庄、怀来之敌的联系，十一师主力部署在铁路以北的大王庄和小王庄地区，随时准备追击可能退却之敌；十二师占领大浮坨、小浮坨、西拨子、营城子地区，负责切断康庄、岔道城之敌的联系，堵击康庄之敌向东逃窜，阻击南口之敌向北增援。纵队指挥部设在康庄北9里处的许家营。

12月8日夜，四纵各部经过急行军，按照作战部署陆续到达指定位置。

12月9日拂晓，四纵3个师已经将敌第十六军军部、一〇九师、九十四师一个团、二十二师六十六团包围在康庄地区。

本来，敌人在康庄构筑有防御坚固严密的工事，完全可以做困兽斗。但是，当敌人发现我军是头戴狗皮帽子和美式装备的东北野战军时，非常害怕，竟在我军尚未决定进攻前，于10日凌晨2时放弃据点和工事，趁着夜色悄悄向北平方向逃跑。

敌人尚未交手就迅速逃走，出乎我军意料。我军在康庄东侧、南侧布防的是十二师的三十六团和十师的二十九团，其接合部是个相对虚弱的地方，因此，狡猾的敌人选择这里作为逃跑突破口。不久，十师二十九团三营发现突围逃窜之敌，立即向团里报告。但是全团部队住得分散，黑灯瞎火，集合起来很不容易。危急时刻，二十九团政治委员刘玲带领身边七八个参谋干事向敌人发起追击。不久，他们在公路上追到一股敌人，由于人少，他们没有开枪，而是利用黑夜视线不清，扯开嗓子对敌人喊话："你们被包围了，缴枪不杀！"果然，敌人不辨虚实真假，又怕遭到我军歼灭，纷纷把枪扔到地上。

10日3时30分，另一部分敌人悄悄逃到十二师三十六团三营的防区，黑暗中，我军哨兵没有发现敌人。此时，团政治处保卫股长阎寿湖起来查哨，突然发现敌人在不远处逃窜，立即鸣枪示警。团长江海、政委王淳立即组织部队占领西拨子西北公路和铁路之间的有利地形，从正面阻击敌人，并迅速向师部报告情况。此时，已有300多敌人完成突围。

拂晓，敌人被三十六团正面的火力压住，开始从两侧突围。江海团长立即命令一个连从营城子方向出击，从南向北包围堵截敌人；同时，三十五团也出动一个连，从北面向铁路包围。敌人三面被堵，便掉头回窜。恰好此时我军十师二十九团七连尾随敌人追了上来，敌人被包围在外炮村以东的西拨子地区。

处在包围圈中的敌人，像无头苍蝇，四面突围，四处挨打。随着包围圈的不断缩小，加上我军政治攻势发生作用，敌人终于崩溃，只好投降。12月10日上午8时，从康庄逃跑之敌被我军歼灭，康庄宣告解放。

东北野战军先遣兵团四纵不愧为辽沈战役塔山阻击战的英雄部队，从到达指定位置到歼灭敌十六军，切断平绥线，前后仅用25个小时，共歼敌6885人，缴获山炮15门及其他大量军用物资。这是解放战争时期在延庆地区发生的最大的一次战斗——康庄战斗。这次战斗创造了平津战役我军一次消灭敌人一个军的光辉战例，更是平津战役的一个关键性胜利，彻底摧毁了敌人整体西逃或南撤的企图。

（郭东亮）

第四辑

红色英雄人物

华夏英杰战平北

白乙化：血沃幽燕，名垂千古

人物小传

　　白乙化（1911—1941），字野鹤，满族，辽宁省辽阳市宏伟区石场峪村人。1930年考入中国大学，并加入中国共产党。1931年，"九·一八事变"爆发，白乙化回乡抗日。1932年5月端掉辽阳伪警察署，组建"平东洋抗日义勇军"，自任司令。1935年，获得中国大学学士学位并留校，兼任学生会副主席。同年，参与组织"一二·九"学生运动，赢得"虎将"称号。1937年秋，白乙化领导组织绥西垦区暴动。1938年后，相继担任华北抗日联军副司令和晋察冀军区第十团团长等职。从辽宁到热河，从内蒙古到山西，从平西到平北，白乙化的抗战足迹横亘中国东北和华北，其中，在平西门头沟、房山和平北延庆、密云抗战期间，他所率领的十团多次重创日寇，令敌军闻风丧胆，人称"小白龙"。1941年2月4日，在指挥密云马营战斗中不幸牺牲，年仅30岁。

　　2019年5月，延庆作家周诠历时两年创作的长篇小说《白乙化》，在北京十月文艺出版社出版。小说以白乙化为原型，拓展了"小白龙"作为知识分子的抗战英雄形象，受到国内读者持续关注。

莘莘学子，爱国青年

1911年6月11日，白乙化生于辽宁省辽阳县石场峪村。从幼年开始，白乙化攻读四书、五经、《唐诗合解》《古文释义》，仅用3年时间就读完了小学5年的课程。9岁会写诗，被誉为"神童"。他善金石书法、油画素描，能作曲、会唱歌。15岁考入辽阳中学，由于学业出众，被人誉为"辽南才子"。

1928年，日寇突然侵入辽阳。面对晃眼的刺刀，17岁的白乙化深感屈辱。怀着武装救国的抱负，他考入沈阳东北军教导队，后升入东北讲武堂步兵本科。1929年秋，考入北平中国大学。1930年秋，加入中国共产党，从此踏上革命征程。

"九·一八事变"的消息传到北平，白乙化义愤填膺。他给中国大学校方写下抗敌申请："国家兴亡，匹夫有责。吾当先去杀敌，再来求学，如能战死沙场，余愿得偿矣！"校方同意了他的抗日请求，并决定给他保留学籍。这年秋天，白乙化回到家乡辽阳，以教书为名，联络四方志士，组织抗日义勇军。第二年春天，他带领数名好友夜袭辽阳警署，抢走10支步枪，组成了一支号称"平东洋"的抗日义勇军。这支抗日队伍以青纱帐为掩护，转战于辽西、热东、锦西，队伍迅速发展到3000余人。后被国民党军骗到冷口，缴械驱散，白乙化只好重回课堂，插入政治系十三班继续读书。

1935年6月，白乙化从中国大学毕业，留校任文书股职员，兼任学生会副主席。他与主席董毓华等人创立"东北问题研究会"，进行抗日救亡宣传活动。

1935年12月，"一二·九"运动爆发。白乙化作为中国大学的重要组织者之一，带头参加了当天举行的游行示威，并手举横幅，走在队伍前列。12月16日，更大规模的游行示威在北平举行，白乙化机智勇猛，指挥由中国大学、弘达中学、北大法商学院组成的第二大队，巧妙避开军警宪兵的拦阻，按时到达天桥。两次游行示威，白乙化获得"一二·九""虎将"的称号。12月22日，北平学联在中大逸仙堂举办血衣展览，白乙化主持展览，并为展览手书横幅："血淋淋铁的事实！"

血性男人，文化精英

白乙化自幼习武，胆识过人，加之身高臂长，在学生运动中表现勇猛、刚毅，故而得到"虎将"称号。他长着络腮胡子，打篮球、踢足球时同样敢冲敢打，是个地地道道的东北汉子。这些特质使他在日后的抗战生涯中勇往直前，无所畏惧。

同时，白乙化热爱读书，喜作诗画，这些爱好在长达十余年的抗日生涯中，始终伴随着他。他一生酷爱3件东西——书、枪、马。他在中国大学组建政治学社，在绥西垦区办报纸、写歌词……白乙化作为一个大学生、一个大学教师、一个知识分子团长，是那个时代不折不扣的文化精英。他和王亢、吴涛、师军等人被萧克将军称为"七十二秀才"，十团也因此有了"知识分子团"的绰号。

无情未必真豪杰，自古英雄多垂泪。

1932年5月，白乙化在家乡辽阳组织"平东洋抗日义勇军"。当他离开家乡时，含泪给怀孕妻子填词一首，以为留念："风点点，雨丝丝，瘦柳残梧诉恨时。谁解小楼不睡意，砧声笛韵和离词。夜悄悄，露迟迟，明月孤灯两不知。擦泪静思离别日，别离还是去年时。"血性男人，多情重义，侠骨柔肠，感人至深。

白乙化热爱学习，注重反省，十团在他的影响下，形成了浓厚的学习氛围。"健全自己，影响旁人"是他的人生格言，也是他作为团长对团里干部和共产党员的要求。他和战士穿一样的衣，吃一样的饭，甚至连上级分配给他的一匹骡子，行军时也总要让给伤病员。大家尊敬他，亲近他。

1941年1月，中共平密兴联合县委书记李子光由平西返回冀东，途经密云时，白乙化陪同他游览龙泉寺。住持老僧请白乙化在寺院影壁上题诗留念，白乙化推辞不过，以豪放舒展的行草字写下五言律诗："古刹映清流，松涛动凤愁。原无极乐国，今古为诛仇。闲话兴亡事，安得世外游。燕山狂胡虏，壮士志增羞。"表达了誓把日本侵略者赶出中国的雄心壮志。

作为东北汉子，白乙化生前爱说一句话："我爱平北，也爱华北，更爱我们家乡东北！"在行军休息的时候，他躺在长满蓬蒿的山坡上，和战士们一起歌唱东北盖满白雪的森林，赞美在风中沙沙作响的满山遍野的红高粱。当他唱到"哪年哪月，才能够回到我那可爱的家乡"时，眼泪夺眶而出，泪珠挂在他那浓密的胡须上，令身旁的战士们百感交集。

抗日将领，民族英雄

卢沟桥事变后，抗日战争全面爆发。1937年10月，白乙化作为绥西垦区工委书记，筹划、组织垦区暴动，成立抗日民族先锋队，再次走上抗日道路。此后，他率部以东北挺进军挺进支队的名义，渡黄河、穿沙漠，进抵东胜御敌。第二年到达山西河曲，配合一二〇师取得煤窑沟等战斗胜利。后越平绥路，渡桑干河，抵达雁北重镇广灵，与八路军三五九旅会师，配合该旅粉碎日伪对雁北的大举围攻。

平西和平北，是白乙化生命最后两年抗战活动的重要区域。

1939年春天，白乙化率领抗日先锋队挺进平西，组建华北人民抗日联军，任副司令。同年6月，华北人民抗日联军与敌激战，毙敌日军大岛大队长等130余人，迫使奥村中队长等3名日本军官逃进山神庙悬梁自尽，取得平西战场第一个胜仗。7月出击房山良乡等地，在下马岭、公主坟、赵家台等战斗中连续重创日伪军。

白乙化双手用枪，百发百中。他在指挥平西娄儿峪战斗中，用步枪3枪击倒3个日军旗语兵，造成日军混乱。1939年年底，"抗联"正式改编为八路军"晋察冀军区步兵第十团"，白乙化任团长。1940年2月，万余日伪军发动对平西根据地的十路围攻，十团奉命在青白口一带阻击敌人。战斗中，日军派出飞机助战，给十团造成很大伤亡。白乙化从警卫员手中要过一杆三八步枪，单腿跪地，瞄准飞机连开数枪，子弹击中驾驶员，日机摇晃着撞山坠落。

1940年5月，白乙化率十团挺进平北，途经延庆时组织沙塘沟阻击战，击毙伪满洲军三十五团二营营长苏庆生等200余人，伤敌40余人。沙塘沟战斗是十团进入平北后取得的第一场胜利，有力打击了伪满洲军三十五团的嚣张气焰，振奋了延庆人民的抗战精神，为八路军开辟海陀山、云蒙山一线的平北抗日根据地打下良好的基础。

1940年5月底，白乙化率领十团到达平北密云，以云蒙山为中心开辟丰滦密抗日根据地。他坚持"内线开辟，外线作战"的策略，亲率一营北出长城，深入伪满洲国的丰宁、滦平境内作战，连克五道营子、小白旗、司营子、虎什哈等据点敌人。7月，白乙化率部返回云蒙山区。8月、9月，为配合"百团大战"，两次率部出击平古铁路，攻克小营车站和怀柔车站，受到晋察冀军区的表彰。至11月28日，白乙化率团共历37次战斗，粉碎敌人78天大"扫荡"，开辟出大片地区。

1941年1月，白乙化率部在密云石塘路、马营、赶河厂休整。2月4日，白乙化指挥马营战斗，消灭伪满道田讨伐大队117人。战斗接近尾声，白乙化不幸被敌人冷枪击中，以身殉国，年仅30岁。

白乙化牺牲后，八路军冀热察挺进军发表《告全军同志书》，赞扬他是"优秀的指挥员、民族英雄、无产阶级的先锋"。

1984年，密云县人民政府重建白乙化烈士纪念碑，萧克将军手书碑文："血沃幽燕，名垂千古"。

2014年9月，民政部公布第一批300名抗日英烈，白乙化是其中之一。

（周诠　石中元）

王亢：平北百战穿金甲，不破敌寇终不还

人物小传

　　王亢（1911—1992），辽宁营口人，毕业于沈阳铁路学院。1937年参加中华民族解放先锋队，同年加入中国共产党。曾任抗日先锋总队中队长、八路军晋察冀军区十团第二任团长。

　　解放战争时期，王亢任哈尔滨卫戍司令部参谋长、第四野战军第五十一军参谋长，参加辽沈战役、平津战役、渡江战役。1949年以后，历任中央军委作战军务局副局长，西藏军区参谋长、副司令员，中国人民解放军铁道兵顾问等职。1960年被授予少将军衔。

　　1992年11月24日，王亢因病在京逝世，享年81岁。按照生前遗愿，王亢被埋葬在密云马营白乙化墓边。

　　长城脚下的延庆，今天是中外游客云集的旅游胜地，抗日战争时期，也是各路英豪杀敌抗日的战场，是王亢团长战斗过的地方。

　　卢沟桥事变后，抗日战争全面爆发。在国难当头之际，王亢毅然弃笔从戎，投身抗日。他在战斗中屡建奇功，威震敌胆，是平北地区卓越的军事指挥者之一，为抗战的胜利做出了突出贡献。

抗日战场上的常胜将军

　　1939年年底，白乙化领导的华北抗日联军改编为八路军晋察冀军区步兵第十团，王亢任一营营长。第十团是八路军中少有的知识分子团，主要干部都是大学生、共产党员，而且大都参加过"一二·九"运动。

　　1940年5月28日上午，白乙化、王亢带领一营作为第二梯队挺进平

北，进抵沙塘沟。伪满洲军三十五团二营闻讯而来，战斗在村东北的山梁上打响。在白团长的指挥下，王亢身先士卒，率部打退敌人7次冲锋，击毙敌伪营长以下200余人，极大地鼓舞了队伍和当地群众的抗日决心。

1940年8月，平北地委书记苏梅、平北军分区政治部主任段苏权到达丰滦密地区的五道营子，迎接军分区司令员程世才。不料，日伪军闻讯扑来。为保证首长安全，王亢奉命率领一营于五道营子东山梁上，英勇抗击三倍于我的敌人。战斗从上午10时打响，一直到黄昏结束，致敌人死伤80余人，十团一营仅牺牲10余人，伤20余人（包括书记苏梅和一营副营长冯克武）。从9月13日到11月30日，敌人集中4000余人的兵力，采取"步骑结合，多头并进，铁壁合围，梳篦子"战术，向丰滦密根据地发动进攻，进行了惨绝人寰的78天大"扫荡"。

面对敌人的疯狂进攻，十团采取"敌进我退、避实击虚、内外线结合"的反"扫荡"战术，白乙化、王亢带领一营跳出内线，越过长城，直插伪满洲国境内。他们在大白天行军，有意暴露行军路线，忽东忽西，忽南忽北，把敌人弄得晕头转向。敌人搞不清十团的作战意图，不敢轻举妄动，只好派一支300多人的队伍尾随监视。十团牵着敌人鼻子在崇山峻岭间转了一个多月，把他们拖得精疲力竭。就在敌人麻痹大意之际，十团突然甩掉尾随的敌军，大踏步北上，捣毁五道营子据点，接着东进重创小白旗敌人，然后又南下，袭击司营子据点，再次北上攻克虎什哈据点，最后突然出现在丰宁境内，歼灭大草坪伪满洲军一个营。敌人惊呼："延安的触角伸进了满洲。"

1940年12月15日清晨，王亢在密云冯家峪南湾子，率领一营伏击撤往县城的日军哲田中队。当日军进入伏击圈后，王亢举枪击毙日军军官。冯家峪战斗击毙90多名日军，开创了平北抗日根据地消灭日军的新纪录。但是，十团也付出了惨重代价，67名指战员（包括9名连级干部）牺牲，王亢为此非常自责。

1941年2月白乙化牺牲后，王亢接任十团团长。1942年，针对日伪的

"蚕食"进攻，王亢率十团主力4个连来到延庆，以延庆南山为中心，在延庆、昌平一带开展游击活动。

1943年10月10日，在延庆太子沟战斗中，王亢率领十团一部毙敌100余人，活捉伪满洲军三十五团二营营长赵海臣，俘虏日伪军70余人，缴获机枪3挺、步枪100多支。太子沟战斗后，延庆南山地区的抗日形势出现根本好转。

1944年3月，王亢带领十团主力，在延庆米家堡歼灭伪警察队100余人，击毙日本参事官恒野和日本警务指导官毛利。此次战斗，成为昌延地区抗日斗争的一个重要转折点。

1944年5月，王亢率部出击十三陵，一日三战，拔除景陵和昭陵两个伪据点，俘敌40余人，打开了昌平北山通向延庆川地的抗日通道。在抗日战争中，王亢在延庆等地指挥莲花滩、双营、后吕庄等百余次大小伏击战和歼灭战，给日伪军以重创，取得反"扫荡"胜利。民间盛传"天不怕，地不怕，就怕王亢一咬牙"，反映了王亢果敢坚决、敢打硬仗的特点。

白莲峪伏击战，两分钟歼敌21人

整个开辟平北抗日根据地的过程中，敌我之间始终处于敌强我弱状态。在武器装备上，我们远远落后于敌人。可是，在经过与日寇的多次较量后，王亢终于认识到，对日军作战，在敢于刺刀见红、不怕流血牺牲的同时，还要多动脑筋，力求智与勇相结合，出其不意，攻其不备，方能实现损失最小、收获最大的目的。

1941年年初，在密云县城北面的白马关、下营一线，日本关东军铃木部队凭借古长城天险对我军实行封锁，并沿白马关设了几个据点。据点之敌常窜到附近村庄抢劫勒索，当地人民恨透了这群野兽。十团几次想收拾他们，一直没有找到机会。

4月中旬，王亢在东西白莲峪沟口，打了一场漂亮的伏击战。东西白莲峪沟口，两侧高山耸峙，中央一南北向大道，是下营日军去密云县城的必经之道。在此设伏，敌人插翅难逃。按理说，日军不会轻易往这里钻，但是他们骄傲成性，竟把这里也当成了"王道乐土"。

一天清晨，王亢获悉驻下营的一小队20多名日军，将沿白马河川道路向冯家峪开来，立刻命令十团一营跑步进入东侧白莲峪沟口阵地。按照王亢的指令，一连两个排埋伏于道路两侧山上，另一排埋伏于两侧山脚下的拐弯处；二连埋伏在路东台地上；三连为预备队。王亢隐蔽在路东一小山上指挥。

10时左右，日军大摇大摆地闯进伏击圈，最近的距十团战士仅七八米远。王亢吸取冯家峪战斗经验，把鸣枪发令改为按信号旗语行事，并规定机枪射手分段扫射，步枪射手几人共同瞄准一个敌人，分工包干射击目标。当他用旗语传出射击指令时，机枪、步枪同时开火，21名日军未及散开，就全部被击毙。整个战斗只用两分钟，十团战士无一伤亡。按照事先命令，战士们没有向穿便衣的翻译官和强拉来做向导的老乡开枪，使得二人得以活命。当下营日军闻讯赶来增援时，十团早已安全转移。

传递假情报，智取日伪军

王亢历经无数次的战斗，却没有负过一次伤。他智勇双全，擅长打游击战和伏击战，总是以最小的代价换取最大的胜利。

1941年4月15日傍晚，一个农民打扮的中年人走进密云康各庄村伪乡长家。这个农民打扮的人便是王亢安排的敌工人员。敌工人员告诉伪乡长，明天拂晓，根据地的区领导在白道峪村召集各乡保长开会，要求他提前布置，保证会议和区领导安全，不能走漏风声，尤其不能让日本人知道。

这个伪乡长是个铁杆汉奸，八路军做过很多工作想把他争取过来，可他不仅刺探八路军情报出卖给日军，还暗中恫吓老百姓。当敌工人员离开后，伪乡长立刻拉开后门，拔腿朝日军据点跑去。他心里的小九九是"正愁没情报孝敬皇军，这次说不定还能混个一官半职"。

半夜时分，20多个鬼子和30多个伪军悄悄扑向白道峪村，在村子四周埋伏起来，计划等八路军人员全部进村后再动手。

日伪军的一举一动都在十团的监视之下。日伪军刚刚出动，王兀就带着4个连的战士，借着夜色，埋伏在了白道峪村周围的三面山上。

白道峪村有100户人家，十团在这里已有一定的群众基础。村庄周围的山上长满了荆丛和野生花椒树，已经发芽变绿，易于隐蔽。这里三面环山，爬上任何一个山头，村里情况都可一览无余，是个易守难攻的好地方。

日伪军从夜里等到天空泛白，也没见到有人进村。等得不耐烦了，他们便懊恼地进村，挨家挨户地踢门板，将全村男女老少赶到村中央的平地上，由日本小队长训话。

王兀见时机已到，用旗子发出一个"打"的信号，战士们一边射击，一边扑向山下的鬼子。日伪军遭到突然攻击，顿时乱作一团。当太阳爬上山头的时候，23个鬼子和21个伪军被击毙，3个被俘，八路军无一伤亡。

类似的战例不止这一个。

同年7月14日，王兀给日军朱狩中队写了一个假情报："在一撮毛山新建了游击队，武器不足，弹药缺乏，请速来歼灭。"随后，命令特务连在一撮毛山制高点构筑工事，晚间点燃篝火，一连、二连、三连埋伏在周围待命。日寇接到假情报，组织百余人，星夜出动，从东面往一撮毛山的火光进发。我军向敌开火，敌人顽强抵抗，经激烈战斗，敌人除8人溃逃外，其余均被消灭。消息传到伪满洲国，敌人惊呼："八路军大大的厉害！"

1944年9月21日，平北支队恢复为平北军分区，詹大南任司令员，段苏权任政委，钟辉琨为副司令员，王兀为参谋长。

抗日战争胜利后，王兀离开平北，担负起更重要的工作。新中国成立后，他经常深入部队调查研究，多次回延庆视察，看望老战友，关心延庆发展，为老区建设建言献策。

（石中元　周诠）

段苏权：历尽苦难心向党，赤胆忠诚为中华

人物小传

段苏权（1916—1993），湖南茶陵人。1930年加入中国共产党，1932年参加中国工农红军。土地革命战争时期，历任中共茶陵县委书记、中共湘赣省委宣传部部长、湘赣军区政治部宣传部部长、红六军团政治部宣传部部长、中共黔东特委书记兼红军黔东独立师政治委员等职。1934年11月至1937年11月受伤脱队。抗日战争期间，历任中央军委总政治部教育科科长、晋察冀军区平北军分区政治部主任、中共平北地委书记兼平北军分区政治委员。解放战争期间，任热河军区司令员、中共冀热察区党委书记、冀热察军区司令员兼政治委员、东北野战军第八纵队司令员、东北军区副参谋长。新中国成立后，任东北军区空军司令员、中国人民志愿军空军第一副司令员兼空二军军长、华北军区空军司令员、福州军区副司令员、军政大学副校长、解放军军事学院政委等职。1955年被授予少将军衔。曾获二级八一勋章、一级独立自由勋章、一级解放勋章。

1993年9月28日，因脑溢血去世，享年78岁。

延庆的海陀山区，由于2022年北京冬奥会举世瞩目，在70多年前，这里却因为山高林密成为平北地委和军分区的所在地。段苏权从延安走向这里，又从这里走向东北战场，成就了他波澜壮阔的传奇人生。

18岁的黔东独立师政委

1933年10月，贺龙、任弼时、萧克、王震率领的红二、红六军团从贵州回撤湘西，任命18岁的段苏权为独立师政委。他和师长王光泽率800多

人（有枪400多条）奉命留下打游击，掩护主力东进。独立师在黔东20多天内，进行大小战斗20余次，牵制敌军万余人，成功掩护了主力向湘西进军。此后，独立师遭到贵州军阀王家烈和四川军阀刘湘共计10个团兵力的围攻。

1933年11月26日，独立师攻打秀山县邑梅镇时，一颗子弹打穿了段苏权的右脚踝骨。敌人前堵后追，师长王光泽决定迅速将剩余部队带出，赶到湘西和主力会合。一路流血的段苏权躺在担架上，不想因为自己耽误行程，央求王师长带部队加速撤离。3名战士把段苏权抬到秀山县雅江乡丰田村，送到贫苦厚道的穷裁缝李木富家里。李木富将段苏权藏在村子附近一个山洞中。

不料，当地民团听到风声。第二天一早，几个团丁押着李木富上山搜查。重伤的段苏权无法抵抗。民团搜走了他身上的3块大洋，剥光了他的军装。他只剩下一条带血的裤衩。山风呼啸，他冻得缩成一团。民团头子抢起大刀，准备杀他。李木富叫着团丁头目的名字求情："莫造孽啰！他是个残疾人，动不了啦。图了财就行啦，莫害人家性命！他也活不长啦，你们可怜可怜吧！"裁缝李木富曾给这些本地团丁做过衣服，多少有些交情，民团头子听从了他的建议，吆喝团丁们下山了。

此后，李木富、杨桂花夫妇每天给段苏权送红薯稀饭和草药，坚持了半个月。后来，李家缺衣少粮，每天连一顿红薯稀饭都无法保障。一连三天，段苏权只能喝泉水果腹。他饿得气息奄奄，便用两个手掌和膝盖爬出山洞，穿着那条仅能遮羞的短裤，一步一步向山下挪去。他爬到李木富家，膝盖已磨得血肉模糊，露出白生生的骨头，当即昏了过去。

李木富夫妇把他扶进家门，用温水给他洗净伤口，给他喂稀饭。段苏权看着李木富空空如也的家和面带菜色的一家老小，知道救命恩人家的红薯稀饭也所剩无几了。自己必须离开这里。段苏权决定回湖南茶陵老家。李木富请邻居苏仕华连夜给他做了两根拐杖；又做了个竹筒，竹筒上钻了个窟窿，拴上绳子，挂在拐杖上做讨饭碗。

1935年7月，段苏权在乞讨途中来到攸县皇图岭车站。他的茶陵乡音未改，老乡刘维初和他认了乡亲。刘维初将段苏权扶带回自己家里。他给他理发，去掉头上的"虱子窝"，换上干净衣裳，并给他敷药治疗脚伤。段苏权在刘维初家里住了42天，可以行走了，便给茶陵县尧水乡高径村的父亲写信。父亲借了十几块大洋，来到攸县，千恩万谢地酬谢了刘维初，把儿子接回家里疗伤。多年以后，段苏权才知道，独立师已经在1934年11月28日全军覆没。

1937年9月，段苏权几经周折来到山西太原八路军办事处，找到了老上司任弼时。任弼时惊呆了，高兴地说："我们曾给你开过追悼会，原来你还活着啊！好，大难不死，必有后福！"

领导平北抗战　解放张家口

1937年秋，段苏权进入延安抗日军政大学第三期学习。1938年春结业，任抗大政治教员。同年6月，调任中共中央军委总政治部宣传部教育科科长。1939年春，段苏权进入中央马列学院攻读政治理论。1940年6月，晋察冀军区平北军分区政治部成立，段苏权任主任，着手准备进入平北海陀山开辟根据地。担任护送平北军分区政治部任务的是七团二营和警卫排，由当年红军强渡大渡河口的18勇士之一——时任二营营长的熊尚林率领。在延庆佛峪口，我部遭遇日军80多人，双方发生激战，歼灭日军木和田中队一部，烧毁敌汽车2辆，团政治处副主任张振元等38位同志牺牲。由于日伪援军靠近，为了保护政治部的安全，熊尚林率部撤出战场，改道水峪口，进入海陀山，后在南碾沟安营扎寨。

当年7月，平北军分区司令部成立，程世才任司令员，率八路军七团第一、三营于滦平与二营会合，在丰宁、赤城、崇礼等地进行多次战斗。由于敌情严重，七团不适应平北的游击环境，不久撤回平西。8月，程世才奉命调回晋察冀军区，十团和游击一支队由段苏权指挥。

1941年8月，覃国翰任平北军分区司令员。

1942年7月，段苏权任平北军分区政治委员并代理地委书记，领导建立、巩固和发展平北抗日根据地的斗争。

1943年2月，中共中央北方分局做出《关于三年来平北工作总结的决定》，肯定了平北地委和军分区的成绩，也严肃指出了此前工作中的右倾错误。北方分局决定：把平北地委改为地分委，段苏权任书记，陆平任副书记，归平西地委领导，丰滦密县划归冀东领导；平北军分区改为平北支队，覃国翰任司令员，段苏权兼任政治委员，归平西军分区指挥。

5月，在龙赤县西坡村，段苏权主持召开平北地分委干部扩大会议，史称"西坡会议"。在20天的会议上，地分委认真检讨右倾错误带来的严重危害，强调从思想上、政治上、组织上取得一致；认真贯彻党的一元化领导，加强军队思想政治工作；发动群众，发展地方武装，加强党政军民团结，坚决扭转困难处境，开创斗争新局面。此后一年，平北开辟了滦昌怀顺联合县和龙崇宣联合县两个地区，恢复与再建村政权415个，开辟村庄273个，共计688个，占全地区总村数的48%。龙关、赤城、延庆地区的武装斗争主动权，基本上回到了八路军手中。

1944年9月21日，平北支队恢复为平北军分区，詹大南为司令员，段苏权任政委，钟辉琨为副司令员，王亢为参谋长，吴涛为政治部主任。在地方抗日民主政权建设方面，把原来的6个县扩建为张北、崇礼、龙关、赤城、延庆、昌平等9个县。

1945年1月，上级决定，将中共平北地分委恢复为平北地委，段苏权任地委书记。3月3日，段苏权率领十团（团长李荣顺、政委曾威）3个连、延庆大队一中队，在延庆吕庄设伏，歼灭伪满洲军运粮队1个尖兵排。5月至7月，所属部队先后攻克三岔口、独石口、云州、后城、二道关、黄花城据点，一度解放崇礼县城。7月，段苏权率十团和平西四十四团于龙门所伏击伪满洲军六团二营，毙伤团副太田茂及伪营长以下300余人。两次战役，共毙伤俘敌1100余人，缴获大量武器弹药，解放村庄451个，扩大解放区面积近5000平方公里，使得海陀山中心区同北部的张北、崇礼、赤城连成一片，并开辟了张北至宣化间的广大地区。

8月15日，日本宣布无条件投降，段苏权和詹大南按照上级命令，率领主力部队十团、四十团和分区教导大队，向张家口迫近。17日，詹大南奉命去张北与苏蒙联军联络，段苏权率部做进攻张家口的准备。20日和22日，平北部队两次进攻张家口，23日解放张家口，共计毙伤俘日军200余人、伪军2000余人，活捉伪蒙疆自治政府的副主席和伪张家口市市长，从仓库查获步枪和轻重机枪10000多支（挺）、子弹50万发、大炮50余门、炮弹8万余发。

9月，段苏权领导平北部队先后攻克怀安、兴和、新保安、怀来、延庆、永宁、龙关、赤城。10月25日，攻克大阁（丰宁）。除昌平、怀柔、密云、顺义4座县城被日军交给国民党孙连仲部队外，平北广大地区均被八路军解放。

在平北6年中，段苏权注重加强党的建设、地方政权建设和武装斗争，领导指挥辖区大小战斗200多次。他注重政治思想教育和军事理论工作研究，写有《平北军分区训令》《攻坚战斗的组织与纵深战术》《开辟平北抗日根据地的十条经验》《要坚信马列主义毛泽东思想》《必须健全干部管理制度》等文章百余篇。

年轻而耿直的空军将领

抗美援朝战争爆发时，段苏权担任东北军区空军司令员。他和后来的海军航空兵司令员曾克林是我国空军中最早一批亲自驾机飞上蓝天的将领。从1950年11月到1951年5月，时年36岁的段苏权在哈尔滨第一航校学习轰炸机驾驶课，经过半年的学习和354次飞行，他通过了雅克－18单飞空域。

1951年11月，段苏权奉命到大东沟志愿军空军司令部，任第一副司令员兼空二军军长，协助刘震指挥作战。段苏权的指挥经验得到了前线指战员们的尊重，像"一搜索、二接敌、三攻击、四集合、五退出""现代快速飞机作战，实际上是先退出再集合"这样的战评总结，在当年飞行员培训驾驶中起到了重要作用。

段苏权总结战果认真严谨。1953年，志愿军空军司令部上报战果指出，中国的米格-15打美国的F-86是一比一平，即中国损失一架他们也损失一架。后经段苏权调查，战争伤亡数据存在不真实情况，但志愿军空军司令部和军委空军司令部压制了段苏权的意见，谎报军功。段苏权将此情况上报志愿军司令员、国防部部长彭德怀，并附上1953年2月18日到4月28日24名飞行员40天战绩和损失的原始资料，受到彭德怀重视。由于此事，空军司令员刘亚楼和政委肖华做出书面检讨，志愿军空军司令部主要负责人受到党内处分和行政降职。

1953年年底，段苏权成为"审干"重点。1955年9月全军授衔，段苏权因"有历史遗留问题"被"暂授少将"。

段苏权是一位懂理论、会打仗的人。任弼时曾经评价段苏权："这个人有办法，能吃苦，能经受挫折，有韧性，对事业忠诚。"

1993年段苏权逝世后，时年91岁的任弼时夫人陈琮英亲临灵堂悼念，她说了这样一段话："长征路上，我们已经为段苏权同志举行过一次追悼会，可他没有死，拖着打碎了的脚，一路乞讨又爬回部队，他那时就是独立师的政委了。唉，他这辈子，受过不少委屈。"

2015年，按照段苏权生前嘱托，他的骨灰安放在海陀山北麓的赤城县凤凰山公墓。《功勋园》纪念广场下的茵茵草坪，成了他永远的家。

（石中元　周诠）

吴涛：敌后艰危共甘苦，饮冰吞雪眠无被

人物小传

　　吴涛（1912—1983），蒙古族，辽宁省沈阳市人。大学毕业，法学学士。1928年参加革命，1929年到北平中国大学学习，"九·一八"事变后积极参加抗日救亡宣传活动。1935年毕业于中国大学政法系，同年加入中国共产党，并参加"一二·九"运动。1937年9月入伍。抗日战争时期，曾担任晋察冀军区十团政委兼丰滦密中心县委书记，平北军分区政治部主任、副政委，平北地委热西地分委书记兼热西支队政委。解放战争时期，任晋察冀野战八旅政委，东北佳木斯卫戍司令部政委，东北野战军炮兵纵队政治部副主任、主任，第四野战军特种兵政治部副主任。

　　1955年被授予少将军衔。曾获二级独立自由勋章、一级解放勋章。新中国成立后，先后任第四野战军炮兵政治部主任，中央军委直属政治部主任，解放军总参谋部政治部主任，内蒙古军区政委，北京军区副政委。第九届、第十届中央委员。1983年11月在北京病逝。

　　在平北八路军十团中，有一位白乙化的东北老乡、大学同学、亲密战友，他就是团政委吴涛。他曾任丰滦密中心县委书记，在平北大地特别是延庆留下了很多战斗足迹。

从富家少年到爱国青年

　　1912年5月14日，吴涛生于沈阳市东郊施家寨村一个蒙古族家庭，父亲吴德珍（又名德隆鄂）系经营地主，拥有土地250亩、房屋15间，家境优越。

吴涛7岁入本村国民小学读书，12岁入古城子高级小学校读书，14岁高小毕业，考入奉天省立第一中学读书。1929年，考入北平中国大学预科；1931年，升入中国大学法政系政治专业（本科）学习；1935年大学毕业。

上小学时，吴涛喜欢在课外时间读小说，《精忠说岳》《小八义》《小五义》《儿女英雄传》等作品对他产生一定影响。读高小时，日本人经常在南满铁路两侧进行军事演习，拉着大炮、骑着大马，随便断绝交通，任意糟蹋庄稼，对中国人态度蛮横。南满铁路两侧不准小孩玩耍，不准横穿铁路，违者非打即骂，甚至灌煤油、灌凉水，令少年吴涛无比痛恨。

在沈阳读中学时，吴涛目睹了各种乱象：东北军阀连年出兵作战，增加了东北人民的苛捐杂税；日本加紧对东北的经济掠夺，独霸东北市场……吴涛读初中时，一位史地教员程先生经常教育同学，对内要民主自由，对外要独立平等。1928年秋，吴涛参加了拒日临江设领（拒绝日本在临江设领事馆）游行示威，萌生了民族民主的革命思想。中学4年，吴涛读了大量明清小说和新小说，鲁迅的《彷徨》《呐喊》和郭沫若、郁达夫、蒋光慈等人的作品，使他认识到旧社会的黑暗和国家的腐朽无能。

1931年，"九·一八"事变爆发，东北沦陷。吴涛家庭受到冲击，对他的经济供给出现问题，使他更加痛恨日本的侵略行径。他积极参加反日救国活动，罢课游行，希望国民党政府出兵收复失地。大学期间，他跟同学白乙化、刘文辉、尹克庄等人关注时事，深受李达、吕振羽、黄松龄等教授的影响，并在聆听鲁迅、施存统等名家的讲学后，思想日趋成熟。

1935年10月，吴涛光荣加入中国共产党。当年年底，吴涛参加了"一二·九"游行示威和"一二·一六"学生大游行，参加了北平学生抗日救亡大会。1936年2月5日，吴涛跟白乙化参加在北平大学法学院召开的救亡大会，散会后被军警逮捕；2月12日，在党组织的营救下，被学校出保释放。同年3月，吴涛按照党组织要求，到绥西垦区从事地下党工作。

从绥西到平北的抗战岁月

卢沟桥事变爆发后，中国共产党积极抗战，号召地方党组织组建抗日武装。1937年9月，日寇占领归绥，绥西工委成立抗日先锋队，吴涛任总支委员兼中队长。10月，吴涛与工委书记兼总队长白乙化等人组织垦区暴动，走上武装抗日的道路。

1937年11月至1938年年底，吴涛和抗日先锋队（后升格为抗日先锋总队）在晋西北一带活动，接受八路军一二〇师领导和三五九旅整训，取得偏关战斗胜利，并配合三五九旅取得雁北反"扫荡"的胜利。

1939年春，抗日先锋总队划归萧克领导的冀热察挺进军，华北抗日联军在平西成立，李运昌（后改为王仲华）任司令员，白乙化为副司令员，朱其文任政治部主任，吴涛为副主任。在平西抗日根据地，吴涛和白乙化等人按照挺进军司令部的部署，参与粉碎了平西日伪军的十路围攻，开辟了永定河河北地区，取得房山、涞水、涿县等战斗的胜利。

1940年1月，华北抗联奉命整编，晋察冀军区第十团成立，白乙化任团长，吴涛任政治部主任（当时无政委）。4月，为了完成萧克司令员"三位一体"的战略任务，吴涛和参谋长才山率领十团三营和部分团直人员组成第一梯队，通过平绥路，挺进平北延庆、昌平、怀柔、密云地区，积极发动群众，宣传抗日主张。吴涛在《转移》一诗中写道："夜宿白马关，朝发石塘路。"6月初，白乙化率十团一营组成的第二梯队到达密云赶河厂，与吴涛会师，开始了开辟平北抗日根据地的艰苦斗争。

当时，敌人实行"三光"政策，经常烧根据地的房屋。吴涛带领大家修房屋、盖房屋。敌人采取"盖就烧，再盖再烧"的手段，十团带领战士和百姓"烧了盖，再烧再盖"，与敌人展开针锋相对的斗争。艰苦的岁月里，吴涛和他的战友们住帐篷、睡山洞，在谷草堆里三人一个小窝铺，抱团取暖。

1941年2月，白乙化牺牲，吴涛和王亢共同主持追悼会。追悼会上，吴涛把自己撰写的《乙化传略》发给大家。此后，吴涛任十团政委，兼任丰滦密中心县委书记。当时，日伪实行残酷的"三光"政策，连续对根据地进行"扫荡"，在伪满边境造成长300华里、纵深60华里的无人区。群众无处安身，部队经常流动，队伍无法休整。由于部队伤亡大，群众情绪低落，地方政权遇到严峻挑战。根据上级指示，吴涛和团长王亢下决心坚持丰滦密和滦昌怀地区的斗争，从团机关抽调40余名干部，带领工作人员，有计划地开展地方工作。同时，从团政治处抽调组织股长、民运股长和十几名干事，从团参谋处抽调参谋副官，分散到各县区组织游击队。数月后，十团在各区建立起抗日政权和武装，团结群众，摧毁敌人区村政权，扎扎实实地开展起筹粮运粮、情报输送、扩军锄奸等工作。

1943年3月，吴涛调任平北军分区政治部副主任，1944年1月改任主任。1945年春，改任平北军分区副政委兼热西地分委书记、热西支队政委。

抗日战争时期，吴涛参加了百团大战、收复张家口等战役战斗。

从野战军八旅政委到北京军区副政委

1945年10月，晋察冀军区组建野战军，平北四个团组成野战第八旅，吴涛任政治委员。1946年7月，吴涛调到东北工作，任佳木斯卫戍司令部政委和三分区副政委。1947年8月调任东北野战军炮兵纵队政治部副主任，一年后改任东北野战军炮兵纵队政治部主任。1949年1月，第四野战军特种兵司令部成立，吴涛任特种兵政治部主任。3月，随四野特种兵团南下"解放全中国"。

吴涛在炮兵部队工作期间，始终在前方参加作战，注重学习毛泽东军事思想的十大原则和野战军首长提出的大兵团、正规化、攻坚战，在政治上、组织上、指挥上、工作方式上要求集中统一，反对游击习气。由于炮兵部队训练集中、战斗分散的特点，吴涛要求政治工作人员必须懂得炮兵技术，熟悉作战方针，明确战斗任务，有针对性地开展政治工作。

1948年10月1日，吴涛所属部队在锦州外围作战，配合第三纵队攻打义县县城，东北野战军炮兵司令员朱瑞不幸牺牲，吴涛负重伤。在医院疗伤期间，吴涛总结工作、追念烈士事迹，写下许多怀念文章。

解放战争时期，吴涛参加了密云古北口保卫战、东北战场剿匪和1947年夏季、秋季、冬季攻势，参加了彰武战役和1948年3月四平攻坚战、辽沈战役、平津战役。

新中国成立后，吴涛随四野特种兵团挥师东北，开垦北大荒。1951年2月，吴涛调到军委直属政治部工作。此后，他先后担任解放军总参谋部政治部主任、内蒙古军区政委、北京军区副政委等职。

1963年12月9日是"一二·九"运动28周年纪念日，吴涛心潮澎湃，赋诗《纪念白乙化暨战死平北诸烈士》一首，表达自己的激动心情。

绥西共起先锋队，平北同征燕山碎。

战旗鲜明为解放，直捣黄龙志坚最。

冬迈黄河风雪暖，春踏长城江山媚。

抗战烽火燎原起，厮杀倭寇如狂醉。

破晓杀敌古北口，黄昏又战青龙背。

大队蹑脚夜入营，鬼子汉奸贪酣睡。

刃卷力竭恨未消，哪抵"三光"滔天罪。

燕山兄弟喜白龙，白河两岸旌旗会。

峥嵘乙化雄胆略，艰险当前不后退。

雷厉风行似闪电，坚定顽强智聪慧。

敌后艰危共甘苦，饮冰吞雪眠无被。

斗争谁敢谈生死，前仆后继不洒泪。

（石中元　周诠）

詹大南：戎马一生功勋著，造福桑梓日月长

人物小传

詹大南（1915—2020），安徽省金寨县人。1931年参加中国工农红军，1936年加入中国共产党。曾任红十五军团保卫局科员，第二十八军直属队特派员，参加鄂豫皖苏区第二次和第四次反"围剿"。1934年11月随红二十五军长征，到达陕北后参加劳山、直罗镇战役。抗日战争时期，先后任冀热察挺进军第九团营长、第八团团长和平北军分区参谋长、司令员。解放战争时期，任晋察冀军区冀察独立五旅旅长、冀察纵队第九旅旅长、第八旅旅长，冀热辽军区独立第二师师长，冀热察军区代司令员，察哈尔军区副司令员，华北军区第二〇九师师长，参加张家口保卫战和平津战役。新中国成立后，先后担任中国人民志愿军二十七军副军长、解放军二十八军军长、兰州军区副司令员兼甘肃省军区司令员、南京军区副司令员。1955年被授予少将军衔，并先后获得二级八一勋章、二级独立勋章、一级解放勋章、一级红星功勋荣誉勋章。2020年因病逝世。

在平北抗战英雄中，詹大南的一生富有传奇色彩：红军时期曾两次救徐海东的命；直罗镇战役不负众望，率部击毙国民党军一〇九师师长牛元峰。百团大战时，亲率一个营全歼日军140余名；辽沈、平津战役时，毛泽东多次在电报中直接点名授其任务；抗美援朝二次战役中，率部全歼美军一个加强团（号称"北极熊团"），创造了在朝鲜战场上一次战斗全歼美军一个加强团的模范战例。

一进平北　花盆战斗担任主攻

1938年5月，为了支援冀东人民抗日大暴动，八路军第四纵队兵分两路挺进冀东。时任政治部主任的伍晋南率领第三十六大队及骑兵大队、独立营留在平北开辟根据地。6月，当第三十六大队和骑兵大队经延庆山区白河堡、千家店准备奔向怀柔县的秋场、大地村一带活动时，与伪满洲军的一个营在深山花盆村意外遭遇，在这里展开了一场激烈的战斗。

詹大南作为一营特派员和骑兵连连长，参加指挥了花盆战斗，并率一连担任突击队主攻，对敌合围。黎明时分，他率领的一连接近花盆南山山头，击毙了正在督战的日本指导官。

花盆战斗，八路军全歼敌伪三十五团二营，俘敌360多人，缴获子弹3万发，手枪30余把，"三八"式步枪340余支，重、轻机枪14挺，还有掷弹筒等。八路军仅伤亡5人。

花盆战斗是发生在延庆地区的一场著名战斗，标志着延庆人民打响了抗战的第一枪。

鏖战平西　捷报频传

八路军一进平北没有站稳脚跟，詹大南随队返回平西，先后担任冀热察挺进军第十二支队第三十六大队政治委员、第九团营长、挺进军教导大队大队长、挺进军司令部作战科科长、第八团团长。

1940年春天，敌人分三路围攻平西根据地，张家口日军派出一个联队（相当于一个团），从樊山堡根据地西北"扫荡"而来。詹大南所在的挺进军九团二营在门头沟周围阻击多日，待兄弟部队前来换防，九团二营后撤休整。

遭遇战发生在二营深夜急行军的路上。詹大南回忆说："我们走到一个叫杜家庄的地方，听到侦察员报告，附近发现了鬼子。我记得那天是满月，鬼子'橐橐'的大皮靴声音都可以听到了。我召集了4个连长，立刻占领有利地形，让手下左右伏击，只等着鬼子闯进我们的伏击圈。"

送上鬼门关的是一支由几十个鬼子兵和200多伪军组成的运输队。詹大南一声令下，二营轻重武器一齐开火，日军运输队的小鬼子们猝不及防，纷纷命丧黄泉。这一仗，我军不仅消灭了大量敌人，还缴获了许多牲口和鱼子酱、牛肉罐头，战士们好好改善了几顿伙食。战后，我军得知，这支运输队正是给"扫荡"我根据地的日军部队运送给养的，鬼子看到运输队迟迟不上来，还派出飞机搜索，并且打电报给大本营张家口的日军，这才知道，运输队全部被我军"包了饺子"。

这一年似乎是詹大南的幸运年。

1940年秋天，百团大战爆发，詹大南在张家口涿鹿的上下河地区打了一场漂亮仗。日军出来"扫荡"，突然出现在詹部附近。由于主力部队和主管领导都在外围，一时联系不上，詹大南当机立断，迅速完成了排兵布阵。他指挥4个连，让部队埋伏在上下河之间的土墙下。当时，敌人有4个小队140多人。战斗打响后，一时间手榴弹齐飞，还没等日军反应过来，又是一阵密集的子弹。部队在4分钟内夺下3挺重机枪。回过神来的日军负隅顽抗。我军一部绕到日军后面，使其腹背受敌。我军的武器没有敌人好，就和他们拼刺刀，刺刀弯了，就用枪托砸，枪托砸烂了，就和敌人抱在一起扭打。整个山头的黄土都被鲜血染红，上下河的河水也被染成红色，日落时分，我方大获全胜！

战斗结束后，战士们把日军尸体放在一排，12个人一排，共有140余人。其中，3个负伤的日本兵装死混在尸体堆里，等到天黑后，穿着裤衩逃跑了。两天后，老百姓为这场战斗编了个顺口溜：八路军真厉害，打死的鬼子堆成山，跑回了三个光屁股……

这两场仗都是詹大南在无上级命令的情况下完成的。很多年以后，詹大南将军回忆这两场战斗时幽默地说："那个年代，又没有手机，鬼子都到跟前了，那还不狠狠地打！"

再进平北　仗马海陀

1942年是平北抗战最为艰苦的一年。这年3月，詹大南率八路军八团由平西调到平北，年底编入四十团，其后仗马海陀，辗转于平北抗战前线。

1942年夏，日军独立混成第二、第十五旅及伪治安军、伪满洲国军等部近万人对平北抗日根据地进行"扫荡"，企图寻歼平北抗日主力部队。晋察冀军区第十二军分区（平北军分区）司令员覃国翰、政治委员段苏权，采取内外线相结合的作战方针，指挥部队在游击队、民兵配合下，反击日伪军的"扫荡"。5月2日，日伪军6000余人由龙关、赤城、龙门所、怀来等地出发，向平北的前后孤山、石头堡子、大海陀等地合击。第十二军分区以少数部队坚持在中心区与敌周旋；第四十团一部转向龙关、崇礼、赤城地区；第八团与第四十团一部相配合，进入怀来、龙关地区相机打击日伪军；第十团一部与骑兵大队相配合，在宝源、张北、昌平、延庆地区牵制日伪军；各县游击队、民兵袭扰日伪军后方，破坏交通补给线。12日，日伪军"扫荡"重点转向金家庄、砖楼一带。16日，詹大南率领的第八团在砖楼地区与900余名日伪军激战7小时，歼其一部；17日又在马东山等地歼日伪军30余人。23日，日伪军1500余人由独石口、龙门所等地，向赤城东南胡山庄、四十里长嵯等地合击。第十团主力与其激战两日，突出包围圈。至26日，日伪军收缩兵力，转为向各据点增兵屯粮，修筑工事。7月9日，日伪军9000余人再次向大海陀等地区合围，形成"铁环包围"。詹大南指挥第八团在内线进行阻击，军分区指挥机关一部率第十团主力和教导大队跳出合围圈向北转移，于23日到达崇礼县境，与第四十团主力会合。

日伪军合围大海陀地区扑空后，以4000余人的兵力分三路向独石口西南、韩春坝、松树堡以北，合击第十二军分区北线部队。第四十团主力、骑兵大队于独石口、狮子沟等地阻击日伪军。军分区指挥机关率第十团突破封锁线，返回大海陀地区。8月3日，日伪军尾随南返，与延庆等地日伪军相配合，再次形成对军分区部队的合围。军分区部队在赤城、昌平等地，以连、排为单位分散作战。日伪军连遭打击后，于19日开始全线撤退，军分区部队乘胜追击。至8月底，反"扫荡"结束。这次反"扫荡"，共歼灭日伪军600余人，保卫了平北抗日根据地。

1944年7月至1945年9月，詹大南任平北军分区司令员。抗日根据地的开辟，引起了日军的恐慌，并纠集伪军对根据地反复"扫荡"。根据地军民通过灵活机动的游击战，一次次粉碎"扫荡"。仅1945年5月10日，就有500多日伪军扑向平北军分区司令部所在地南梁村。在詹大南、段苏权、钟辉琨的指挥下，八路军在南梁村行字铺村与日军展开激战，击毙日军近百名，取得这场阵地阻击战的胜利。

抗日战争期间，詹大南受过一次重伤。伤口在左胯部，敌人的枪弹洞穿了十几个洞，最大的伤口里竟能够放得下一枚鸡蛋。那次负伤后，柯棣华医生亲自为他做了手术。詹大南将军后来说，这是个有纪念意义的伤口。

严于律己　情系家乡

1955年，詹大南被授予少将军衔，后任兰州军区副司令员、南京军区副司令员。詹将军"小气"又大方。他的家里，没有一件家具是新的，大多是用了几十年的公家配发的家具。离职10多年来，没有买过一件新衣服，一双军用皮鞋穿了20多年。

老将军"小气"得舍不得用煤。那些年，他家取暖用的还是锅炉。为了节省用煤，每到冬天，他就将室内温度控制在12～13℃，并且规定给锅炉添煤、封火的时间。为了减少用煤，他还经常动员家人和公勤人员上山捡枯树枝，就这样度过了一个又一个寒冬。

老将军每年可享受到外地疗养一次，但是，每次征求他的意见时，他总是说："南京很好，出去又要花公家的钱，还要麻烦组织，我就不出去了。"他不到外地观光避暑，可是为了贫困孩子能够上学，却十分大方。

1983年，詹大南从南京军区副司令员的岗位上退下来，不动声色地回到故乡——安徽省金寨县槐树湾乡，走村串户，与老百姓拉家常。一回到南京，他便向老伴提出：全家人一起为金寨县捐款10万元，建一所希望小学。老伴李凡对他的想法很赞同，子女们也都表示支持。詹大南夫妇拿出积攒数十年的42000元，子女们每家你1万他5000，捐了56000元，他的侄女一家也捐了2000元，总算凑齐了10万元。

希望小学建成了，金寨县委、县政府拟将这所希望小学命名为"詹大南小学"，詹大南坚决不同意。县里又将校名改为"将军小学"，詹大南还是不同意。他说："不行，不行，共产党人就是为人民做事的，不图名利，希望小学就是希望小学，要把希望寄托在下一代。"最终，这所学校正式定名为：金寨县杨桥希望小学。詹大南还为学校题写了校名。

詹大南将军百岁以后，有人写诗歌颂他，即《詹大南少将颂》：

一生戎马铸芳华，赤子雄魂百战涯。

克难攻坚真凛冽，新天家国颂君霞。

2020年11月21日，詹大南病逝于北京，享年105岁。他的雄姿在平北抗战纪念园和花盆村史展览馆中熠熠生辉，成为当地人民的永久记忆。

（石中元　周诠）

伍晋南：横刀立马踏平北，著书立说唱江南

人物小传

伍晋南（1909—1999），广东兴宁人，1926年加入共青团，1927年参加农民运动，1928年加入中国共产党，历任广东梅县南区区委书记、五华县赤卫大队政委，红军独立三师青年科科长、组织科科长等职。1934年参加长征。1936年后任陕北红二十八军政治部主任，八路军一二〇师七一六团政治部主任，第四纵队政治部主任。1945年任吉林省工委副书记、副政委、军区政治部主任。1946年至1949年，任吉林省吉北地委书记，安东省第四地委书记，安东省办公室主任。1949年11月南下，任广东省北江地委书记兼北江军分区政委等职。

1954年夏至1975年冬在广西工作，历任广西省委副书记，广西省委书记处书记，广西壮族自治区第一、二、三届党委书记处书记，兼任广西壮族自治区监察委员会书记、自治区党校校长。

1978年调任陕西省政协副主席。1983年经党中央同意，广西壮族自治区党委决定，对伍晋南平反，恢复名誉。伍晋南是党的七大代表，第一、第三届全国人大代表。

1999年3月23日，伍晋南在广州病逝，享年90岁。

许多年岁稍长的延庆人都看过电影《刘三姐》，刘三姐的荧幕形象家喻户晓。在民间歌舞剧《刘三姐》的主创人员中，有一位指挥过花盆战斗的儒将——原八路军第四纵队政治部主任伍晋南。后来，长春电影制片厂在民间歌舞剧基础上拍摄电影《刘三姐》，引起国内外轰动。

1909年，伍晋南出生于广东兴宁义尚围村的一户穷苦人家。1925年，他得到家族祠堂的资助，入读兴宁县立中学。期间，伍晋南接受革命思潮，

积极参加学生爱国运动。1927年，他参加了由中共领导的兴宁"九三"攻城暴动，次年加入中国共产党，积极参与东江苏区的革命斗争。

长征路上　大难不死

1931年，伍晋南遭国民党反动武装追捕，脱险后到达赣南，进入由李井泉任师政委的赣南红军独立三师，从此成为红军队伍中的一员。

1934年10月，中央苏区第五次反"围剿"失败，红军主力从江西瑞金突围转移，伍晋南所在的红三军团担任右路前卫，掩护中央机关和中央红军主力实施转移。红三军团在军团长彭德怀的指挥下，与敌人展开浴血奋战。一次战斗中，一颗子弹擦着伍晋南的头顶而过，帽子飞了，额头一缕头发焦了，死神擦肩而过。过后，伍晋南幽默地自嘲道："好在个子矮。"

红军长征进入草地后，伍晋南染上了"打摆子"（疟疾），又误吃了有毒的野菜，寒战高烧，上吐下泻。因身体虚弱，行军时靠马驮着。夜里宿营时，他把缰绳绕在手臂上，牢牢地打个结，防止马走失。几天后，伍晋南终于随队走出了茫茫的水草地。1986年，红军长征胜利50周年，伍晋南以他的亲身经历，写下《回忆长征》组诗：

> 遵城会议转乾坤，化险为夷不世勋。
>
> 高举红旗坚北上，长征胜利万民欣。
>
> 进军赤水试锋芒，南渡乌江运策长。
>
> 避实就虚西向急，神兵飞渡金沙江。
>
> 隔江相望笑周郎，会理整休意气昂。
>
> 待到吴儿北渡日，我军早已发西昌。
>
> 桥残大渡索悬空，沿索攻坚夺要冲。
>
> 天堑低头敌胆丧，三军浩荡过河东。
>
> 草地行军八日长，烤干青稞作军粮。
>
> 荒原无径我开路，"困死红军"梦一场。

巍巍岷岭白茫茫，滑雪飞登赶路忙。

夺得险关腊子口，甘南花果尽飘香。

花盆战斗　烽火冀热察

1938年，为支援冀东暴动，并创建以雾灵山为中心的抗日根据地，八路军组建第四纵队，宋时轮任司令员，邓华任政治委员，伍晋南任政治部主任。第四纵队共有5000余人。

1938年5月，八路军宋支队三十六大队和骑兵大队，在纵队政治部主任伍晋南、三十六大队队长唐家礼、教导员王季龙、特派员詹大南指挥下，留在平北一带展开游击战争。部队东进至花盆村时，与一股正在村中作恶的敌伪遭遇。乘着夜幕，三十六大队迅速抢占西北高地，以火力掩护主力压制敌人的排哨；骑兵大队则向南山迂回，切断敌人退路，形成合围。战斗持续一个多小时，全歼敌伪满州军三十五团二营。敌军见大势已去，列队投降。此战极大地鼓舞了广大指战员的斗志和群众的抗日热情。

部队进入怀柔境内后，伍晋南统一指挥三十六大队、骑兵大队和挺进大队，在昌（平）滦（平）密（云）地区建立根据地，策应四纵主力东西往返。1938年7月，四纵在怀柔头道梁村建立了冀东北地区第一个县级抗日临时政权——滦昌密联合县，驻怀柔、密云、昌平、延庆之敌对联合县政府所在地进行"扫荡"，伍晋南率领三个大队，多次给敌人以打击。

1939年2月7日，八路军晋察冀军区成立冀热察挺进军，萧克任挺进军司令，程世才任参谋长，伍晋南任政治部主任。同时组成了由萧克、马辉之、伍晋南、宋时轮、邓华5人组成的军政委员会，任务是"巩固平西，坚持冀东，开展平北"，创建冀热察抗日根据地。挺进军成立后，部队活跃在长城内外，出没于"青纱帐"和敌人据点之间，兵临北平城，粉碎了侵略者一次又一次疯狂的进攻，把冀热察建成名副其实的敌后抗日根据地。

伍晋南在部队长期从事政治思想工作，注重继承和发扬红军政治工作的优良传统。在战火纷飞的战斗间隙，他先后写了《我们怎样粉碎了敌寇对平西的"春季扫荡"》《挺进军在冀热察的游击战争》《游击队在敌占区活动时的政治工作》等文章，刊登在1940年的《八路军军政杂志》上。

战斗在林海雪原

1945年6月，刚刚参加过中共七大的伍晋南奉命来到延安枣园，毛泽东、刘少奇等领导亲自与他谈话，交代南下任务。同年8月，中共中央全面部署"向北发展，向南防御"的战略决策，他带领的广东干部队改向东北挺进。经过近两个月的艰苦跋涉，队伍到达沈阳。11月，东北局任命伍晋南为吉林省工委副书记兼军区副政委。

1945年12月，中央提出"让开大路，占领两厢"的东北工作方针，发出《建立巩固的东北根据地》的指示。根据中央精神，进入东北的各级党组织和部队立即行动起来。吉林军区决定由伍晋南协同独立一团（团长黄荣海）剿匪，打击靠山屯敌伪势力"东北先遣军第二师第九团"。该部有500多人，经常出来骚扰百姓，反对接收，是当时严重扰乱治安的一股顽敌。

伍晋南抵达独立一团时天已擦黑，天气奇冷。队伍从农安县出发，6日拂晓前到达靠山屯，迅速将这股土匪包围。经过多次进攻，最后将敌指挥所围困在一个大院的炮楼里，土匪靠楼上几挺轻机关枪负隅顽抗。在密集的炮火掩护下，伍晋南带领一个精干排冲到炮楼下，向敌军喊话："你们已被我军层层包围，只有投降，不然死路一条！"在我军强大的火力和政治宣传攻势下，敌匪打出白旗投降。这次战斗，我军全歼敌人，俘获敌团长和骑兵营营长等300多人，击毙敌营长2名，缴获轻重机枪、步枪和战马等一批战利品。战斗结束后，解放军押着敌匪进入德惠县（今德惠市），群众拍手称快，驻地苏军也称赞我军作战勇敢。

1946年夏起，伍晋南先后任吉北地委书记、安东省第四地委书记兼所在军分区政委等职。当时，东北局领导陈云曾与他会谈布置工作。伍晋南认真贯彻当时中央、东北局和省委方针政策，在多个岗位上进行了组织群众开展反奸清算、减租减息、分配土地的斗争，带领部队开展林海剿匪，参与指挥所在部队配合主力三下江南、四保临江等战斗。

修改润色《刘三姐》 百世流芳壮家歌

1954年夏，中央安排伍晋南到广西省工作，任省委副书记（后任广西壮族自治区党委书记处书记）。伍晋南在广西工作22年，是停留时间最长的地方。期间，他对民间歌舞剧《刘三姐》倾注了大量心血。

1959年，柳州彩调剧团上演了彩调剧《刘三姐》。伍晋南认为，以民歌的形式把刘三姐搬上舞台，用优美的民歌来塑造劳动人民高贵品质的典型形象，具有广西民族特色。1960年1月，伍晋南亲自审阅剧本并修改润色。

1960年7月，广西民间歌舞剧《刘三姐》到北京中南海怀仁堂汇报演出，获得成功。此后一年，《刘三姐》在全国24个省、市巡回演出500多场，深受群众喜爱。

1961年，长春电影制片厂摄制成电影故事片《刘三姐》。

"文化大革命"中，《刘三姐》被诬为"大毒草"，也成为批斗伍晋南的一大罪状，为此伍晋南受到迫害，被下放到工厂劳动。伍晋南身处逆境，坦然处之。1977年12月，组织安排他到陕西省任政协副主席。

1982年初冬的一天，中共中央总书记胡耀邦听取伍晋南对其有关冤案结论的坦陈。总书记沉稳而温和地说："这样的问题，可以有个结论，应该作结论的。"

1983年6月，经党中央批准，广西区党委做出《关于伍晋南同志的平反决定》。

（石中元　周诠）

钟辉琨：将军百战御日寇，英雄业绩永不朽

人物小传

钟辉琨（1911—1994），江西省宁都县人。1931年参加赤卫队，1932年任宁都县苏维埃政府军事科科长，1934年加入中国共产党，同年参加中国工农红军，参加反"围剿"战役。1934年10月参加长征。

抗日战争时期，历任八路军一二〇师三五九旅七一七团（亦说七一六团）连指导员、冀察热挺进军第三十六大队政治处主任、平北游击支队政治委员和第四十团政治委员、团长，平北军分区副司令员、司令员。

解放战争时期，任冀中军区第十二军分区司令员，冀察热辽军区热西军分区司令员，第四野战军一六八师师长。

新中国成立后，先后任华北军区空军第七师师长、军政干校校长、第六十三军副军长、第六十九军副军长、北京卫戍区副司令员等职务。1955年被授予少将军衔。曾荣获二级八一勋章、自由独立勋章、解放勋章，1988年被授予一级红星荣誉章。

在开国将军中，有一位少将跟延庆密不可分，他先后担任平北军分区参谋长和司令员，并指挥部队从日伪军手里夺回延庆城，他就是钟辉琨。

钟辉琨是江西宁都一个普通的农民子弟，从小务农，当过造纸厂工人。1934年10月，钟辉琨跟随红军长征，先后参加了解放贵州遵义、攻克四川土城和会理等战斗。在广西河口，为了掩护主力部队撤退，他机智英勇与敌人短兵相接，顽强厮杀，冲出重围，胜利完成阻击任务。在腿部负伤的情况下，他坚持战斗，爬雪山，过草地，1935年10月到达陕北。此后，他参加陕北三边一带的作战和山城堡战役，并进入红军大学学习。

开辟平北抗日根据地的先遣官

钟辉琨是开辟平北抗日根据地的先遣官，曾先后3次进入平北，是平北抗战胜利的重要奠基人之一。在创建平北根据地初期，他主动开展游击战，3次率部深入敌人心脏，袭击据点、建立武装、成立抗日政权。一次在大同附近执行侦察任务时，他带领部队将100多名抢掠百姓财物、奸淫妇女的骑匪一举歼灭。这场战斗使八路军名声大噪。

1938年春，宋时轮支队从雁北开赴平西斋堂，与邓华支队合编为八路军第四纵队，钟辉琨任游击第一大队政治委员。同年夏，挺进冀东，率部留在滦昌密地区斗争，保护由平西去往冀东的抗日通道，并建立滦昌密联合县（临时）抗日民主政府。

1940年1月，遵照冀热察区党委和挺进军军政委员会的指示，钟辉琨与刘汉才率领平北游击大队秘密进入昌平县十三陵"后七村"（今属延庆区），依靠群众开展抗日斗争，并很快站稳脚跟。平北游击大队升为平北游击支队后，钟辉琨任支队政委。为了巩固扩大平北抗日根据地，他配合地方党组织，在霹破石村宣布成立昌（平）延（庆）联合县政府。后来，相继成立龙延怀联合县、龙崇赤联合县政府。

1940年5月，白乙化率冀热察挺进军第十团一营向密云挺进，在延庆沙塘沟村遭伪满洲军300余人偷袭。十团一营当即迎战杀敌，取得沙塘沟战斗的胜利。钟辉琨率部在车岭阻击从怀柔、昌平方向前来增援的日伪军。

1940年6月底，平北军分区政治部主任段苏权率领挺进军七团二营为先遣队，向丰宁、滦平地区挺进，钟辉琨率队护送。完成护送任务后，他率队游击到赤城北部，攻克独石口敌据点，动员商界解决部队夏装。冬季反"扫荡"，钟辉琨率队出击外线，攻克伪满洲国三道川警察署，击毙日军指导官田岱，缴获迫击炮等军用物资。

1941年5月反"扫荡"，钟辉琨率队在赤城张四沟东梁与雕鹗出犯之敌激战，毙伤日军近百人，并缴获一批军用物资。8月3日围点打援，在延庆县井家庄设伏，歼灭伪满洲军一个排，击毙敌连长1名。

1942年平北军分区改称第十二军分区，拥有第八团、第十团、第四十团，钟辉琨任第四十团团长。

游击坝上，创建骑兵队

1941年至1943年是抗战最艰苦的阶段，日寇调集重兵，反复对平北地区进行"扫荡""清剿"。钟辉琨率部在海陀山和坝上草原之间与敌周旋，化整为零，机动灵活地杀伤敌人，为平北根据地的巩固和扩大做出了贡献。

1941年5月，段苏权指挥平北游击一支队一大队攻克崇礼县狮子沟敌据点，缴获战马40多匹，在此基础上组建了骑兵连。同年9月，平北游击一支队二大队在队长熊尚林、政委刘汉才的带领下，打下张北县的大囫囵敌伪据点，缴获战马近50匹，在崇礼县三道营子成立了骑兵排。与此同时，钟辉琨率领两个中队，从丰宁县西部的黑河川进入沽源境内，袭击老掌沟伪警察所，缴获步枪7支；紧接着又袭击了小河子伪乡公所和小厂伪乡公所，缴获战马10匹和大烟土（当时货币替代物）100多斤。

平北西北部坝上多为丘陵地带和草滩，便于骑兵活动。钟辉琨为组建骑兵部队费尽心血。他千方百计找关系到敌占区买马掌，但是因为敌人封锁严密，能够运到坝上的马掌数量很少。为此，钟辉琨带人夜里摸进大囫囵，捉住伪大乡长，动员他筹集马掌、挽具等，设法送出。后来，他组织游击队员破坏敌人的电话线，把电话线杆子上的磁头弄下来，两个磁头可以打一对马掌，既解决了当务之急，又使敌人变成了"聋子"，一举两得。

建立骑兵队后，一方面加紧骑兵的基本知识训练，学习骑马、管马；另一方面就是实战，开辟新区。1941年年底，钟辉琨率领骑兵连袭击大囫囵，缴获步枪30多支、战马40多匹，并动员天主教堂神父交出步枪10支、手枪1支。当天天气寒冷，但是指战员士气高涨，毫不畏惧。

1942年年初，平北军分区决定将一大队的骑兵连和二大队的骑兵排组建成骑兵大队，大队长李忠志，政委刘德彪，隶属游击一支队管辖。游击一支队升为四十团后，骑兵大队隶属四十团建制。

1942年春天，钟辉琨带队再打大囫囵，战士摸进敌人岗楼，缴获机枪1挺。后听老乡说镇上增加了日军100人，当即决定撤出战斗。部队撤到水泉洼宿营，与伪满洲军一个加强营遭遇，战斗中毙伤敌人10余人，内有连长1名，缴获机枪1挺、步枪6支、掷弹筒1具。

1943年夏天，日伪军对平北根据地进行大"扫荡"，骑兵大队二连出现较大伤亡，意志消沉者脱逃，编制被取消。秋天，根据地逐渐扩大，骑兵大队主动出击消灭敌人，情况有所好转。1944年，通过西辛营子和小河子战斗补充战马100多匹，地方政府动员抗日群众补充马鞍子，骑二连恢复建制。加上下半年成立的步兵连，骑兵大队迎来鼎盛期——拥有2个骑兵连、1个步兵连。后来，为了适应对敌斗争需要，骑兵大队改为察蒙支队，日本投降时在张北与苏联红军会师。

1945年2月，钟辉琨升任第十二军分区副司令员兼参谋长，半年后改任司令员。

收复延庆城

1945年8月15日，日本帝国主义宣布无条件投降。8月23日，十团和四十团在兄弟部队的配合下，解放张家口。这一胜利，极大地鼓舞了平北抗日军民，使盘踞在平张铁路张家口至康庄段沿线各城镇的伪军惊恐不安。但是，国民党反动派为了抢夺胜利果实，派遣特务收罗各地伪军和土匪，封官许愿，使之拒绝向我抗日军民缴械投降。为了粉碎蒋伪合流阴谋，冀察军区命令平北十团和四十团挥兵东进，在新编四团和六团的配合下，从9月2日到20日，先后解放宣化、沙城、新保安和怀来县城，俘虏伪怀来县长张让山。

9月20日下午，钟辉琨带领由一个骑兵侦察排、一个迫击炮连和一个警卫连组成的先头部队，赶到延庆县城西关外。当时延庆城内驻有一个警察大队（包括3个步兵中队、1个骑兵中队），共400余人。日本宣布投降后，这里的伪军如丧家之犬，惶惶不可终日。

延庆城西南妫水河边路口炮楼有一个班的敌人，慑于八路军的威名，不敢开枪抵抗。一经喊话进行政治攻势，便挑起白旗投降。钟辉琨率部向西城边逼近，只见城门紧闭，城上有伪军站岗，城里敲锣打鼓，虚张声势。钟辉琨命令迫击炮发射两发炮弹后，城里安静下来。

晚上10时，第十二军分区司令詹大南带领十团、四十团和新六团先后到达。钟辉琨向詹大南报告敌情，并建议部队立即包围延庆城，防止敌人逃跑。尽管如此，仍有部分伪军在夜幕掩护下，从东门和南门逃往城外。当我军做好准备攻击西城门时，西城门内200多名伪军突然打开城门投降。至此，抗日军民收复延庆县城。

由于延庆城敌人迅速溃败和投降，城内留下大米、白面等众多物资。钟辉琨派人维持秩序，看守仓库，清查登记，等地方党政工作人员入城后，向他们做正式移交。

钟辉琨对平北的每座山、每条路、每个山村都熟悉，对这里的人民群众有着深厚的感情。他曾回忆说："是平北老百姓养育了我，他们对我，比对自己的亲人还亲；在战争最残酷最危险的时候，是老百姓支援我们，给了我们打鬼子的勇气和决心；他们不惜用生命来掩护我，保护我。为了抗日胜利，他们把自己的儿子交出去参战，有的受了伤，有的牺牲了，这里的人民还是前仆后继，实在是太伟大了！"

延庆人民没有忘记钟辉琨，在大庄科乡的许多村庄，至今仍然流传着许多关于他的战斗故事。

（石中元　周诠）

曾威：铁骑雄风坝上驰骋，军旗猎猎鏖战长城

人物小传

　　曾威（1916—2004），江西省泰和县人。1930年加入中国共产主义青年团，1931年参加中国工农红军，1932年加入中国共产党，参与创建湘鄂川黔苏区，参加苏区第三、四、五次反"围剿"和长征。抗日战争时期，任八路军驻西安办事处警卫副官、总务科科长，冀热察挺进军第九团营教导员、晋察冀军区第十二军分区十团政治委员兼中共昌延县委书记。解放战争时期，任晋察冀军区第十二军分区政治部主任，独立第五旅副政委，独立第八旅副政委，察哈尔军区政治部组织部部长，平北军分区司令员，东北野战军第十一纵队三十二师副师长。抗美援朝战争时期，他先后3次入朝作战。1955年被授予少将军衔，荣获三级八一勋章、二级独立自由勋章、一级解放勋章和一级红星功勋荣誉章。

　　新中国成立后，曾威任第十三兵团师政委、军副政委、副军长，北京军区工程兵部队政委，天津警备区政委，长期从事国防工程施工，为我国的国防建设做出了贡献。2004年1月24日在京逝世，享年88岁。

　　开国少将中，有一位担任过昌延联合县委书记和十团政委，参与指挥过双营阻击战、吕庄伏击战，他就是曾威。

周恩来称赞："曾威，你立了一功！"

　　1937年抗日战争全面爆发后，曾威调任西安八路军办事处，担任副官兼总务科科长。初冬的一个下午，曾威奉命去送信，当他来到西安鼓楼西大街时，忽然看见不远处路中央停着四五十辆国民党军车，立即警觉起来。

他放慢脚步，溜达着靠近军车。

汽车上都是衣衫褴褛的人，相互挤靠着、蜷缩着，既不像一般老百姓，也不像国民党残兵。他们是谁？要到哪儿去？曾威有意操着浓重的江西方言与车上人搭话，车上一位江西老表急切地问："你是谁，干什么的？"

曾威压低声音说："我是红军。"

声音虽然不大，却立即在车上引起一阵躁动，终于有人说："我们是西路军哪。""我们都是被俘人员，马匪军不知要把我们拉到哪儿去。""快告诉红军，想办法救我们呀！"

西路军兵败祁连山后，党中央为了寻找、营救被俘人员想尽办法，今天突然出现在西安街头，令曾威大喜。他说："你们先不要急，这里有红军的副主席、副总参谋长，我报信去。"又对车上人说："你们千万别走开，在这里等着！"

说完，曾威疾步跑向马路拐角处，招来一辆三轮车，快速向七贤庄八路军办事处而去。三轮车在七贤庄门前一停下来，曾威跳下车就跑进院门，周副主席办公室没人，他又马上来到八路军副总参谋长叶剑英办公室。叶剑英一听，惊讶地问："西路军？真的有1000多人？"

"对，就在鼓楼前面，是国民党军车拉他们路过这里的。"曾威一五一十地做了汇报。

叶剑英听完，立即拿起桌上电话，跟国民党西安行营主任蒋鼎文交涉，表明态度：车上的士兵要留下，准备送往延安。

挂断电话，叶剑英让曾威带着他和几个参谋来到鼓楼西大街。曾威走上前，对车上人说："红军派代表来啦。红军的副总参谋长说了，让你们到办事处去。"

车上人见曾威真的带来了人，反而有些犹豫，问："什么办事处？有多大？"曾威说："你们别管那么多了，赶快跟我们走！先去吃饭。"

叶剑英命令道："把他们先带到东北门里的革命公园去，吃饭问题由叶季壮负责。"

叶季壮负责办事处后勤工作，似乎早有准备，说："包饭馆！动员西安城大大小小的饭馆做饭，送七贤庄。"

车上的人不再犹豫，互相搀扶着跳下车。曾威带着他们来到革命公园。此时，为红军做饭的消息在整个西安古城传开了，大街小巷的大馆子、小饭铺都行动起来。很快，热饭热菜送过来了。

饭后，叶剑英向西路军官兵讲话，讲形势和党的政策。西路军官兵们再也按捺不住激动的心情，放声大哭。原来，他们在河西走廊战败后，落入马家军的魔掌，受尽凌辱。他们做梦也没想到，就在濒临绝望的时候得救了。这一批西路军1200多人。后来，他们被送到了洛川的红军总部，又被红军总部送往延安。

在龙崇赤的战斗足迹

1942年3月，中共北方分局和晋察冀军区根据中央精神，撤销冀热察区党委和挺进军领导机关，把驻扎平西的步兵第九团的三营和团直属侦察连编为步兵第八团，划归平北军分区建制，加强平北斗争力量。詹大南任八团团长，曾威任代政委，贾振刚（后投敌）为参谋长，下属3个连。4月底，八团在怀来县狼山、土木之间越过平绥路，进入平北地区。5月中旬，到达龙赤联合县的向阳村，准备休整待命。不料，日伪军从宣化、张家口和雕鹗、龙关等据点调动兵力1000余人，分多路包围过来。

当时，平北军分区司、政领导机关住在前孤山（雕鹗东），距离敌据点约有10公里，形势严峻。军分区政委段苏权和曾威带领二连、三连左冲右突，经过小雕鹗、上虎村、下虎村，绕过小张家口，通过金家庄，直奔砖楼宿营，跳出了敌人的包围圈。

八团在砖楼住了两天，侦察到炮梁住有伪蒙疆骑兵警察队。曾威等人决定，派二连袭击敌骑兵。这股骑兵很狡猾，晚上马不下鞍，让老乡在村外站岗，一听到异常动静，上马就跑。即便如此，这次袭击仍然取得成功，共俘虏伪警察5人，缴获步枪5条、战马7匹。5月16日向崇礼进发，途经枯杨树地区时遭遇日伪军，八团战士边战边撤，占据大南山，越过新墩坑村，又沿古长城爬上北山，摆脱从赤城合围过来的敌人，再次跳出包围圈。5月17日，崇礼县伪警察200余人闻讯赶来，被八团打退，次日拂晓前离开新墩坑，向坝上转移。中午到达宝昌县炮台营子，与四十团骑兵大队一部相遇。段苏权带领警卫员和通信员去看望骑兵，曾威留守八团驻地。不料，日伪军3辆装甲车和300余骑兵向八团摸来，曾威率部战斗，依托围墙阻击来犯之敌，掩护骑兵向南转移。

当天晚上，曾威率部折返向南，与骑兵部队靠拢，转移到沽源县黄盖淖附近的大烟筒沟住下。段苏权和骑兵队连夜寻找，于次日早晨与大部队会合。上午9点多钟，敌装甲车跟踪追来，段苏权和曾威临危不惧，指挥战士以较小的代价冲破了敌人的包围，使部队安全脱险。

转战昌延，参与指挥十团作战

1943年3月，曾威奉命调到平北军分区十团，任副政委。在开辟昌延抗日根据地时，他多次参与指挥战斗，为巩固昌延抗日根据地做出重要贡献。

1944年3月2日，十团进驻延庆双营，日伪警务署科长毛栗和五县指导官恒野率领延庆伪警察队和"清乡队"，来到八里庄，炮击双营。按照团长王亢命令，昌延县基干队带领游击队掩护炊事人员，伴装向黄柏寺溃逃，诱敌深入。日伪军追至米家堡时，王亢和曾威分别带队，从两侧包抄其后路。经过近一小时激战，歼灭日伪军30余人（包括毛栗和恒野），俘30余人，只有叛徒王成起一人逃跑。

1944年5月29日，十团在王亢、曾威、赖富（团参谋长）指挥下，在十三陵地区一日三战，拔掉景陵、昭陵两据点，俘虏伪军90余名，消灭日军40余名，十团无一伤亡。

1945年3月3日，十团在延庆吕庄设伏，消灭伪满洲军运粮队一个尖兵排，缴获轻机枪1挺、步枪12支，毙伤俘伪满洲军30余名。作为十团政委，曾威和团长李荣顺、副参谋长周德礼共同指挥了这次战斗。

1945年6月，曾威任平北军分区政治部主任。

1945年7月1日，曾威在河北崇礼县西湾子对日军作战中，右臂负重伤，后被评为二等甲级伤残军人。

解放战争时期，曾威任晋察冀军区第十二军分区政治部主任，独立第五旅、第八旅副政委，平北军分区司令员，东北野战军第十一纵队三十二师副师长，为解放战争胜利做出了贡献。抗美援朝战争时期，曾威先后3次入朝作战。1955年被授予少将军衔。

新中国成立后，曾威任第十三兵团师政委、军副政委、副军长，北京军区工程兵部队政委，天津警备区政委，为我国的国防建设做了大量工作。

（石中元　周诠）

周振声：播撒红色火种，走上康庄大道

人物小传

　　周振声，生卒年不详，河南郑州人。1922年4月9日，周振声作为京绥铁路康庄火车站工人代表，参加长辛店铁路工会工人俱乐部成立大会；同年5月加入中国共产党，发动工人运动。1925年，任延庆第一个党支部——康庄火车站党支部书记。

　　1926年8月，直奉战争爆发，奉军进驻康庄铁路，工人运动被镇压，周振声和康庄铁路党组织一道撤离；大革命失败后，南下郑州、开封等地开展地下斗争，任中共河南省委委员。1925年年初，与党组织失去联系，之后去向不明。

　　延庆历史上第一个中共党支部诞生在康庄火车站，第一任火车站党支部书记就是周振声。

李大钊关注康庄火车站，周振声被发展为中共党员

　　京绥铁路是中国第一条自建铁路，是沟通祖国内地和西北边疆的第一条交通大动脉。延庆康庄火车站是京绥铁路线上的一个重要车站，规模较大，20世纪20年代就有工人1000多名。

　　康庄火车站建于1908年，站址在今北京市延庆区康庄镇车站街。"康庄"的意思是"闯过居庸天险，由此踏上康庄大道"。作为百年老站的康庄站经历风风雨雨，不仅始建于清代的老站房保留到今天，车站的重要附属设施也得到了保存。

　　中国共产党的主要创始人李大钊，非常关心在铁路工人中建立党组织。

1920年，他派遣北京共产主义小组成员到铁路工人集中的张家口、石家庄等地传播马克思主义，建立工会组织。

1921年，何孟雄等中国共产党早期工人运动领导人，领导京绥铁路工人开展爱国护路斗争和罢工运动，使当局被迫接受了铁路工人提出的条件。

1922年春，李大钊再次派遣何孟雄，以京绥铁路密查员的身份到达张家口，同共产党员张隐韬等人在铁路工人中组建"车务工人同人会"，并介绍先进工人李泽入党。1922年5月，中国劳动组合书记部由上海迁到北京，何孟雄在京绥线建立了京绥铁路工人共产党小组；同年6月，周振声、李连生、刘树梁被发展为中共党员，建立了张家口的第一个党小组——中国劳动组合书记部张家口铁路工人小组。

1922年10月27日，周振声组织康庄铁路五个段工人参加罢工运动，发展张树珊、张小珊、魏华池、付国忠4人入党，小组改名为中共张家口铁路工人小组。康庄火车站受到李大钊的关注。

为配合1923年2月7日举行的二七京汉铁路大罢工，周振声被京张铁路方面选派参加长辛店—郑州会议。同年3月，二七大罢工被镇压，工人运动转入低潮，何孟雄根据李大钊的指示，采取"隐蔽斗争、秘密联络"的方针，派周振声回到康庄，组织工人秘密活动。

1924年春，中共京绥铁路支部建立，书记为何孟雄，隶属中共北京区委。在以国共合作为基础的革命统一战线建立以后，为贯彻中国共产党三届一中全会决议，李大钊又派遣王仲一、江浩、张良翰等共产党员到张家口，秘密建立共产党组织。

延庆地区第一个中共党支部建立，周振声任支部书记

1925年年初，康庄铁路党组织发展黄振武、沈德存等人入党，之后建立了党支部，周振声任党支部书记。1925年年初建立的康庄铁路党支部，是延庆地区最早的中共党组织，当时成立党支部的地点即为康庄站站房，

后因军阀镇压，活动一度中断。

1925年5月，全国第二次劳动大会在广州召开，周振声参加会议。回来后，他向京绥铁路沿线工人秘密传达会议精神，振奋工人的革命士气，为以后京绥铁路工人运动奠定了基础。同时，全国铁路总工会派何孟雄到京绥铁路指导工作。随后，又派俞和乡、丁大奎等人来到京绥线，协助何孟雄开展工作。在中共党组织的领导下，京绥铁路工人运动得到迅速发展，各站工会得到恢复。

1925年8月中旬，京绥铁路总工会在张家口成立，并召开全线工人代表大会。周振声作为康庄铁路工人代表，参加大会。同年9月，中共北方区委派肖子璋（肖三）到京绥线建立党的领导机构。经过筹划，中共张家口地委于1925年10月正式成立。此后，康庄铁路党支部归由张家口地委直接领导。同年11月，康庄铁路党支部派黄振武、杨忠义到张家口地委参加为期一个月的党员训练班。

1926年2月7日，周振声前往天津出席铁路总工会第三次代表大会，并被选举为正式执行委员。周振声回到康庄后，向工人传达会议精神。之后，康庄铁路工人运动得到快速发展。

同年8月，直奉军阀联合对冯玉祥的国民军进行伏击，对康庄党组织进行清洗，周振声等40多人随国民军撤离。至此，康庄铁路中共党组织的活动陷入低谷。

中共五大成立中央监察委员会，周振声当选为委员

1927年5月9日，中国共产党第五次全国代表大会在武汉召开，正是在这次会议上，选举产生了中央监察委员会，它是中央纪委的前身。第一届中央监察委员会由主席王荷波、副主席杨匏安和周振声等7名委员、3名候补委员组成。

在随后的革命斗争中，王荷波被叛徒出卖，在狱中受尽酷刑，但他坚

贞不屈，始终坚守党的秘密，最后英勇牺牲。面对生死抉择，10名中央监委委员（含候补委员）无一人叛变，其中8人相继牺牲，用生命诠释了对党的无限忠诚。

大革命失败后，周振声在郑州、开封等地开展地下斗争，曾任中共河南省委委员。1928年年初，周振声与党组织失去联系，下落不明，成为历史的谜团。

1935年秋，北平市委派张文海、董昆一、周致远等5名中共党员到康庄火车站扶轮学校任教员，康庄铁路党支部重新建立，张文海任党支部书记。党组织建立后，在工人和学生中公开宣传抗日救国主张，领导学生和教职工闹学潮，将"蓝衣社"校长孟召全赶走，由董昆一担任扶轮学校校长。

1937年8月27日，延庆被日寇侵占，康庄火车站的共产党员除派往外地外，留下的仍坚持地下斗争。

康庄火车站党支部的建立，不仅有效推动了延庆地区党组织的发展，也是中国共产党在延庆地区建立起的最早党组织。

（石中元　周诠）

蔡平：投笔从戎海陀山，统一战线胆无边

人物小传

蔡平（1911—1965），原名蔡宝兴，字举之，陕西省平利县人。8岁上小学，后在安康、西安和北平读中学。1936年2月加入中国共产党，同年4月考入北平中山大学，9月参加中华民族解放先锋队。

抗日战争期间，先后任抗日游击支队政治处主任、龙（关）延（庆）怀（来）联合县县长兼县大队大队长、平北地委敌工部部长（统战部部长）、平北军分区武装部部长等职。

抗日战争胜利后，蔡平任专区贸易公司经理、北岳区出入口总局行政科科长等职。1949年后，调任京西矿区（门头沟区）区长，1954年任北京市商业局副局长，1958年任北京宣武区委书记兼区长。1965年11月8日病逝于北京，时年54岁。国家授予其革命烈士称号。

抗日战争时期，延庆地区党领导的抗日民主政权，除了昌延联合县，还有龙延怀联合县，蔡平就是龙延怀联合县其中一任县长。

蔡平1911年出生，陕西省平利县狮坪乡人（祖籍四川奉节）。祖父蔡先焘是晚清举人，父亲蔡蕃周是秀才。蔡家兄弟4个，蔡平排行老三，还有个姐姐。

1927年秋，上中学的蔡平由堂兄介绍加入中国国民党，半年后脱离关系。1936年2月加入中国共产党，同年4月考入北平中山大学，9月参加中华民族解放先锋队。

投笔从戎的大胡子县长

1937年10月，蔡平因涉嫌抗日被捕入狱，坐牢4个月后获释。当时，

他的堂兄也在北平中山大学读书，堂兄约他一同回家避难，他却说："没有国，就没有家，国难当头，我不能临阵脱逃。"毅然奔赴抗日前线。

在平西斋堂，蔡平见到杨成武，随即参加革命，后任平西游击队政治处主任。1940年到平北工作，任平北游击支队政治处主任、龙延怀联合县县长等职。

蔡平身材魁梧，30多岁就留着大胡子，胡须倒长着，平时琢磨事总爱向上捋，人们亲切地称他"大胡子县长"。在平北人民心中，蔡县长享有很高的威望。他上知天文，下懂地理，同志们都非常钦佩。大海陀村80多岁的姜义义说："当年我是个小交通员，经常看到蔡县长和同志们同吃同住，打成一片，特别和蔼。一天，伙房做肉，他先给我们吃几块。蔡平当官不摆阔，在日寇大'扫荡'时，小北洼的山洞就是他的办公室。从1941年到1943年经常在山洞里睡石板炕，在膝盖上写讲话材料，开会布置工作，都是自己动笔。"

蔡平同志善于做思想政治工作，对犯了错误的干部，既不迁就姑息，也不粗暴急躁、大声斥责，而是循循善诱、和风细雨、以理服人。如县政府一位殷姓秘书知识分子派头大，目空一切，盛气凌人，干群关系紧张，民主人士说他"党气"扑人。经蔡平同志多次耐心批评教育，他的态度有了转变。他发现财政科科长、看守所所长有男女作风问题，诚恳地向他们指出利害关系，他们也都改正了。管理员偷吃厨房的肉，经过蔡平谈话，使他承认了错误。

"不怕蔡胡子恼，就怕蔡胡子笑"，是说蔡平审讯敌人时，看其表情便可知吉凶。如果他哈哈大笑，被审者肯定是没命了。所以敌人一听说是蔡大胡子来了，吓得夺路而逃。

一次，伪军到一老大娘家抢东西，发现一条毛毯正要拿走，大娘急中生智："老总，这是蔡县长的，你可不能拿呀！"伪军一听是蔡县长的，扔下就跑。

善做"统战"工作的敌工部长

党的建设、武装斗争和统一战线，是革命胜利的三大法宝。在抗日战争中，蔡平的统战工作做得有声有色，无论问题难度多大，他都有办法解决。蔡平在复杂的环境中机警敏锐，应付自如。他有魄力而又不冒失，胆大心细，善于变被动为主动，直到把事情做成功为止。

姬永明是阎家坪一带有名的地主和伙会首领，在百姓当中有一定声望。蔡平努力团结、争取他，晓以民族大义，很快就把他带领的伙会变为抗日武装。1941年1月30日，数路敌人向我根据地进犯，其中一路日伪军从长安岭向阎家坪进犯，姬永明亲率队伍在阎家坪西山激战一整天，打退了日伪军进攻，缴获山炮1门。

孙元洪是延庆县康庄马坊一名性格桀骜的青年。1938年，他和单成元、王老五等人在延庆自发组织了一些人马，反抗地主压迫。起初势单力薄，他带着队伍投奔到另一支自发的抗日武装下面，当上四连连长。因四连的坐骑都是黑马，由此得了个外号叫黑马队。不久，因看不惯一些人的土匪行径，孙元洪把队伍拉出来，自任司令，打出"打富人，救穷人"的口号，活跃在延庆和怀来县交界一带。党组织派蔡平到黑马队做改造收编工作，经过反复争取和教育，孙元洪答应抗日，黑马队被编为晋察冀边区第一分区延（庆）怀（柔）游击支队，孙元洪任司令，刘国梁任政委，蔡平任政治部主任。1938年10月，黑马队在延庆耿家营挫败日伪军进攻，致敌多人伤亡。事先，姬永明派出其弟弟姬永泰到黑马队协助蔡平做收编工作，正碰上耿家营战斗，姬永泰立即投入作战，敢打敢拼，不幸英勇牺牲。

1939年9月，孙元洪因叛徒出卖而遇害，可他的黑马队成为我党一支敢打敢拼的抗日武装。

除了争取姬永明和孙元洪抗日外，蔡平还先后联合了熊得生、童世奇、童明远、王维忠、张志义等10余个当地头面人物，让他们为八路军服务，其中一些人还担任了抗日根据地的区长或参议员，在抗战中发挥了重要作用。

在敌强我弱、势单力薄的不利条件下，蔡平发动群众、依靠群众，开创了统一战线的新天地。他注意发动少数民族群众共同抗日。在龙延边界地带，他与回民打成一片，成为其中的一分子。他用回民爱听的语言，宣传抗日救国道理，发动回民群众参军入伍，支援抗日斗争。在他的努力下，许多回民青年踊跃参军，龙（关）延（庆）怀（来）县大队就曾有一个排的回民战士。开辟根据地工作中，他注意团结宗教人士。龙延怀一带寺庙众多，他在寺庙里建立抗日救国会，一批和尚、道士加入抗日行列，对开辟与巩固抗日根据地起到了推动作用。

为联合各界人士组成广泛的抗日统一战线，蔡平不避危险，跋山涉水，顶风冒雪，足迹踏遍长安岭、平绥路。他在煤矿矿工中建立党的组织，通过八宝山煤矿弄到修枪设备和部队急需物资；通过龙烟铁矿搞到雷管、炸药，开办兵工厂、炸弹厂；还曾通过打入敌人内部关系，一度攻克了长安岭、黑龙庙等据点。

由于工作出色，1944年，蔡平出任平北地委敌工部长（相当于今统战部部长）、平北军分区武装部部长等职。

足智多谋的武装部部长

蔡平重视和喜欢武装斗争，对游击战术的运用娴熟而巧妙。蔡平有一套带兵打仗的本领，在群众的支持下，部队常常化整为零，独立作战。奇袭双树子、智取新保安，都是以少胜多、以弱胜强的成功战例。

1942年是敌人"扫荡"最频繁、最残酷的一年，他们采用"中心突破""分进合击""铁壁合围""梳篦扫荡"等战术，妄图消灭我抗日力量。为使部队免遭敌人围歼，只有突出重围，深入敌占区活动，寻机袭击敌人，才能达到调虎离山的目的。这年夏天，在敌人向我根据地进攻时，蔡平率队突围，深入洋河以南的涿鹿县活动。从田间劳动的农民中了解到双树子伪军据点的情况后，乘伪军午睡之机，蔡平率众一举攻入据点，30多名伪军全部被缴械。

这年冬天，敌人又向我根据地进攻，在大海陀、黑龙潭之间的北山上搭起帐篷，开展"驻屯扫荡"。蔡平率领游击队突围，来到新保安城北的东红寺村。新保安伪军中有一个叫郝清山的人，已经被他争取，成为地下联络员。蔡平派郝清山8岁的女儿找他父亲传递消息，小女孩竟办成大事，回来向他复命，说当晚队伍开到新保安城西门外，双方以烟头画圈为号。当晚，蔡平率队按时到达，按照约定双方接上头，郝清山打开城门，游击队悄悄进城，把60多名伪军全部解决。

一次，叛徒张元正、李洪川带领十几个特务，在沙城小北川一带四处骚扰，而且用劝降、诱降诡计，企图瓦解八路军。他们写给何宝庆的劝降信，落到区委书记刘全仁的手里，刘全仁立即交给蔡县长看，蔡平说："好啊！我们将计就计。"他当下用何宝庆的名义写了封信，派人送给张元正，约定某日早上，在宴庄子山上接头。届时，这伙叛徒与特务果然大摇大摆地向山上走来，突然张元正抬头一看，惊叫一声："哎呀！是蔡县长！"我方立即开火，张、李当场毙命，其余特务束手就擒。这次将计就计的行动，干净利索地消除了小北川一带的祸害，大快人心。

新中国成立后，蔡平历任京西矿区主任、门头沟区区长、北京市商业局副局长，1958年任宣武区委书记兼区长。1965年，蔡平因病在京逝世，时年54岁。国家授予他革命烈士称号。

（石中元　周诠）

蹇先任：风华为人杰，巾帼有英豪

人物小传

蹇先任（1909—2004），女，原名蹇先润，又名林芳、黄代芳，出生于湖南省慈利县。1926年加入中国共产主义青年团，1927年转为中国共产党党员。1929年8月参加湘鄂红军游击队，随即转入红军第四军。1935年11月随红二方面军主力长征，于1936年10月到达陕北。1938年赴苏联治病，并在莫斯科共产国际党校学习，1940年回国，1941年返回延安。1945年8月后，历任冀热辽军区政治部保卫科科长，中共围场县委副书记、书记，中共平北四海县委书记，哈尔滨市东傅家区委副书记，沈阳市东关区委书记兼区长。

1949年10月起，历任湖南常德地委员兼慈利县委书记、县长，武汉市人民政府秘书厅主任、中共武汉市纪委副书记等职。1954年6月调轻工业部工作，任干部司副司长、干部学校校长等职。

"文化大革命"中，蹇先任遭到迫害。1978年恢复工作后，任中共中央组织部副秘书长（正部长级）、政协第五届全国委员会常务委员、中央纪律检查委员会委员等职。2004年在北京逝世，享年95岁。

延庆的四季花海在北京地区久负盛名，吸引了大量市民来此观光赏花。70多年前，党在四海地区成立民主政权——四海县，开展"减租减息"，进行土地改革。貌美如花的"老红军"蹇先任（贺龙前妻）化名黄代芳，担负起这项重任，并出任第一任四海县委书记。

万里赴戎机，关山度若飞

1927年蹇先任在长沙读书时，积极参加学生运动。马日事变后，她来往于津市、澧县、石门等地开展党的秘密工作。

1929年8月，蹇先任在慈利杉木桥参加工农红军，在湘鄂边区转战坚持斗争近7年。1935年11月，她带着出生19天的女儿贺捷生（贺龙之女），随红二军团参加长征，爬雪山、过草地，历经千辛万苦。1936年10月到达陕北，在抗日军政大学第四期学习，毕业后留校工作，担任女生队指导员兼支部书记。

1938年，蹇先任进入莫斯科共产国际党校学习。1940年返回延安途中，在新疆迪化被国民党反动当局扣押长达一年之久。1945年8月后，她先后担任冀热辽军区政治部保卫科科长和中共围场县委副书记、书记。

1946年10月，冀热察军区决定在延庆、怀柔、滦平、丰宁等地建立后方根据地。1947年1月，蹇先任（化名黄代芳）赴延庆东部山区完成四海县建县任务，并担任中共四海县委书记兼县大队政委。期间，她遵照中央《关于土地问题的指示》，发动群众开展"减租减息"，进行土地改革。在土改斗争中，她因为抵制"左"倾路线，被以"右倾"为由，受到组织解散、撤职、降职的不公平对待，四海县的土改运动也因之遇到挫折。这一错误纠正后，1947年，她任哈尔滨市东傅区委副书记、沈阳市东关区委书记兼区长，为东北全境解放做出了贡献。

朔气传金柝，寒光照铁衣

蹇先任之女贺捷生曾在《光明日报》撰文，回忆母亲腰挎双枪，在围场护送战友去东北的经历。

围场是口外的一个县，是大清皇帝们打猎的地方。那时的承德叫热河。1946年，上级任命蹇先任为围场县委副书记，她坐着一辆大车赴任。围场是抗日战争胜利后由八路军和平接收的新解放区，还有许多土匪藏在深山老林，常常下山抢钱抢粮。蹇先任到达围场县城克勒沟时，县机关干部在乡村减租减息，发展生产，做打仗准备。那时，每天都有干部从解放区经围场向东北开拔，县委的工作之一就是派人护送干部。

蹇先任在到达围场的当天，便骑上组织为她准备的一匹叫"赛围场"

的白马，踏上了迎送过往干部的征途。37岁的蹇先任年轻漂亮，骑着白马，腰挎双枪，红装翠袖、飒爽英姿的模样成为围场的一道风景。

经蹇先任护送的干部有宋任穷、黄火青等，大多是她长征时的老战友以及她在抗日军政大学的同学。蹇先任晚年回忆说，每次接送干部，都像亲人的重逢和道别，既高兴又依依不舍。她把他们安顿在县委简易招待所住下后，围着毕毕剥剥的炭火，彼此有说不完的话。不知不觉天就亮了，然后又迎着黎明的曙光，打马上路。

游击不惧苦，巾帼傲云归

在艰难的斗争岁月里，蹇先任经长征到达延安，又经延安到达苏联，如此国内国外地转了一大圈，到抗日战争和解放战争时期，又成了一个出没于敌占区的女游击队长。

昼伏夜出，风吹雨打，大路不走走小路，这就是蹇先任和她的战友们面对的生活。吃饭常是饱一顿、饥一顿，生熟不论，只要能充饥，什么都吃。夜晚居无定所，碰见茅屋睡茅屋，遇上猪圈睡猪圈，有时干脆不睡，几个人背靠背在星空下坐到天亮。子弹任何时候都上膛，与敌人遭遇，打得赢就打，打不赢就走。

蹇先任回忆说，在围场执行任务的日子，气温零下二三十摄氏度，那风不是吹过来的，而是像刀割过来、砍过来。即使躲在废弃的茅屋，大家也得抱在一起相互取暖。夜晚伏击，必须相互提醒不能打盹，否则一觉睡过去，人就会被冻僵，再也醒不过来。走在路上，枪不能用手拿，只能像抱孩子那样搂在怀里。如果用手拿着枪，枪很快就与手冻在一起，想要掰开，得生生撕下一层皮来。

蹇先任是一位革命队伍中的杰出女性，聪慧勇敢，实事求是，堪称八路军的巾帼英雄。

（石中元）

李荣顺：胸怀大义平北杀敌，身先士卒隆化星陨

人物小传

李荣顺（1917—1948），湖北荆门人，幼时做过牧童，当过学徒。1933年参加中国工农红军，在红三军六师十八团当通信员。1935年年初加入中国共产党，不久调到红二军团（前身为红三军）第五师第十三团当班长，后升任连副指导员、连长等职，在湘鄂川黔根据地坚持革命斗争。1935年9月，李荣顺随部队参加二万五千里长征，后到达陕北。

1938年年底，李荣顺调入八路军第四纵队第三十一大队任特派员，随队挺进冀东。1939年2月，冀热察挺进军成立，李荣顺任第七团二营五连指导员，后升任第七团二营教导员，随部队挺进平北开辟根据地。1944年，任平北军分区第十团团长（第三任团长）。

解放战争期间，李荣顺历任晋察冀军区第八旅第二十二团团长、第五旅第十三团团长、第十三旅参谋长、新编独立一师副师长兼第一团团长、东北人民解放军第十一纵队（解放军四十八军）第三十一师副师长兼九十一团团长等职。1948年，在攻打隆化县城中牺牲，年仅31岁。

解放战争时期，隆化战斗异常激烈，解放军付出较大伤亡，牺牲人员中除了全国战斗英雄董存瑞，还有抗战时期当过晋察冀军区第十团第三任团长、时任东北人民解放军第三十一师副师长的李荣顺。在开辟平北过程中，李荣顺参加过佛峪口战斗和延庆保卫战，立下赫赫战功。

转战平北，从连指导员到"老十团"团长

1938年5月，八路军宋时轮支队同邓华支队在平西合并，组成八路军

第四纵队。年底，李荣顺调到该纵队第三十一大队任特派员。6月，为策应冀东人民抗日武装大起义，李荣顺所在大队在政治委员邓华的率领下，从康庄附近越过平绥路，经永宁、四海，在沙峪歼灭日军一个中队约120多人。而后，他们挺进冀东，先后打下滦平县境内的八道河、玻璃庙、汤河口等敌伪据点。

1939年2月，冀热察挺进军成立，李荣顺任七团二营五连指导员。1939年冬，李荣顺任第七团二营教导员，营长是红军强渡大渡河十八勇士的英雄连长熊尚林。

1940年6月，平北军分区政治部主任段苏权率领七团二营进入平北，开辟抗日根据地。6月27日早晨，二营在海陀山前佛峪口遇到敌人堵击，营长熊尚林指挥七连迅速抢占有利地形，予以还击；同时命令六连卡住佛峪口，阻击由延庆方向增援的敌人；团参谋长彭寿生和营教导员李荣顺带领五连先行占领制高点，掩护部队并接应政治部机关人员进驻海陀山。这场战斗共持续了3个多小时，毙伤敌80余人，我方也牺牲干部战士30余人。

此后，李荣顺率部进至丰宁大阁以南喇叭沟门、五道营子做群众工作，征集粮食，准备迎接程世才司令率队的第七团主力到来。当时，平北是新区，日军推行"三光"政策，形势险恶，斗争艰苦。7月，第七团第一、三营在滦平县五道营子和第二营同白乙化率领的第十团主力会合。李荣顺带领的第二营和第十团第一营，多次与日本关东军第九独立守备队及伪满洲军进行战斗，重创敌伪军。敌人惊呼："延安的触角伸进了满洲国，扰乱了热河秩序。"

1941年到1943年，李荣顺先后担任平北军分区警卫大队政委和龙赤区区队长。在开辟平北的斗争中，带领广大军民多次粉碎日伪军的"扫荡"和进攻。

1944年夏，十团团长王亢到晋察冀军区党校学习；11月，李荣顺任副团长兼参谋长。1945年3月，王亢调任平北军分区参谋长兼热西支队司令员，李荣顺任平北军分区第十团团长（老十团第三任团长）。

1945年3月，李荣顺随平北军分区政治委员段苏权率3个连及县大队，在延庆县后吕庄伏击伪满洲军第三十二团一个营，打了一个漂亮的伏击战。6月29日，团长李荣顺和政委吴迪奉命率领第十团主力部队，执行收复崇礼县城的任务，在内线和兄弟部队的配合下，经过激战，于7月1日收复崇礼县城。7月，在平北军分区的指挥下，他又率第十团和平西第四十四团一起，伏击龙门所伪满洲军第六团第二营，毙伤敌50多人，其中包括任团副的日本人太田茂，俘虏营以下官兵270多人，缴获大批军用物资。

收复多座县城，屡受上级嘉奖

1945年8月，日本侵略军宣布无条件投降，张家口的日伪军仍拒不缴枪。平北军分区在司令员詹大南、政委段苏权的指挥下，十团与兄弟部队包围张家口。战前，李荣顺在十团指战员动员会上说："为了保卫八年抗战的胜利果实，我们要坚决消灭城内拒不投降的敌人。"根据上级部署的战斗任务，他们认真研究作战方案，李荣顺亲率部分连排干部，深入前沿实地观察地形。战斗打响后，他又亲自带领一连和侦察连直插火车站，全歼守敌。

解放张家口后，十团收复万全县城，出击平绥路西段，夺取怀安，攻下兴和与阳高，与兄弟部队一起将傅作义、马占山的部队击退到集宁、古镇一线。部队东返平绥路东段，攻克新保安，收复怀来、延庆、永宁。

1945年9月，平北军分区所辖的四个团改编为晋察冀军区第一野战军第九旅，原第十团改称第二十五团，李荣顺任团长。这时，察哈尔省只剩最后一个"白点"——赤城（今属河北省）。日本投降后，该县城被汉奸、地主武装（自称为国民党先遣军第一支队）占据，气焰十分嚣张。10月10日，李荣顺率部与第二十七团联合作战，一举攻克赤城。年底，九旅集结于延庆一带，一面担任对南口方向敌人的警戒，一方面进行整训。此时，李荣顺和昌延联合县妇联主任李淑君结婚，婚后不久，他带领部队投入了新的战斗。

1946年3月，九旅奉命改编为晋察冀军区第八旅，原二十五团改为二十二团，李荣顺继续任团长。这时虽已下了停战令，可国民党军仍不断向我根据地蚕食，破坏我军整训。

7月，八旅又奉命改编为冀热察军区第五旅，原二十二团改为十三团，团长仍是李荣顺。这时，蒋介石撕毁了"停战协定"，向我解放区发动全面进攻。8月17日，国民党军一部企图夺取我九里山阵地，在炮火掩护下，反复冲锋十几次，都被我十三团七连击退。黄昏时，李荣顺组织全团发动一次反击，俘敌30多人。

1946年10月，李荣顺率团参加延庆保卫战，历时15天，毙伤敌800多人，并缴获大量军用物资。这次战斗，获得晋察冀军区的通令嘉奖。

1946年11月，第十三团与第十五团配合，向驻守在宣化县东北赵川城的敌第三〇三团发动攻击。经过5小时激战，全歼敌人两个营，生擒敌团长。晋察冀中央局发出贺电："此战在困难时刻，积极主动，抓住战机，消灭傅作义嫡系部队，振奋了民心，鼓舞了士气。"

激战隆化，壮烈牺牲

1947年春，李荣顺任独立第十三旅参谋长。8月，又调任冀察热辽军区独立第一师任副师长兼第一团团长。不久，冀察热辽军区部队改编为东北民主联军第八纵队，李荣顺任该纵队第二十二师参谋长。1948年2月，东北人民解放军独一师改为第三十一师，李荣顺任副师长兼第九十一团团长。在长期对敌作战中，李荣顺积累了丰富的经验，写下了14万字的战术研究笔记。他以笔记为讲稿，向部队干部讲述火力集中与火力使用问题、步炮协同问题、战斗中队形的组织运用等军事战术。

1948年5月，解放军决定再次攻打隆化县城。敌十三军在苔山和隆化中学周围筑有40余个碉堡群，凭坚据守，负隅顽抗。鉴于隆化地势险要，敌人工事坚固，十一纵首长决定第三十一师九十一团在炮兵旅的掩护下强攻苔山。5月24日晚11时，我部进入阵地。25日凌晨，李荣顺即指挥由第一、第六连组成的突击队，在晨雾中迅速敏捷地从北侧绝壁攀登而上，接近敌人前沿。4时，三颗信号弹升空，我炮兵向苔山主峰猛烈轰击，敌堡一个一个被摧毁。仅30分钟，突击队就占领了苔山制高点一号至四号碉堡群。这时，进攻苔山西南侧碉堡群的第九十二团尖刀连受阻，枪声一阵紧似一阵。就在战斗进行得如火如荼的时候，也就是董存瑞舍身炸碉堡前后，李荣顺临危不惧，与九十一团副团长王星立即率第一、三连主动去支援。当李荣顺钻进敌人丢弃的七号地堡，一边打电话向师长汇报，一边通过射击孔观察敌情，指挥部队向残敌实施反击。突然，对面敌军机枪射来子弹，穿过碉堡观察口击中他的头部，李荣顺当场阵亡，年仅31岁。

新中国成立后，李荣顺的遗体安葬在华北军区烈士陵园。隆化人民为了纪念他，将县城内的一条大街命名为"荣顺街"，将街里的一个村命名为"荣顺村"。

（石中元　翮峰　周诠）

罗林：枪林弹雨几经生死，阜平骄子情系妫川

人物小传

罗林（1905—1968），原名罗慎德、罗有伍，化名刘向清。河北省阜平县柳峪村人。1931年11月加入中国共产党。抗日战争时期担任平北地区区卫生队指导员、农救会主任、区长，中共龙崇赤联合县委组织部部长、民运部部长、抗联主任兼二区委书记。解放战争时期，任中共龙关县委组织部长、四海县县长。

1949年后，任张家口地委委员、中共延庆县委书记等职。1968年12月21日逝世，享年63岁。

在新中国成立初期的延庆县，有这样一位县委书记，抗日战争期间参加过龙关监狱暴动，跟狱友们团结一心，砸毁镣铐，成功越狱，回到根据地。这位县委书记来自河北阜平，他的名字叫罗林。

创建山西广灵第一个党组织

罗林曾任中共河北省阜平县特支委一区区委委员、交通干事。1934年4月初，阜平县中共党组织遭到破坏，其领导人被逮捕杀害。为避免遭受更大损失，党组织要求所有党员尽快散到各地"避风"。罗林转移到河北省涞源县，仍被追捕，只好奔走他乡。

1936年秋，罗林化名刘向清，以卖土布为掩护，一路翻山越岭，转移到山西省广灵县榆沟村。他寄居在榆沟村郑发家的豆腐铺内，在做生意的过程中，发展榆沟村农民王培信、郑权、郑善3人加入中国共产党，建立了雁北农村地区第一个党小组。这是中国共产党在广灵县最早发展的一批党员和建立的第一个党组织。

1937年4月，在榆沟村党小组的帮助下，成立了广灵县乃至当时雁北地区第一个农村党支部——狼虎坪党支部。如今，狼虎坪村和榆沟村成为红色教育基地。2009年7月1日，中共广灵县委在南村镇榆沟村，为原雁北地区第一个党小组立碑修亭，以资纪念。

开辟敌后战场，参加龙关监狱暴动

1938年，罗林被党组织派往平西、平北地区，开辟抗日根据地，历任区大队指导员、区农救会主任、区长、区委书记等职。

1941年，罗林任龙崇赤联合县民运部部长、察哈尔省工会组织部部长。龙崇赤联合县地处张家口地区长城内外、坝上坝下的交界地带，也是伪蒙疆首府张家口的门户，斗争异常残酷。罗林深入村庄，动员群众，建立农会、工会、青年团、妇联，扭转了困难的局面。

1942年12月底，罗林同龙崇赤联合县财政科长冯森深入二区进行宣传发动工作，深夜在正阳墩村遭到敌伪突袭，因寡不敌众被捕。罗林先被关押在赤城监狱，1943年2月转到龙关监狱。1943年3月30日，罗林与高昆山（四十团副参谋长）、李庚尧（平北专员公署民教科长）、冯森等30余人经过一段时间的秘密准备，在翻译张政山、刑事犯吴珍的帮助下，成功砸狱，逃出虎穴。此举令龙关城内日伪军惊恐万状，他们惊叹："做梦也没想到八路军共产党人有如此胆略。"恼羞成怒之际，驻察南日军撤销了龙关赤城靠长城附近的日本宪兵特务机关，把宪特机构一律撤到铁路附近保护京包铁路通车安全，只留下松井部队和伪军住在城内。从此，日本人在龙关一蹶不振，再也没有在这里立住脚。

出任四海县县长，支持前线作战

1946年10月，冀热察军区成立后，上级决定在延庆、怀柔、滦平、丰宁等县交界的边缘山区建立后方根据地。1947年1月3日，四海县在永安堡成立，隶属冀热察区，四海、珍珠泉、小川、沙梁子、花盆等地归其所属。

1947年12月，平北地委撤销四海县，其部分区隶属怀柔县，大部分地区划并延庆县。1948年4月20日，恢复四海县建制，吴瑞亭、徐嘉楷先后任县委书记，罗林、郭新先后任县长。1951年8月，四海县撤销，划入张家口地区延庆县第九区。

罗林在担任四海县县长期间，积极组织前方战场的后勤保障工作，把群众车辆、牲畜按村编成运输队，日夜兼程将弹药、粮食运往前方战场。

罗林当官不像官，衣着与百姓们没有什么区别，头戴当地的旧毡帽，身穿旧棉袄，脚穿破棉鞋。1948年冬季的一天，罗林带着警卫员到乡下检查工作，巧遇野战军打前站的几个军人，他们要找县政府安排支前工作。他们把罗林和警卫员当成群众，让罗林当向导带路。到了县政府所在地，他们询问县长的去处，政府工作人员一脸茫然，随即恍然大悟："这位给你们带路的就是我们的县长啊！"几名军人很惊讶，在场的人哈哈大笑。

任凭几度风起，无悔人生短长

1949年12月，罗林由四海县调到察哈尔省延庆县，接替姜国亭任县委书记。1950年，全县遭遇春旱、夏涝、冰雹等灾害，他组织灾民进行生产自救，全县没有饿死一人，顺利度过灾荒之年。

罗林深入延庆农村调查研究，提出"要发家、种葵花；要致富、养母猪"。全县葵花的种植面积激增3万亩，其中延庆七区（黑龙庙区）种得最好。康庄的养猪业发展得最快，有一户农民养了200多头猪。20世纪50年代，延庆川因农业发展稳定，被誉为"小乌克兰"，传为佳话。

"大跃进"期间，小土炉大炼钢铁，"跑步进入共产主义"的口号满天飞。为此，罗林心急如焚。他深入边远山区千家店，支持鼓励刚成立的千家店公社与天津市春泰兴竹柳器厂签订出售"苦栎杆"合同，卖出苦栎杆23万余根，获利33万余元，使当地农民得到一笔可观收入。

1959年庐山会议后，全党掀起"反对右倾机会主义"的斗争，延庆随之开展"反右倾""拔白旗"的运动。罗林被认为犯有右倾错误，撤职查办。期间，他的身体被击垮，不幸患脑溢血，昏迷不醒。经北京同仁医院抢救，勉强保住生命，落得半身瘫痪，回到延庆家中休养。

在"粮不够，瓜菜代"的三年困难时期，在家病休的罗林经常拄着棍子，在老伴和孩子的搀扶下，到马路拾牲畜粪便，将筐里的粪便倒在附近生产队的粪堆里。罗林的身体稍有好转，便独自一人拄着棍子，到延庆南关菜市场帮助菜农卖菜，借此了解民情，将群众的呼声向县委汇报。

1961年9月，中共北京市委第二书记刘仁带队来到延庆，对罗林进行甄别平反，肯定道："老罗的做法就是好！"刘仁回京后，向中共中央书记处书记、北京市委第一书记彭真做汇报。彭真说："延庆的罗林有群众观点，能顶风，是真正的马列主义者。"而后，罗林恢复名誉，被重新任命为延庆县委第一书记。这时的罗林已半身不遂，说话连不成句子，实际工作靠县委书记耿子华。

在"文化大革命"中，罗林再受迫害。革命造反派将病休8年的罗林拉出去"批斗"，将印制的《彻底打倒》的小册子，散发到罗林的故乡河北省阜平县。1968年12月21日，罗林含冤去世，终年63岁。这年，罗林长子护送着刻有"七尺男为革命奋斗终生，五尺鬼盼捷报化做纸钱"的骨灰盒，一路颠簸回到阜平，在家乡安葬父亲。罗林堂兄对着罗林的坟头说："回家好，回家好！叶落归根、入土为安，回家后就没有人冤枉你了。"

1978年8月31日上午，中共延庆县委、县政府在县大礼堂召开纪念罗林追悼大会，2000余人冒着倾盆大雨参加，礼堂内外的哭泣声和风雨声交织在一起，使罗林的英灵得到告慰！

（石中元　周诠）

葛震：心系老区问寒暖，魂牵梦萦念昌延

人物小传

葛震（1918—1975），河北省满城县西章村人。1933年考入河北省保定第二师范学校。1935年加入中国共产党，并参加地下工作。

1937年卢沟桥事变后，葛震经武汉到延安中央党校学习。毕业后留校，先后担任学员班党支部书记、中央党校教育科副科长。1941年到达晋察冀根据地，先后任昌（平）延（庆）联合县委宣传部部长、副书记、书记。1946年1月，调任宣化县委书记；1947年任宣（化）涿（鹿）怀（安）县委书记；后任察南地委宣传部部长。

新中国成立初期，葛震先后任华北局宣传部处长、中共中央宣传部副处长；1958年任中共广西省委常委、宣传部部长。1964年起历任中共中央中南局副秘书长、广州中山大学党委副书记等职。"文化大革命"中遭受错误批判。1975年逝世，终年57岁。

在延庆历史上，还有这样一位县委书记，他来自延安，当过昌延联合县委宣传部部长和县委副书记；他关心群众疾苦，善于发动群众开展对敌斗争；抗战胜利后出任宣化县委书记，临终前还挂念着昌延人民的生活，他的名字叫葛震。

抗战一线的"大老葛"

1941年中秋节的晚上，延安的一座山坡上，几个年轻人望月畅谈抗战形势。中央党校教育科副科长葛震思绪万千："如今明月在，何日国土还？"他深深知道，只有彻底赶走日寇，中华同胞才能共赏明月，同建家

园。几日前，党组织批准了他上前线的请求，中秋节过后，葛震一行30多人奔赴晋察冀根据地。经过一年的艰苦跋涉，葛震到达平北延庆，被分配到昌延联合县任县委宣传部部长，1943年2月任昌延联合县委副书记。1945年1月，葛震任中共延庆县委书记。

1942年，抗战进入最艰苦的阶段。当时的平北，有些地方属于敌占区，有的是游击区，有的则是"人圈"区，抗战形势和斗争异常残酷。山里的房屋全部被烧毁，连一间完整的草棚都没有，抗日部队只能露宿山野。抗日部队无论走到哪里，与日伪军的据点都不会超过10公里。群众被关在"人圈"里，日伪军制造了许多无人区。叛徒、汉奸带着日伪军破坏抗日组织，杀害群众的事情时有发生。在这种艰难的情况下，从敌占区到游击区，甚至到敌人制造的"人圈"区，葛震走遍了昌延县的每一个角落，发动群众，坚持抗日斗争。

葛震非常关心百姓生活，亲自到村里做群众工作，了解群众疾苦。他不但自己身体力行，还经常教育区干部要关心群众生活。日伪军"扫荡"时，他一起与群众坚壁清野、埋地雷、捉汉奸、打击日伪军；房子被烧了，就同群众一起搭窝棚，住山洞；庄稼熟了，就同群众一起抢收粮食，处处都能看见他带着区干部和群众一起活动的身影。

葛震在斗争中养成了很强的群众观念，处处以普通一员的身份出现在群众中，从不搞特殊。他和老百姓关系极为密切，老百姓从来不叫他书记，而是亲昵地称他为"老葛"或"大老葛"，而葛震当时还只是一个25岁的小伙子。老百姓要是几天不见葛震，就会念叨："大老葛怎么还不来？"

团结和爱护军民的好书记

"在敌后作战跟上级联系不容易，一定要有一个团结的县委，把党、政、军、民统一起来，才能取得胜利。"葛震这么说，也是这么做的。

当时的昌延县委班子有军队首长、地方干部、大学生，也有农民，还有长征的老红军，意见不一致是常有的事。当时，昌延联合县委书记由十团副政委曾威兼任，葛震作为副书记，对联合县内的党政军民抗战工作多方沟通、协调，自觉维护领导班子的团结，对大家坦诚相见，从来不隐瞒自己的观点。一次，在讨论怎么斗争的问题时，领导班子成员争执起来，个个面红耳赤，互不相让，甚至还拍起了桌子。待讨论结束后，葛震和声细语地和大家真诚交流，带领大家齐心协力执行县委决议。昌延联合县委团结一致，给当地的抗战胜利奠定了基础。

葛震与八路军老十团关系融洽，配合得力，尽力帮助老十团克服困难。当时的十团官兵，无论走到哪里，都能得到当地政府和群众的热情接待。许多群众主动腾出房子让部队睡觉，把藏在山洞里的锅、柴、米、面背回来让战士们吃用，自觉照顾伤病员，主动给部队送情报。1990年，原十团团长王亢回忆当年情景时，激动地说："那时军民是鱼水关系，没有昌延人民的支持，不用说打仗，部队连脚都难以站住。昌延人民为革命做出过很大贡献，是了不起的。"

抗战胜利后，葛震任宣化县委书记，李锋任县长。宣化县城当时是察哈尔省政府所在地；1946年1月，察哈尔省委决定，宣化分设县市，县管农村，市辖城区。葛震所在的宣化县委、县政府机关驻所，于1946年5月迁往沙岭子。在生活条件极其艰难的情况下，葛震尽己所能帮助困难同志。一次，已到严寒冬天，一位同志穿着单鞋，袜子破了几个洞，脚指头露了出来，葛震看到后立刻把自己仅有的一双袜子脱下来给他穿上。

新中国成立后，葛震仍然保持艰苦朴素的生活作风。几条旧被褥、几身旧衣服和一捆墨笔，是他逝世时留下的全部遗产。那时，他的地位和工资算是高的了，但他没有一分存款，还用自己的钱帮助当年困难的战友和同事。

何妨吟啸且徐行

1957年的"反右"斗争，给诸多作家的心灵蒙上阴影。那时，正好广西的宣传部部长是右派，要由中宣部派人去当宣传部部长。组织上决定派中宣部理论处副处长葛震前往广西担任自治区党委常委、宣传部部长。葛震一到广西，见面就说："临来，周扬同志嘱咐我，广西那儿有个陆地，延安鲁艺的高才生，能写小说，请各位多多关照，给条件让他写作，发挥其专长。"

壮族作家陆地（1918—2010）著有长篇小说《美丽的南方》《瀑布》和中短篇小说集《故人》等作品。2017年广西师范大学出版社再次出版《美丽的南方》，这部长篇被誉为"壮族文学第一座丰碑"，是广西现代文学的起点，书名"美丽的南方"已经成为一种地域文化符号。

苏轼《定风波》有"莫听穿林打叶声，何妨吟啸且徐行"，正是作家陆地和他心心相印的支持者葛震的心灵写照。"回首向来萧瑟处，归去，也无风雨也无晴"，呈现出一种醒醉全无、无喜无悲、胜败两忘的人生哲学和淡然的处世态度。"人生苦短，到老始信人言，一切文学作品，都是作家的自传。"（陆地语）葛震的"自传"，魂牵梦萦在昌延。

"昌延……群众……昌延……"

1975年2月1日，葛震弥留之际，用微弱的声音叨着昌延地区的群众。昌（平）延（庆）是他30年前激情燃烧的地方，那里的百姓永远都是他至亲至爱的人。

（石中元）

吴迪：战火纷飞英雄胆，血洒南湾美名传

人物小传 _____

　　吴迪（1914—1948），湖北黄安人。1929年参加赣西北游击队，1930年6月参加红军，1932年加入中国共产党。1935年3月，随红四方面军参加长征。1938年12月，到达平西抗日根据地，先后担任八路军第四纵队（冀热察挺进军）作战科科长、侦察科科长、第三十四大队政委等职。1942年4月，随部队进入平北，先后任第十二军分区武装部部长、龙延怀支队副队长、第二十四团团长等职。1945年4月，调任平北军分区十团政委。1947年10月，任冀热察军区独立第二师参谋长。1948年1月，在同国民党军队的南湾战斗中英勇牺牲，时年34岁。

　　解放战争时期，在延庆四海地区发生过一场著名的南湾战斗，解放军独二师参谋长吴迪在这场战斗中壮烈牺牲，成为整个抗日战争和解放战争期间，在延庆地区牺牲的最高级别的我军将领。

　　1914年，吴迪生于湖北省黄安县紫云区四角槽门村一个贫苦农民家庭，原名吴世禄。1922年，湖北闹灾荒，吴世禄全家逃荒至江西省德安县王家岭。在江西，年幼的吴世禄不是随家人沿街乞讨，就是给地主扛长活、打短工。苦难的生活使吴世禄过早地成熟起来，也造就了他不怕吃苦、乐观向上的坚强个性。

12岁走上革命道路的游击队员

　　第一次国内战争时期，吴世禄的父亲吴先正积极投身农运工作，其家成为我党领导农民斗争的一个地下联络点。受其父亲的影响，年仅12岁的

吴迪走上革命道路，经常为农协开会送信、站岗放哨。

1929年，吴世禄参加共产党领导的赣西北游击队。在游击队里，他和战友们组成短枪队，活跃在江西德安、瑞昌、德化一带，成为一支小有名气的武装"轻骑兵"。1930年6月，吴世禄所在游击队被编入新组建的红八军（第五纵队）。不久，红八军第五纵队被编入中国工农红军第十五军。

1931年11月7日，红四方面军宣告成立，下辖第四军和第二十五军，吴世禄被抽调到四方面军总部任参谋。他没有上过一天学，深知自己身上存在的不足。他积极参加红军组织的军政训练，学习军事理论，文化知识和业务能力迅速提高。第二年，便光荣地加入中国共产党。

1933年，吴迪被调到红四方面军所辖的红三十军第二六二团，先后担任连指导员、营教导员、团政治部主任等职。10月，四川军阀对川陕根据地进行六路围攻，他随队多次参加阻击战和反击战，在参加了西线的黄木垭反击战中，取得带领一个营歼灭敌军一个团的辉煌战果，协助大部队取得了反六路围攻的胜利。

1935年3月到1936年10月，吴迪随红四方面军参加长征。

红军三大主力会师后，中共中央命令红四方面军一部组成西路军，远征河西走廊。吴迪所在部队也参加了西征，与数倍于己的马家军血战河西走廊。最后，他作为西路军西征幸存者，于1937年5月被党中央派代表接到迪化，后回到陕甘宁边区，在延安抗日军政大学三大队学习。

抗日战场的"无敌"英雄

抗日战争全面爆发后，吴迪向党组织表达了到抗日前线去的强烈愿望。经组织批准，他于1938年12月到达以宛平县为中心的平西抗日根据地。1939年2月，以八路军第四纵队为基础成立冀热察挺进军，吴迪在挺进军中担任作战科科长、侦察科科长、第三十四大队政委等职。

在此期间，日军调集重兵对平西进行反复"清剿"和"扫荡"。在对敌斗争异常残酷的情况下，吴迪不惧困难和危险，经常化装成便衣，率领侦察科的战友们，神出鬼没地深入日军据点，做锄奸反特和筹措粮款、药品的工作，他被平西一带的乡亲们亲切地称赞为"无敌"英雄。自此，在同志们的建议下，吴迪将自己名字改为"吴迪"，以示纪念。

1942年，抗日战争进入更残酷的阶段。为了支援新开辟的平北抗日根据地，4月下旬，吴迪随詹大南率领的八团从平西到达平北。吴迪来到平北后，先后任第十二军分区武装部部长、龙延怀游击支队副队长、第二十四团团长等职。

当时，由于日军对平北实行"集家并村"和"三光"政策，致使平北地区人烟稀少，粮食奇缺，部队生活异常艰苦。八路军白天行军打仗，夜晚还要出山筹粮筹款。面对十倍于己的强敌，吴迪率领龙延怀支队紧紧依靠当地群众，咬紧牙关，在无人区坚持斗争。他们没有吃的就吃野菜、树叶；没有房子就住山洞、窝棚和长城敌楼；缺少武器弹药就通过战斗从敌人手里夺取……在如此严酷的形势面前，个别战士出现思想波动，吴迪一面指挥战斗，一面加强政治思想工作。他给战士们讲抗战形势，讲抗日战争前景，有效坚定了大家的抗日信心。龙延怀支队在吴迪的率领下，始终如一把尖刀，深深插在伪满洲国和伪华北统治区的接合部上。

1945年4月，吴迪调到平北军分区十团任政委。6月底至7月初，他同团长李荣顺奉命指挥十团部队，解放了崇礼县城。

1945年8月23日，十团作为主力部队，参加了解放张家口的战斗，使被日军占领8年之久的华北重镇——张家口重新回到人民手中。

解放战场的不朽英魂

1946年6月，蒋介石撕毁停战协定，国民党军队开始大举进攻解放区。1947年10月，冀热察军区独立第二师成立，詹大南任师长，李光辉任政委，吴迪任参谋长。

独二师成立后，被调往延庆四海一带开展"双查"整党运动，以进一步提高指战员的政治素质和战斗意志。为了配合地方土地改革，1947年10月至12月，独二师到延庆川区伺机歼敌，先后歼灭国民党军暂三军第十一师5个营，并缴获大批武器弹药。之后，独二师返回四海休整，以保存实力，迎接新的战斗。

1948年1月12日，国民党暂编第三军第十一师从永宁出发，向四海一带侵犯，妄图寻找独二师决战。独二师得知这一情报后，参谋长吴迪和师部其他领导经过研究，立即进行歼战部署：第五团占领南湾北山和大胜岭后山；第六团占领南湾村南的乔玉顶高地，布成3公里的大口袋。同时，命令远在黄花城、石湖峪的四团急行军赶到黑汉岭以东，断敌后路。

战斗打响后，第五团首先与敌交火，经过激烈战斗，终于将敌人阻截在大胜岭一带。战斗中，部队从敌俘虏口中得知，敌人不是两个团，而是一个整编师外加一个炮兵营，他们企图用猛烈火力，夺取南湾大胜岭的制高点——乔玉顶。师指挥部认为，如果敌人占领制高点，那么独二师的整个阵地就会暴露在敌人的火力之下，整个战役的战略部署就难以实现。万分危急时刻，吴迪不顾个人安危，亲自到乔玉顶高地指挥战斗。

吴迪来到高地时，敌人正向我阵地疯狂进攻，战斗异常激烈。敌人企图用银圆高价收买士兵，组成"敢死队"，突破乔玉顶阵地。敌人向我阵地发起一轮又一轮疯狂进攻，致使我方阵地工事多被摧毁，部队伤亡巨大，阵地曾一度失守。吴迪亲自组织战士们夺回阵地，经过十几次的反复争夺，敌人的进攻终被我方压制。临近黄昏，吴迪组织部队将敌人的冲锋再次打退后，为观察敌情，他走出掩体，正欲举起望远镜观察前沿战地时，被敌人冷枪击中心脏，当场牺牲。时年34岁。

新中国成立后，华北军区将吴迪烈士的遗骨迁至石家庄华北军区烈士陵园，安葬在苍松翠柏中，永远为人民所纪念。

（赵万里）

徐智甫：战迹壮山色，丹心照妫川

徐智甫（1908—1940），本名徐睿，号智甫，天津市蓟县周官屯村人。1932年加入中国共产党。1938年参与冀东西部抗日起义的组织领导工作。1940年春，任昌延联合县首任县委书记，当年8月牺牲，时年32岁。

徐智甫的名字在延庆家喻户晓，其英雄事迹感召着一代又一代妫川儿女，激励着人们在民族独立和民族复兴的道路上踔厉前行。作为首任昌延联合县委书记，徐智甫在窑湾黄土梁壮烈牺牲，后被敌人割头示众，成为延庆人民心中永远的痛。

策动组织"马伸桥事变"，参加蓟县大暴动

1926年，徐智甫考入通州师范学校，读书时开始接触马克思主义。1931年九一八事变后，徐智甫义愤填膺，参加中国共产党的外围组织——"反帝大同盟"，积极投入抗日救亡活动。1932年，徐智甫加入中国共产党。这年秋季，他从通州师范学校毕业，来到香河教书。

1933年《塘沽协定》签订后，华北地区形势严峻，徐智甫和其他几位仍在北平读书的同学秘密联络，发动同学组织请愿团奔赴南京，呼吁国民党当局停止内战。1935年秋，应蓟县太平庄完全小学校长、中共地下党员王济川之邀，回乡以教学为掩护，秘密从事抗日救国宣传、组织工作。

1938年6月8日，八路军第四纵队挺进冀东，为迎接八路军东进，徐智甫和廖益之（王克兴）策动六、九甲民团300余人起义，打死汉奸、伪警察分局局长王树林，砸毁了设在马伸桥镇的白面馆，打死了开设白面馆的

韩国浪人；随后又抓捕并枪毙了日本华北矿业公司驻马伸桥的3名日本人，造成震惊敌人的马伸桥事件，揭开了蓟县抗日大暴动的序幕。

在7月14日开始的蓟县抗日大暴动中，徐智甫同李子光、陈富轩、刘卓群等人在二区组织暴动，组建了冀东抗日联军第十六总队，由刘卓群任总队长，夏德元为副总队长，李子光任政治主任，徐智甫任政治副主任。随后，抗日大暴动在蓟县全面爆发，迅速占领所有村镇。7月底，十六总队同其他暴动队伍配合八路军主力，一举攻克蓟县县城，摧毁敌伪政权，建立抗日政府，冀东抗日大暴动在蓟县取得完全胜利。进入8月份，徐智甫同李子光等人率领十六总队进入蓟县、遵化一带打游击，扩充队伍，至9月下旬，十六总队已发展成为一支拥有3个大队、1个特务总队，共1500多人的抗日武装队伍。

冀东暴动后不久，敌人调动重兵进行反扑，抗联队伍和八路军主力按照八路军四纵党委和中共河北省委决定，暂时撤往平西整训。由于抗联战士多是当地农民，在西撤过程中恋家思想严重，加上敌人围追堵截，士气消沉，时有战士离队。根据这个情况，徐智甫协同李子光大力加强队伍思想工作，逐步稳定了战士们的情绪，最终到达平西根据地。

1939年春，徐智甫在平西参加冀热察区党委党校首批学习班，结业后留校任教务主任，在区党委领导下，参与谋划开辟平北抗战工作。

出任昌延联合县首任县委书记

1940年春，徐智甫奉命出任刚刚成立的昌延联合县委书记，带领当地军民开辟抗日根据地。当时平北地处伪满洲国、伪华北自治政府和伪蒙疆自治政府3个伪政权的交界地区，昌延联合县是这个交界地区的中心，环境十分复杂，斗争极其残酷，土匪活动猖獗。

徐智甫到任后，同县委其他同志一起，一面宣传党的政策，慰问当地干部群众，开展安抚工作；一面发动群众，加强党的地方组织建设，着手建立地方抗日武装，扩大昌延抗日根据地的范围。经过几个月的努力，根据地的开辟和发展工作取得明显效果，先后建立起中心区、十三陵区、台自沟区、马场区和隐蔽区等几个基层政权，组建起昌延游击队，党员数量达到200余名。同时，他们还对盘踞在当地几个山头上的土匪武装展开武力打击和政治教育工作，肃清了十三陵等地的土匪，扫清了开辟根据地的障碍，解除了土匪对老百姓的骚扰，进一步壮大了抗日武装力量。

1940年春夏之交，庄稼青黄不接，昌延联合县粮食奇缺。徐智甫经常以野菜充饥，身体严重浮肿。他得知平北游击大队在南山已断粮7天，立即亲自到王庄、东三岔村动员群众，筹集三四麻袋粮食，自己颗粒未动，却克服重重困难将粮食送到南山，解决了游击队的燃眉之急。

随着这一时期平北地区共产党武装政权的广泛建立和根据地人民抗日斗争的开展，昌延县委的工作引起了敌人的注意和恐慌。为了把新生的抗日政权扼杀在摇篮之中，从1940年5月开始，日伪开始对平北抗日根据地进行围剿，史称"五月大扫荡"。其间，敌人纠集了延庆地区的数千日伪军对昌延中心区展开历时3个月的"扫荡"。大"扫荡"期间，敌人在根据地搜山"清剿"，见人就抓，见房子就烧，见东西就抢，实行"三光"政策。在敌人的不断围剿下，刚刚建立起来的抗日政权受到严重破坏。当时，八路军主力部队正在外围作战，昌延中心区力量薄弱，根据地遭受空前损失，斗争形势十分严峻。在日伪军对昌延中心区"扫荡"期间，昌延地区的形势更加严峻，徐智甫身患重病（疟疾），同志们劝他暂时转移到外线，但他坚持留在内线，领导抗日军民坚持斗争。

窑湾黄土梁壮烈牺牲

1940年8月，徐智甫和昌延联合县县长胡瑛连日奔波，终于在8月27日停下脚来。他们在窑湾村黄土梁王金喜家研究工作到深夜，住在了王家。次日清晨，驻永宁的伪满洲军在奔袭"扫荡"中发现了徐智甫和胡瑛的踪迹，并将村子包围。发现敌情后，徐智甫和胡瑛以及通信员程永忠迅速从屋里冲出来，向西北山上跑去。他们边跑边开枪，在敌人凶猛的火力下，终因寡不敌众，胡瑛和通信员程永忠先后牺牲。徐智甫经过和敌人一番战斗后，把最后一颗子弹留给自己，当场牺牲。为了中国人民的解放事业，他献出了年仅32岁的生命。

徐智甫和胡瑛牺牲后，敌人蜂拥而至，并对他们进行搜身，结果在胡瑛身上搜出了昌延联合县政府的文件和印章。当敌人知道县长胡瑛的身份后大喜过望，惨无人道地将二人的头颅割下带到永宁，一面向其主子邀功领赏，一面将头颅挂在城门楼上示众，以此恐吓抗日军民。当年，伪《盛京时报》还刊发消息，报道这则"新闻"。

昌延联合县各区的干部群众听到徐智甫和胡瑛牺牲的噩耗后，悲痛万分，纷纷赶到烈士的牺牲地缅怀、吊唁。

徐智甫牺牲后，为了及时恢复昌延县委的工作，平北工委决定，任命史克宁为县委书记，并决定于9月10日在马场区小金房为烈士举行追悼会。追悼会上，史克宁致悼词，并及时部署县委工作，标志着昌延联合县委工作的恢复。

1949年，徐智甫的遗骨从延庆运回天津蓟县老家。1960年春天，他被安葬在天津市蓟县盘山烈士陵园。1984年5月4日，中共延庆县委、县政府在二道河西山为徐智甫、胡瑛和通信员程永忠等3位烈士建纪念碑，纪念碑正面题词为："青史先烈写，红旗后人擎"。

2020年9月2日，退役军人事务部公布第三批185名著名抗日英烈，徐智甫位列其中。

（赵万里）

胡瑛：血雨腥风日，杀身成仁时

人物小传

胡瑛（1911—1940），湖北人。1933年参加红军，1934年加入中国共产党，曾参加中央苏区第四、第五次反"围剿"和二万五千里长征，历任红军排长、连长、营长。1940年1月5日，任平北地区昌延联合县县长。同年8月28日，在延庆窑湾黄土梁被敌包围，突围中壮烈牺牲，年仅29岁。

在延庆地区，胡瑛的事迹跟徐智甫密不可分，他担任过红军队伍的营长和抗战时期昌延联合县首任县长。跟徐智甫一样，胡瑛喋血窑湾，被割头示众，成为延庆人民心中一道永难抚平的伤疤。

1933年，胡瑛投身革命，参加工农红军，先后参加过中央苏区第四、第五次反"围剿"斗争和二万五千里长征，历任红军排长、连长、营长。红军到达陕北后，进入陕北公学学习，后毕业于延安抗日军政大学。

1939年冬，根据华北地区抗日斗争形势的需要，冀热察区党委和冀热察挺进军按照"巩固平西，坚持冀东，开辟平北"的"三位一体"的战略方针，决定在昌平、延庆交界处的霹破石村建立昌延联合县政府。

当时，霹破石及附近的沙塘沟、铁炉、慈母川、董家沟、景而沟和里长沟7个村，被称为十三陵"后七村"。这里地处昌平县和延庆县交界处，是党组织成立较早、群众基础较好的地区。

1940年元旦刚过，平北大地上铺着一层厚厚的积雪，呼啸的西北风肆无忌惮地从山谷中刮过。在皑皑白雪铺就的山路上，有一支规模不大的队伍，不顾天气的寒冷，沿着崎岖不平的山路向平北挺进。这支从平西来的队伍经过数日奔波和风餐露宿之后，于1月5日深夜到达霹破石村。这是一支由平北游击大队的几十名战士和十余名党的地方干部组成的队伍。他们到达霹破石村后，怕惊动熟睡的群众，首先来到村中的龙王庙，连夜召开昌延联合县政府成立大会，并宣布胡瑛任县长。

昌延联合县成立后，面临着地方群众生活艰苦、斗争形势严峻、抗日军民后勤保障困难等问题。为了巩固和发展抗日根据地，壮大抗日武装，胡瑛县长一面带人到各村走访、沟通，了解群众疾苦，救济当地百姓；一面谋划根据地的建设，开展武装斗争，在短时间内建立起一支有40余人参加的昌延游击大队，并亲自兼任大队长。游击大队成立后，配合主力部队作战，消灭了中心区的汉奸、土匪，拔掉大观头、莲花滩等盘踞在中心区周围的日伪据点，受到百姓称赞。同时，他带领县区干部，利用上层关系，广泛建立统一战线，成功动员沙塘沟的王明德、柳沟的温克明、彭家窑的胡成等上层人士参加抗日。

4月，县委书记徐智甫到任。胡瑛和徐智甫共同努力，在根据地各村建立起抗日自卫军，胡瑛兼任总队长。他们建设基层政权，宣传抗日救国，建设抗日统一战线，很快建立了5个区级政权和50余个村的抗日组织。

平北地区轰轰烈烈的抗日活动引来了日伪军的报复。为了把新生的抗日政权扼杀在摇篮中，从1940年5月开始，日伪开始对平北抗日根据地进行围剿，史称"五月大扫荡"。其间，敌人纠集昌平、延庆地区的5000余名伪军对昌延中心区展开历时3个月的"扫荡"，使刚刚建立的抗日政权受到严重破坏。当时，八路军冀热察挺进军主力部队正在外围作战，昌延中心区力量薄弱，仅有赵立业带领的十团九连坚持打游击，斗争形势异常严峻。胡瑛收到十团团长白乙化的3封信，让十团九连到外线作战。前两封信被胡瑛压下来，第三封信不得已交给赵立业。赵立业劝胡瑛随九连撤离，跟大部队一起活动，胡瑛说："我是一县之长，县长不离县，离开了不就失职了吗？我不能走。"胡瑛和县委书记徐智甫一同留下，领导群众开展地方斗争。

1940年8月27日晚，胡瑛和徐智甫在窑湾村黄土梁的王金喜家研究工作，当天夜里就住在了王金喜家。次日清晨，驻永宁的日伪军在奔袭"扫荡"中发现了徐智甫和胡瑛的踪迹，便将村子包围。发现敌情后，胡瑛和徐智甫以及通信员程永忠迅速从屋里冲出来，向西北山上跑去。他们边跑边向敌人射击，但是在敌人凶猛的火力下，终因寡不敌众，三人先后牺牲。胡瑛牺牲时，年仅29岁。

胡瑛牺牲后，敌人从他身上搜出了昌延联合县政府的文件和印章。当敌人确认了他和徐智甫的身份后，残忍地将二人的头颅割下，带到永宁，挂在城门楼上示众。

胡瑛牺牲后，平北工委任命郝沛霖接任昌延联合县县长。

1984年5月4日，中共延庆县委、县政府在二道河西山为胡瑛、徐智甫和通信员程永忠等3位烈士立碑，以示纪念。遗憾的是，胡瑛生前没有留下一张照片，但是，他的光辉形象永远矗立在延庆人民心中。

（赵万里）

史克宁：沉着勇敢克倭寇，保家卫国守安宁

人物小传

史克宁（1914—1971），原名史文昭，河北省涿鹿县人。他出身于地主家庭，毕业于宣化师范学校，当过两年小学教员。1938年年初，他在家乡组织抗日救国会，担任总务科科长；同年3月参军，5月加入中国共产党。抗日战争期间，史克宁历任八路军第四纵队十二支队宣传队长、冀热察挺进军十一支队民运科科长、平北工委组织部部长、昌延联合县委书记等职。

1971年，史克宁不幸溺水身亡，生前为国务院建筑委员会城市局副局长。

抗日战争时期，史克宁作为开辟昌延联合县的重要干部，在建立和巩固平北特别是昌延根据地中做了大量工作，他的事迹在延庆南山一带广为流传。

温和的"史科长"开辟马场区

1938年，史克宁任第四纵队十二支队宣传队长时，随军挺进冀东，配合冀东党组织领导群众举行抗日武装暴动。路过延庆马场和昌平"后七村"时，向群众宣传抗日救国主张，领导儿童唱革命歌曲。秋后，部队返回平西，史克宁被留在昌延一带与刘国梁一起发动群众，组织抗日武装，建立抗日组织。

1939年年初，史克宁返回平西整训，后任冀热察挺进军十一支队民运科科长。"青纱帐"时期（1939年5月至8月），延怀游击支队成立，孙元洪

任司令，刘国梁为政委，史克宁为组织干事，再次到昌延地区活动。当地群众见到史克宁非常亲切，高兴地说："史科长又回来了。"

1940年1月，平北工委成立，王伍任主任，史克宁任组织部部长，李熔旭任宣传部负责人。同时昌延联合县宣布成立，胡瑛为县长。抗日政府明确宣布：抗日政府是领导人民抗日的，是保护人民利益的，八路军是人民子弟兵，严格执行三大纪律八项注意。

当时，工作人员分组活动，每三人一个小组，负责开辟一个区，小组长就是区委书记。"后七村"中心区是一区，向东台子沟一带为二区，向南十三陵一带为三区，向西马场一带为四区，向北柳沟一带为五区。史克宁到四、五两区工作，主攻延庆川。

由于史克宁领导有方，又熟悉情况，工作开展得很顺利。他一方面抓上层统战工作，一方面秘密建立通信网，通过群众了解村里的社会情况、敌伪关系和敌人的活动情况。

不久，三区区长常嗣先和苏建国先后牺牲，李熔旭秋后也牺牲在三区，王毅离开三区到二区开展工作。史克宁化悲痛为力量，总结工作经验和教训，不屈不挠地展开对敌斗争。

在当地群众的记忆中，史克宁高个子、大眼睛，胆大心细，沉着勇敢，一副农民打扮。他腰里别着一把二号快慢机驳壳枪，走路飞快，神气十足。他习惯于单人活动，有时身后跟着一个小交通员。无论到山区还是平川，无论白天还是黑夜，他随身带着办公文具，有事就办，有问必答，有求必应。他脾气好，对待犯错误的同志也从不发火，没有粗暴现象。有一次，他和胡瑛县长商量工作，胡瑛拍桌子发火，他却笑容相待，慢声细语地跟他讲道理，最后说服对方。

砸探子，智斗伪乡公所所长

史克宁对待同志温和有加，对待敌人却机智勇敢，绝不手软。

一天傍晚，史克宁带着通信员来到小金房，住在司文兴家。司文兴是史克宁的结拜弟兄，每次史克宁来村里都住他家。第二天上午，司文兴出门查看情况，碰到3个手艺人来到小金房，一个是修面罗的罗匠，另两个是小炉匠。3个人的举止和言行引起司文兴的怀疑，他回家报告史克宁。史克宁听后立刻从炕上跳下来，一面穿鞋一面说："这仨人很可能是探子，老司，你把司文亮找来，咱们一块儿去收拾他们！"

半个时辰后，他们把3个人捆进司文兴家的院子，史克宁亲自审问，三人承认是日伪派来的探子。史克宁觉得情况严重，决定杀掉探子，以除后患。他带着司文亮等人到村外挖坑，把挣扎的探子推下去，用大石头全部砸死。

1941年青黄不接的时候，伪蒙疆政府在农村设的"伪联乡公所"发出命令，让老百姓"十天内交齐公粮，三家抽壮丁一人，违者重罚"。西二道河乡的老百姓愁坏了，都去找史克宁想办法，史克宁说："教训教训这个汉奸，要不他总骑着咱们的脖子拉屎！"

第二天，史克宁化装成办丧事的农民，头戴白孝帽，脚穿白孝鞋，身穿白孝衣，腰上系条细麻绳，手枪掖在腰里。伪乡公所所长是个外号叫王大头的人，史克宁径直走进他的办公室，说："你们抽老百姓当壮丁，这不是叫我们送死吗？！青壮年都去当兵，谁给你们交粮！真是骑驴的不知赶脚的苦，当官的不知老百姓的难！"

王大头一怔，问："你能代表大伙吗？不出人，可以出粮嘛！"

"我就是大伙儿派来的。"史克宁说，"在这兵荒马乱年头，又赶上青黄不接的日子，除了几家地主，哪家能有饭吃！砸碎了骨头也榨不出三两油来啊！"说到这儿，史克宁"啪"地一拍桌子，指着王大头的头说："不叫你脑袋搬家，你得把我们治死！"

王大头听了这句话，吓得一激灵，眼珠子转了两圈，对史克宁说："这事儿我做不了主，你先回去！"

史克宁说不解决问题就不走，王大头只好用好酒好菜招待他。史克宁没客气，真跟王大头吃了一顿午饭。吃过饭史克宁仍然不走，逼迫王大头答应乡亲们的要求。王大头摆起肉头阵。史克宁还是不走，晚上又吃了一顿，穿着孝服躺在乡公所的炕上，打起"呼噜"。

第二天天刚亮，从门外跑进来一个人，向王大头报告说，昨晚八路军把延庆川的电话线都割断了，还砍倒了电线杆子，破坏了公路。王大头一听很紧张。史克宁立刻说："八路军不是好惹的，你欺负百姓，他们就闹，让你当不成所长，说不定还得让你脑袋搬家呢！快答应老百姓的要求吧！"

王大头一言不发，小眼睛滴溜乱转。史克宁目光炯炯地盯着他，突然掏出手枪，向窗外"当当"打了两枪。王大头哆嗦一下，瞪了史克宁一眼，也去摸枪。

"我是史克宁！"史克宁大喝一声，把枪口对准王大头的脑门。这时，埋伏在外面的民兵自卫军闯进屋里。

王大头立刻蔫了，颤抖着答应了史克宁的要求：征粮改买粮，百姓不卖不强迫；抽丁改雇丁，百姓不来也不强迫。

出任昌延联合县委书记

1940年8月，昌延联合县委书记徐智甫、县长胡瑛牺牲，北平地委任命史克宁为县委书记。

史克宁根据工作需要，对县委、县政府人员进行重新分工，任命王毅为县委宣传部部长，徐亮为组织部部长，朱峥为民运部部长。史克宁带领县干部靳子川、田孟熊等7人来到马场川、井庄、沈家营、大柏老一带，新建区公所，根据地逐渐向延庆川扩展。

在史克宁的努力下，经过半年多的艰苦工作，抗日政府在窑湾、冯家庙、莲花滩、孟家窑等10个村先后建起抗日政权和民兵组织。到1940年年底，成功建立马场区，组建起50人的区卫队和250人的民兵队伍，并配合主力部队攻克高山寺、柳沟等敌伪据点，在战斗中发挥了重要作用。

史克宁率领干部和游击队，配合十团多次粉碎敌人"扫荡"。其间，他率游击队袭击二道河，二道河伪乡长连同伪乡公所主任连夜跑到柳沟据点；马场区民兵大队长黎光辉，率民兵智取柳沟西山敌炮楼，毁坏柳沟西山至三司20里交通沟，用绝水断粮的办法逼退高山寺敌人。根据地也在原有基础上进一步扩大，在东部建立了东三区，即半壁店的十四区、秦城的十五区、十三陵的十六区。

斗争需要干部，干部在斗争中成长。史克宁很重视培养干部，经常分配一些任务锻炼和考验他们。经过一段斗争考验，首先在小金房、口子里建起了抗日联络站和民兵组织，司文成被选为联络站站长，司文兴为民兵队队长，姜元起因为走路快担任交通员。同时，他还介绍司文成、姜元起、刘景礼、刘广义等7人加入中国共产党，刘景礼为支部书记。

在昌延地区开展对敌斗争中，史克宁先后发展37名共产党员，建立8个党支部，刘景礼、刘广义、辛志勇、吴强等人成长为县、区领导干部。柳沟温克明被史克宁秘密发展入党，1942年被选为县议长。刘景礼任大柏老区委书记后，介绍北张庄姜国亭入党，后来姜国亭成为新中国成立后延庆县第一任县委书记。

据平北地委统计，1943年，平北地区发展党员1800名，仅昌延县就占一半还多，超过1000人。

1943年2月，史克宁调离昌延联合县，由十团副政委曾威兼任昌延县委书记，葛震任副书记。

1971年，史克宁不幸溺水身亡。老根据地的乡亲们听说后，万分悲痛，很多人流下惋惜而思念的泪水。

（周诠）

金肇野：胸有海陀风云，笔下万千气象

人物小传

金肇野（1912—1995），辽宁省辽中县人，满族，原名爱新觉罗·毓桐，曾用名华岩，笔名王介。1932年开始在《京报》《北辰报》上发表文学、新闻作品，并自学木刻、绘画艺术。1938年在延安参加"抗战文艺工作团"，奔赴敌后抗日根据地，次年加入中国共产党。1938年年底，金肇野来到平西，创办八路军冀热察挺进军《挺进报》。1940年5月，他作为随军记者，同白乙化挺进平北，写有平北抗战日记90余篇，另著有《血沃长城》一书。

新中国成立后，金肇野历任辽宁省农业厅厅长、辽宁省计委副主任、中联部东欧研究所副所长、中联部五届顾问和第二、第三届全国人大代表。1995年8月病逝于北京。

与世界上所有随军记者一样，金肇野写了大量以战争题材为内容的新闻报道和文学作品。在跟随白乙化进入平北过程中，他亲历沙塘沟战斗，并把在延庆地区的见闻写成战地日记，留下珍贵资料，成为延庆红色历史教材中的重要内容。

文艺人才，从延安到北平

九一八事变后，金肇野毅然前往锦州参加义勇军，抗击日寇，后来流亡北平，筹办"全国木刻联合展览"。他与鲁迅书信往来多达17次，有4封收入《鲁迅书信集》。

1938年，金肇野和刘白羽、欧阳山尊、汪洋、林山等5人，参加了毛泽东亲自命名的"抗战文艺工作团"。临行前，在延安凤凰山窑洞里受到毛泽东的亲切接见。在五台山八路军晋察冀军区司令部，金肇野和邓拓社长共同开办晋察冀《抗敌报》。同年8月1日，在邓拓的支持下，金肇野随舒同、王平到冀中吕正操司令员驻地学习考察，收获颇丰。

1939年，金肇野加入中国共产党。1942年5月，他作为延安文艺座谈会特邀代表收到邀请函，因在抗战前线，未能如期赶回延安。同年7月，他在延安文艺抗敌协会担任副秘书长，与来自全国各地的大批著名作家如丁玲、欧阳山、艾青等交往密切。其间，与中央领导同志接触的机会很多，与朱德总司令同桌吃饭，给毛泽东和小女儿拍照，等等。

1938年年底，金肇野同志奉命来到平西，成为《挺进报》创办人之一和随军记者，其间跟萧克、白乙化等人关系密切。1940年5月，他主动要求到平北抗战前线参与开辟新区，组织同意了他的要求，安排其随白乙化挺进平北。

随军记者，写出《平北抗战日记》

1940年5月24日，金肇野开始写《平北抗战日记》，一直到9月中旬离开平北，转战3个多月，在战火硝烟中写下90多篇见闻。日记完全是作者在抗战一线的真实记录，全方位、多角度地记述了平北抗战初期的工作，有许多细节鲜为人知，是对平北抗战史的重要补充。

战地作家跋山涉水，身处前沿，随时都要应对各种危险。1940年5月27日，金肇野第一次来到昌延县"后七村"。这里是平北根据地最早的立足点。当时正赶上沙塘沟战斗，金在5月29日的日记中写道：

白乙化团长看到我在他身后，眉头一皱，把手一挥，正言厉色地说："快下去，这儿太危险！"我在犹豫，他发怒了："快回沙塘沟去，从那儿也能看到打仗。我的记者同志，这不是看马戏，是真枪实弹啊！"他不高兴了，从来没有对我这么严厉过。我退下几步，感到他的话有无限的温暖和爱护，心头热乎乎地退下山来。

日记中，金肇野记录了随钟辉琨政委、刘汉才司令从南山北上，进入延庆北山大海陀的全过程，节录如下：

6月2日晚9点多，我们摸黑冒雨出发，沿着崎岖不平的山路，从小间（金）房山庄下山，路过柳沟敌人新建的据点，走到延庆川上的吕庄。百姓尚未起床，满街尽是浑浊的流水，认不出哪儿是大车道印、哪儿是流水河沟。雨却越下越大，仿佛暴雨瓢泼从天直下，顺着两肩和衣襟往下流，薄薄的上衣和单裤都湿得紧贴皮肉。布鞋踏在泥水中，呱咕呱咕的撑裂了鞋帮底，活像一对鲇鱼张开大嘴吞泥水。我们横跨平川，冒着骤雨，进入妫水上游的古城河，踏着坡崖上的石级，手抓劲风中生长锻炼的树枝，大步迈进山谷。雨，渐渐小了，云层也渐渐薄了，天也亮起来了，但还没露出太阳。3日中午，我们到达五里坡。

钟辉琨说："这一晚上，我们走了八九十里路。"

金肇野带领《挺进报》的同志跟随团直属队，与敌周旋，常常吃不上饭，睡不好觉，甚至无处安身。7月14日，他在杨树河生了一场大病，发高烧，大小便不通，无法握笔，有10天连日记都写不了。病情稍微好转，他就忍着病痛随军出发。行军路上，平北工委书记苏梅、七团团长陈坊仁见他生病，多次把马让给他骑。有时马都骑不了，只好让人抬着走。有时累得吐了血，腿划了好多血口子，饿得一点也走不动，但他还是坚持写日记。墨水用完了就用红药水冲些水来代替，所以，厚厚的笔记本中红蓝色相间，字迹被雨水淋得模模糊糊。这是他常在石坎上、树林里、高山峻岭上写作的结果。

战地作家，笔下气象万千

金肇野在平北筹办《挺进报》《新平北》，还为我党政军机关起草各种布告、文件和重要材料。他是版画家，还常为各级新政权刻公章，时常在地、县委培训班上讲课，在各种纪念大会上做报告。他参与指导了千松台区公所的筹建和成立，经常为部队和地方提一些合理化建议，受到大家的爱戴。

金肇野在恶劣的斗争环境中从不气馁，始终充满革命乐观主义精神。他写战争，也写生活，在战斗间隙，还写长城故事、山水风景、花鸟鱼虫。黑河川狼吃掉6只羊，写得催人泪下，连母鸡下蛋咯咯叫，也写得妙趣横生。另外，再苦再累他也不忘看书学习，在千松台养病，隆隆的枪炮声伴他读了《铁流》，党中央和晋察冀边区文件他更是熟读在心，信手拈来。连伪县长翻印州志的《延庆县志》都觉得有用，难怪他对平北各区县乡村的地名都非常熟悉。

金肇野除了大量写战地日记，还写作发表了大量报告文学，如《记萧克将军》《龙赤游击队的战斗》《1940年创造起来的新平北》《卢沟桥的夜袭》等。另有战地撷英专稿和自述等共24万字。解放后，他的作品编辑成书《血沃长城》，书名由萧克司令员题写，著名作家端木蕻良作序，1995年由当代世界出版社出版。《血沃长城》一书记述了许多可爱可敬的军地领导和支前民众，是金肇野冒着枪林弹雨在最艰难的环境中用血汗写成的著作，是献给抗日战争胜利50周年的一份大礼，更是研究平北抗战的重要史料，给平北儿女留下了一份珍贵的精神财富。

金肇野心系老区人民。20世纪60年代初，他专程到赤城县千松台看望赵振武，因赵病故，金到坟上祭奠。不久，他从东北老家为千松台村运来人参苗和人参籽，帮助村里发展生产，军民情谊绵延不绝。

1982年国庆前夕，金老再访平北老区，并留下墨宝：

重登大海陀

昔年征战时，秣马五里坡。

饥餐杨柳叶，渴饮妫水河。

今日访故地，平湖扬碧波。

遥望黑山远，白草牛羊多。

崖头晒新谷，欢唱胜利歌。

1995年8月，金肇野病逝于北京，享年83岁。著名作家周而复题悼诗，高度评价了金肇野闪光的一生。

（孙思升）

任占武：纵横威震长城内外，取义成仁碧血丹心

人物小传

任占武（1918—1946），河北省平泉县人。青年时在伪满洲国军中当兵，调防到延庆大庄科地区后，打死日本宪兵投诚。1943年4月，任昌延联合县公安科警卫队队长，同年加入中国共产党。1946年10月，为掩护地方干部转移不幸牺牲，时年28岁。

抗日战争时期，在延庆地区活跃着一支公安科警卫队，深受昌延联合县领导的信任和当地老百姓的欢迎。说起警卫队队长任占武，当时在延庆很知名，老百姓叫他"人（任）大胆"，汉奸、特务说他是"任阎王"，就连日伪军听到他的名字都头疼。

打死宪兵，投诚八路军

任占武16岁那年，日伪军侵占了他的家乡，烧毁了他家的房子，他被抓兵当了伪满洲军。在伪军里，他受尽日本兵的打骂欺辱，还经常随他们四处讨伐、"扫荡"，目睹了日伪军烧杀奸淫的暴行；当被百姓骂为汉奸、走狗时，他心里非常不是滋味儿。

任占武为人豪爽仗义，还会一点儿武功，枪法又好，平时爱打抱不平，在士兵中很有威望。伪军为了利用任占武，开始让他当机枪手，后来又让他当中队长。伪满洲国统治延庆大庄科地区后，他随部队被调到大庄科一带驻防。

1940年，共产党领导的昌延联合县在霹破石成立，日寇十分恐慌，调集大批兵力，对新生的抗日政权和广大军民进行"清剿"。不料，日伪军屡屡受挫，三十五团二营几乎被十团在沙塘沟全歼。任占武看到，"清剿"

非但没有把八路军剿灭，反而越来越强大，使他看到了民族的光明，决定率部投奔八路军。此后，他便四处打探昌延联合县和八路军的消息。

1942年7月的一天，任占武和几个伪军士兵在山坡上摘了一篮子杏，准备返回营地时，被两个日本宪兵抢去。几个伪满士兵不满意，嘟噜了两句，结果引起日本兵的猜疑和不满，被捆在树上毒打。任占武火冒三丈，拔出手枪干掉了两个日本兵。随后，任占武集合起队伍，决定反正，参加八路军。他带领一个伪军中队，来到昌延联合县政府临时驻地马场川。

任占武参加八路军后，被任命为昌延联合县警卫队副队长。

为夺武器，夜袭黄花城

1942年，抗战形势严峻，根据地军民面临着诸多困难。由于日寇的严密封锁，县警卫队的装备十分简陋，30多人的警卫队只有10条长短枪，子弹也少得可怜，很多队员只能用大刀长矛做武器。一天，任占武找到县长郝沛霖，说他要到怀柔黄花城走一趟，想搞回一些武器。县长听后当即表态，派一个班的队员随他去怀柔。

黄花城是敌人的重要据点，驻有日伪军500多人。任占武以前曾在此驻防，对这一带地形比较熟悉。他带领队员们绕过敌人岗哨，来到镇西北的一个炮楼旁。这个炮楼离城最远，守这个炮楼的小队长叫王永江，跟他是同乡，但这个家伙很顽固，是个死硬敌伪分子。

任占武让队员们隐蔽好，自己大摇大摆向炮楼走去。

敌人岗哨发现了任占武，问："什么人？"

任占武说："自己人，我和王队长是同乡，过来坐一坐。"

岗哨听说来人和王永江认识，又见任占武一身伪满洲国军服装，便放松了警惕。

任占武走进岗哨，猛地抽出匕首，上前干掉了那个值班的伪军。他向大家一挥手，队员们冲入了炮楼。正在熟睡的敌人被这突如其来的情景惊呆了。

结果，伪军头目王永江被干掉，其他伪军一个个顺从地举起手来当了俘虏。

此次行动，任占武带队扛回了20条大枪和12箱子弹。

出色的公安科警卫队队长

1943年4月，昌延联合县公安科成立，任占武被任命为公安科警卫队队长，并很快加入中国共产党。从事公安工作后，警卫队的主要任务转变为看管犯人、清除内奸和负责安全保卫工作。

在战争环境下，公安部门的看守所没有固定地点，大多设在山洞里，如遇敌人"扫荡"，便要转移。看守所里关押犯人，多是抓捕的特务、汉奸和战场上的日伪俘虏。这些人中有的十分顽固，看守稍一疏忽便要逃跑。看守工作十分艰巨，一旦发生意外，将会给游击区的工作带来重大损失。

一次，由于敌人"扫荡"，警卫队奉命押着40多名犯人转移，他们刚进一个山口，就和讨伐的敌人遭遇了。敌人的枪一响，几个顽固分子便带头向山上跑。霎时，所有的犯人都炸了窝。看守所长一时慌了，赶忙请示任占武怎么办。任占武向正在逃跑的犯人扫了一眼，顺手抄起一支长枪，然后左右开弓向两面山坡上各打一枪。两个带头逃跑的犯人应声倒地，其余的犯人见势不妙，赶忙收住脚步，一个个又灰溜溜地回来了。

1944年秋的一天，昌延联合县委、县政府在大水泉村召开土改工作会，任占武带领警卫队负责警卫工作。第二天曙色微明，延庆城的100多名伪警察得到密报，借着浓雾的掩护，偷偷摸进村里，准备一举吃掉开土改会的干部们。他们正准备动手，就听"砰砰"两声枪响，两个刚刚钻进沟口的敌人就被干掉了。枪声一响，隐藏在半山上的敌人以为偷袭成功了，便向干部们的驻地疯狂扫射。任占武立刻把20多人的警卫队分为两组，一组负责掩护开会的干部们转移，另一组由他带领，利用有利地形阻击敌人。当时浓雾未散，任占武要求队员们集中火力先是一阵猛攻，一会儿又没了声息，使敌人摸不清底细。等浓雾散尽，开会的干部们走远了，担任阻击任务的警卫队员也早跑得无影无踪。敌人弄了个竹篮打水一场空。

1944年下半年，公安科警卫队随县委、县政府在南红门一带活动。为了确保县委、县政府的安全，任占武费尽苦心，精心安置岗哨，亲自查岗，防备队伍中的不纯分子兴风作浪。

一天深夜，县领导都休息了，任占武与公安科长张俊英研究完工作，像往常一样开始检查岗哨。当他逐一检查完村外的岗哨，回到大家住宿的院子时，忽然听到路旁的草丛中有响动。他迅速隐蔽起来。不一会儿，草丛里钻出一个黑影，蹑手蹑脚向县长住的房间摸去。任占武悄悄跟上。黑影来到县长房子窗前，正要掏枪时，任占武一个箭步冲上去，将其制服。

后来经审讯得知，行刺者是四区的一个区小队队员，已被敌人重金收买，投降叛变。他没料到，行凶刺杀县长之际，却被细心的任占武发现了。

抗日战争胜利后，昌延联合县公安科警卫队被改编为延庆县公安局警卫连，全连扩编到120人，任占武任连长。他带领警卫连清匪反霸、惩治犯罪，保卫县委、县政府领导安全，做了大量工作。

1946年10月，国民党军队进攻延庆，任占武在掩护地方干部向山区转移时不幸牺牲，把28岁的生命献给了延庆。

（赵万里）

妫川儿女保家园

姜国亭：身经百战志更坚，华夏治水谱新篇

人物小传

姜国亭（1921—2018），原名周德先，今延庆区旧县镇北张庄人，1940年参加八路军，同年加入中国共产党。1940年至1944年任昌延联合县六区区委书记，1945年12月任延庆县委书记兼县游击大队政委，1949年12月至1953年3月任中共涿鹿县委书记，1953年4月以后，先后任张家口地委统战部副部长，水利电力部东北勘测设计院副院长、党委副书记，水电部治淮委员会处长、天津勘测设计院党委书记。

1983年离休，2018年2月辞世，享年97岁。

在延庆，有一位于建党同年出生的共产党员，他的一生跌宕起伏，充满传奇色彩，他的名字叫姜国亭。

姜国亭原名周德先，1921年出生在延庆县北张庄村，母亲多病，他出生后没喝过一次母乳，靠米汤和玉米糊糊活了下来。9岁那年，母亲去世，父亲用小米和柴火为周德先交学费，供他上学。13岁那年，他到村里小学当勤务工，做饭、摇铃、扫院子。教书先生看他是个可造之才，拿出《隋唐演义》《岳飞传》等书籍让他读。第二年，周德先当上村里小学校教师，许多学生的年龄都比他大。

坟里办公，窑中避险

卢沟桥事变后，村里学堂被撤销，周德先到永宁一家店铺当伙计。不久，一肚子墨水的周德先又被请回村里当记账员。

1940年4月，中共昌延联合县委派出田梦熊等人到旧县一带开展抗日宣传工作。8月，田梦熊找到周德先，鼓励他走上革命道路。为了保密，周德先从此化名姜国亭，并沿用一生。不久，姜国亭加入中国共产党，是村里第一个入党的青年。1941年，田梦熊牺牲，姜国亭接替他出任昌延联合县六区区委书记。在延庆村庄，日伪军经常夜间包围，逐村逐户搜查抓捕抗日的区、村干部。姜国亭白天黑夜鞋都不脱，一身衣服常年穿着，有时住在隐蔽洞里。团山村的隐蔽洞挖在坟地里，晚上，姜国亭和区、村干部们走进隐蔽洞里休息、开会，第二天早晨确定安全后，再回到村里。

1942年，姜国亭到盆窑村开展工作。村里挖了许多隐蔽洞，烧陶用的盆窑成为天然、巧妙的藏身地。有一次，村支书郭存田从外面跑进来："敌人来了，快进洞吧！"姜国亭刚钻进郭存田家的隐蔽洞，日伪军就破门而入，顷刻间，院里院外都站满了人。郭存田强作镇定，招呼着给一个营的日伪军做烙饼，好说歹说把他们糊弄走了。敌人走后，郭存田缓缓神，俯在洞口说："出来吃饭吧，敌人走了。"

姜国亭后来回忆："在洞里都听见了日伪军的声音和马蹄声，那三个小时就像过了三年一样煎熬，多亏了咱们党群关系好。我们同群众关系是鱼水关系，群众关系好是四季常青的人的'青纱帐'！"

瓦解敌人，统一战线工作的高手

姜国亭善做抗日统一战线工作，面对日伪的政治诱降、欺骗宣传、奴化教育，他棋高一着，通过政治攻势和各种关系瓦解日伪势力。三里庄一个老太太拥护抗日，可她的亲戚在古城伪据点当头目，姜国亭让她把劝降信放在裹脚布里，悄悄送进去。后来，这位伪军头目不再死心塌地地给日本人办事，也没再欺压老百姓。

旧县伪乡长苏某是姜国亭长期以来争取的对象。1943年冬天，姜国亭带着干部随十团进驻旧县村，对据点形成包围。姜国亭和干部们轮流喊话，要苏某立刻出来。苏某只好听从命令，但又怕开城门后军队冲进去，于是坐在大筐里，让人从城墙上把他顺下来。姜国亭批评他："现在跳得欢，将来拉清单。你是中国人，要给自己留后路。"经过批评教育，苏某答应不再与人民为敌。

1944年的一天，姜国亭带领十几名八路军战士到双营筹集军粮，傍晚被伪军包围在双营古城内。伪军在城外叫喊着要消灭八路军，活捉姜国亭。眼看城门就要被撞开，情况危在旦夕。这时，姜国亭突然出现在城头上，"我就是你们要活捉的姜国亭，但是活捉之前我要和你们说几句话，说完了再捉也不迟。咱们都是中国人，又同是延庆人，同饮妫河水，同吃妫川粮，说不定谁和谁还是亲戚哩。你们的爹娘等着你们孝顺，你们的妻儿老小等着你们回家团圆，我们之间绝不能相互残杀。我向你们保证，我们绝不会对你们开一枪投一弹，日本人才是我们共同的敌人，我们要团结起来一致对外……"在他晓之以理、动之以情的劝说下，伪军官兵撤走了。随后，他带领八路军战士顺利运出了军粮。

《孙子兵法》说："不战而屈人之兵，善之善者也。"

在姜国亭强大的政治攻势下，日伪军白草洼村据点里的60多名伪警察投降，下山交出所有武器；永宁伪乡长"韩半城"也秘密为八路军办事，还给过姜国亭一把手枪。

首位延庆籍延庆县委书记

姜国亭善于做统战工作，但是对于那些顽固分子，也敢于使用武装斗争这个法宝。抗日战争中，姜国亭带领县大队，配合老十团，先后参加了古城伏击战、太子沟歼灭战、双营诱敌战等战斗，并于1945年9月21日晚上攻入延庆城，使被日寇践踏了8年之久的延庆终于回到人民手中。

1945年12月，姜国亭担任中共延庆县委书记，成为首位延庆籍的县委书记。在他的领导和努力下，党组织得到发展，全县246个行政村建立党支部的有138个，发展党员2165人。

1946年9月，姜国亭带领延庆军民投入到解放战争中，参加延庆保卫战，歼敌数百人。随后，姜国亭带领县大队转移到赤城境内开展斗争。1948年5月，延庆县城二次解放。当年12月，康庄战斗结束，延庆全境解放。康庄战斗是平津战役的一部分，为保证部队供给，姜国亭带领全县干部筹集粮食200万斤、战柴1150万斤、战草30万斤和电线杆870根，圆满完成了后勤保障任务。当时延庆只有12万人口、38万亩土地，粮草供给到这种程度实属不易。延庆人民为解放战争做出了重要贡献。

战争年代，姜国亭经历大小战斗434次，多次死里逃生。

1949年1月，姜国亭在新解放区开展土地改革，延庆农民终于实现了"耕者有其田"的梦想。同年3月，延庆召开第一次党员代表大会，出席代表58人，列席代表43人，姜国亭做报告，传达察哈尔省党代会精神，部署大生产任务。会后，党的活动开始由秘密转为公开，这是延庆历史上第一次中共党代会。

从涿鹿县委书记到天津勘测设计院党委书记

1949年12月，姜国亭调任涿鹿县委书记；1953年3月，调任张家口地委统战部副部长、地委委员；1954年7月，奉命调到燃料工业部工作。

1957年，受电力工业部的委托，姜国亭率队同苏联代表团合作开展黑龙江综合利用勘探设计工作，成立了由他担任队长的电力部黑龙江勘测总队。在渺无人烟的大兴安岭北麓，勘测队冒着零下48℃的严寒，在3米冻层的冰面上施工，按期完成了规定的任务。姜国亭回忆说："从黑河驻地到沿江乘坐马爬犁，行程700多公里才能到工地，鞋底经常被冻到冰里，帐篷刚刚扎上就被狂风吹走了。"

淮河历史上多水患，给人民的生命和生产生活造成极大威胁。1971年，国务院成立治淮领导小组，姜国亭任水利处处长。在近10年的治淮工作中，姜国亭踏遍淮河流域180多个县市，写下40多万字的治淮日记，为治淮做出了重要贡献。

1981年，姜国亭任水电部天津勘测设计院党委书记。他带领全院职工克服居住条件简陋、交通不便等困难，使设计院的工作处于全国水利勘测设计系统前列。

1983年，工作长达43年的姜国亭光荣离休。离休后，他帮助延庆、涿鹿等地编写党史、水利志，为"存史、资政、育人"提供珍贵史料，做了大量有益的工作。

离休后的姜老热爱生活。他家的院里栽种着几百棵国内外不同品种的树木和各种奇花异草，他计划把小院变成一个小型的科普教育基地，让附近的小学生来参观学习。

2018年2月2日，姜国亭与世长辞。按照他的生前遗愿，没有开追悼会，一切从简。

（石中元　周诠）

冯占吉：来去无踪影，智勇斗敌顽

人物小传

冯占吉（1922—2010），今延庆区沈家营镇临河人，中共党员，1939年参加县游击大队，同年成为临河村公安委员、游击队队长。此后，他先后任平北军分区十团二连战士和昌延联合县二区、四区办事员，延庆公安队队长等职。

1950年至1958年，冯占吉先后任延庆县公安局股长、所长、副局长、局长；1958年10月至1984年，先后任延庆县建设局局长、县公安局局长、县革委会副主任、县工业局局长、县公安局局长、副县长等职。在"文化大革命"中受到冲击。1984年，冯占吉离职休养。1991年6月，公安部授予他一级金盾勋章。2010年逝世，享年88岁。

1998年，中央电视台第4频道用了20分钟时间，介绍了一位离休干部谢绝高薪诱惑，到远离尘世的白河水库，带领同事历时16年，在荒山植树1.5万多棵的感人事迹。这位老同志就是冯占吉——战争年代智勇双全的游击队长，他的故事在延庆广为流传。

智擒汉奸"王大肚子"

1939年端午节前的一天，中午刚过，火辣辣的太阳照在坑洼不平的延庆县城东关街道上。这时，集市外的街口上走来两个年轻人，他们一高一矮，头上戴着一顶发黄的旧草帽，穿着粗布蓝衫便装，脚踏青色布鞋，肩上搭着褡裢。两人走到东关街头的一棵大柳树下，借着柳枝的遮挡相互耳语，然后在树后面的大影壁墙下坐下来。他们一边抽烟，一边低声聊天，不时从影壁后面探出头，往前面的小街上张望，像是有什么重要事情要办。

这两人就是游击队队长冯占吉和游击队中队长王继富。他们正在执行一项锄奸任务。

王泉营村有个"王大肚子"，跟冯占吉是相隔几里地的老乡，参加过游击队，在北山打过游击。后来，"王大肚子"贪图享乐，在"说降客"的威逼利诱下叛变投敌。他不仅供出了冯占吉及其他游击队员的名单，还多次给敌人当向导，抓捕冯占吉，袭击游击队。

"王大肚子"叛变投敌后，心里明白游击队不会饶过他，每天如坐针毡，躲在县城里不敢回家，靠着给敌人出卖情报度日。为了尽快除掉他，冯占吉多次派人到县城侦察其行踪，后来得知，他在小营村有个相好，经常在下午独自去村里寻欢作乐。从县城到小营，必然经过东关。经过一番谋划，冯占吉决定化装成农民，潜入村中，给他来个突然袭击。

两人在大影壁墙下等了一个时辰，"王大肚子"才晃晃悠悠地出现。冯占吉老远就认出他。等"王大肚子"走到大影壁前发现他们时，还没来得及做出反应，两只胳膊就被牢牢地抓住，并被一件衣服蒙住了头。"王大肚子"知道不妙，想反抗，冯占吉把枪抵在他的腰间，并厉声说："老老实实跟我们走，否则就毙了你！"

"王大肚子"一听声音是冯占吉，还想跟他套近乎，冯占吉说："走吧，老子等你不是一天两天了。""王大肚子"顿时没了底气。

冯占吉他们沿着田间小路，一直把"王大肚子"押到晏家堡，亲手处决了这个汉奸。

参加双营伏击战

1941年春，日伪军集中兵力对延庆川区实施军事"扫荡"，气焰极为嚣张。清明节前的一天傍晚，游击队队长冯占吉接到八路军十团警卫连通知，要他带领几名游击队员乔装打扮，第二天拂晓前赶到双营村。

第二天凌晨，冯占吉带着临河村4名游击队员准时赶到双营村，与十团警卫连会合。十团警卫连领导对他说："今天有一小队日军和伪军从孟庄出发，奔唐家堡、米家堡一带进行扫荡；我们全连埋伏在双营城内和村北，你们的任务是把敌人引到双营村北，然后两面夹击，歼灭这股敌人。"

听说要伏击鬼子，冯占吉和游击队员摩拳擦掌，迅速出击。当他们走到米家堡村西时，发现正前方有一队日伪军自西向东行进。冯占吉立即发出口令，让大家注意隐蔽，做好战斗准备。当敌人从公路经过时，冯占吉向着鬼子方向连放三枪。鬼子听到枪声，以为碰到八路军，顿时止住脚步，趴在地上观察情况。过了片刻，见没有动静，便向米家堡村包抄过来。

看着敌人越来越近，冯占吉把手臂一扬，只见两颗手榴弹掠过树梢儿，在敌人面前不远处炸起一团烟雾，游击队员们飞也似的跑进了米家堡村。敌人见是几个土八路，便端着枪向他们追去。

敌人追到村东，冯占吉他们一边打，一边往双营方向跑去。敌人紧追不舍。当敌人的大队人马经过双营村时，事先埋伏好的十团警卫连迅速兵分两路，一路自双营城西门冲出，从敌后进行猛烈射击，另一路则对敌人展开迎头痛击。

敌人发现中了八路军的埋伏，顿时惊慌失措，乱了阵脚。整个战斗只用了十几分钟，击毙一名日本参政官，打死打伤敌人十几名，并缴获了一批枪支弹药，取得了双营伏击战的胜利。

智夺敌粮

1941年是抗日战争最艰难的时期。这年夏天，游击队长冯占吉接到上级指示：截获敌人粮食，并把粮食送到根据地。

经过侦察，伪军每天动用12辆马车，由康庄往永宁运粮食，储备物资。上级决定让游击队设法截获这批粮食，并把粮食送到根据地，具体战斗方案由冯占吉根据情况确定。

接到任务后，冯占吉迅速召集游击队员在临河村外一处坟地里开会，研究作战方案。经过协商，最后由他一锤定音，决定来一次"锄地"行动。

一天早晨，冯占吉等8名游击队员乔装成锄地的农民，头戴草帽，腰间掖条擦汗的毛巾，来到京张路东边一处叫十七亩地的地方。他们一边锄地，一边佯装擦汗朝公路张望。上午八九点的时候，东面公路上出现了伪军的运粮车队，一共有12辆大车，每辆车上坐着1个伪军，荷枪实弹，神色警觉。冯占吉等人坐在地头上歇着，装成一副心不在焉的样子。敌人见是一伙锄地的庄稼汉，并没在意，一辆辆空车从他们眼前经过。

摸清敌情后，冯占吉便给大家下达任务：待敌人从康庄装上粮食回来时，在途中伏击截获。随后又叮嘱大家，一定要藏好枪和手榴弹，不论装扮成什么人，都要戴顶草帽，既可遮阳，又可挡脸。

下午两点半，冯占吉的八人游击小组在前吕庄村的土城上埋伏下来。他们彼此相距2米趴在城墙上，子弹上膛，手榴弹开盖，平心静气地凝视着城下公路，等待敌人运粮车队的到来。半小时过去了，一个小时过去了，仍不见敌人粮车出现。土城上除了稀疏的荒草，就是裸露的硬土，没有一棵树，骄阳似火，酷热难耐。又一个小时过去了，敌人的运粮车队才大模大样向前吕庄赶来，出现在路上。冯占吉再次叮嘱大家，投弹和射击一定要迅猛，一开火就把敌人打蒙，速战速决。

运粮车队一步步靠近吕庄城下的伏击圈。就在敌人的运粮车队到达眼前时，冯占吉把手枪奋力一挥："打！"游击队员集中火力向敌人射击，手榴弹一个接一个在土城下炸响。毫无防备的12名伪军顿时乱作一团，跳下马车往庄稼地里跑，像受惊的兔子一样。

战斗结束，冯占吉按照上级指示，带领游击队员把截获的12辆运粮车，安全地送到了南山抗日根据地。

（石中元　周诠）

张成海：沙塘沟里勇敢少年，首长身边顶用卫士

人物小传

张成海（1925—2017），今延庆区大庄科乡沙塘沟村人。1939年，他参加平北抗日游击队四支队；1942年，调到延安中央军委警卫队；1946年4月，随军委领导人在晋察冀边区做警卫工作。在担任胡耀邦警卫员期间，在战场上数次帮助胡耀邦脱险。1947年后，张成海参加解放战争；1955年，授大尉军衔；1957年至1960年，到南京军事学院学习；1960年后，在某坦克团任政委；1969年10月，调任北京军区总医院副政委。1982年离休。2017年逝世，享年92岁。

2017年清明节，平北红色第一村沙塘沟举行追悼会，悼念抗日战争期间从这里走出的老英雄张成海。他的家属和沙塘沟的乡亲们含泪送别老英雄，随后，老英雄的骨灰被安葬在他深爱的家乡土地上。老英雄的传奇故事再次引起人们的追忆。

14岁参加游击队

1925年，张成海出生于沙塘沟村一个贫苦家庭。那时军阀割据，战乱不休，民不聊生。从8岁开始，他给富户放牛，每年赚一块钱的工钱。

1938年，宋邓支队支援冀东时经过大庄科，13岁的张成海便想参军，部队嫌他太小。1939年5月，他加入平北抗日游击队四支队，跟着刘国梁开展地下工作。

一次，日伪军到沙塘沟地区"扫荡"。张成海听说后，二话没说，扛着枪和游击队员们一起冲到村口的山头上，准备对敌人展开阻击。战斗很

快打响，敌人射过来的子弹"嗖嗖"从头顶上飞过，他毫不畏惧，勇敢地向敌人射击。由于他在战斗中表现出色，那种初生牛犊不怕虎的劲头儿征服了所有人，从此有了一个"虎胆"的名声。

后来，一个偶然的机会，张成海被冀热察挺进军司令萧克看中，调到平西抗日根据地，从事侦察和警卫工作。

1945年，随着战局的转变，张成海的保卫工作从后方转至前方，担任晋察冀野战军第四纵队（后为第三纵队）政委胡耀邦的警卫员。

战场上保护胡耀邦

解放战争初期，战斗频繁而激烈，胡耀邦多次面临险境。对此，胡耀邦夫人李昭记忆犹新。胡耀邦自己也没有忘记，生前他对张成海说："那时打得挺激烈时，就你张成海在我身边最顶用。"

胡耀邦作为纵队政委，只要一打仗，就跟着突击连往前冲，十分危险。

在胡耀邦逝世前一年，张成海到中南海看他，他还跟张成海说：在晋察冀军区，二纵队、四纵队和三纵队都是主力，司令员都是名将，人家都是从枪林弹雨中摸爬滚打出来的。我胡耀邦呢，13岁参加红军，但是一直没有打过仗，我到战斗部队任职，就是要补上打仗这一课。

胡耀邦补课苦了警卫员张成海。保北阻击战，胡耀邦随二十四团二营战斗。进村时，张成海走在胡耀邦前面，碰见敌人后枪声大作，足足一个营的敌人连喊带叫冲过来。张成海顾不上说话，二十响的盒子枪立刻向敌人开火。另一个警卫员的卡宾枪也响了。他们拉着胡耀邦就跑，张成海枪法好，边跑边掩护，最终帮助胡耀邦退到一座砖窑后面。这时，二十四团二营一个连上来接应，才把敌人打退。后来，胡耀邦又跟着突击队上去了。战斗结束，张成海劝道："您这样，我们警卫员怎么负得起责任？"胡耀邦说："怕什么？旁边还有一个排呢，又不是我一个人。"

在绥远省打集宁时，胡耀邦跑到最前面的机枪阵地上，副团长见胡政委来了，立刻把他摁倒，说你怎么到这儿来了？前面都是敌人。当天晚上，张成海不让胡耀邦住在村里，说刚把敌人轰走，不安全。果然，夜里敌人又摸了回来。警卫员李二丫把冲锋枪抱在怀里，站岗时睡着了，听到有动静，马上跳起来甩手榴弹。张成海拉着胡耀邦往山上跑，村里一个营也很快撤出来。后来，机敏的张成海从张宗逊司令员那里弄来一匹马。一夜工夫，他带着胡耀邦跑出50多里地，太阳出来时到达龙泉庄。多年后张成海回忆这事时还感到紧张，说差点儿让敌人"包了饺子"。

部队建设再立新功

1957年至1960年，张武海到南京军事学院学习，提高自己的文化知识水平。1960年，张成海到位于河北省的某坦克团任政委。他用自己在战争中的经历和在南京军事学院学习到的理论，训练出一批非常过硬的战士。在坦克团的十年，他总结出"四会训练法"（会吃、会走、会打、会学），看起来土得掉渣的训练方法，在实践中竟然非常有用。

1969年10月，张成海调任北京军区总医院副政委。在这个全新的岗位上，他再立新功，使北京军区总医院的工作跃上了一个新台阶。

1982年，张成海离休，为他的革命生涯画上了一个完美的句号。

2017年，张成海因病去世，享年92岁。

张成海生前曾说："沙塘沟是我的家乡，也是我革命的摇篮，始终是我魂牵梦绕的地方。如今开发成红色旅游基地，让很多人走进平北红色第一村，希望延庆的红色传统永远传承下去，希望乡亲们的日子越过越好。"

（石中元　周诠）

黎晓初：塞北铁骑声威重，华东建设立新功

人物小传

　　黎晓初（1915—1998），今延庆区延庆镇东关村人。1933年5月加入国民党孙殿英部学生大队，6月加入中国共产党，后到傅作义部四三六团和内蒙古骑兵纵队当军需官、文书，并从事地下工作。1937年到达太原，在山西新军决死一旅三十八团任连长、训练参谋、作战股长等职。1944年任吉黑纵队骑兵团政委兼团党委书记。1947年7月，调任郭尔罗斯前旗副旗长。新中国成立初期，先后任广东省曲江县委副书记和从化县委书记。1954年7月，任广东省人民政府工业厅副厅长。1956年5月，任农产品采购部生产企业管理局副局长。1960年3月后，历任第一机械工业部机电设备成套总公司副经理和国家物资管理总局党委书记、局长。1967年至1969年，受到不公正待遇。1970年平反。1978年至1983年，任上海市建材管理局党委书记、局长。1998年，在一次意外事故中去世。

　　在延庆区档案馆，馆藏人物档案门类最全、数量最大、艺术水平最高的一组无疑是"黎晓初田铁军革命史料专柜"，从这些珍贵的档案中，可以看出黎晓初跌宕起伏的传奇人生。

不做亡国奴，弃笔从戎

　　1915年元旦，黎晓初出生在延庆镇东关村贫农黎景惠家，取名毓恭。父母供他上完私塾、小学，后考入县立乡村师范学校读书。

　　九一八事变发生时，黎毓恭正在乡村师范学校读书。当时，东北大部沦丧，日本人正虎视眈眈，觊觎山海关内。这让黎毓恭和他的同学们彻夜

难眠。1933年5月，黎毓恭投笔从戎，跟几位同学加入国民党军孙殿英的部队，当上学生大队一名学员。6月，经地下党员康北耕、刘冲介绍，黎毓恭加入中国共产党，并改名黎明。此后，他在傅作义部四三六团当兵，并从事地下工作。

1934年冬天，黎明来到伊克昭盟，以税卡子开票员的身份从事党的地下工作，暗地里组织起一支30多人的骑兵游击队。一天凌晨，他被人叫醒，冷冰冰的枪口顶住了他的脑门儿，几个已经变节的队员逼他叛变。黎明义正词严地痛斥他们："背叛革命，自绝于人民，是不会有好下场的！"叛徒们恼羞成怒，想打死他。幸亏一个平时和他关系比较好的人说："要枪，要马，就别要他的命了吧。"当天，黎明被一位战友送到包头火车站，只身一人乘坐火车返回山西。后来，他再次北上，在内蒙古蒙旗保安骑兵纵队当军需官、文书，从事地下工作。

1937年，黎明从内蒙古来到太原，改名黎晓初，先后在山西新军决死一旅三十八团任连长、训练参谋、作战股长等职。1940年春，他在担任连长期间，曾经出色处理一个排的"叛逃事件"，被旅政委薄一波称赞为"文武兼备"的一把好手。

孤胆英雄，创建蒙古骑兵团

1945年，经组织介绍，黎晓初与田铁军结婚。第二年，中共中央派10万大军和2万干部火速进军东北，黎晓初夫妇便是其中的两位。黎晓初夫妇报到的地方是曹里怀、郭峰领导的吉黑纵队。当时郭尔罗斯前旗有两股重要力量，一股是与国民党勾结的警备队，队长为陈达利；一股是代表蒙古族进步青年的蒙古革命军。两股势力性情各异。上级的意见是利用吉黑纵队在郭尔罗斯前旗的有利条件，迫使陈达利部与蒙古革命军改编为蒙古骑兵团，由黎晓初任骑兵团政委兼党委书记。

接到任务后，黎晓初就确定了团结蒙古革命军、改造伪警备队的工作原则。陈达利原是前伪警备队队长，抗战时期是日本人的爪牙，作风败坏，五毒俱全。他虽然接受了改编，但仍心怀叵测。1946年3月，国民党发动全面内战，并逐步控制长春周围地区，逼近郭尔罗斯前旗。陈达利采取"先八路，后中央；明八路，暗中央"的伎俩，欲与人民为敌。一天，骑兵团进驻陈达利的老家后，陈达利马上派人在墙头、房上布置岗哨。当黎晓初上床休息时，陈达利突然带人闯进屋子，面带杀机地说："黎政委，你不要害怕，我们蒙古人心善，不会杀你！"黎晓初镇定地说："我们共产党人多得很，你杀了我一个容易，可是吉黑纵队会答应你们吗？八路军、新四军会答应你们吗？"陈达利一听害怕了，赶忙抹去杀机，赔笑说："黎政委，队以上干部已经集合好，请你去讲话。"

院外已是岗哨林立，士兵们荷枪实弹，革命军和原警备队相互对峙，内斗一触即发。黎晓初从容走到队伍面前，威严地说："解放军是主动撤出长春的，不是打败仗……国民党的失败只是早晚的事。各位队员，郭尔罗斯前旗是你们的家，家眷都在这里，等国民党失败后，你们还有什么脸面回来？"黎晓初一席话，使在场的原伪警备队治安队员都放下了枪。第二天，田铁军的部下抓获了一名从长春潜入的国民党特务，并从他的钱褡子夹缝里搜出国民党长春党部写给陈达利的委任状，令陈达利武装叛乱。次日，纵队政委郭峰和黎晓初将计就计，让陈达利到军分区司令部参加慰问宴会。等他屁股刚坐定，军分区参谋长一声令下，几名战士立刻用冲锋枪顶住了他的脑袋。他们让陈达利写手令，把其余参加叛变的营连干部逐一缴械扣押。农历五月初六，贼心不死的陈达利被执行枪决。

粉碎叛乱，骑兵团本色如初

粉碎陈达利叛变行为后，团政委黎晓初在全团发展30多名党员，建立党委，并在各连成立党支部。为改造陈达利部下，骑兵团有意任命陈达利原部下包青俊为副团长。

1946年8月，骑兵团驻扎在大老爷府。一天夜里，田铁军抓获了一个武装特务——包青俊的心腹白参谋，从其身上搜出包青俊和国民党联系的亲笔信。信上说：今夜12时，以三声枪响为信号，里应外合，消灭蒙古骑兵团。这时，国民党步兵营和乾安的两股土匪正聚拢过来，形势十分危急。黎晓初立即组织召开党委会，命令高士哲带一个班控制包青俊。高士哲通过看门的舅舅打开了包青俊所住大庙的门，迷惑对方说是参谋长，得以进入大庙。包青俊的警卫员发现不对头，开枪抵抗，被高士哲一枪击毙。睡梦中的包青俊惊醒后，伸手从枕头下掏枪，也被一名小战士当场击毙。为解决包青俊几个连的兵力，黎晓初召集各连指导员回连队，连夜宣布包青俊叛变被击毙的经过。天快亮时，国民党军队和两股土匪得知包青俊已经被消灭，只好知趣地撤走了。

后来，骑兵团党委对包青俊的三营进行整顿，编成两个连，充实新的党员干部，建立党组织。骑兵团经过一段时间训练，面貌焕然一新。这支队伍纪律严明，士气高昂，多次奉命赴农安、长岭、乾安一带剿匪，杀得敌人望风而逃。1947年7月，黎晓初胜利完成党组织交给的任务后，调到郭尔罗斯前旗任副旗长。

此后，蒙古骑兵团改编为辽吉军区第二军分区十九团，开赴八郎地区整训、整编、扩充兵员。不久，十九团奉命配合主力部队参加三下江南、四保临江、围困长春等战役，经历大小战斗40余次，为东北解放立下汗马功劳。

1950年10月，新中国成立一周年之际，十九团代表中国人民解放军骑兵部队参加国庆阅兵式，接受党和国家领导人的检阅。

周恩来总理签名的三次任命

新中国成立前夕，黎晓初随干部大队南下，任第三中队党总支书记、指导员。1949年10月至1950年10月，他先后担任广东省曲江县委副书记和从化县委书记。一年里，他率领部队粉碎多股反动武装的反扑，取得了粤北地区的彻底解放。之后，黎晓初又领导当地人民开展支前、清匪反霸、恢复国民经济、进行土地改革、支援抗美援朝等工作。

黎晓初先后在薄一波、郭峰、汪道涵的直接领导下，深得上级首长器重和地方群众的拥戴。

新中国成立后，黎晓初曾三次接到周恩来总理签名的国务院任命书。第一次是1954年7月9日，任命黎晓初为广东省人民政府工业厅副厅长；第二次是1956年5月25日，中央任命他为农产品采购部生产企业管理局副局长；第三次是1960年3月28日，任命他为第一机械工业部机电设备成套总公司副经理。1960年10月，黎晓初到上海工作，并在上海定居。

20世纪60年代，黎晓初主要在中央华东局工作，曾任国家物资管理总局华东局党委书记、局长。1967年至1969年，黎晓初受到不公正待遇，1970年得以平反。1978年至1983年，他在上海市建材管理局担任党政要职，旗下有市建材一、二公司和上海水泥厂等11家大型企业，有干部职工11.54万人。他注重科教，成立建材学校、局党校和建材科技情报所；领导下属企业开展建材生产防尘、除尘技术创新；为一线职工设立劳动保护费，维护一线工人身体健康和切身利益；采取拨款和贷款的方式，对上海水泥厂等大型企业进行改造，促使各企业粉尘危害大幅降低。

黎晓初和老伴田铁军身在上海，十分思念家乡延庆。生前，他曾三次回乡探望，并把父母接到上海小住。1998年5月，由于一次意外事故，黎晓初不幸辞世。

2005年，黎晓初和妻子田铁军被认定为开国将士，其事迹载入《开国将士风云录》（第二卷）。

2009年9月，遵循黎晓初和妻子的遗愿，其亲属把两位老人珍藏多年的证书、书信、字画、日记、照片和书籍12大类1236件文物史料捐献给延庆县档案馆。延庆县档案馆专门设立了"黎晓初田铁军革命史料专柜"。

（孙思升）

岳坦：英雄血洒龙潭，忠魂气冲霄汉

人物小传

岳坦（1914—1943），今延庆区大庄科乡水泉沟村人。1941年1月，他参加共产党领导的武装抗日自卫军（民兵组织），并于同年加入中国共产党。1943年6月，为掩护八路军干部被捕，为保守组织机密和同志们的安全，英勇跳潭就义，时年29岁。

1987年7月，中共大庄科乡委员会、乡人民政府为缅怀抗日战争和解放战争牺牲的革命先烈，在位于白龙潭旁的北山坡上，建立"白龙潭革命烈士纪念碑"。纪念碑上，赫然刻着一位英雄的名字——岳坦。

1914年，岳坦出生于延庆南山一个叫水泉沟的小山村，由于家里仅有几亩山坡地，日子过得十分艰难。

自1937年日本人和伪满洲国在大庄科设立伪警察所之后，为了强化对大庄科地区的统治，伪警察和伪政权实行横征暴敛，这一地区人民的日子更加艰难，岳坦家的生活也是雪上加霜。

1938年，中共党组织和八路军进入大庄科地区，并以"后七村"为基地开展抗日活动。1940年，在霹破石村创建了共产党领导的抗日政权——昌延联合县政府，大庄科成为这一地区开展抗战工作的中心。八路军来到岳坦家乡后，岳坦积极参加抗日活动，于1941年1月，参加了共产党领导的武装抗日自卫军（民兵组织），并担任村抗日自卫军的中队长。他带领民兵站岗放哨、埋地雷、送情报，配合八路军开展抗日活动，不久加入中国共产党。

日伪势力为了消灭抗日武装，切断八路军与老百姓的联系，限制共产党的活动，从1941年开始，在延庆东部、南部、北部山区残酷地推行所谓

"集家并村"的"固边"政策，强迫老百姓舍弃家园，携家带口住进他们修建的"围子"。大庄科正是敌人推行这一政策的重点地区。岳坦家的房子也被强行拆毁，一家人只好在杨树沟村的东山坡上悄悄搭起一个窝棚居住。即便这样，岳坦也不忘自己共产党员的身份，积极帮助党组织开展抗日工作，他的家成了八路军的落脚点。

1943年6月的一天，二区区委书记刘文科带领游击队袭击周四沟敌据点后，带领通信员于长印和另外一名区干部连夜转移到大庄科地区，于拂晓前来到位于杨树沟村岳坦的家。由于一夜没睡，又走了几十里山路，他们周身疲惫，一进岳坦家的窝棚里，躺在炕上便入睡了。家里来了区干部，岳坦觉得自己有责任保护好他们，见大家睡熟了，他披着衣服来到屋外，站在高处为他们站岗。不一会儿工夫，他发现有一股伪军趁着朦胧月色，从杨树沟沟口摸上来，向他家的窝棚靠近。岳坦惊呆了，急忙跑进屋，把刘文科等人叫醒，领着他们往山上跑。然而，没等他们跑远，就被敌人发现。敌人一面往山上追，一面开枪射击，子弹从他们的耳边呼啸而过。眼看敌人越来越近，岳坦十分着急。这时，他急中生智，利用自己熟悉地形的优势，趁着夜色，把刘文科等人带到一片茂密的草丛中。岳坦对刘文科说："你们藏起来，我把敌人引开。"刘文科说："不行，你太危险啦！"岳坦说："我是老百姓，即便被他们抓到，也不能把我怎么样。"岳坦看刘文科他们隐蔽好了，自己便向另一个方向跑去。为了让隐蔽的同志更安全，他一边跑一边故意暴露自己，把敌人的注意力吸引到自己这边来。敌人枪声密集，乱喊乱叫，距离越来越近了。岳坦带着伪军在山上跑了很远，实在跑不动了，只好停下来。

敌人蜂拥而上，抓住岳坦，用绳子将他绑起来，逼问他八路军的去处。岳坦说没看见，不知道。敌人说有人看见几个八路军跑到你家去了。又说，你没见到他们，一个人跑到山上干什么来了？敌人问不出实情，就开始对岳坦进行拷打，竟打断了岳坦一只胳膊。但岳坦告诉敌人的始终只有一句话："没看见，不知道！"

伪军们一边拷问岳坦，一边在附近山上搜查。石崖下、树林里、草丛中，撒出去的人搜了个遍，也没见到八路军的影子。这时，天已大亮，伪军们见抓八路无望，便将岳坦五花大绑，一路推推搡搡，准备将其押往大庄科伪警察所交差。

伪军们押着岳坦下山，在被押往大庄科伪警察所的路上，要通过一个叫白龙潭的地方。这里是一个因常年激流冲漩而形成的巨型冰臼，由数百万年的地质演变形成。潭在河床低处一整块坚硬的花岗岩上，经充沛的水流冲刷，形成一个口径20米、深18米潭壁光滑的石臼，里面注满了水。

在经过白龙潭时，岳坦为了不因自己的被捕给组织造成负担，同时也为了保证同志们的安全，趁敌人不备，猛一纵身，毅然跳入潭中。敌人见岳坦跳进水潭，纷纷开枪向潭里射击。随着一阵激烈的枪响，岳坦背部多处被击中，水潭里浮出一片殷红的鲜血，不一会儿，整个水面都被染红了。

岳坦，这位优秀的共产党员，为了保护自己的同志，壮烈地牺牲了！对于岳坦同志的英雄壮举，后人有诗赞道：

英雄血洒龙潭，忠魂直上九天；清水长流不息，烈士千古流芳。

1987年7月，中共大庄科乡委员会、乡人民政府为缅怀抗日战争和解放战争牺牲的革命先烈，在位于白龙潭旁的北山坡上，建立起"白龙潭革命烈士纪念碑"。

让我们永远记住这位烈士的名字——岳坦！

（赵万里）

卫兴顺：砸"局子"走上革命路，铡刀下尽显英雄魂

人物小传

卫兴顺（1918—1944），今延庆区大庄科乡汉家川人。1940年年初参加共产党领导的抗日游击队。1940年9月加入中国共产党，随后参加八路军。1942年10月，他被调往地方工作，任区游击队队长。1944年3月，在一次战斗中负伤被俘，惨遭敌人杀害，牺牲时年仅26岁。

延庆区大庄科乡莲花山景色优美，远近闻名。抗日战争时期，在莲花山下的汉家川，产生过一位被日伪军用铡刀杀害的抗日英雄——游击队长卫兴顺。

卫兴顺出生在汉家川村一个贫苦农民家庭。他幼年上过3年私塾，后因交不起学费，辍学回家放猪。稍大些给人打短工，冬天则上山砍柴，担到永宁城里去卖。随着卫兴顺一天天长大，家里的日子也一天天有所好转。后来，日伪军入关，占领华北，四面环山的汉家川也来了日本兵。一天，日本兵进村"扫荡"，卫兴顺的父亲被日伪军开枪打死。从此，卫兴顺的心里埋下仇恨的种子，他发誓一定要和敌人抗争，为父亲报仇！

1937年春，伪满洲国在大庄科设立警察分驻所，所长"王小猴"带领伪警察横行乡里，欺压百姓，激起民愤。5月的一天，里长沟村的赵起和小庄科村村民董学升组织49名村民，捣毁了大庄科的伪警察分驻所，史称砸"局子"。卫兴顺也参加了这次行动。砸"局子"事件引起敌人恐慌，也招致伪满洲军的残酷报复。日伪军进驻大庄科，四处抓人。卫兴顺等七八个骨干分子被抓到热河，投入监狱，备受摧残。此时，满怀国恨家仇的卫兴顺暗暗发誓：至死不当亡国奴，只要能活着出去，就要报仇雪恨！

两个月后，由村里人作保，卫兴顺获释回到家中。

1940年年初，昌延联合县政府成立，县政府派出干部到莲花山一带

开展工作，建立区政权。卫兴顺的家就在莲花山脚下，他得知八路军要组织抗日武装，便立即报名参加了游击队。由于他意志坚定，作战勇敢，很快被推举为游击队队长。这年9月，卫兴顺加入中国共产党。

卫兴顺入党后，工作更加积极，他带领一支30多人的游击队，在大庄科地区与日伪周旋，积极配合八路军作战，开展锄奸、反特斗争。

此后不久，卫兴顺参加八路军，成为老十团的一名战士。一次，他在参加十团袭击柳沟日伪据点的战斗中作战勇敢，个人缴获一挺轻机枪。由于卫兴顺表现出色，在战斗中多次立功，很快被提拔为排长。

1942年10月，由于叛徒告密，二区委书记兼区游击队队长高万丈不幸被捕，二区的工作陷入被动。上级决定，派刘文科到二区任区委书记，领导二区人民开展反"围子"斗争。为了尽快拆除日伪的"围子"，打开反"围子"斗争的局面，经刘文科提议，将卫兴顺从老十团调回地方工作，任命他为二区游击队队长，协助刘文科开展反"围子"斗争。

1942年以来，日伪推行其所谓的"固边"政策，对老百姓实行"部落化"管理，强迫老百姓修建"围子"，并将他们驱赶进"围子"中居住。在南山大庄科一带，汉家川的"围子"最大，被驱赶进去的包括汉家川、龙庙沟、厂房沟等11个村的百姓，共计500余口人。

一天，刘文科与卫兴顺商量反"围子"的事。卫兴顺说："在这一带，就数我们村的围子最大，里面住的人也最多，只要先把这个围子拔掉，就会大大削弱敌人的士气，剩下的工作就好做了。"

刘文科觉得卫兴顺的话有道理，二人决定，拆"围子"首先从汉家川入手，把管理这个"围子"的铁杆汉奸温永兴除掉，以此打开局面。

1942年12月初的一天深夜，卫兴顺和刘文科带领游击队员偷偷摸进汉家川"围子"，并与抗日积极分子取得联系。他们进村后，首先除掉了温永兴等几个作恶多端的汉奸，并把村民们集结起来，一起动手，连夜把"围子"拆掉了。经过斗争锻炼，卫顺兴带领的游击队日益壮大，仅拔掉二道关据点一战，就消灭伪军20多人和日军5人。

日伪军吃到二区游击队的苦头，恼羞成怒，四处捉拿卫兴顺。

一天夜里，他们组织了四五百伪军，从永宁出发，偷偷闯入汉家川。他们进村后，首先来到卫兴顺家，先烧了他家的房子，抓走了他的妻儿，还强迫他的妻子捎话给卫兴顺，逼他投降。当时，游击队就埋伏在汉家川村东的山林里，这一切被卫兴顺看得真真切切。为了不暴露游击队，卫兴顺咬紧牙关，眼看着自己的亲人被敌人带走。

1944年3月的一天夜里，卫兴顺带领游击队住进香屯村。那天，二道关的一个人到村里送军鞋，在回去的路上被特务截住，因受不了威逼恐吓，把卫兴顺及游击队住在香屯的消息说了出来。听到这个消息，截路的特务如获至宝，马上联系到驻永宁的日伪军，报告了卫兴顺的行踪。当晚，驻永宁的日伪军连夜出动，偷偷摸进香屯村，将游击队包围在村民的一所宅院里，并喊话诱降，想要活捉卫兴顺。

卫兴顺知道被围后十分镇定。他指挥游击队员们来到院里，一边以院墙作掩护开枪射击，一边趁着夜色寻机撤离。

敌人见诱降不成，便朝院里开枪。游击队员们在院中与敌人相持多时，子弹很快打光了。卫兴顺正和最后一批队员准备越墙撤离时，一颗子弹打在他腿上，他从墙头上滚落下来，被蜂拥而至的敌人抓获。

卫兴顺被俘后，敌人劝降说，如果卫兴顺能说出区委书记刘文科的下落，便放了他。卫兴顺不为所动，视死如归。

敌人见卫兴顺誓死不降，便从村里找来一口铡刀，把卫兴顺的脑袋按到铡刀上，企图以此吓倒他。卫兴顺一边大骂敌人，一边高喊"共产党万岁"，宁死不屈。敌人无计可施，恼羞成怒，用铡刀铡下他的头颅。

卫兴顺遇害后，残忍的敌人把他的头颅用一根竹竿抬着，鸣锣开道，在大庄科周边各村游街示众，以此来恐吓抗日军民。

听到卫兴顺遇害的消息后，当地群众冒着危险，自发组织起来，掩埋了烈士的遗体。邻村的百姓也纷纷带着祭品，前来哀悼这位抗日英雄。

（赵万里）

王永和：纵横昌延气如虹，视死如归为鬼雄

人物小传

王永和（1909—1945），别名王海清、干一横，今延庆大庄科乡香屯村人。1938年加入共产党。1940年任十三区助理。1943年任昌延联合县三区区长。1945年7月，任平郊武工队队长。1945年9月，不幸被溃逃到北苑机场的伪军抓获，宁死不屈，壮烈牺牲，时年36岁。

延庆区大庄科乡香屯村，山环水绕，盛产板栗，是个世外桃源般的美丽山村。抗战时期，这里产生了一位远近闻名的抗日英雄——王永和。

1909年，王永和出生于香屯村。1934年3月，因生活所迫，他和妻子、孩子一家三口，从香屯村搬到黄花镇投奔亲友。

1937年卢沟桥事变后，平北地方政权纷纷投靠日本人，黄花镇各村的上层人士纷纷成立联庄会，向群众摊派钱物，购买枪支。这时，王永和与人商议，欲借助联庄会成立自己的队伍。他说，有了枪杆子说话才硬气，才能为百姓撑腰。

1938年后，共产党领导的游击队在平北地区逐步发展起来。大庄科村共产党员李茂堂受组织派遣，到黄花镇一带秘密联络地方抗日武装。作为王永和的乡亲和熟人，李茂堂住在他家，两人谈话很投机，时常说到后半夜。这一年，经李茂堂介绍，王永和加入中国共产党。

1940年1月，昌延抗日联合县在霹破石成立，王永和被任命为十三区助理。1942年，日伪向平北根据地发动猖狂进攻，为了保卫抗日政权，王永和积极投入到区游击队的创建中。他把妻子和两个孩子送回老家香屯，变卖了自己在黄花镇仅有的一点儿田地，买来两支短枪，又联络起十几个穷哥们儿，凑了十来条大枪，成立了区游击队。

有了王永和领导的游击队撑腰，黄花镇的穷苦乡亲就有了主心骨。他们组织"抗联会"和地主斗争，要求减租减息，给长工增加工钱。游击队除了惩治地主、恶霸外，主要任务是打击日伪军。他们利用夜间组织群众埋地雷、锯电线杆、破坏公路，甚至到敌人的据点里去捉汉奸，搅得敌人不得安宁。

1942年秋，王永和被任命为昌延联合县十三区区长。第二年，他又被任命为三区区长，奉命到昌平北部山区开展工作。为了便于在新区开展工作，王永和改名叫王海清，有时化名干一横。

王海清初到新区，人生地不熟，对民情、社情、敌情均不了解。为了尽快熟悉情况，他昼夜奔波，每天步行几十里甚至上百里，穿梭于各村之间，了解敌情社情，走访发动群众，组建农村基层民主政权。他们发动各村群众，为八路军筹措粮食，提供给养，仅一年时间就为八路军送粮数万斤。1943年至1945年年初，王海清在昌平北部地区开展工作期间，先后创建了八家、北峪、真顺、香堂崔村等十几个农村民主政权，三区游击队也从无到有，发展到30多人，为这一地区抗日根据地的建设奠定了坚实的基础。

1945年7月下旬，王海清由三区区长调到北平郊区，任平郊武工队队长。随着抗战形势的扭转，王海清和武工队的活动范围逐渐向南延伸，扩展到安定门外不远的奶子房村及附近地区，并在这一地区开展游击活动。平郊武工队有100多人，武工队队员们个个肩扛步枪，腰挎手榴弹，堪称一支威武雄壮的队伍。兵强马壮的武工队，大大鼓舞了人民群众的抗战士气，也震慑了反革命分子。

1945年8月15日，日本帝国主义宣布无条件投降，平郊地区的日军相继撤离，一批伪军则如丧家之犬，进驻到北苑机场附近。

为了保卫和巩固抗日胜利果实，进一步扩大解放区，平北地委和昌顺县委决定，在平原地区进一步扩大人民武装，广泛开展扩军运动。为了贯彻落实地委、县委的指示精神，王海清在奶子房村召开了由五区各村伪乡长参加的会议，具体部署扩兵任务。

农历八月十四下午，王海清带领通信员张宗舆和一名武工队员来到奶子房村公所，当晚就住在村公所所在地——村中的一座大庙里。第二天早上8点多，王海清召开各村伪乡长会议，听取各村扩兵工作情况汇报，要求各村在当日晚饭前，把新兵送到奶子房村。除了北湖渠村的伪乡长王锡珍，五区其余各村的伪乡长都参加了会议。

上午10点多，村外岗哨突然跑回来向王海清报告，说："北苑机场方向来了一伙伪军，人数很多。"王永和一听情况不妙，立即命令通信员张宗舆和同来的那名武工队员向村外冲。不料，他们刚一出村就遇上敌人，三人一边开枪射击，一边往村里撤退。回到村里不久，500多伪军气势汹汹而来，把村子团团围住。随即，伪军进村进行搜查，每一家、每一处角落都不放过，见到可疑人就抓。王海清、张宗舆和那名武工队员相继被捕。

晌午过后，王海清等人和大批群众被敌人带到村南娘娘庙前的广场上。伪军们把广场围住，广场边架起机枪，一个伪军头目站在广场中间，声嘶力竭地进行反共宣传，并向群众宣布王海清以及武工队的"罪行"。这时，愤怒的王海清向群众大声疾呼："共产党是为穷苦人谋福利的，我们穷苦人闹革命，就是为了打倒剥削压迫我们的人，我们老百姓要相信共产党！"他转而对身边的伪军说："我参加革命七八年，要让我向你们低头，痴心妄想！"

随着一阵罪恶的枪声，王海清等3人倒在了娘娘庙前的广场上。王海清牺牲时，年仅36岁。

后来经过调查，向敌人告密的正是头天未到会的北湖渠村伪乡长王锡珍。然而，他最终没能逃脱应有的惩罚，后来被人民政府镇压了。

1983年6月15日，王永和被北京市人民政府追认为革命烈士。

（赵万里）

张华亭：反正走上抗日路，含冤昭雪见光明

人物小传

张华亭（1903—1946），今延庆沈家营后吕庄村人。青年时到国民革命军二十九军当兵，后被日伪军俘虏，被迫出任延庆伪自卫团团长。1940年参加革命，后任游击队中队长、平北军分区参议员等职。1946年被平北公安错杀，时年43岁。1984年，上级为张华亭平反，恢复名誉。

在延庆抗战队伍中，有这样一位特殊人物，他参加过国民党的长城抗战，后又被迫出任伪延庆县自卫团团长，但他痛恨日伪残酷统治，最终参加八路军，走上抗日道路。他的名字叫张华亭。

1903年6月，张华亭出生于后吕庄村一个农民家庭，青年时代因受宋哲元二十九军长城抗战的影响，参加了宋哲元的国民军。后不幸被捕，被日伪投入伪延庆县政府监狱，在伪县长程芳辰的软硬兼施下，出任伪自卫团团长，协同伪警察维持地方治安。在此期间，暗中与共产党接触。

1938年6月，八路军第四纵队支援冀东暴动，在延庆南山大庄科一带留下抗日火种。张华亭听说后，通过朋友关系与民运干部刘国梁、史克宁等取得联系。他在担任伪自卫团长期间，一心想利用自己职务上的便利做一些对抗日有益的事。

一天，延庆县城发生一件怪事，3个作恶多端的日本人，在外出时失踪了。日伪组织大批警察、宪兵在县城内外和周边地区严密搜查，活不见人，死不见尸。他们估计老百姓做不出这样的事，就怀疑伪军内潜伏着抗日分子。后来，有几个特务反映，说自卫团团长张华亭形迹可疑，日伪便将其逮捕。由于张华亭在延庆地区有些威望，黑白两道都有朋友，为防意外，日伪军把他押解到怀来县伪警察监狱。他在怀来坐牢期间，日伪们用

尽酷刑，张华亭始终不承认"私通八路"。日伪查无实据，无奈之下，只好把他释放。

张华亭入狱期间，他的家人也跟着遭殃，结发之妻被投入大狱，被活活挑死；母亲跑到清河女儿家避难；两个弟弟也东躲西藏，吓得几个月不敢回家。国仇家恨常常使张华亭睡不踏实。出狱后，他开始寻找八路军，1940年年初，在"后七村"终于见到了平北游击大队大队长钟辉琨，就此参加了共产党领导的抗日队伍。

张华亭参加抗日后，凭借自己的影响力，在延庆地区组织起一支几十人参加的游击队。1941年冬，这支游击队被编入平北游击支队，成为游击支队第七中队，张华亭任中队长。从此，这支游击队活跃在昌平、延庆一带，做了大量锄奸、抗日的工作。这一年，张华亭还被聘为平北军分区参议员，出席了晋察冀边区参议会。此后，他利用自己的社会影响力，做了很多伪军反正工作，也为他日后被错杀埋下了"祸根"。

1943年，张华亭通过朋友认识了白草洼炮楼里的伪军头目袁兴，通过几次接触，他发现袁兴有反正抗日的想法，只是害怕日伪报复其家人。他了解了袁兴的想法和顾虑，就和袁兴约定一条游击队佯攻炮楼的计策，保证袁兴既能反正，又不至于祸及家人。

这年秋末的一天夜里，袁兴和几个伪军在炮楼里值班。突然，炮楼外枪声大作。知道是游击队来端炮楼，伪军们都吓坏了。袁兴见状对伪军们说："咱们就这么几个人，家里都上有老下有小，也打不过八路军，咱们还是投降吧？"伪军们听头儿这么说，都说听头儿的。袁兴让伪军朝天上胡乱放两枪做做样子，便把伪军们带出炮楼，投降了游击队。旧县据点的伪军听到白草洼炮楼的枪声，赶来增援，可走到半路就看到炮楼被点着了，火光冲天，他们判断是八路军端了炮楼。张华亭兵不血刃端掉了白草洼炮楼，为八路军游击队扫除了进出北山的障碍。

1945年9月，八路军解放永宁，警备队长张风元带残部逃往南山，张华亭受县委书记葛震指派，前去做劝降工作，走投无路的张风元接受改编。

1945年冬，张华亭奉命到丰宁收编一队伪满洲军残部。这股伪满洲军是骑兵，有500余人马，为首的头目叫张福元。他们盘踞在滦河大滩一带，仗着人多势众，武器精良，成为当地独霸一方的军阀、土皇帝。当时这股凶悍的人马眼看着日本人投降，伪满洲国倒台了，自己成了无家无主的流寇，既失落又惊恐。可他们仗着自己人多势众，不愿放下武器，等待着被国民党军收编。面对这样一支武装，平北军分区积极主动地对其劝降，进行收编。

由于张华亭在二十九军当兵时就认识张福元，组织决定，派张华亭前去谈判，进行收编。张华亭曾先后四次代表党组织到坝上丰宁与张福元谈判。经过多次讨价还价，反复谈判，最终将这队伪满洲国骑兵改编为共产党领导的地方保安团，并在原地驻防。他们的头目张福元为保安团团长，张华亭任副团长。

1946年6月，蒋介石悍然发动内战，国民党开始进攻解放区。这时，张华亭被调到地方工作。

就在这年秋天，国民党军队大举进攻解放区，察哈尔首府张家口落入敌手。随着时局的变化，敌占解放区的地主认为时机已到，开始反攻倒算，延庆地区出现了许多地主武装和反共势力。这时，有人向上级反映，说地主拉起武装反共，与张华亭有关，是张华亭对党不满，利用个人影响力拉起武装，与党对立。还说张华亭历史不清楚，脚踏两只船，一脚共产党，一脚国民党，等等。在没有拿到真凭实据的情况下，平北公安处决了张华亭，由此造成了一场冤案。

张华亭被处决时，年仅43岁。

1984年9月，中共北京市委组织部根据原平北抗日根据地老领导段苏权、武光、陆平、钟辉琨、曾威等同志的证明材料，为张华亭彻底平反，恢复名誉。

（赵万里）

赵起：侠义揭竿起事，酣畅淋漓杀敌

人物小传

赵起（1898—1941），原名赵奇，今延庆区大庄科乡里长沟村人。1938年，他参加八路军游击队，后任平北游击大队三中队中队长；1939年5月，加入中国共产党；1941年7月，在怀来八宝山与敌战斗中牺牲，时年43岁。

1941年7月的一天，怀来八宝山村中的游击队被日伪军包围，战斗打到次日拂晓，游击队长身负重伤。为了掩护战友突围，他拉响最后两颗手榴弹，与敌人同归于尽。这位英雄就是赵起，一位充满传奇的游击队长。

大庄科砸"局子"，永宁城除汉奸

1898年，赵起出生于大庄科乡里长沟村一个农民家庭，自幼学做木匠活，年轻时以此为生。

1936年，日军侵占长城沿线，在延庆大庄科设立伪警察分所（当地百姓称其为"局子"），派驻伪警察20余名。伪警察分所成立后，拉夫派差，敲诈勒索，当地百姓吃尽了苦头。赵起被"局子"拉去干了20多天木工活，不但没有任何报酬，连饭都吃不饱，血气方刚的他，憋了一肚子气。而那个人称"王小猴"的警长，张口骂人，抬手打人，大家敢怒不敢言。

1937年5月的一天，"王小猴"趁赵起的结拜兄弟董学升不在家之际，强奸了他的老婆。赵起听说后义愤填膺，便联合周围村庄受过伪警察欺辱的穷苦兄弟，凑钱置办武器，组织起一支49人的民兵队伍，一举捣毁了大庄科的"局子"，镇压了"王小猴"，消灭和遣散了19名伪警察。这次行动，被当地百姓称为"砸局子"。

1938年夏天，八路军四纵支援冀东暴动时路过大庄科地区，在这里留下抗日火种。他们在毗邻延庆的昌平"后七村"发动群众，组建游击队，开辟根据地。这年秋天，赵起参加游击队，不久，被提升为班长。

一天，游击队在东二道河北梁劫了一辆伪满洲军运送武器的军车，缴获了大批武器弹药。部队回到沙塘沟后，赵起发现战士小刘没有回来，便带领3名战士去找。他们在一条羊肠小道的草丛里发现了小刘，小刘已经牺牲。当时，小刘的枪没了，身上衣服也被扒光。后来经调查得知，小刘受伤后，被二铺村的特务董维柱发现，特务夺了小刘的枪，将小刘打死，然后带着枪到永宁向伪满洲军领赏去了。赵起还了解到，董维柱在永宁城有个姘头，就住在南关，此去一定住在那里。赵起一腔怒火，带着游击队员赶往永宁。夜里，他们在董维柱姘头家把他抓个正着，将其五花大绑，连夜押往沙塘沟。

组建三中队，干掉假李逵

1939年年初，日伪军对昌延地区"围剿"，史克宁带队撤回平西整训，组织派赵起到冀热察区抗大学校学习。在抗大期间，他学文化、学理论、学军事，大开眼界，更坚定了革命意志。5月，他加入中国共产党。11月抗大毕业后，他被编入冀热察挺进军游击大队，任二中队副队长。

1940年年初，平北游击大队掩护20余名地方干部挺进平北，开辟新的抗日根据地，大队长钟辉琨抽调赵起组建三中队，任中队长。当时，钟辉琨仅给他2个人、3支枪、4颗手榴弹，这个中队长几乎是个光杆司令。面对重重困难，赵起来到昌延联合县五区发动群众，扩充队伍。五区是刚刚开辟的抗日新区，群众抗日情绪高涨，很快就有十几名青年参加了游击队。人有了，可没有枪。经打探，他们听说吴坊营有一大户，家里藏着几条枪。他们来到吴坊营，向这户人家讲道理、摆政策，最终动员这户人家从柜底下拿出枪，交给他们。

仅用一个多月时间，三中队就发展到70多人。可人多枪少仍是问题。为解决部队武器装备不足的问题，赵起盯上了柳沟城敌人的据点。一天晚上，赵起带领三中队，通过买通个别伪军、里应外合的办法，解决了柳沟据点里的50余名伪军。此役，不但拔掉了日伪军安插在昌延联合县五区的据点，还缴获60余支枪和大量子弹，所有队员人手一枪。三中队也名声大振，赵起成为传奇式的人物。

延庆东北有一座山，叫佛爷顶。佛爷顶上有一处古庙，庙里住着一股土匪，他们利用佛爷顶的地位优势扼守着坝上沽源、独石口与赤城通往北平的道路。这帮土匪自称是赵起领导的游击队，假借赵起的名义抢劫过路商客，骚扰附近百姓。日本人和汉奸也乘机大肆诬蔑八路军。赵起听说后十分气愤，他说："损坏我赵起的名声是小事，诬蔑八路军名声是大事，这帮家伙，把我当成梁山好汉李逵了，我非得会会他们不可！"

6月一天的傍晚，赵起带着游击队埋伏在附近村庄，自己带领一名战士，化装成商人，赶着毛驴垛子从北山而来。下了黑口梁，果然从路边的庄稼地里钻出两个端大枪的土匪。

"站住！"一个土匪说，"我们是八路军，把东西留下，我们抗日用，你们快滚吧。"

赵起见状，一个箭步冲上去，用手枪顶住了那家伙的后腰眼儿。另一名战士也迅速制伏了另一个土匪。赵起问："你知道我是谁吗？"土匪说："不知道。"赵起说出自己的名字，土匪吓得魂飞魄散。

赵起集合起队伍，让两个土匪带路上山。他们登上佛爷顶时，天已拂晓。赵起把部队埋伏好，让带来的土匪叫开门，走进院里，大喝道："我是赵起，你们被包围了，赶紧出来投降！"土匪头子一听是赵起来了，眼见自己的老巢被包围，便乖乖地带领山上20多名土匪缴枪投降。此役，三中队缴获长短枪16支，收编多人。庙里存放着土匪抢来的棉麻布匹、粮食、牛羊等物，赵起通知被抢劫的商贩前来认领，受到交口称赞。

此后，赵起带领三中队转战于赤城、龙门所、独石口一带，打土匪，拔据点，缴获许多枪支，队伍也扩大到140多人。这时的三中队不仅人人有枪，而且还配备了3挺轻机枪。

一夜拔除九据点，勇士命殒八宝山

1940年8月，三中队整编为平北游击支队三中队，奉命转战在龙（关）延（庆）怀（来）抗日联合县的宝山一带。

1941年年初，赵起率领三中队一夜拔除前孤山、长杆岭、雕鹗堡等9个伪据点，在平北地区传为佳话。这些据点被拔除后，打通了龙延怀根据地的联系通道，使龙延怀地区连成一片。为此，晋察冀军区平北军分区通报表彰三中队，并为赵起记大功一次。同年7月7日，平北游击支队攻打下花园发电厂，赵起率领三中队攻入伪警察署，活捉敌伪警察30余名。后又配合一中队消灭敌人100余人，缴获枪支70余条。

战斗结束后，赵起奉命带领三中队一排来到怀来八宝山附近各村，协助地方做筹集粮款工作。完成任务回到八宝山时，从沙城来的200多名伪军将赵起住的村子团团包围。由于事发突然，天色已晚，队伍要从村里撤出十分困难。赵起带领一个排的兵力与敌激战一夜，打退敌人数次进攻。拂晓时分，赵起命令战士们把手榴弹集中起来，同时向一个方向的敌人投去，只听一声地动山摇的巨响，敌人的包围圈被炸开一个缺口。在滚滚浓烟中，他带领战士们突入敌阵。一颗子弹飞来，击中赵起的胸部，他身负重伤。为了掩护战友们突围，他命令警卫员留下两颗手榴弹，催促他们马上撤退。战士们撤退后，敌人号叫着把赵起包围起来。当敌人逼近时，他突然拉响手榴弹，与敌人同归于尽，壮烈牺牲。时年43岁。

第二天，战友们找到赵起血肉模糊的尸体，将他安葬在怀来八宝山西坡的一棵老松树下。

（赵万里）

李明：民兵队长英雄胆，巧设地雷斗敌顽

人物小传

　　李明（1909—1982），今延庆区井庄镇二司村人，幼年时因家境贫寒，随父母逃荒至今旧县镇白草洼村。1939年，李明参加游击队，任民兵小队长。1940年年底，在六区区委书记田梦雄的指导下，李明及其抗日民兵小队学会地雷制作和使用办法。在抗日战争和解放战争期间，李明带队大摆地雷阵，先后炸死敌人118人。1950年9月23日，李明出席全国战斗英雄代表会议，获全国民兵战斗英雄称号，受到毛泽东和周恩来接见。1982年8月，李明病逝，享年73岁。

　　在延庆，曾经出现过这样一位全国战斗英雄：革命战争年代，他大摆地雷战，令敌人闻风丧胆；新中国成立后，他两次受到毛泽东主席的接见，被授赠驳壳枪和半自动步枪各一支。他就是地雷爆破英雄——李明。

　　1909年，李明出生于延庆二司村，后因家境贫寒，逃荒至白草洼村。

　　1940年，日伪军为了切断南碾沟平北军分区司令部与延庆川区人民的联系，先后在白草洼村北太安山的山梁上修了4个炮楼，并驻扎几十名鬼子兵和伪军把守，严密监视八路军和游击队的动向。在修建炮楼的过程中，日伪军强迫村民为他们送水、送粮、送菜，村民对其恨之入骨，但又想不出对付敌人的好办法。

　　1940年年底的一个晚上，六区区委书记田梦雄受党组织委派，化装成农民，赶着一头小毛驴，驮着3颗地雷，秘密来到白草洼村，向李明的抗日民兵小队传授地雷使用办法。一天，民兵听说驻守永宁城的日伪军中队长松田要到白草洼炮楼视察，李明连夜带领民兵偷偷把地雷埋在日军必经的山路上。第二天，三颗地雷"轰——轰——"爆炸，当场炸死七八个敌人，其中包括松田的副官。

看到地雷的威力之后，李明开始带领民兵研究制作地雷。他们用瓶子、坛子做壳，制出了瓶子雷、坛子雷；还就地取材，把石头打眼，里面装上配好的炸药，制作石头雷、踏板雷、子母雷。后来，李明带领民兵们用自制的地雷又炸死了不少敌人。中队长松田恼羞成怒，扬言要血洗白草洼，对村民进行报复。

1942年9月的一天，松田带领200多名日伪军从永宁出发，经香营闫庄，直奔白草洼而来。李明得到消息后，先带领群众转移，然后大摆地雷阵，在通往村子的各个路口和每家每户的院子、门口埋上地雷，准备用"铁西瓜"好好"招待"一下敌人。

日伪军刚走到村口，一颗颗地雷便炸响，炸得他们鬼哭狼嚎，胆战心惊。敌人战战兢兢进村后，硬着头皮到各家各户搜查，然而村里到处都埋着地雷，"轰轰"的爆炸声此起彼伏。

敌人没搜到一个民兵，反而又被炸死不少。松田气急败坏，大声号叫："烧、烧，统统地烧！"一阵阵炙人的烈焰在村子腾空升起，村里170多间房子变成了一片瓦砾。

松田累了，想坐在碾盘上休息，刚一坐下，"轰"的一声巨响，坐上"土飞机"回了老家。剩下的敌人见松田被炸死，各个胆战心惊，只好收起几具尸体，灰溜溜滚回永宁城了。

从此，敌人说起白草洼既恨又怕，他们说白草洼是"要命洼"，李明是"雷阎王"。

然而，屡次失败的敌人并不甘心失败，他们总想寻机报复。1944年8月16日，延庆城里的日本人集结了92名伪军和276名伪警察，准备夜里对白草洼进行报复，妄图一举消灭李明的游击队。

敌人的阴谋还没有实施，隐藏在延庆城内的地下党便得知了消息，并派人将情报迅速送到太安山（此时为八路军和县、区党政领导临时办公地），交给了十团团长王亢和政委曾威。王亢和曾威经过商量，决定由李明回到白草洼村，继续用地雷战来打击敌人。

此时敌人还蒙在鼓里。当夜，敌人分兵三路，一路出延庆北门，经三里河、米家堡、古城，向北山进发；第二路出东门，经双营、上郝庄，向古城的界碑石进发；第三路经七里墩、常家营、米粮屯、后河，顺黄土沟逼近。

白草洼村位于延庆城西北13公里。两个小时后，三路敌人逼近白草洼村。当时，天还没亮，村里一片寂静。敌人见进攻很顺利，便得意忘形地进了村子。进村后，有的贴近矮墙前行，有的偷偷摸上门台进院，有的蹬梯准备翻墙入户。就在这时，只听"轰"的一声巨响，刚刚还得意忘形的敌人瞬间被炸得血肉横飞，鬼哭狼嚎。

在地雷一阵惊天动地的巨响中，敌人知道中了埋伏，便纷纷退出村庄，躲开大路，沿着地边田埂四处逃命。这时，早已隐蔽在青纱帐里的游击队打起了排子枪，扔出了手榴弹，打得敌人心寒胆战，抱头鼠窜。

这次战斗，游击队和老百姓无一伤亡，而敌人死伤100多人。其中，击毙日本兵4名，缴获战马1匹、步枪20余支、子弹千余发。此后，敌人很长一段时间都龟缩在延庆城内，不敢轻易出动。

解放战争时期，李明继续大摆地雷阵，让国民党军队闻风丧胆。

据统计，在抗日战争和解放战争期间，李明带领的民兵小队，先后炸死敌人118人，迫使60多名伪警察投降。

李明大摆地雷阵的事迹传遍了平北地区和晋察冀边区。1949年，李明被察哈尔省记特等功1次。1950年8月，李明出席察哈尔省英雄模范代表大会，被省委、省军区授予劳动模范、爆炸英雄称号。1950年9月23日，李明出席全国战斗英雄代表会议，获全国民兵战斗英雄称号，受到毛泽东主席和周恩来总理接见，并获奖一支驳壳枪。1960年，李明作为特邀代表出席北京市第一届民兵代表会议和全国民兵代表会议，再次受到毛泽东主席接见，会议奖给他新式半自动步枪一支。

1982年8月24日，李明病逝，享年73岁。

1986年6月，中共旧县乡党委、乡政府在白草洼村为李明树建纪念碑，碑题"全国爆炸英雄李明"。纪念碑遗址为县级革命文物保护单位。

（郭东亮）

贾桂珍：妇女革命领头羊，杀身成仁求解放

人物小传

贾桂珍（1916—1948），女，延庆区九里梁村人，后举家逃出"围子"，到柳沟村居住，积极参加抗日活动。1944年，她任柳沟村妇救会主任；1946年1月，加入中国共产党；1948年2月25日，为保守党的秘密，被国民党反动派残忍杀害，年仅32岁。

柳沟村以"火盆锅　豆腐宴"闻名，战争年代，这里是个英雄辈出的红色村庄，贾桂珍就是其中一位铮铮铁骨、宁死不屈的女英雄。

1916年，贾桂珍出生于延庆东部山区九里梁村。1942年，日伪在延庆东部、南部和北部山区实行"固边"政策，强迫老百姓进"围子"居住。贾桂珍一家不堪忍受"围子"里的非人生活，举家逃出围子，沿途乞讨，辗转来到柳沟村。当时，她有一个4岁的女儿和一个不满周岁的儿子。一家4口缺吃少穿，贾桂珍便和丈夫张满昌一起给富裕人家扛长活为生。

当时，平北八路军十团和游击队经常在柳沟村活动，贾桂珍与丈夫积极参加抗日工作。1943年，张满昌当上村农会干部，给八路军送情报、送军粮、站岗放哨。贾桂珍在丈夫的影响下，毅然走出家门，也投身到抗日的行列中。1944年，她出任村妇救会主任，带领妇女给十团送粮食、做军鞋，支援部队作战。

那时，共产党提倡根据地和解放区妇女解放、男女平等，并开展扫盲识字活动。柳沟村18岁至45岁的妇女全是文盲，针对这一情况，贾桂珍和妇救会副主任韩桂芝在村党支部领导下，逐户宣传动员，在村里办起了妇女识字班。在妇女识字班，他们请来私塾先生教文化，请来区上干部讲政治，讲抗战形势。识字班由最初的二三十人增加到后来的110人，占全村

妇女的90%。

在鼓励妇女识字的同时，贾桂珍还引导妇女自我解放。妇女要解放，首先从名字上解放。贾桂珍在识字班上说："因为我从小淘气，长得又像男孩儿，我爹为了证明我不是男孩子，就给我起名叫'丫头'。后来我嫁给了张满昌，别人又叫我满昌媳妇，现在共产党号召妇女解放，我也要给自己起个名字，我想好了，就叫'贾桂珍'！"妇女们听后热烈鼓掌。在她的带领下，妇女们纷纷给自己起名字。

贾桂珍还号召妇女们给自己的脚松绑，不让自己的闺女、儿媳裹脚；要放开头发，剪成短发；妇女做事，不要顾虑重重，要自己解放自己。她还当众宣布："我从今天起就开始放足了！我们妇女也要和男人一样，迈开大步搞生产和抗日！"在她的影响下，村里的年轻妇女刘广兰剪发、放足，第一个报名参加革命工作，在区政府当了妇救会干部。

为配合主力部队作战，贾桂珍和韩桂芝组织12名年轻妇女参加了村民兵自卫队，学习战斗本领。她们在敌人"扫荡"经过的山梁、垭口处埋设地雷，让日伪军吃尽苦头，扬言要消灭这帮"土八路"。

1945年春天，驻柳沟的十团某部奉命执行战斗任务。临行前，部队领导把一个"密文包"交到贾桂珍手里，并叮嘱她：不准给别人看，它比人的命还重要，一定要保存好。八路军走后，贾桂珍和丈夫把"密文包"藏到了炕洞里。

一天夜里，得到上级通知，说敌人要来"扫荡"，村里干部、群众马上转移。临走前，贾桂珍觉得"密文包"放在家里不安全，必须随身带着才放心。于是，她和丈夫扒开炕坯，拿出"密文包"，放在随身包袱里。敌人走后，他们回到家里，果然发现土炕被敌人刨开了。由于他们是村干部，家里成为敌人搜查的重点。

抗战胜利后，贾桂珍同村干部们一起积极参加对汉奸、恶霸的清算复仇斗争。1946年1月，她加入中国共产党。

1946年10月，国民党军队占领延庆川区，延庆共产党机关撤到山区开展游击斗争。这时，逃往外地的地主组织起的还乡团和村里土改时被群众分了土地的地主，借助国民党反动派势力，开始对村里干部、群众进行疯狂报复。贾桂珍和村干部们坚持斗争，在国民党军队"扫荡"中巧妙周旋，多次组织村干部和群众转移。

1948年2月6日（农历腊月二十七），国民党暂三军和县保警队、地主还乡团突然包围柳沟村，抓到怀有身孕的贾桂珍，把她五花大绑押到延庆，投进监狱。原来，事先有人告密，说贾桂珍是村干部、共产党员，是共产党组织中的积极分子。伪警察对她严刑拷打半个多月，让她说出党的秘密，她始终坚贞不屈。敌人转而用金钱收买她，说只要说出她知道的秘密，就可以给她很多钱，让她盖房子。敌人的阴谋终未得逞。同年2月25日，敌人把贾桂珍押到延庆城南的石河营村妫水河南岸，用麻绳把她捆到大柳树上。面对敌人的恐吓和劝降，贾桂珍大义凛然，骂道："狗杂种，要杀就杀，要剐就剐，来吧！"

残忍的敌人用刺刀对准她的肚子，连扎数刀。贾桂珍嘴里憋满鲜血，怀着对敌人的仇恨，使出浑身力气，把一口血吐到敌人脸上。敌人恼羞成怒，一连向她刺了十几刀，每次拔刀时还故意拧个圈。贾桂珍忍受着巨大疼痛，咬紧牙关，始终一声不吭。奄奄一息之际，敌人又把她的肚子挑开，在她的孩子身上刺上数刀……

贾桂珍牺牲时，年仅32岁。

为缅怀革命先烈，中共延庆县委、县人民政府于1990年4月5日，在当时的井家庄乡柳沟村白河南干渠旁，立起"贾桂珍、韩桂芝烈士纪念碑"，纪念碑正面镌刻着"巾帼英烈永世铭记"的碑文。

（赵万里）

韩桂芝：柳沟巾帼刘胡兰，舍生取义撼云天

人物小传

韩桂芝（1920—1948），女，今延庆区井庄镇艾官营人。她12岁嫁到柳沟村当童养媳；1943年被推举为柳沟村妇救会副主任；1946年10月加入中国共产党。1948年2月17日，国民党还乡团用铡刀残忍地将其人头铡下，年仅28岁的韩桂芝壮烈牺牲，成为刘胡兰式的女英雄。

1920年，韩桂芝出生于艾官营村，12岁嫁给柳沟村司文清当童养媳。

抗战时期，党组织号召根据地人民积极开展妇女解放运动。韩桂芝和村妇救会主任贾桂珍，在村党支部领导下，动员妇女参加识字班。识字班里韩桂芝结合自身经历，向妇女们讲述日伪军"烧杀抢"的暴行，宣传抗日救国思想。1943年，韩桂芝被推举为柳沟村妇救会副主任。

为支援八路军十团作战，韩桂芝和贾桂珍带领全村妇女为八路军做军鞋。做军鞋没有棉布，韩桂芝就把自己家里的棉被拿出来，拆掉后打袼褙，做军鞋。上级党组织号召男儿参军抗日，韩桂芝在识字班里大力宣传"国家兴亡，匹夫有责""为了抗日有人出人"的道理，动员妇女们送自己的丈夫、儿子去当八路军。1944年冬天，上级征兵任务下达后，韩桂芝带头动员丈夫报名参军。在她的影响下，村里涌现出很多母送子、妻送夫、姐妹送兄弟参军的动人场景，如刘玉芬送儿子魏振中当八路，张春兰送丈夫李燕田参军，等等。到1945年抗战胜利时，柳沟村先后有21人参军参政。

天有不测风云。1945年春天，韩桂芝的丈夫司文清在一次与日寇的作战中不幸牺牲。噩耗传来，干部群众十分悲痛，可她面对敌人的罪行，没有屈服，而是擦干泪水，挺起胸膛，又投入到抗日的斗争中。

在韩桂芝丈夫牺牲后不久的一天，平北军分区十团的两个连，在柳沟

北梁山头上打了一场漂亮的阻击战，消灭日伪军100多人。韩桂芝把这次阻击战看作是八路军为丈夫报仇的好机会，她和贾桂珍把年轻妇女们组织起来，积极参加村里民兵组成的担架队。战斗结束后，部队首长决定把8位轻伤员留在柳沟疗养，韩桂芝和贾桂珍带领妇女们照看伤员，她还把自己家的小米、白菜、山药和仅有的几只鸡蛋拿出来给伤员们吃。

抗日战争胜利后，韩桂芝同村干部们一起参加了对汉奸、恶霸的清算复仇斗争。1946年10月，她光荣地加入中国共产党。

1946年10月，国民党军队占领延庆川区，延庆中共党的机关和游击队撤到山区，开展游击斗争。这时，地主势力依仗国民党的撑腰，组成还乡团，开始向分房分地的农民反攻倒算，对村里干部、群众进行疯狂报复。韩桂芝和村干部们同地主进行了坚决斗争，并在国民党军队进村"扫荡"过程中与其周旋，多次组织村干部和群众安全转移。

1948年2月11日，地主还乡团领着大群国民党兵闯进柳沟村，把村里百姓驱赶到场院上。有人指认韩桂芝是共产党，是村干部，敌人就把她从人群中拉出来，让她说出还有谁是村干部，谁还在给共产党办事。敌人威胁说："如果你说出别人，就放了你，如果不说就把你带走。"韩桂芝把头一扬，一句话也不说。敌人五花大绑把韩桂芝押到延庆监狱，对她进行严刑拷问，并义正词严地说："怕死就不当干部！怕死就不给共产党办事！"敌人对她施以酷刑，每次审问都是走着去，抬着回来。

1948年2月17日，国民党伪警察将韩桂芝拉到延庆东门外广场，当着上千群众的面儿，残忍地用铡刀把她的人头铡下。年仅28岁的韩桂芝，就这样被敌人杀害了，成为刘胡兰式的女英雄。

中共延庆县委、县人民政府于1990年4月5日，在柳沟村白河南干渠旁，立起"贾桂珍、韩桂芝烈士纪念碑"，以示纪念。

（赵万里）

阎成山：上山修道忧国难，下山抗战美名传

人物小传 _____ .

阎成山（1924—2010），原名阎才，今延庆区张山营镇田宋营人。9岁患怪病，父亲把他送到松山道观，拜鲁道士为师。1941年，他参加八路军晋察冀军区平北军分区教导队，后转战坝上张北等地；1942年，在延庆上阪泉村被日伪军俘获，获刑半年。1943年秋，阎成山历尽千辛万苦，找到平北军分区司令部，重新回到部队。1944年下半年，他两次担任吸引敌人掩护部队的任务，因长时间奔跑而口吐鲜血。1945年，部队首长让他到地方养病，回到家乡田宋营务农。2010年9月在村中病逝。

在延庆人民的抗日岁月里，阎成山是个传奇人物，从害怕杀生的松山道士到手刃日寇的英勇战士，他完成了人生角色最重要的转变。

上山修道，下山抗日

阎成山原名阎才，1924年2月出生于张山营镇田宋营村。9岁那年，身患怪病，久治不愈，父亲无奈之下，将他送到村里云游的松山鲁道士为徒。阎才从此改名阎成山。在鲁道长的精心治疗下，阎成山的病情逐渐好转。此后，鲁道长跟阎成山情同父子，相依为命。师父教他识字、练习书法。成山聪明好学，一年之后，便可用小楷抄写《度人经》《南华经》《阴符经》等经书。

抗日战争期间，延庆海陀山里的南碾沟成为平北军分区司令部，日伪军经常到这一带"扫荡"，偷袭围剿八路军和游击队。阎成山和鲁道士在松山道观时，经常接待来往借宿的八路军官兵。接触过程中，他听到很多

八路军英勇抗战的故事，既深受感动，又非常钦佩，逐渐产生抗日救国的思想。1941年，在八路军平北军分区某部刘队长的鼓励下，他不再修道，挥泪跪别鲁道士，跟着八路军下山消灭"东洋妖孽"去了。

阎成山参加八路军后，被分配到平北军分区教导队。随部队下山后，经过两天的急行军，来到张家口北面一个叫汗坝的地方。部队准备从此上坝去张北县，但被土匪挡住去路。这股土匪已经被日本人收编，刘队长派人跟土匪头子交涉，说是想借道去张北抗日，但好说歹说，土匪头子就是不同意。无奈之下，刘队长决定强攻上坝。战斗打响后，初上战场的阎成山吓得浑身发抖，他躲在石头后面，嘴里不停地念叨："太上老君，西王母，三清、四御各位神仙，保佑我们打胜仗，帮助游击队除掉这些妖孽。"

刘队长带领战士们冲上山坡，跟敌人拼起刺刀。一个老兵见阎成山还在念叨，生气地向他大吼："跟我冲上去！"阎成山定神看去，只见三个敌人围住了刘队长。这一下阎成山急了，不顾一切冲上去，用枪托把一个敌人打倒在地；接着，又刺死了一个敌人。阎成山一边杀敌，一边狂吼："为除掉东洋妖孽，我开杀戒了！"

战斗结束，土匪被打败了，游击队还抓住一个日本小队长。经过做工作，这个日本人参加了反战同盟，在后来的战斗中，负责向日军喊话宣传，进行策反。

身陷囹圄，坚强不屈

不久，为巩固平北根据地，阎成山所在的教导队又回到海陀山下。这一天，阎成山和几名战友接到命令，让他们马上下山，去迎接平西根据地派来的抗日干部。阎成山和战友们穿上老百姓的衣服，身藏短枪，匆匆下山。当他们进入上阪泉村找水喝的时候，迎面碰上日伪军。交战中，阎成山等人寡不敌众，被敌人抓住，送进监狱。

1942年的延庆监狱人满为患，条件极其恶劣，每天都有被日本宪兵或伪警察活活打死的人。阎成山在延庆监狱里受尽了折磨，被打得遍体鳞伤。日本宪兵给他上老虎凳、灌辣椒水，用鞭子抽、杠子压，刑罚用尽，但阎成山一口咬定自己是松山塘子沟观里的道士，由于缺少食物才下山找粮食来的。后来，在一个同情抗战且在松山塘子沟观得到阎成山照顾的刘警官的帮助下，他被判处半年徒刑。

刑满回家后，一些亲戚、朋友劝阎成山："你大难不死，就在家里待着吧，能保住性命就挺好！"但阎成山没有因为身陷囹圄而害怕，抗日决心丝毫没有动摇，他决定找机会返回部队。

只身突围，送信解救被围群众

1943年深秋的一天晚上，阎成山乘夜深人静走出家门，去北山寻找八路军。他历尽千辛万苦，终于回到部队。

阎成山归队不久的一天早上，日伪军以数倍于我的兵力，突然攻上山来。阎成山所在部队负责掩护村里群众向山里转移。部队掩护群众刚进山，日伪军就打了过来。

第二天下午，群众和部队战士应急带来的粮食都吃完了，敌人仍然围在山下，情况危急。指导员命令阎成山到对面山上寻找兄弟部队，把敌人引开，确保群众脱险。

到对面山头需要过一道山涧。阎成山悄悄来到山涧旁边，但还是被几个日伪军发现，敌人边开枪边向他追过来。阎成山跑到悬崖上，已是无路可逃。为了不让敌人捉住，他纵身跳下悬崖。由于个子小，身子轻，下落过程中，他抓住了一根粗树枝，身子悬在了半空中。上面的敌人向崖下胡乱地开了一阵枪，以为他必死无疑，便转身离开。

阎成山抓住树枝，顺着陡峭的山崖下到山谷，跑过山涧，爬上山找到了五中队。

五中队指导员立刻率队佯攻敌人，且战且退，终于把敌人引开，被围困的群众转危为安。但是，五中队指导员身受重伤，被凶狠的敌人连扎十几刀，光荣牺牲。

拔掉玉皇庙岗楼

日伪军为了封锁平北根据地，从佛峪口至黑峪口，在延庆北山一线修筑了很多岗楼，以切断平川各区和北山根据地的联系。为了打破敌人的封锁，平北军分区首长决定拔掉北山边上的九个岗楼。阎成山和几名战士负责玉皇庙的岗楼。接到任务后，他们下山来到水口子附近，发现守水口子的竟是一伙民夫。经过打听才得知，日伪军知道八路军不伤害老百姓，故意从几个村抓来民夫，让他们看守岗楼，挡住八路军的进攻。

阎成山和战士们将计就计，换上老百姓的衣服，身藏短枪，混进民夫当中，在群众的掩护下接近敌人岗楼，突然向敌人发起攻击。敌人被突如其来的进攻搞昏了头，误以为八路军大部队攻上来，扔下武器向县城方向逃窜。阎成山和战士们拔掉了玉皇庙岗楼，缴获步枪11支，手榴弹30多枚。其他队伍也先后拔掉了佛峪口、西羊坊、小鲁庄、白草洼、古城等多处岗楼，消灭了众多敌人，打破了敌人对根据地的封锁。从此，平川各区人民支援根据地的粮食、军鞋，能更为便利地运抵根据地了。

1944年下半年，阎成山两次担任吸引敌人掩护部队的任务，由于长时间奔跑，当他把敌人甩掉以后，蹲在地上口吐鲜血。

1945年，部队首长让阎成山到地方养病，他按照组织安排，回到家中养病，长期务农。

2010年9月26日，阎成山因病去世。

（郭东亮）

董玉亭：锄奸锄霸公安员，慷慨赴死壮妫川

人物小传

董玉亭（1921—1947），原名王文礼，今延庆区沈家营镇魏家营村人。1940年参加八路军，同年9月加入中国共产党，后任昌延联合县四区公安员。1945年11月，任延庆县公安局延庆派出所所长。1947年2月1日，为掩护战友被国民党反动派抓捕。1947年5月8日，被敌人杀害，年仅26岁。

1947年5月8日一大早，敌人将一位受尽酷刑的共产党员押往延庆县城东门外行刑处决。临刑前，刽子手命令他跪下，他斩钉截铁地说："共产党员没有给敌人下跪的习惯！"接着高喊三声"中国共产党万岁"，倒在了敌人的枪口下。这位英雄的名字叫董玉亭，抗战胜利后曾任延庆县公安局延庆派出所所长。

1921年3月11日，董玉亭出生在延庆妫水河边魏家营村一个贫苦农民家庭。父亲希望他读书识字，将来有个出头之日，给他取名"文礼"。全家人节衣缩食，供他在村里私塾读书。

1937年下半年，日伪军占领延庆城，随后成立伪政府。日本人横行霸道、祸害百姓，到乡下强行拉夫、派款、征粮。董玉亭目睹了这一切，家里的生活更加雪上加霜。

1940年春天，董玉亭听说八路军来到延庆，在南山、北山开辟根据地，专门打击日伪军。听到这个消息他欣喜若狂，便把这一喜讯告诉了父亲。父亲听后，吓得赶紧捂住他的嘴，"这可不能乱说，要是让坏人听到了可了不得，全家人都会倒霉的！"他问父亲知道此事不？父亲说他也听说了。董玉亭说自己也要参加八路军，去打鬼子。父亲坚决不答应。终于

有一天，董玉亭瞒着父母，只身一人离开家，走了两天一夜大约130里的山路，来到北山五里坡抗日根据地，参加了八路军。同年9月，他加入中国共产党。

董玉亭上过私塾，比大多数八路军战士文化水平高。1940年年底，他被党组织派到平北专署公安科学习，此后，任四区公安员。在四区工作期间，他深入农村，组织发动群众，宣传党的抗日主张，发展壮大抗日力量，同时积极开展减租减息、铲除汉奸的工作。

1945年8月，日本宣布无条件投降，延庆回到人民手中。11月，董玉亭出任延庆县公安局延庆派出所所长，他带领全所干警，逐门挨户进行户籍调查，建立起全区域的户籍管理制度；认真执行党的锄奸反霸政策，对管界内的汉奸逐一登记，加强管制，在社会治安形势十分复杂的情况下，维护了延庆地区的社会稳定和人民的正常生活。

1946年10月，国民党反动派占领延庆，以土匪头子晏广斌、恶霸地主王玺亭为首的还乡团卷土重来，对土地改革后的农民大搞反攻倒算。迫于斗争形势的变化，延庆派出所撤销，随延庆县委、县政府和县公安局转入北山，坚持武装斗争。董玉亭找到公安局长张俊英，主动要求留在川区坚持斗争。同志们见他身体虚弱，都劝他随局机关转移，留下来目标太大，风险也很大，但最终没能说服他。

党组织撤离后，还乡团大肆烧杀抢掠，向贫苦农民反攻倒算，整个川区陷入白色恐怖之中。面对如此严峻的斗争形势，董玉亭没有忘记自己的职责，广泛深入到群众中，对地主恶霸、还乡团头子们的反革命罪行进行调查，及时向县委和县公安局汇报，有力配合了县委开展的对恶霸还乡团的反清算斗争，被县公安局的同行们誉为"战斗在敌人心脏中的勇士"。

董玉亭的行为触犯了敌人的利益，他们把他看作眼中钉、肉中刺，挖空心思要抓住他。

1947年2月1日，董玉亭在阜高营村开展工作，突然得到报告，说石河营伪大乡队100多人，要到杨户庄村去抓他。董玉亭听后吃了一惊，他马上想到在杨户庄村开展工作的区委书记王志英等人。事不宜迟，必须马上通知他们转移！他飞快地向杨户庄赶去，可刚一进村，就发现了先他一步到来的敌人。董玉亭非常镇定地掏出手枪，向敌人连开数枪，想用枪声示警，告诉村里的同志马上转移。枪一响，董玉亭暴露了，敌人蜂拥而上，像一群恶狼向他扑来。董玉亭一边向敌人开枪，一边向村外跑，把敌人的注意力引向自己，掩护村中战友安全转移。

敌人确认追赶的就是董玉亭后，穷追不舍。董玉亭撤到村北，越来越多的敌人向他扑来。他依仗有利地形和敌人周旋一阵后，正要转移，猛然觉得小腿一颤，中弹负伤了。敌人蜂拥而上……村里的同志们安全转移，董玉亭不幸被捕了。

次日，敌人对他进行诱降和刑讯逼供，但始终没有从董玉亭口中听到一句他们认为有用的话。敌人黔驴技穷，只好把他投入大牢。

1947年5月8日，正是延庆县城的集日。一大早，城里城外戒备森严。临近中午，敌人把戴着镣铐的董玉亭拉出大牢，押往东门外刑场。

刽子手命令董玉亭跪下。董玉亭斩钉截铁地说："共产党员没有给敌人下跪的习惯！"接着高喊三声"中国共产党万岁"，倒在了敌人的枪口下。

董玉亭的一生虽然短暂，但他为党和人民做了大量有益的工作，他是延庆人民的骄傲。为了纪念他，1985年春天，沈家营镇党委、镇政府在烈士的故乡魏家营村，竖立起董玉亭烈士纪念碑。

（赵万里）

吴永顺：大泥河徒手夺枪，西拨子火烧炮楼

人物小传

吴永顺（1911—1942），又名吴二根子，今延庆区康庄镇小丰营村人。1939年春，经人介绍参加八路军，在延庆南山大庄科一带活动，同年加入中国共产党。1940年，任昌延联合县八区助理。1941年，任九区委书记兼区长。1942年9月12日，被日伪军杀害，时年31岁。

提起康庄镇小丰营村，人们大多都知道，它是京郊远近闻名的绿色蔬菜专业村。然而，很多人都不知道，在抗战时期，这个村曾产生过一位抗日英雄——昌延联合县九区区委书记兼区长吴永顺。

1911年7月，吴永顺出生于小丰营村一个贫苦农民家庭。由于家里没有田地，他们一家人靠给地主当长工为生。17岁那年，他和马营村的姑娘孙学兰结婚，此后的家庭生活依然贫困、艰难。

1937年年初，吴永顺在妹妹的帮助下，一家3口来到张家口，以到仓库、货场、车站打短工为生。为节省支出，他和儿子住在一家条件很差的马车店里，十几个人挤一铺大炕；妻子则到察南行政厅特务头子刘振东家看孩子。刘振东是延庆县李四官庄人，吴永顺妻子在他家当保姆，吃住都在他家。

卢沟桥事变后，抗日战争全面爆发。在中国共产党的领导下，张家口铁路工人举起抗日救国的大旗，宣传抗日救国思想，发动群众参加抗战。吴永顺参加了铁路工人俱乐部的活动，参加会议，听报告、听演讲，思想受到启蒙，革命意识逐渐形成。

1937年9月，在日本侵略者的操纵下，日伪察南自治政府在张家口市上堡成立。由于吴永顺经常参加反日活动，引起特务头子刘振东的不满，他怀疑孙学兰是共产党的密探。决定辞掉孙学兰。

刘振东要撵走孙学兰，没有直说，而是耍了个花招。他说孙学兰手脚不干净，偷了他家东西。吴永顺清楚自己妻子的为人，便去找刘振东理论。刘振东蛮不讲理，仗势欺人，把吴永顺轰出门去，还扣除孙学兰3个月的工钱。为此，吴永顺跟他大闹一场。

1938年春，吴永顺回到家乡小丰营村。刘振东余怒未消，派手下特务李恒追到小丰营，同村长刘仲义密谋，到伪大乡队告吴永顺有反日行为。他们把吴永顺抓到村公所，将其痛打一顿，后因查无实据，只好放人。

吴永顺心里装满了愤怒与委屈：财主的毒辣，特务的奸诈，生活的艰辛……他想起自己在铁路工人俱乐部的经历，觉得只有跟着共产党走，才是穷人的唯一出路。

1939年春，经人介绍，吴永顺参加八路军，在延庆南山大庄科一带活动。由于工作积极，作战勇敢，他当年加入中国共产党。1940年1月，平北游击大队大队长钟辉琨和政委刘汉才率领30多名游击队员和20多名地方干部来到延庆南山一带，在霹破石村成立昌延联合县政府，建立区级政权组织，发动群众抗战，壮大抗日队伍。在新开辟的根据地里，吴永顺任八区助理。他在八区工作期间，英勇果敢，胆大心细，远近闻名。

一次，八区通信员外出送信，路过簸箕营时，伪大乡队觉得此人可疑，便把他抓到村公所，捆在房柱上审问。吴永顺得知情况后，装扮成特务，腰里掖两颗手榴弹，挎一把手枪，大模大样地来到村公所。他命令伪大乡队把通信员放了，说："我是从满洲军三十五团来的，这个人是我亲戚，我可以担保他是个好人。"

伪大乡队一看此人来头不小，赶紧把通信员放了。吴永顺凭借胆量和智慧，保护了通信员的安全。

还有一次，吴永顺从马营来到大泥河村，在街上看见北月楼柱子上拴着一匹配鞍的马，旁边还有一个端枪站岗的哨兵。他知道是日伪讨伐队到村里搜查八路军了，于是心生一计，掏出烟袋，佯装抽烟找哨兵借火。他走到哨兵跟前，突然把他按倒在地，顺手把枪夺过来，解开缰绳，骑上马飞奔而去。等哨兵把搜查的伪军喊来，吴永顺早已无影无踪。

1941年春天，吴永顺从八区调到九区，任区委书记兼区长。

到九区工作后，吴永顺发现区游击队人多枪少，就想办法解决武器不足的问题。不久，他打听到，西拨子火车站日伪据点里值班的人不多，里面存有枪支弹药。一天夜里，吴永顺带领游击队员悄悄摸进据点，打死值班的日伪军，缴获了一批军用物资，并一把火烧了岗楼。

同年秋天，根据上级党组织的要求，吴永顺到南口一带的汤易沟开辟新区。当时，汤易沟的情况十分复杂，土匪多，汉奸特务活动也十分猖獗。他非常清楚，要想顺利开展工作，必须清除这些障碍。来到新区后，他首先通过关系与土匪取得联系，通过恩威并用和深入细致的说服工作，使一些土匪改弦更张，愿意配合抗日政府工作。同时，还劝返了冯德山、冯德中、王仲、王支等日伪汉奸，使他们明里为日本人做事，暗地里为共产党、八路军办事。后来，吴永顺通过他们从昌平、南口购买棉布、棉花等物资，送到八路军十团供给处。

不久，吴永顺积劳成疾，身患肺病。1942年6月的一天，吴永顺在妻子的陪同下去南口治病。为安全起见，白天他们住在山羊洼村，晚上各骑一头毛驴，由村里两个农民护送去南口。当他们走到汤易沟的石牌坊村时，不巧撞见汉奸，被随后赶到的一队伪军俘获。

在南口日伪宪兵队监狱，敌人对吴永顺施以酷刑，问他："县政府的干部在哪儿？八路军兵工厂在哪儿？区里的共产党员都是谁？"吴永顺闭口不言。敌人见硬的不行便来软的，封官许愿，金钱诱惑。吴永顺坚决地说："我不能跟你们一样喝着百姓的血，还去欺压百姓！"敌人无计可施，于1942年9月12日，把吴永顺残忍杀害。

吴永顺牺牲时，年仅31岁。

（赵万里）

李自发：永宁攻城炸碉堡，流星骤逝亦英豪

人物小传

李自发（1924—1949），今延庆区旧县镇烧窑峪村人。1942年参加村自卫军（民兵组织），1947年参加解放军延庆县大队。1948年参加解放永宁战斗，战后任排长，并加入中国共产党。1949年年初，奉调张家口市公安局，任公安大队中队长，负责被俘国民党士兵教育工作。1949年年底，在执行训练任务时，被国民党军俘虏策划暗杀，时年25岁。他的名字刻录于察哈尔烈士陵园纪念碑上。

在旧县镇烧窑峪村，有一位热心公益事业的农民李凤君，几十年如一日不辞辛苦守护村北山上的摩崖石刻，受到媒体关注。人们不知道的是，70多年前，他的父亲李自发曾在这里同敌人进行过激烈战斗。

1924年，李自发出生在延庆北部山区烧窑峪村一个农民家庭。

1940年秋，八路军平北军分区司令部迁至地处海陀山深山区的南碾沟。此后，延庆北山一带的多数村庄，逐步建立抗日民主政权，背靠大山的烧窑峪村也不例外，并且成立了武委会和民兵自卫军。1943年，李自发参加了村里的自卫军，后来成为村自卫军的负责人。在村党支部的领导下，他们积极为八路军送粮、带路，铲除汉奸，保护群众，干了很多有益的工作。

1944年秋末的一天，大柏老村伪大乡队以米粮屯村没有给日伪送粮为借口，绑走了米粮屯的3个村民。米粮屯与烧窑峪相距仅5里，消息传到烧窑峪，李自发非常气愤，对其他自卫队员说："米粮屯的人也是咱乡亲，这事咱得管，不能让这帮汉奸骑在咱的脖子上随便拉屎尿。"

那天夜里，李自发带着几名自卫队员，抄小路跑到大柏老村公所。他

们见一间屋里亮着灯，扒窗户一看，屋里地上坐着三个捆绑手脚的人，旁边坐着一个怀里抱枪的看守。李自发带领队员一个箭步冲进屋，出其不意将看守连人带枪摁在椅子上。他们救下三个老乡，将看守绑起来，一起押到烧窑峪村，并放出话来："大乡队不再抓人，我们就可以放人。"

1946年10月，国民党军队占领延庆川区，为了保存实力，延庆县党政机关暂时撤离到山区。10月12日，他们经黄柏寺、古城、米粮屯、三里庄到达烧窑峪。到烧窑峪后，李自发组织民兵，一边为机关干部带路，一边掩护他们转移，一直把县委机关的同志护送到河北赤城县的大边村。烧窑峪民兵的作为，引起了国民党部队的注意和报复。

1947年春，一场大雨过后，李自发组织村里民兵和群众日夜抢种庄稼，每天吃住在山洞里。早上，有人醒来发现，山洞洞口已被一队国民党兵包围。敌人在洞外高喊："放下武器，缴枪不杀！"李自发带领民兵守住洞口，与敌人打起"山洞保卫战"。

战至中午，国民党兵死伤10余人，仍未攻下山洞。敌人恼羞成怒，调来火炮，炮口对准山洞一阵猛轰。一阵炮声过后，李自发被炮弹炸晕。国民党兵终于冲进山洞，把李自发和几个民兵捆上，带到永宁城，关在监狱里。十来天后，东北战事吃紧，人民解放军向沈阳、长春进发，敌人就此想出一计——把李自发等一批"共党分子"运到沈阳，为国民党部队做苦工，帮助他们修筑作战工事。不久，他们被赶上一辆火车，隆隆地向东北驰去。

一天夜里，火车半路靠站，李自发发现押送他们的人都睡着了，立刻带着人趁着夜色，溜下火车，奔波多日，回到延庆。

李自发回家后不久的一个早晨，一个民兵跑来报告说，有十几个国民党兵跑到后吕庄去抢粮。这时，李自发胸中正怀着对国民党军的一腔仇恨，一听这个消息，马上组织起二十几个民兵，冒着大雨，沿着泥泞小路，一口气赶到后吕庄。他们埋伏在路边一片高粱地里，等着敌人从村里出来。一会儿，果然有十几个国民党兵，赶着二十来个驮着粮食的牲口出现在村口。等他们走到跟前，李自发一声枪响，民兵们长短枪齐发，打得敌人死的死、伤的伤、逃的逃。几分钟的战斗，他们不但截获了敌人抢来的粮食，还缴获了5支步枪和30多颗手榴弹。

1947年秋，国民党反动派占领大片解放区，解放战争处于艰苦的防御阶段。这时的李自发，通过锻炼已经有了比较成熟的战斗经验，他动员村里民兵和自己一起参加解放军的地方武装——延庆县大队。

1948年4月23日，延庆县大队配合主力部队，参加了解放永宁城的战斗。在这次战斗中，李自发所在连的主要任务是摧毁敌人外围碉堡，为主力部队清除攻城障碍。李自发主动请缨担任爆破组组长，实施外围爆破。

这天夜里，部队到达城下，敌人照明弹亮如白昼，城外铁丝网、护城河看得一清二楚。战斗打响后，李自发和同组的另一名小战士在炮火的掩护下，每人扛起一个10公斤重的炸药包，向敌人碉堡靠近。在离碉堡不远处，同组的小战士不幸中弹牺牲。最终，李自发一人闪转腾挪靠近目标，炸毁一座碉堡，完成了上级交给的爆破任务。

永宁解放后，延庆县大队召开评功评奖大会，给李自发记大功一次，并提拔其为排长。不久，李自发加入中国共产党。

1948年12月，张家口地区全境解放。根据李自发的一贯表现，上级党组织决定，调他到张家口市公安局，任公安大队中队长，负责被俘国民党士兵教育工作。

1949年初秋，在新中国成立前夕，李自发被国民党军俘虏策划暗杀，牺牲时年仅25岁。

（赵万里）

魏存祥：炸毁坦克威力扬，隐姓埋名返家乡

人物小传

魏存祥（1925—2009），生于河北省怀来县新保安镇，后在延庆县米粮屯村落户。他自幼父母双亡，1945年5月参加八路军，次年加入中国共产党。1947年10月，在怀来防御战中，魏存祥用手榴弹炸毁国民党军三辆坦克，荣立大功，被聂荣臻司令员称为"打坦克英雄"。1947年4月，魏存祥参加正定攻坚战时，作为第一梯队攻上城墙，头部负伤，荣立二等功。1951年2月，他随部队参加抗美援朝战争，4月在第五次战役中负伤，并与部队失去联系。1955年5月转业到怀来县商业局工作，1961年迁入米粮屯村务农。2009年4月，因病辞世。他深藏功名数十年，成为"延庆的张富清"。

在中国人民解放军步兵五七九团团史室里，矗立着一尊塑像：一位骁勇的解放军战士站在敌人的坦克上，左手拽开坦克舱盖，右手高举一颗手榴弹投入坦克舱内。站在这尊塑像前，讲解员向每年入伍的新兵或参观者讲述："这位战士的原型，就是我团的前身——原晋察冀军区十二团六连六班战士魏存祥，他在1947年10月的怀来防御战中，用手榴弹炸掉国民党军三辆坦克，被聂荣臻司令员称为'打坦克英雄'。1951年4月，魏存祥同志牺牲在朝鲜战场上……"

事实上，他却是一位"不存在的烈士"，隐姓埋名30年，始终生活在我们身边，直到1983年才被老首长意外"发现"。

1925年2月，魏存祥出生于河北省怀来县新保安镇，自幼父母双亡。1945年5月，他参加八路军，成为晋察冀军区四十团的一名战士。次年加入中国共产党。1947年10月，在解放战争怀来防御战中，魏存祥（时处

2纵4旅12团）用手榴弹炸毁国民党军三辆坦克，荣立大功。1947年4月，参加正定攻坚战时作为第一梯队攻上城墙，头部负伤，荣立二等功。

1951年2月，魏存祥随部队从宁夏军垦农场入朝作战，其所在部队陆军第六十五军被编入志愿军十九兵团。魏存祥所在的五七九团入朝后，正值志愿军发动第五次战役，志愿军十九兵团为西线兵团。

1951年4月22日，按照一九三师师部的命令，五七九团协同友军强渡临津江。4月24日夜间，五七九团渡过临津江，顺势追击英军二十九旅。不想，侵朝联合国军中英军的一个加强连盘踞在大黑山一八〇高地，上级命令魏存祥所在的六连攻击该高地。魏存祥时任六连副连长。

24日拂晓，六连以隐蔽动作向敌阵地前沿接近。当六连进至距敌约200米时，被敌方发觉，并在炮兵支援下向六连阵地猛攻。连长命令魏存祥带领一排坚守高地，以火力牵制敌人，自己带领二、三排迅速向敌前沿阵地靠近。由于敌人大部分火力集中在一排设伏方向，二、三排在秘密接近敌人后突然发起冲击，一举突破敌前沿阵地。这时，敌炮兵支援部队以猛烈炮火向我控制区域进行轰炸，数发炮弹落在一排坚守的高地上。一发炮弹在魏存祥设伏附近爆炸，他的衣服多处被弹片打破，左大腿一处和腰部两处流出鲜血。他感到全身麻木，逐渐失去知觉。此时，一排也奉命发起攻击，战友们从阵地上纷纷跃起，而魏存祥和一些负伤、牺牲的战友却趴在了阵地上。

黎明时分，志愿军后勤部队和医务人员出现在高地上，魏存祥被抬进野战医疗队的病房。当他醒来时，医生告诉他身上3处负伤，腰部有两处，左大腿一处伤势严重。两天后，他被志愿军后勤部运送给养的卡车护送到设在东北的志愿军野战医院。住院期间，虽进行了3次手术，可左大腿处的弹片由于紧贴骨头，无法取出，弹片始终留在腿里，伴随他终生。

3个月后，野战医院的一位领导找到魏存祥，说组织决定让他到荣军学校疗养（新中国成立初期，国家为了让伤残军人学到一技之长，建立多所荣军学校）。医院领导为他提供了几处疗养院，其中一处是位于张家口附近沙岭子的荣军学校第二分校。他知道沙岭子离他的家乡很近，便决定到荣军学校第二分校疗养。

1953年10月，抗美援朝战争结束，步兵五七九团奉命回国。团里的战友再也没有人见过魏存祥，魏存祥也不知道部队开往何处。

早在这年春天，经人介绍，28岁的魏存祥和比他小10岁的姑娘姜淑兰在荣军学校结婚，新娘子是延庆县米粮屯村人。

1955年5月，魏存祥从部队转业到地方工作，被分配到怀来县商业局。单位领导和同事们看他腿瘸，知道他是伤残军人，但没人知道他是"打坦克英雄"的大功荣立者。

1960年，国家提倡城市人口返乡支持农业建设，减轻国家负担。魏存祥本是伤残军人，按政策可以不返乡，可他对妻子说："我没有文化，你没有工作，咱俩还是不要这个居民户口，回去当农民吧！"由于老家新保安家里没人，他和妻子一起回到延庆县米粮屯村落户，共同赡养妻子的母亲。

回到米粮屯村的魏存祥就是一名普通农民，他和社员们一起劳动，一样记工分，不同的只是民政部门每月发给他6元钱伤残补助金。20多年里，他深藏功名，村里人只知道他是一名伤残军人，没人知道他是战斗英雄。地方民政部门对他的功绩也是一无所知。

1983年夏天，魏存祥见到一位老首长，这位老首长便是他打坦克时所在团（晋察冀军区第二纵队第四旅十二团）的团长杨森。抗日战争时期，晋察冀军区四十团长期在平北地区作战，延庆地区同样是他们打击日寇的主战场，该团吸收了很多延庆籍的战士，杨森在延庆有一些老战友。

1983年春节，杨森到旧县村看望老战友、伤残军人李德祥，闲谈中得知，在怀来防御战中用手榴弹炸毁敌人三辆坦克的魏存祥没有牺牲，现在就住在米粮屯村。杨森听后十分兴奋，表示有机会一定要去看一看他。

1983年5月，杨森作为原六十五军的老军长接到部队邀请，准备参加6月7日举行的一九三师的前身红一师建师50周年纪念活动。这时，杨森想到了"打坦克英雄"魏存祥，他不仅是十二团的英雄，同时也是一九三师和六十五军的英雄，自然应在被邀请之列。

5月中旬的一天，杨森带着警卫战士和米面油等日常用品来到魏存祥家。杨森握着魏存祥的手说："小魏呀，你还活着！"魏存祥老泪纵横："杨团长，你咋来了？"杨森说："我是来接你回部队的。"他把一九三师将要举行建师50周年纪念活动并邀请他参加的事说了一遍。魏存祥为难地说："部队上的人谁还记得我呀！"杨森说："不仅我记得你，部队上一直在找你这个'打坦克英雄'。"

魏存祥从柜里翻出6枚轻易不给人看的军功章和纪念章。杨森说："这么多年你和部队失去了联系，我给你出一份证明材料，我来证明你是功臣！"他当即写了一份《关于魏存祥同志在怀来防御战斗中立大功的证明材料》。材料写道：

由于当时战场环境恶劣，战斗非常频繁，部队建制随作战需要随时转换，再加上对作战有功人员奖励手续不健全，魏存祥同志在怀来防御战中立大功一事被人遗忘了，我作为当时团里的主要领导直接参与了这次战斗的指挥。庆功会上，时任政委刘国辅给他发了一枚大功奖章，聂荣臻司令员还亲自接见了他，这都是事实……

十八天后，魏存祥收到了邀请函。他作为一九三师建师以来25位英模代表之一，参加了"红一师建军50周年"纪念活动。

离开部队30多年后，魏存祥又回到他的战友中间。活动期间，代表们参观五七九团团史室，当大家围拢到那尊解放军战士炸坦克的塑像前时，团里领导指着塑像上的战士问："魏老，您看这个战士像您吗？"他围着塑像转了一圈，说："不像，我把手榴弹塞进坦克就跑了。"

活动结束后，魏存祥回到家，把那份证明材料和六枚军功章一起锁起来，继续当农民，村里人和地方政府依然不知道他是革命功臣。

（赵万里）

孙元洪：铁骑狂飙漫夕阳，马革裹尸人皆怆

人物小传

孙元洪（1902—1939），今延庆区康庄镇马坊村人。由于家境贫困，自幼给地主当长工。1932年到大同铁路干司炉，后学会开火车。延庆沦陷后，独自驾驶火车头开往北平，后回家务农。1938年年初组建抗日自卫军，后任合并后的自卫军四连连长，并于当年秋天在耿家营重创日伪军。1939年春，带领队伍参加八路军，任晋察冀边区第一分区延怀游击支队司令。1939年秋，遭到叛徒、汉奸的暗杀，壮烈牺牲，时年37岁。

抗日初期，延庆、怀来一带曾活跃着一支抗日黑马队，行动飘忽不定，屡次打击日寇。黑马队的首领叫孙元洪，最终遭到昔日把兄弟的出卖而壮烈牺牲，令人惋惜。

1902年，孙元洪出生于延庆县康庄乡马坊村。8岁时入私塾，但因讨厌背诵八股文而辍学，给财主王瑞林家放骡子。

1916年的一天，王瑞林家丢了一匹大青骡，财主逼着孙家赔偿骡子。孙元洪的父母无力赔偿，整日长吁短叹。孙元洪见父母如此犯愁，想起两年前袁占恩"打县衙、护松山"的事儿，反抗的种子立刻生根发芽。他找到马营村的长工单成元和营城村的长工王老五等6人，在一个月黑风高的夜晚潜入马坊村，突然站在财主床前，一顿棍棒和威吓，王瑞林答应不再向孙家索赔骡子。

尽管如此，孙元洪一家还要经常给王家干活儿，忍气吞声，时常受到刁难。1932年，孙元洪带着父母和妻儿，几经周折，来到大同铁路。孙元洪当上火车司炉，时间一长，又跟司机学会了开火车。卢沟桥事变爆发时，孙元洪已经是一个出色的火车司机，专开从南口到青龙桥的火车。

1937年8月25日，南口保卫战结束，日军越过长城，察哈尔省南部十县（含延庆）相继沦入敌手。看到日本人占领了家乡，开朗直爽的孙元洪变得闷闷不乐。"叫我给日本人开车，没门儿！"他对老伙计们说。第二天，他开着火车头偷偷往北平方向驶去，日本人派飞机追赶，一路上扔下不少炸弹，却没有炸到这个火车头。孙元洪下车后回家务农，再也不干开火车的差事了。

日本人占领延庆后，实行保甲制，当地百姓备受欺凌。1938年年初，性格豪爽、为人仗义、善于结交的孙元洪联合单成元、王老五等人，在延庆川动员40多名长工组织抗日自卫军，他被推举为自卫军的首领。

抗日队伍成立后不久，孙元洪觉得力量薄弱，与高志中及其他两部分自卫军联合在一起，共有400多人。高志中为司令，下设6个连，孙元洪为四连连长。因四连大部分人骑黑马，自称为黑马队。

1938年10月的一天，孙元洪带领黑马队住在延庆城西南的耿家营村（耿家营老村，在官厅水库东的妫河岸边）。中午，他得到日伪军下午要来村里讨伐的消息，便决定利用村中的有利地形，打击一下日伪军的气焰。下午4时左右，战斗打响，队员们有的趴在房脊上，有的藏在墙头后，有的躲在胡同里，从不同角度向敌人射击。战斗非常激烈，孙元洪的队伍几度与敌人展开巷战。

战斗从下午4时一直打到晚上，虽然打退了敌人的多次进攻，但敌人的火力仍很猛烈。这时，住在佛峪口北山的八路军得知消息，便派出原伙会头目姬永泰带领队伍前来支援。姬永泰指挥果断，部队顽强，一连击退日伪军的几次冲锋。孙元洪、姬永泰两支队伍协同作战，最终打退了敌人，大大提振了延庆人民的抗战决心。

日伪军兵败耿家营，对孙元洪怀恨在心，四处打探消息，企图抓住孙元洪。可是很长时间，敌人连他的影子也没见到。为了抓到孙元洪，敌人使出一计，将黑马队另一个头目单成元的家包围，把单成元的父亲五花大绑，押着向康庄铁路日本宪兵队奔去，企图以此引出单成元和孙元洪。敌人在途经马坊村时，由于天色已晚，便到村里找饭吃。

孙元洪得知消息后焦急万分，就像自己的父亲被绑走一样，立刻骑马奔回马坊村。在村口，他遇到一位熟识的乡亲，经打探得知，7个伪警察正在村里伪保长家吃饭。孙元洪来到伪保长家门前偷眼一看，见单成元的父亲被绑在院中央的一棵树上，而伪警察正在屋里狼吞虎咽。他逮准机会蹿进屋里，手使双枪，左右开弓，结果了7名伪警察，单枪匹马把单成元的父亲救了回来。

1939年年初，由于黑马队内部出现分裂，孙元洪只好拉出队伍单干，并自任司令，王老五为参谋长。他们喊出"打富人，救穷人"的口号，经常活动在延庆、怀来两县之间，打伪警察，劫日本人的汽车。

孙元洪的黑马队虽有正气，队员作战也勇敢，但没有经过严格训练，个别队员为非作歹，队伍威望大大降低，处境艰难。这时，平西根据地的蔡平同志写信与孙元洪联系，动员他响应共产党的号召，带领队伍参加八路军。蔡平支援冀东暴动时经过延庆，了解孙部情况。1939年4月，孙元洪带领30余人来到蔚县桃花堡，投靠八路军，成为共产党领导的抗日武装。经过整训，黑马队被编入晋察冀边区第一分区延（庆）怀（柔）游击支队，孙元洪任司令，刘国梁任政委，蔡平任政治部主任，邓典龙任参谋长。

1939年8月至9月，冀热察区党委决定组建中国共产党龙（关）赤（城）工作委员会，进入海陀山区，开辟抗日根据地。为了克服人地生疏的困难，组织上决定由熟悉当地情况的孙元洪当向导，带领干部进入海陀山区，并责成他动员姬永泰的哥哥姬永明参加革命，共同开辟抗日根据地。

早在孙元洪加入八路军之初，黑马队副司令单成元就有不同意见，但怕得罪孙元洪，就把这个想法暗藏在心底。后来，单成元把他的想法告诉了在康庄铁路日本宪兵队当特务的内弟，他内弟说："这不要紧，你在那边给我通风报信儿，我安排把孙元洪杀了，你把队伍再拉出来，还怕当不了大官，发不了财？"

不久，孙元洪带领队伍向龙赤县转移，单成元把这一消息告诉给他内弟。单成元的内弟和日本宪兵队策划出一个在沿途小纸坊屯村伏击游击队、暗杀孙元洪的阴谋。对此，孙元洪一无所知，更无心理准备。他带领队伍从涿县的山南村出发，经宛平县的斋堂、镇边城一路向北开进，当到达马刨泉时，被敌人包围，游击队伤亡惨重，强行突围北上。夜间，队伍经康庄过铁路，到达小纸坊屯村，并计划在此留宿。孙元洪率领队伍来到村外，发现事先派出的侦察员没来和他联系，就派出第二批侦察员进村。很快，一个农民打扮的人出现在村口，孙元洪不知其身份，问："你是谁？"

那人说："自己人，我是来给你们站岗的。刚才，大庙里来了你们派来的侦察员，说叫孙司令前去联系。"孙元洪心里打了个转："侦察员不出来，叫我进去联系？不可能呀！"他看着这个陌生人，顿时警惕起来，说："我们再等一会儿。"

那人贼眼珠儿滴溜一转，又说："你快去大庙里看看吧，你们的侦察员正跟村里的老百姓要钱呢。"

孙元洪一听这话非常气愤，情急之下，独自一人向大庙走去。他一进院门就说："老乡们别害怕，我是孙元洪。"刚走到院中，暗藏在屋里的特务从窗户向外连开数枪，孙元洪应声倒下。

正在村外等候的队伍听见枪声，不知发生什么情况，也来不及等侦察员回来汇报，一齐冲进村里，可他们没有找到孙元洪。

孙元洪身负重伤后，从大庙里冲出来，钻进了村边的高粱地，后因伤势过重牺牲。孙洪元牺牲后，他的尸体被敌人找到，后被抬到康庄铁路日本宪兵队。敌人残忍地割下他的头颅，挂在康庄大街示众。3天后，游击队和平北工委才得知孙元洪牺牲的消息。

（赵万里　周诠）

温克明：砸旗产一马当先，抗倭寇花甲殉难

人物小传

温克明（1884—1943），今延庆区井庄镇柳沟村人。1932年，温克明率领民众发动"砸旗产"斗争。1933年，柳沟村伙会和联合附近各村伙会的联庄会先后成立，温克明被推举为首领。1939年参加革命。1940年加入中国共产党。1941年3月，温克明参加昌延联合县第一届参议会，被选为县议会议长；1942年，他说服伪延庆县自卫团团长张华亭反正，走上抗日道路；1943年4月，到石佛寺镇压汉奸后被俘，5月底惨遭杀害，时年59岁。

抗战期间，柳沟村英雄辈出，其中影响最大、贡献最大的当数昌延联合县第一届参议会议长温克明了，他也是平北抗日统一战线的先驱。

1884年，温克明出生于柳沟村一个贫苦的农民家庭，兄弟四人，父母早逝，三个哥哥以给人当长工为生。温克明在村里乡亲们的接济下长大成人，后因生活所迫，去当兵吃粮，参加军阀混战。1926年8月，温克明退伍还乡，多年的军旅生涯磨炼出他直率豪爽、不畏权势的性格，村里人都十分敬重他。

1932年11月，阎锡山控制北方，许大牙旅驻防延庆，设立"旗产处"，规定农户每耕种一亩"旗产"地，要向官府交七块至八块大洋的捐税，凡有抗拒者，便抓捕入狱。农民负担沉重，敢怒不敢言。柳沟村旗地最多，这一年又逢天旱歉收，很多交不起捐税的村里人和外村人都来找温克明想办法。温克明和大家协商后决定：凡是种旗田的农户，每户出一个人，由他牵头，去找官府要求减负。农历十二月二十三那天，温克明带领2000多名手持铁锹、锄头的农民，浩浩荡荡拥进延庆城，找县长说理。县长推卸责任，激起民愤，众人砸了"旗产处"办公室，捆绑贪官30多人，向官府

提出"以人换人，减负放人"的要求。

温克明带人砸"旗产处"的消息不胫而走，成为当时的重要事件，从此，温克明成为延庆地区颇有声望和影响力的人物。

1933年1月，日军占领山海关，并向长城一线进犯，延庆地区被划为"非武装区"，不许中国军队驻防。自此，日伪警察、土匪势力肆意横行，民不聊生。为保卫家乡，许多村庄自行组织伙会、联庄会等群众组织，自发地与土匪和亲日势力展开斗争。这时，柳沟村也成立了伙会，温克明被推举为头目。后来，在温克明的倡议下，各村伙会联合起来，成立联庄会，温克明又被大家推举为联庄会首领。

联庄会成立后缺乏武器，他们自造长矛、大刀，还造出了60多支火枪。乡亲们依靠联庄会跟敌人斗争，保护村民安全，维护村民利益。

1937年8月，日军占领延庆，成立伪县政府，延庆广大农村成立乡公所，实行保甲制。温克明看到日伪势力不断侵占自己的家园，心急如焚，决心动员群众，组织武装，跟敌人抗争。他号召村里的富户和村民们捐款，派人到外地购买武器（数支步枪和两挺轻机枪），大大增强了联庄会的实力。

1938年春天，八路军第四纵队挺进冀东，在康庄越过平绥铁路后，邓华支队派出联络员戴焕章到柳沟村拜访温克明。戴焕章见温克明是一个有正义感和民族气节的人，便向他讲述共产党的抗日主张，温克明觉得共产党的主张很符合自己的心思，便决定跟着共产党走抗日救国的道路。不久，邓华率队途经延庆，温克明特意请他到柳沟村给乡亲们讲话，宣传抗日救国的道理，扩大共产党、八路军的影响。

同年10月，党组织派刘国梁、张书彦、史克宁等人在昌延地区的"后七村"发动群众，建立抗日救国会，秘密发展党员，开展游击斗争。温克明得到消息后，翻山越岭来到"后七村"，找到刘国梁，表示要参加抗日斗争，并汇报了他同戴焕章联系的情况。刘国梁弄清温克明的情况后，说目前部队缺少武器，希望他能帮助搞一些枪支弹药。温克明二话没说，回村后派人将联庄会里的两挺轻机枪送到"后七村"。刘国梁收到武器后给联庄会打了收条，并对温克明的义举给予赞扬。年底，温克明又亲手献出14支步枪，史克宁亲自拜访温克明，从此二人成为要好的朋友。

1940年年初，昌延联合县派史克宁到马场一带（二道河村附近）开展工作，他经常到柳沟找温克明了解情况，谈抗日工作。此后不久，他们在南堡街韩家院赌场秘密建立抗日救国会，向群众宣传共产党抗日战争、统一战线和联系群众的主张，建立小片根据地，支援抗战。

一次，八路军在柳沟城附近筹集到3500斤公粮（小米），准备送到南山"后七村"根据地。史克宁怕目标大，被敌人发现，便让温克明派人连夜送走。他二话没说，组织群众驴驮人背，一夜往返山路60余华里，将公粮全部送到沙塘沟，解决了驻昌延联合县八路军的急需。

柳沟距离县城20多华里，却成了抗日堡垒村，八路军和县政府的干部遇到日伪军"扫荡"，便到柳沟村暂避。驻在柳沟据点的伪警备队受温克明的影响，也表示同情抗日，多次暗中给予帮助。

1940年，经史克宁、刘景礼介绍，温克明加入中国共产党。1941年3月，他参加昌延联合县在景儿沟村召开的第一届县参议会，被选为县议会议长，坚持抗战、跟党走的决心更加坚定。温克明入党后，积极为党工作，还利用个人影响，配合党组织开展统战工作，成为平北抗日统一战线上的先驱人物。

温克明在当年"砸旗产"的时候，同后吕庄村的张华亭成为朋友。1942年，张华亭在伪延庆县自卫团当团长。一天，温克明找到张华亭，要他弃暗投明，参加抗战。经过温克明的说服，张华亭带领部队反正，参加了由共产党领导的抗战武装。张华亭参加革命后，任平北游击支队七中队队长，在收编土匪、战场杀敌方面屡屡建功，逐步成为一名立场坚定的八路军战士。

1943年，八路军十团在太子沟战斗中消灭伪满洲军一个营，活捉了罪大恶极的伪满洲军营长赵海臣。为了震慑敌人，昌延联合县政府决定在马场川莲花滩召开军民公审大会，对赵海臣执行枪决。公审大会前，为保证安全，温克明通过邢氏兄弟（一个是伪县政府官员，一个是昌延联合县议员）了解敌人活动情况。可巧，当天夜里，敌人在县城调集800多日伪军，于拂晓前包围了莲花滩，专等大会召开时，将与会人员一网打尽。邢氏兄弟得知消息后，冒着生命危险将消息传递给温克明，使抗日政府和游击队得以及时转移，避免了一次重大损失。

1943年4月，温克明和区委秘书张体芳去石佛寺镇压一名为非作歹的汉奸，一直工作到午夜。因天色已晚，二人露宿在村边场院的窝棚里。第二天凌晨，他们忽然被一阵汽车马达声惊醒，随后从车上跳下40余个全副武装的日伪军，包围了他们住的窝棚。温克明预感情况不妙，对张体芳说："你年轻，跑得快，你快跑，我掩护！"在温克明的掩护下，张体芳从后窗逃跑。温克明在窝棚里与敌人对射，在打完最后一颗子弹后，被敌人俘获，押送到南口伪保安警察署监狱。

温克明被捕后，伪警察队副队长孙森、日军中尉山本对他威逼利诱、软硬兼施，在一切劝降、利诱、封官许愿的手段失败后，又对其进行严刑拷打和非人的折磨，但是，温克明始终只有一句话："劝我投降当汉奸，你们看错人了！"

1943年5月31日，伪警察在软硬手段使尽之后，将温克明残忍杀害。为了中国人民的解放事业，温克明献出了自己宝贵的生命，时年59岁。

（赵万里）

杜春林：白皮红心伪甲长，耄耋之年入了党

人物小传

杜春林（1904—1991），今延庆区大庄科乡小庄科村人。幼时读过私塾，粗通文墨。稍长到张家口做生意，后回家乡以种田为生。抗日战争时期出任伪甲长，利用自己的特殊身份和善辩口才，从日伪手中救出地方干部和百姓190余人。新中国成立后，他在永宁供销社工作，20世纪60年代退休。1989年，85岁的杜春林如愿加入中国共产党。1991年因病去世。

在延庆的抗日队伍中，有一位"隐蔽战线"的战士，他利用日伪甲长的身份，暗地里为八路军做事，救助八路军伤员和危难中的乡亲们。这个人就是杜春林。

为了村民当甲长

1904年，杜春林出生于延庆小庄科村。小时候，他读过私塾，识文断字；成年后到张家口做买卖，见过世面，能说会道。后来回到家乡，靠耕种祖辈留下的几十亩薄田为生。他办事公道，仗义执言，村民遇到麻烦事爱找他讨主意。

1937年春天，大庄科发生砸"局子"事件。小庄科村地主曹腾甲带领附近村民49人，捣毁了日本人设在大庄科的伪警察分驻所，打死十几个伪警察。伪满洲军三十五团二营开进大庄科缉拿凶犯，村里百姓跑到山里躲避。

担惊受怕的乡亲们在山里待了十几天，不敢回家。眼看种地的时节到

了，老躲在山里也不是办法，大家找到杜春林，让他拿主意。杜春林说，唯一的办法就是回村里看看，根据情况再做打算。但是谁也不敢回去。杜春林决定冒险走一遭，于是带着一个小青年往村里走去。杜春林二人刚一进村，就碰到一队伪军，把他们带到曹家大院——三十五团二营的临时营部。一问一答间，杜春林尽显从容。

一个操着东北口音的军官。上上下下打量一番杜春林，"看你能说会道的，你就当甲长吧。以后有什么公事，你给办办就行了。去把老百姓都叫回来吧。"

杜春林感到意外，又不好推托，就这样当上了甲长。

伪满洲国军二营进驻大庄科，砸"局子"的人都跑到梁北的南张庄，那里是察哈尔省的地界，伪满洲国军没有越界去追，只是悬赏捉拿曹腾甲父子及其他一些起事者。这些悬赏被拿的人中，有一个叫王达山的，是龙泉峪村人，并没有参加砸"局子"的行动，只是在第二天上山打柴，路上遇到从大庄科逃出来的伪警察王志贤，用柴刀将其砍死。这件事不知怎么传到伪满洲国军的耳朵里，他也被通缉了。

一天夜里，王达山悄悄走进杜春林家里。

"杜大哥，你得救救我。"王达山把事情经过说了一遍。

杜春林知道那个王志贤作恶多端，死有余辜。他默默地点点头，想了一个主意。

第二天，杜春林带着王达山去四海警察署"投案"。杜春林对伪署长说："王达山是个老实农民，没有参加曹腾甲他们的事。要不为什么不去找曹腾甲而是来你这里自首呢。"

"你敢保王达山没事？"

"敢保。"杜春林斩钉截铁地说，"我是甲长。有事拿我是问。"他又凑近署长小声说："我刚当甲长，就这么点事儿都办不了，老百姓今后咋听我的？今天你署长给我个面子，老百姓见你支持我，今后不就好办事了。"

伪警察署长听杜春林说得有道理，就把王达山放了。

暗度陈仓送公粮

1938年5月，八路军第四纵队支援冀东暴动时路过大庄科，留下几十个人在当地打游击。游击队把各村甲长集中到沙塘沟培训，给他们讲抗日救国的道理。接受培训的杜春林深受鼓舞，坚定了跟着共产党抗日救国的决心，成了"白皮红心"的杜甲长。

1939年冬天，日本人催要公粮，八路军也急需粮食，杜春林左右为难。有限的公粮无论如何不能落到日本人手里，他大胆地想出一个两全的办法。白天，他满街吆喝让老百姓把公粮送到村公所，煞有介事地宣扬，这些公粮明天要送到四海，交到日伪粮库。晚上，他秘密通知八路军，告诉他们明天送粮要走的路线。第二天，杜春林亲自押着牲口驮子，驮着公粮向四海进发。走到半路，八路军游击队突然出现，把公粮"劫"走了。杜春林跑到四海伪警署，对着署长大哭大喊，说公粮被劫了，让警察署赶紧派人把公粮抢回来。

"杜甲长，你别哭了，回去再收一份不就行了。"警察署长说。

"乡亲们把粮食都交了，现在连吃的都没有，再收也收不上来呀！你警察署是维持治安的，公粮被劫了你也不管？！简直没王法了。"杜春林又哭又闹，弄得署长没办法，反过来劝杜春林，左说右说，才把他劝走。

铁嘴钢牙救乡亲

1940年春天，日本人修建四海到大庄科的公路。

秋天，永宁到大庄科的公路修建完毕，日本人不让民工回家，又把他们赶到四海去修东北口到琉璃庙的公路。这次修路离家更远，仍然不发工钱，傅祥云等12个大庄科民工从工地上跑回家，不料有人告密，又被捉回工地。

日本工头为了恫吓其他民工，栽赃这12个人是八路军，并把他们捆起来送往杨树底下警察署，对他们严刑拷打，让他们承认是八路军。杜春林听到消息后，立刻赶往杨树底下保人。

"他们都是我们甲的大大的良民。"杜春林说。

"那他们为什么逃跑？"伪署署长问。

"他们开春出来修路，半年多没回家了，冬天快到了，他们还穿着单衣，回家取几件衣裳不成吗？冻着哪还能干活？"杜春林理直气壮，令伪署署长哑口无言，只好放人。

1940年9月的一天，天刚蒙蒙亮，霹破石村被伪满洲国军围了个水泄不通。杨德荣、王怀宽等8个村民被伪满洲国军五花大绑，押往永宁大牢。事情的起因是，半个月前，昌延联合县委书记徐智甫和县长胡瑛在窑湾被日伪军杀害，敌人从胡县长随身带的笔记本中发现，8位村民家中存放过八路军的枪支弹药。杜春林听说乡亲们被捕，立刻赶往永宁搭救。在三十五团团部，他见到主持审问村民的伪军官。

"那些人都是种地的，我敢保他们跟八路没有关系。"杜春林说。

"杜甲长，不是我驳你面子，私通八路非同小可，这次你可保不了。"伪军官一脸阴沉。

后来，按照杜春林的建议，徐智甫、胡瑛的照片8位村民如实指认，令伪军官大为放松。

杜春林趁机说："你看见了吧，他们都是老实巴交的农民，八路军要是把东西放在他们家，他们敢不给看着？再说，八路军那么缺枪，他们的枪也只有存在老百姓家里，才不会生锈。"杜春林见长官不像先前那么凶了，又说："他们都是什么也不懂的老百姓，长官别跟他们一般见识！"

伪满洲国军三十五团团长是锦州人阎冲，他的儿子和三弟在北平上学，从永宁到康庄火车站的路上曾经被游击队俘虏，杜春林出面斡旋，把爷俩从游击队那儿要了回来。王团副知道杜春林与阎冲团长有交情，乐得做个顺水人情，就让杜春林把8个人领回去了。

从1937年到1942年，杜春林当了6年甲长，他心怀村中乡亲，凭借着好口才，先后从日伪军手中救回地方干部和百姓190余人。为此，人们送给他一个绰号——"铁嘴钢牙"。

劫后余生见曙光

杜春林的活动引起了日本人的注意。1941年冬季的一天，日本人把他捆走，押往大阁日本宪兵队。过堂时，宪兵队长亲自审问他，想找到他私通八路的破绽。杜春林镇定自若，有问必答，把给八路送信、听八路军讲课、搭救阎冲家人的事——道来，把主观想法和客观事实说得滴水不漏。日本人见他说的都是大实话，关了他9天，把他放了。

1942年，伪满洲军三十五团奉命换防。团长阎冲临走时提醒杜春林，时局要起变化，日本人还想对他下手，让他出去躲一躲。杜春林接受阎冲建议，离开大庄科，逃到张家口做生意去了。

新中国成立后，杜春林回到延庆，在永宁供销社工作，20世纪60年代中期退休。在政治运动中，上级多次对他的历史进行审查，没发现任何问题。他从日伪手里救出190多人的事迹，在当地传为美谈。

抗战期间，杜春林曾向党组织提出过入党的请求，当时得到的答复是：不入党更有利于工作。新中国成立后，他再次申请入党，但始终没有如愿。

改革开放后，杜春林以80岁高龄再次提交入党申请。1989年，他终于如愿以偿，光荣地加入中国共产党。七一前夕，他由两个年轻人搀扶着，走进大庄科乡庆祝七一大会会场，站在党旗前，举起右手，庄严宣誓。那年他85岁。

（石中元　周诠）

高万红：带头撑起半边天，支前生产双模范

人物小传

　　高万红（1917—1995），今延庆区大庄科乡沙门村人。1940年担任村妇女主任。1943年获得支前模范称号。1944年加入中国共产党。1950年8月被评为察哈尔省劳动模范和全国劳动模范。1951年10月，参加在北京召开的全国劳动模范代表大会，受到毛泽东、周恩来等党和国家领导人的接见。1953年10月，参加中国人民赴朝慰问团，赴朝鲜慰问志愿军。1950年、1954年、1958年，连续3次当选为延庆县妇女联合会委员；1962年当选为延庆县妇女联合会常务委员、市妇代会代表。1960年、1963年，当选北京市第四、第五届人民代表大会代表。1953年至1956年，任延庆县慈母川乡乡长。1995年，在家中病逝，享年78岁。

　　在革命战争年代，延庆县大庄科乡沙门村曾出现过一位女英雄：抗战时期，她是村妇救会主任和支前模范；解放战争时期，她组织群众开展生产自救度过灾年，被评为察哈尔省和全国劳动模范；1951年10月，她受到毛泽东主席、周恩来总理的亲切接见。她的名字叫高万红。

　　1917年，高万红出生于大庄科乡沙门村，父母都是老实巴交的庄稼人，靠种地和给富人扛活为生。因家境贫困，高万红9岁嫁到董家沟村做童养媳。

　　1937年7月，卢沟桥事变爆发，日本侵略者占领了高万红的家乡，到处烧杀掳掠，残害无辜。特殊的生活环境和天生的反抗精神，使当时年仅20岁的高万红立下誓言，有朝一日参加革命，与日伪的残酷暴行做斗争，做一个对人民和国家有用的人。

　　1938年春，为支援冀东暴动，开辟平北抗日根据地，八路军第四纵队

开赴平北。看着抗日队伍从家门口经过，高万红万分激动，并参与到为八路军送水的行列当中。这是她第一次看到抗日队伍，第一次听说八路军这个名字。从这天起，"八路军"三个字被高万红牢牢记在心里。

1940年1月5日，八路军再次开赴大庄科地区，在霹破石村成立昌延联合县。

高万红听说这个消息后，心情非常激动，义无反顾地担负起了村妇女主任的工作，带领全村妇女为八路军做军鞋、军袜，缝子弹带，并冒着生命危险担负起保护伤员、为八路军送信的任务，以实际行动参与到抗日活动当中。1943年，高万红获得支前模范称号，并于次年光荣加入中国共产党。

由于昌延联合县敌工部设在董家沟村，这里也成为日伪"扫荡"的重点地区。一次，敌人来"扫荡"时，正赶上敌工部的任民科长打摆子发高烧，为了保护任民的安全，高万红和乡亲们冒着危险，用担架把任民转移到北山上藏起来，并担负起为任民送饭的任务。

解放战争期间，延庆地区连年闹灾，群众生活困难。1949年3月，人民政府号召各级领导组织群众生产度荒。高万红作为共产党员，积极响应政府号召，不顾家庭困难，带领群众开荒造田，进行生产自救。她发动全村群众投入生产劳动，10天内种植大田420亩，组织全村大拨工打井4眼，种白薯138亩、花生30亩。同时，联系8名妇女组成拨工组，创建了当时延庆县第一个农业互助组。除组员自家的农具和牲畜外，还购置8件公共农具和6头耕牛。在农业生产上注重提供耕作技术，使土质薄的沙石地，亩产比单干时多10多公斤。高万红还兼营副业，组织男劳力外出，增加组内收入；农忙时，组织妇女成立抱娃娃组，解决劳动家庭的后顾之忧；采取评工找平的办法，合理使用劳动力。

高万红的出色表现，引起了上级关注。1950年8月20日，高万红被评为察哈尔省劳动模范；同月29日，被评为全国劳动模范。1951年10月，高万红作为全国劳模代表，参加了在北京召开的全国劳动模范代表大会，受到毛泽东主席、周恩来总理等党和国家领导人的亲切接见。12月3日，高万红出席察哈尔省劳模表彰大会，并在会上做典型发言。1953年10月，高万红以全国劳动模范的身份，参加了中国人民赴朝慰问团，赴朝鲜慰问志愿军，归来后为永宁学校师生做赴朝报告。

在赴朝慰问期间，发生了一件鲜为人知的故事。

当时，负责接待慰问团的同志中有一位陕西籍战士。高万红作为一位经历过战争并有着深深爱国情怀的母亲，对这位远离家乡和亲人的战士格外关注。当她得知这位战士尚未成家时，主动提出把自己女儿嫁给他，并与这位战士建立起书信联系。抗美援朝结束后，在高万红的撮合下，最终使这位年轻人跟她的女儿结为秦晋之好。

作为延庆女性的杰出代表，高万红把毕生精力献给了党的事业，为党做了大量工作，也得到了充分肯定和大量荣誉。

"四清"运动中，高万红受到错误处理，回乡务农。尽管受到不公正待遇，但她始终没有改变对党的忠诚，始终以饱满的热情参与家乡建设。1978年8月落实政策后，高万红正式退休。

1995年，高万红病逝，享年78岁。

（杨东旭）

第五辑

革命故事

砸"局子"

在延庆大庄科地区，广泛流传着一个砸"局子"的故事，它是延庆人民自发组织的第一次对日伪势力的抗争行动，反映出老区人民不甘受辱、敢于斗争的坚定决心和顽强意志。

九一八事变后，日本侵略者占领东三省，1933年又占领热河。同年，国民党政府与日本侵略军签订《塘沽协定》，规定察哈尔东部为非军事区，不久国民党伪军换穿黑衣，成为维持地方治安的警察。一年后，伪满洲国在河北滦平设立县府，把延庆县东部和东南部的四海、珍珠泉、大庄科划归其辖区。1936年，日本人在四海设立第五国防警察分署，并在大庄科设立分驻所，老百姓管这个分驻所叫"局子"。

大庄科局子设在大庄科村，官衙安在地主沈富的四合院内，坐北朝南，十分宽敞。衙内有警长1人，警察12人。警长姓王，是密云有名的"白花"。他吃喝嫖赌，爱抽大烟，面黄肌瘦，手无缚鸡之力；两个腮帮子内凹，看不见一点肉；一嘴牙参差不齐，被大烟熏得焦黄。为显示风光，他在两个门牙上包了金，一张嘴黄牙毕露，满脸杀气，甚是吓人。这小子尖嘴猴腮，活像一个猴子，人们背地里就叫他"王小猴"。由于警长不务正业，12个伪警察也是上行下效，个个喜欢抽大烟，寻花问柳。这帮无赖仰仗日本人的势力，在大庄科地区横行霸道，胡作非为，百姓们对他们恨之入骨。

小庄科是大庄科局子所辖范围内的一个村庄，村里有一个叫曹腾甲的地主，除了经营10余顷良田，还常带着儿子外出跑买卖。曹家父子急人所难，常把乡亲们急需的东西无偿散发给乡邻，很是受人尊敬。日伪军来了，曹家因是富户，经常被勒索；出外做买卖，不是盘查，就是吃拿卡要，早就对日伪军憋了一口气。曹腾甲父子经常在外，庄子上的事就靠儿媳妇支应。长工董学升在庄上做活，媳妇给长工们做饭，没事就跟少奶奶做伴。

1937年4月的一天上午，"王小猴"领着伪警察段三儿来到小庄科曹家。这时，长工们都下地干活去了，掌柜父子都不在，家里只有两个女人，"王小猴"走进屋里，贼溜溜的眼珠子在厅里转了一圈，假惺惺地问道："掌柜的在家吗？"

少奶奶连忙从炕上下来，边收拾边说："老少掌柜都在大庄科，有事你们到那里去找。"

听了少奶奶的话，段三儿说："这是王警长。我们从大庄科过来，没别的事，到你们这里喝口水、歇歇脚。"说着，两个伪警察也不客气，一屁股坐在椅子上，四只贼眼不住地在少奶奶身上乱转。少奶奶赶紧叫董学升家的烧水。不一会儿，董学升媳妇提了一壶开水进来，给两个警察冲上茶，侍立在旁。这俩小子本性无赖，见家里只有两个女人，逐渐放肆开来。

"你们两个这么好看，在家闲着不寂寞吗？"

"学升家的这对奶子够大的。"

一听此话，两个女人羞红了脸，手足无措，敢怒不敢言，只得推说给长工们做饭，躲到伙房去了。过了一会儿，长工们陆续从地里回来，两个警察见此情形，只好没趣地走了。

4月下旬的一天，他们又大摇大摆地走进曹家大院。这天活该出事，长工都不在家，掌柜的也都出了门。二人进屋后，见只有两个女人在家，立刻眉飞色舞，淫心荡漾——"王小猴"拉住董学升媳妇，上了卧房；段三儿拽住了少奶奶，直扑大炕。两个女人拼死挣扎，终是声哑衣破，身遭凌辱。

晚上，董家媳妇抽抽泣泣将这事儿告诉了丈夫，董学升听后怒火冲天，可一思量，自己势单力孤，惹不起局子的人，于是想起去5里地外的里长沟村，跟把兄弟赵起商量一下。赵起是能耐人，会木匠手艺，被局子里拉去干了20多天活儿，一个工钱都没给，也正在生闷气。听了把兄弟的遭遇，赵起更是怒火中烧。"砸了它！"他放出狠话。

但是，两个人明白：想报此仇，必须联络更多的人，而要联络多人，实现报仇计划，一定要让曹腾甲知道真相，让他出枪出力。

第三天，掌柜曹腾甲回来了，董学升跑去告诉他："少奶奶被人糟蹋了。"

"谁敢？"

"王小猴！"

曹腾甲腾地就火了，他本就不是好惹的主儿，哪里容得一个小小的警长欺负到他头上。

"你去找些人，咱们把这个局子砸了！"曹腾甲说。

"人好找，只是没枪，怕不好办。"董学升说。

"你找人吧，我有几条枪。"曹腾甲为看家护院早就买了枪，这回派上了用场。

董学升有了曹腾甲的支持，到附近各村联络了40多个人，连同曹家爷儿俩，共49个人。曹家为防身备有8条枪，全部拿出来，归会使枪的村民们用。很快，一个砸"局子"的方案制订出来。

大庄科村坐落在昌平与延庆交界的一个四面环山的洼洼里，全村80多户，伪警署坐落在村子东南。警署院内共有两排房子，前排办公，后排住宿，四周有墙围挡。

1937年5月1日，明月西垂，万籁俱寂，山村在漆黑中像熟睡的婴儿没有一丝声响。按照事先部署，由董学升他们联络的40多个砸"局子"的人，齐集曹家门前，按照计划分成3组，每组配两个有用枪经验的人，持有步枪2把，作为骨干；无枪者握有大刀镐头斧子等利器。之后，兵分三路，一路绕道大庄科村南河套，由南靠近目标，另两路分别由东西向局子挺进。

根据事先与民团的约定，只要曹员外的人一到，民团就给打开大门。夜里10时40分，人们聚集在局子四周。董学升带人直取正门。这天，民团站岗的是沈地主的儿子，这小子眼尖，黑暗中一下就看见局子外暗处有人，大惊之下撒腿就跑。董学升喊了两声也没停下，抬手就是一枪，那小子应声而倒。枪声打破了山村的寂静，也惊醒了局子里的人。不等"王小猴"吩咐，伪警们纷纷向门外黑暗处打枪，大门内外你打我射，枪声啾啾，相互间僵持不下。趁此机会，二组的赵起和马成俊从房后蹬梯上房，用镐头在房上刨了个大窟窿，向内喊话，迫其投降。伪警察仗着枪多人众，不听召唤，顺着窟窿往外射击，房上人无可奈何。在这两难时刻，不知谁高呼一声："点了他！"

这一声提醒了大家。局子四周都是民房，村民为生活方便，房前屋后都堆放着从山上弄来的柴火。围攻者七手八脚地将附近的干柴搬到局子周围，擦火点燃。干柴遇烈火，烈火借风势，霎时间火光冲天，"噼啪"作响，火苗蹿上了正房，遽尔向四周蔓延，整个局子成了一片火海。蜷缩在屋子里的警察们有的死在里边，有的受不了熏烤往外跑，可一露头，就被瞄准射击，成了枪下鬼。"王小猴"和两个伪警察趴在外屋灶坑那儿，见外边人多势大，又烧了房，觉得缩在屋里断无生还之理，只有一走了之，才是上策。于是，三人逮住机会，登上院墙跳下，趁乱向西南方向逃去。火光中，三人的行踪被曹腾甲看见。仇人相见，分外眼红，他立刻带领几个兄弟追赶。刚刚跑出一里地，来到瞪眼坡，一上坡岗，两颗子弹就飞进了伪警察的脑袋，把这无恶不作的家伙送进了地狱。

局子里有一个伪警察，这天住在村里一个姘头家，躲过一劫。俗话说："躲过了初一，躲不过十五。"他平时也是无恶不作，听到枪响就往村外跑，天亮时分，跑到8里地外的龙泉峪，遇上上山砍柴的王达山。王达山粗壮勇武，知道局子里的家伙都被收拾了，此时见到一身狼狈的匪警，豪气顿生，挥起板斧，结束了歹人的狗命。

一夜间，大庄科局子房被烧了，警察被打死了，逞恶一时的日伪政权灰飞烟灭。砸"局子"是全面抗战爆发以前，延庆人民自发组织的一次抗日斗争行动，消息传遍四里八村，乡亲们拍手称快。

第二年秋天，平北八路军进入大庄科地区，宣传抗日救国思想，组建抗日游击队，砸"局子"的人大部分参加了游击队，走上武装抗日的道路。

（徐红年　孙思升）

吴镇长挺身救乡亲

永宁古城在延庆地区家喻户晓，也是延庆地区商贸文化重镇。抗日战争时期，这里发生过一件令人惊心的事情，简单说就是——日寇凶残逼妇孺，老镇长不避生死救乡亲。

1938年，永宁城进来许多日伪军，他们每天到四乡八村"扫荡"，不是征粮就是征夫，老百姓如在刀尖上过日子。为了有效组织征粮征夫，日本人扶植傀儡政权，在永宁成立镇公所，设立镇长，为其服务。当时的镇长是吴玉良，永宁本地人，年龄在40岁上下，很热心，把老百姓的事当作大事。凡有事找他的，他都尽力去办，尽量让乡亲满意而归，深得拥戴。

1938年6月，八路军第四纵队挺进冀东，途径平北地区。其中，四纵政委邓华率第十一支队来到永宁城，以迅雷不及掩耳之势，端掉驻扎在永宁城的日伪军的老窝，并攻占刘斌堡、香营等周边村庄及其鬼子据点。日伪军四海据点的鬼子怀疑，永宁镇的陷落是有人向八路军透露了情报。四纵撤走后，驻四海的日伪军进驻永宁，决定对永宁城的老百姓兴师问罪。一场屠杀在所难免，永宁城笼罩在一片阴霾中。

6月26日早晨，天阴气热，城内四街鸡鸣狗吠，儿哭母喊，百姓都被从家里赶出来。男男女女在刺刀的威逼下簇拥着走向城北伪警察局门前的广场。永宁城西关的老中医杜廷高，年届六旬，为人热诚，一片菩萨心肠，出诊归来见此形势，很是慌张，正欲寻镇长，恰好遇到了吴玉良。杜廷高忙向镇长招手，急切地说："鬼子来了，全副武装，开着车，架着机枪，四个城门也都堵死了；把人都聚到警察局去了，估计要出大事，你快想办法。"吴玉良平静地说："你先躲起来，我去警察局看看再说。"两人说罢分手，刚拐过胡同，就都遇到驱赶百姓的鬼子。鬼子不由分说，将他们赶入人群。

不一会儿，杜廷高和吴玉良随着人流来到伪警察局门前的大广场。他们抬眼一看，发现四街的百姓都在，连南门外的人也被赶了来，小学校的孩子们排着队，战战兢兢，小脸吓得煞白，站在广场边上。伪警察局坐北朝南，门前摆着几把椅子，坐着日伪军的头头，两边站着端着枪的日本兵。几辆大卡车上站着荷枪实弹的士兵。400多学生和六七百老百姓被围在中间，四周还有8个机枪手，俯身据地，持枪预备。这时，天空阴郁，彤云密布，整个广场鸦雀无声，一片肃杀。

9时40分，鬼子军官和中国翻译官来到台前。军官留着胡子，撅撅上挺，一脸严肃。他用力将文明棍戳在台阶的大石条上，梆梆直响。眼睛横眉倒立，杀气腾腾，嘴里叽里咕噜地说着，说到激愤的时候，用文明棍还在空中乱挥，怒哼哼地瞪着人群。翻译官是中国人，翻译道："这次八路偷袭永宁，为什么这么顺利，为什么皇军损失这么大，一定是你们这群人里面有人私通八路。谁私通八路，谁就是大日本帝国的罪人，赶紧站出来！如果不站出来，今天所有的人统统死啦死啦的！"

翻译官说完，没有人站出来。鬼子军官哇啦哇啦又说了一阵，广场上仍是鸦雀无声。又过了几分钟，鬼子军官见没有动静，好像失去了耐心，拿文明棍指着中间的学生哇啦哇啦一阵。翻译说："皇军再给你们最后5分钟，如果没人站出来，这些学生一个不留，统统枪毙。"孩子们被吓得哆里哆嗦，一个个面如土色。站在这里的人谁心里都明白：就是真私通八路，也没人敢站出来，因为站出来定死无疑。可是不站出来，今天也是凶多吉少。

广场一片静默。人们在静默中等待，在静默中企盼。静默中，忽听鬼子军官哇啦一声，霎时，持枪者"嗨嗨"应着，拉枪栓的声音响成一片。

见此情景，杜廷高的脑袋"嗡"的一声，一片空白。瞬间的沉默后，广场上响起一个沉稳的声音："慢！"随着话音，站在杜廷高眼前的吴玉良挤出人群，朝伪警察局台阶前的鬼子军官走去。

听到吴玉良的声音，人们醒过神来，眼睛睁得大大地望着他，如同发现救星一般。在这生死之际，百姓希望他出来，同时也为他捏了一把汗。吴玉良走到鬼子军官跟前，恭恭敬敬地说："我叫吴玉良，是镇长。皇军有什么事冲我说，我全权负责。"鬼子军官瞪着眼看看吴玉良，咕噜了两句日本话。翻译赶紧说："这个人是镇长，他说有什么事他给皇军办，请皇军不要开枪。"鬼子军官冷冷地哼了一声，脸上露出一丝冷笑。吴玉良接着说："皇军，城里的百姓都是老实人，胆小怕事，他们一直都忠于皇军，没人敢私通八路，这个我用脑袋担保！"

翻译官把吴玉良的话翻译给鬼子军官，脸上表现出歉意和忠诚。听了翻译的话，鬼子军官仍是一脸威严，"呜里哇啦"又说了一气。翻译官对吴玉良说："皇军说了，你说了不算，永宁的人大大地坏了，今天来的人都必须死！"吴玉良说了许多好话，鬼子仍要大开杀戒，令他心急如焚。见央求不行，吴玉良灵机一动，站直身子说："我是镇长，我可以保证多给皇军交军粮。"他想以多交军粮来阻止鬼子开枪，保住1000多人的性命。这句话说在了点子上，也提醒了翻译官。翻译官是中国人，天良未泯，翻译时加了不少好话。

"永宁城是皇军的粮食基地，也是物资基地，每年交的公粮不少，镇长没少辛苦，很有功劳。这些百姓都是种地的，把他们都枪毙了，就没人种粮食了；留下他们，还是很有用处的。另外，八路军在永宁城没有什么群众基础，老百姓和他们关系不好，都把皇军当成了朋友，就依靠大日本帝国保护。"鬼子军官听完翻译的解释，脸色和缓下来。他扫视一下人群，摇了摇头，说了句日本话，翻译官立刻翻译道："今天先饶过你们！"

翻译跟着鬼子军官上了车。大卡车上的兵也发动机器，把车开出广场。

广场上的人们怀着惊喜慢慢散去。吴玉良回家后，发烧病倒了，三四天没起炕。老百姓知道后，不少人都去看望他，感谢他的救命之恩，感谢他凭借一己之力，避免了一场屠杀。

（孙思升　池尚明）

张明拼死救张瑞

张瑞是大庄科沙塘沟一个贫苦农民，抗日战争时期加入共产党，做过八路军十团王亢团长的通信员。他曾讲过自己参军前乡亲舍身相救、从鬼子枪口下逃生的故事。老人精神矍铄，声音洪亮，故事讲得生动传神。

张瑞说，那是1939年的时候，晋察冀四纵支援冀东暴动，经过延庆时留下抗日火种，在大庄科开辟了游击区。三里五村的人明里服从皇军，暗里跟八路、游击队好。农历四月二十八，鬼子偷偷摸进沙塘沟。天刚放亮，山村一片寂静。乡亲刚从炕上爬起来，妇女做饭，男人拾掇园子，老人喂猪，孩子穿衣洗脸，各忙各的。那天正好我家有事，起得较早。天没放亮就吃了早饭，我爹赶早去离家三十来里、梁北的永宁城买驴鞍子，天亮前就走了。姥姥前几天闹胃痛，爸爸走后，妈妈就去8里地外的姥姥家了。我当时已经10多岁，不想跟着爹妈跑。吃过早饭，想掰香椿。院里的香椿树腕子多粗，十来米高，香椿已长到一拃来长，到掰的时候了。树高够不着，得绑个钩子。我找了根铁丝，弯个钩子；在柴火堆里弄了一根苦栎杆，用斧子把枝杈削光。刚把铁丝钩绑好，就听"砰砰"两声枪响，从村东头传来。

"鬼子来啦！快跑！快跑呀！"不知谁在嘈杂中喊了一声，男人放下锄把扶起老人，女人扔下瓢碗抱起孩子，向着没枪响动的地方撒腿就跑。说实在话，这时一切为时已晚，鬼子实际已经把村子包围了。在乡亲向外跑的时候，鬼子已进村开始杀人放火，有的房子给点着了，呛鼻的焦煳味儿四处蔓延。村子上空，黑烟滚滚，直冲云霄，还没有醒过神的老乡，慌乱中东躲西藏，孩子老婆连哭带喊，村子里乱作一团。鬼子见到人，近点儿的就用刺刀挑，稍远点儿的就开枪。家家户户鸡飞狗跳，哭号声、惨叫声连成一片。我家住在村中偏北，鬼子从村东西进逼，到我家稍微慢一步。根据同鬼子做斗争的经验和枪声判断，知道鬼子是从村东村西，兵分两路夹击过来。我当时就决定往北山跑。走街道来不及了，我年轻，就跳墙头。蹿上东墙头，往东一瞟，隔三个院子是二虎子家，有个鬼子冲到院子里，正想施暴。我急忙弯下腰，顺着墙头，紧跑几步，纵身跳到后院。我边跑边想，小鬼子今天是红了眼，没了人性，见一个杀一个。现在村子四面被围，恐怕逃不出去了。我知道后院张家有顶棚，就一跃而上，钻进顶棚，趴在房梁上大口大口喘粗气，又急又怕，心都快跳出嗓子眼了。

后院是张明家，四间房，两间配房，院子不太大。张明从厕所出来，见我上了顶棚，急忙喊道："快下来，顶棚藏不住，鬼子放火烧死你。"我又从房梁上跳下来，走出堂屋门，看见张明站在大门墙垛子前，还没等说话，两个鬼子端着钢枪，上着刺刀，闯了进来。鬼子二话不说，一刀就刺向张明的肚子，张明立刻倒在地上。我一下子就吓蒙了，撒丫子从胡岔往后院跑，就听头顶上砰的一枪，这我也不顾了，直奔后院，顺着柴火垛爬上墙头到西院。我脑袋刚一出墙头，就看见西院里正有个鬼子端着枪要进北屋，吓得我一头栽下墙头，倒在张明家的西山墙和后院院墙的夹缝里。夹缝也就是半尺宽的旮旯。这个小旮旯是个绝地，身子被两面墙卡住，左右不能动弹，真是长了翅膀也飞不走。我稳住神，侧着身往后退，但挤不出来；又往前挪，倒是觉得像是宽了一点点，我就往前使劲挪身子。还好，前边的地方稍宽，慢慢能活动身子了。挪到山墙拐角，我缩着脖子，顺着墙角的砖缝悄悄往外看，看见刚才拿刺刀捅张明的那俩鬼子。他们没有烧房，可能是进屋看看没人，就没去后院搜查，顺着大门往外走了。幸运的是，那俩鬼子往南走，我只看见他们的后背，他们没看见我。我从旮旯出来，又进了张明的家。张明躺在院子中，肠子都流出来了，遍地是血。他手捂着肚子，痛苦不堪，连说话的力气都不大了。我走到他跟前，想救他。

"快……我屁股下面是窖，你进去，我躺在上面掩护你……"

"你怎么办？"

"别管我，我——我够呛了，快……下窖。鬼子再来你也完了。"张明说着，两只手和两条腿支撑着地，奋力挪动身子。他身体支起一巴掌宽，身子底下露出一块青石板。他又挪挪，石板全露了出来。这石板有饭盆大小，夹在别的石板之间。我用手掀开石板，底下是一个直筒，一人多深。来不及多想，我"扑通"一下跳下去。只见底部一侧有个小窑洞，刚能蹲下人。我侧身躲进去，张明把青石板盖上，又挪动身体压住了青石板。

张明是抗日积极分子，八路军县区干部刘文科、刘国梁常到我们村来，也经常到他家，这口窑有可能是给八路军准备的，也可以留着自己藏身。万没想到，今天我却藏在里面。地窖里黑咕隆咚。我还没缓口气，就听见窑口上发出"咚"的一声闷响，是子弹穿过肉体，打在青石板上的声音。这一声响，吓得我缩着脖子一动不动地蹲着，都能听到自己心脏怦怦乱跳的声音。我心想，鬼子要是发现了地窖，我就完啦。由于精神极度紧张，我口渴难耐，嗓子像着了火一样干得难受，想咽一口唾沫，连唾沫都没有。过了半晌，我精神开始放松了。我既不敢出声，也不敢出去。

"张瑞，张瑞！"

我隐隐约约听到有人在叫我的名字。再细听，是我爹的声音。他能出来找我，说明鬼子兵已经撤走了。我心中一亮，连忙回应。

"爸，我在这儿。"我使劲儿喊，上面也没听见我的喊声。我挣扎着站起身，踮起脚用手托窑上盖的石板，手指尖儿刚刚能碰到，却用不上劲儿。我知道我爹离我不远，于是就一遍遍地喊："我在这儿，我在这儿……"

终于，听到上面有了声响，脚步由远而近。

"哎呀！这不是张明吗？死得也忒惨了！快把门板卸下来，把他放门板上。"

上边说话的是我爹。可是我在窑里，什么也看不见。知道张明死了，爸爸要是听不到我说话再走了，我可就要饿死在地窖里。想到这些，我愈加着急，精神更是紧张，只顾拼命地嚷："我在窑里，爸爸，我在……"我的喊声，终于惊动了上面的人。听到头顶上的青石板有人敲打，接着就是撬石板的声音。尽管什么也看不见，我还是仰着头看着窑口，迫切希望窖口快快打开。青石板终于被挪开，窖内有了光亮。我努力地伸出手，上面的人一下子就把我拽了出来。这时气一松，我就昏了过去。

当我醒过来的时候，母亲还在抱着我哭。母亲告诉我，我爸爸和她下午三四点就回来了，知道村子被鬼子"扫荡"，死人不少，非常担心我的死活，到处找我，整个村子都找遍了。后来，又去后山的林子、山洞察看，还是找不到。外边找不到，就在村里找，找不到不罢休，当找到张明家时，看见张明浑身是血，躺在地上，凄惨无比，就把他简单包裹一下弄到门板上。张明身子离开地面，从地下就听到了我的声音。我爹把耳朵贴在青石板上细听，确认下面有叫声，便把青石板撬开，用他那粗壮的大手，一下子把我拽上来。

鬼子"扫荡"这一天，我和阎王爷打了个照面儿。能侥幸活下来，是因为张明用他的身体掩护了我。在我跳进地窖之后，鬼子还真的又来过。他们见张明没死，又补射两枪，他身下的青石板被打成了两半儿。如果不是张明用身体挡住了窖口，我多半不在人世了，张明是我的救命恩人。

这之后，我参加游击队，加入了八路军。入党以后，做了王亢的通信员。有一次，王亢问我："你要被鬼子抓住，怕死不？"我说："不怕，我心里全是对鬼子的恨！我已经是死过一回的人了，在鬼子面前我绝不会低头，誓死不当亡国奴！"我和他说了张明救我的事，他听后，沉思良久说："张明是个英雄，它不但是你的救命恩人，如果我被包围，我相信张明也会让我下地窖，群众永远是我们的恩人！"王亢还和我说过心里话，他说："我抗日，早把脑袋丢在身后了，有时候群众是因为保护我们才牺牲的。我们面对鬼子，还有什么可惧怕的？家仇国恨，注定了我们宁可死在战场，也不会当狗熊的，因为我们是中国人！"

（孙思升 池尚明）

吴坤三逃魔掌

在永宁镇营城村，至今流传着一个"吴坤三逃魔掌"的故事，令附近三里五村的人都唏嘘感慨，为70多年前吴坤的生死逃亡捏了一把汗。

吴坤原本是永宁镇营城村一个普通百姓，机灵、胆子大，曾3次从日伪军手里逃生。那时，他并不是八路军，也没加入共产党。日伪军把他当成八路军，认为他就是共产党员，是因为办"良民证"这事引起的。

当年，大庄科和永宁都住着鬼子，鬼子是咱老百姓对敌人的统称，日本宪兵队、伪满洲军、伪蒙疆部队，都被称为鬼子。当时，鬼子为了全盘掌握老百姓的情况，便于统治和管理，给各村办"良民证"，每人一个小本，是折页的，上面贴着持有者的照片和其他身份信息，相当于今天的身份证。遇到鬼子，老百姓就得把"良民证"掏出来，让他们看；没有"良民证"，那就得被抓。每年鬼子收公粮什么的，也按照"良民证"摊派。营城村在大庄科和永宁之间，两地的鬼子来来往往都得经过，当然也要办"良民证"。办"良民证"的时候，吴坤没写真名，他把自己的名字写成了吴申，少写了一个土字旁。

"良民证"办完半个月，鬼子想起来打听吴申是谁，全村就一家姓吴的，没有叫吴申的人，只有一个吴坤，肯定就是吴坤。"良民证"上写假名，这事严重了。鬼子认定，吴坤编造假名蒙骗皇军，肯定是八路，便要捉拿吴坤，并从吴坤身上顺藤摸瓜，找到八路军的组织或者成员。

一天下午，永宁城的鬼子到了营城村，在村北头遇见池得宝，问他，吴坤家在哪儿住？池得宝说，他家最好找，就在最西头第二家。冥冥之中有老天爷照应，也是吴坤命大，如果池得宝不说错，吴坤就被抓住了。其实，村西头第一家是大老郭家。大老郭家有好几个孩子，住的是三间瓦房，挨着大老郭是他弟弟二老郭。二老郭是光棍，住着两间小土棚。第三家才是吴坤家。池得宝当时把二老郭给忘了，心里只想着第一家是郭家，第二家是吴家，就告诉鬼子吴坤住第二家。

那天正是拉二遍地的时候，中午很热，吴坤吃完饭在炕上睡着了。鬼子要是走对门，吴坤肯定就被抓了。等吴坤醒了，出了堂户门，扛上大锄去锄地，就看见二老郭房上有俩鬼子。吴坤一想，二老郭是个老光棍，鬼子抓他干什么？坏了，肯定是抓我，弄不好鬼子知道了我写的是假名。吴坤假装没看见鬼子，不慌不忙地走出来，出了门，一拐弯，估计房子上的鬼子看不见自己了，撒丫子就跑。

这次没抓到吴坤，可是吴坤的麻烦事来了。他不敢在家住了，只好东家住一晚，西家住一晚。可这也不是办法，老婆孩子都在家呀，抓不到自己，再拿老婆孩子当人质，那就更糟糕了。十来天过去，也没见鬼子再来抓他，他就又回家住了。

没过几天，晚上半夜的时候，吴坤睡不着，就在心里琢磨，别是鬼子又来了呀，这心神不定的，得出去看看。穿上衣服一出门，就听街上有走路的声音。吴坤翻墙就去了二老郭院子，又翻墙到了大老郭家，从大老郭家后门跑到西沟里去了。

鬼子又扑个空。鬼子越是抓不到吴坤，就越认为吴坤是共产党。理由是：吴坤半夜总不在家，肯定是出去秘密开会或是给八路军办事去了。鬼子越想越发毛，横下心来，一定要抓住吴坤。

吴坤不是孙猴子，也不会隐身法，天天在家住，哪能不被抓。一天吃晚饭的时候，鬼子把他绑走了，关在永宁城天主教堂西面的大磨坊里。鬼子连夜审问，吴坤嘻嘻哈哈不在乎，不承认自己是共产党八路军，本来也不是；再说，承认了也活不了。当然，没少挨打，挨打他也不承认是八路军，吴坤的骨头还是很硬的。

吴坤出了这么大的事，生死难说，他老婆着急了，便找到保长刘进生。她央求保长去找鬼子求求情，保住吴坤一命，说吴坤要死了，这一家大人孩子也就没法活了。

保长心里明白，就算他出面去找鬼子说情，也是瞎子点灯——白费蜡！可是这种事也不能拒绝，一个村的老乡亲，有事总得要帮忙。如果拒绝了，等于是让吴坤老婆绝望；好汉护三邻，何况自己是保长，必须帮忙。第二天早上，保长就到永宁城找鬼子解释。大官也没见着，见着的可能是个小队长。那个小队长说，你管的村里出了八路，你都没有发现，还来说情，赶紧回去，再啰唆连你也一块毙了。还说一两天就把吴坤脑袋割下来挂城门上示众，谁敢当八路军，下场和吴坤一样。

保长从鬼子那出来，路过教堂，往大磨坊里看。大磨坊外有俩鬼子站岗，看着里面的吴坤。吴坤通过木格子窗户看见了保长，保长也看见了吴坤。保长想上前和吴坤说说话，安慰他几句，可是被两个站岗的拦住了。吴坤也猜出来保长给自己说情来了，就在屋里喊了句："谢谢啦！"还对保长笑了笑，点点头。保长也不知道说什么好。

保长回到村里，正遇见木匠刘贤臣扛着锛子挎着兜子从罗家台做木匠活回来，保长就把吴坤的事说了。保长说，你说这事咋和他媳妇说呀。刘贤臣当时已经是共产党员，只是村里人谁也不知道，连他家里人都不知道。刘贤臣一想，一时半会儿和组织联系不上，救不了吴坤，可是也不能眼看着他脑袋落地。两人便在村边老榆树下蹲着抽烟。抽的是旱烟叶，用的是烟锅子，也没火柴，用火镰。刘贤臣的火镰在工具兜子里，找火镰的时候，看见兜子里有钉棺材盖的大长钉子，八寸长，便有了主意。他说："只能让他自己逃了，行不行就看他运气吧！"

保长和刘贤臣来到吴坤家，他老婆正愁得晕头转向。见了保长连忙问有救没救。保长说，你给他做顿饭吧，别让他当饿死鬼。吴坤老婆一听，完了，没戏了，顿时瘫在了地上。刘贤臣拿出八寸铁钉说，这顿饭是救命饭，你捞点小米饭，找个盒子装上，后面的事你就甭管了。

当天下午，保长把一饭盒小米饭送给永宁城的吴坤，他没敢让吴坤老婆去送，怕女人说走了嘴。

吴坤还是够心宽的，见满满的一饭盒小米饭，金黄喷香，立刻就吃。

　　吃着吃着，小米饭中间吃出来一个大铁钉，吴坤脑子转得快，立刻就明白了。这是让他用钉子掏墙洞。吴坤再一看大磨坊的墙壁，都是一块块土坯垒的，一夜的时间，用铁钉弄出来一个洞，钻出去应该不成问题。他也顾不得吃饭了，把大铁钉子埋在墙角的浮土里，手攥着拳头，擦着墙边走，用手背贴着土坯缝隙，细细感觉哪里透风。透风的地方掏洞省力一点。找好了挖洞的地点，吃完了小米饭，跟看守他的俩鬼子说："我咸菜吃多了，给我弄一饭盒水来。"鬼子给弄来一饭盒水，吴坤接过来一口气就给喝光了，说再弄一盒，留着晚上喝，鬼子就又给弄来一饭盒。

　　到了晚上11时，看守觉得吴坤该睡觉了，也就不大注意他了。吴坤早就憋着一泡尿，这时候扭过身来，冲着事先找好淘洞的地方撒尿，浸湿了墙面，用钉子一划拉，土就掉了一层。又用饭盒的水浸湿，再一划拉，又掉了一层。借助撒尿和一饭盒的水，他把洞掏进去一拳头深。

　　没了水，墙还是很硬的，掏起来费力。为了逃命，吴坤心里也着急，不大一会儿，手心就被钉子帽磨流血了。他想找个硬东西垫在钉子帽上，屋里黑咕隆咚，啥也看不见，在地上摸了一阵，连个破瓦片也没找到。他干脆脱下一只鞋。鞋子是实纳帮，穿了好几年，鞋底磨薄了，正好垫在钉帽上……

　　俩看守发现的时候，吴坤早跑远了，只留下墙壁上的一个大窟窿！

　　有了这次经历后，吴坤觉得再不能坐着等死了，得参加八路军抗日。不久，经过刘贤臣介绍，他秘密加入了共产党。

（孙思升　池尚明）

张亮送信

大庄科历史上是延庆抗日的中心区,许多村民冒着生命危险,参加游击队、八路军,开展对敌斗争。这里讲的就是一个"游击队员平西寻援,机灵后生火线送信"的故事。

1938年夏天,八路军第四纵队第一次挺进平北,撤回平西时在延庆留下抗日火种。1939年春,刘国梁带领游击队大部分队员到平西斋堂受训,张绪带一小部分人留在大庄科沙塘沟一带活动,继续与敌人周旋。大庄科据点里的日伪军得知情况后,认为剩下的游击队势单力孤,就想趁机一举歼灭,并活捉张绪。为此,日伪军频繁出剿,白天"扫荡",晚上搜查,探寻八路军和共产党下落。由于当地党组织和游击队的巧妙隐蔽,敌人忙活了两个多月,也一无所获,气焰愈发嚣张。他们扬言:只要刘国梁敢回来,就让他脑袋搬家。企图以此引诱游击队出来,与之决战。

大庄科地区游击队经常住在沙塘沟。这地方四面环山,沟深林密,利于隐蔽,也利于截击。一段时期以来,日伪军经过多方调查,对游击队的情况比较清楚,所以常到沙塘沟"扫荡"搜查。敌人搜查的路线一般是从大庄科出发,经慈母川、霹破石、铁炉,最后到达西北的沙塘沟。有的时候,日伪军打破常规,搜山没有固定路线,忽而从东面来,忽而从西面来。张绪和他的游击队员驻在沙塘沟,坚忍隐蔽,安排群众在村子四面山上放哨,一有情况,及时采取措施,巧妙与敌人周旋。敌人钻山爬沟,不惜探险,但仍然很难见到游击队的影子,十分恼火。

刘国梁临走时曾说,3个月之后,他会把队伍带回根据地。现在,时光已临近中秋,鬼子搜剿频繁,气焰嚣张。张绪根据对敌斗争的需要,认为刘国梁应提前将队伍带回来,适时予敌人以打击。于是决定写一封信，送到平西，与他沟通情况。信写好了，可是找谁送呢？从沙塘沟到平西，路过昌平、门头沟一带100多里的敌占区。每过一地，不是卡子，就是路条，检查严密，十分危险。这还不算，还要横穿平绥铁路。为确保平绥铁路动脉物资供应，日军在铁路两侧派重兵把守，五步一岗，十步一哨，行人通过铁路，要经过各种盘查。送信人员需要胆大心细，遇事不慌，还要有极高的应变能力。张绪考虑来考虑去，决定把任务交给张亮。

张亮20多岁，中等个儿，身体很壮实，智勇双全。经过斗争考验，具有一定的应变能力。接到任务后，张亮略加思考，决定扮作贩货客商，到百里外送信。

9月27日清早，天高气爽。张亮从家里拿了条旧布口袋，在上面缝了一块补丁，然后把信叠好，放在里面，认真缝上。又在补丁外面抹了些土面子、驴粪，抹旧压平后，搭在毛驴鞍子上。一切检查无误，他骑着毛驴出村，越山下沟，中午进入平原。昌平地区人多村子多，处处都有卡子盘查。好在张亮相貌普通，赶着牲口，又有路条，走得还算顺利。走了一天一夜，傍晚时分接近铁路线。昏黄的太阳底下，他往铁路线上一望，只见铁轨两旁，空空荡荡，一览无余，每隔十几丈远就站着一个日本兵。他们端着长枪，直愣着眼，观察着左右动静，气氛十分紧张。见此情景，张亮从容地从毛驴身上跳下来，抬手往驴屁股打了一巴掌，吆喝着毛驴，慢吞吞向铁路走去。距离铁轨十来米时，一个日本兵走了过来，用枪指着张亮大声叫道："你的，什么的干活？"张亮一看，这个日本兵个儿不高，小鼻子小眼，人小声大，不怎么瘆人，便点头哈腰地答道："去平西驮枣。"那个日本兵听了，把枪挎到肩上，上上下下打量张亮，叫他走近，检查路条，又伸手从上到下在他身上搜了一遍。结果什么也没发现，便盯着张亮的眼睛，逼问道："你的从什么地方来？""东山。"听到回答，日本兵奇怪地"嗯"了一声，两只鼠眼来回打转，对张亮上下端详。张亮心里"怦怦"直跳，但他故作镇静，面不改色，扬头望天，任凭处置。日本兵见张亮表现自然，内心无鬼，就又盯着驴背上的口袋。盯了一会儿，又回看张亮。只见张亮弯下腰，脱下布鞋，提起来一上一下地抖着，往外倒土。日伪军见张亮不急不躁，像是无事，就用长枪把口袋从驴身上挑下，让张亮把口袋翻过来。张亮穿上鞋，从地上捡起口袋，双手拿住口袋角儿，抖了抖，有意把补着补丁抹着驴粪的那一面对着日本兵，让他看个仔细。日本兵一见口袋旧，又有驴粪，赶紧闭上嘴，皱起眉头。双方僵持之际，另一个日本兵走过来，两人叽里咕噜地说了一阵后，其中一个说："你的，快点过去，回来用大枣慰劳太君！"张亮一听，连连点头称是，拉着毛驴穿过铁路。穿过铁路走了七八里，随便找了地方住下，第二天晚上进入门头沟，到达斋堂。

第三天，张亮找到刘国梁。刘国梁问："敌人没搜着信？"张亮慢悠悠地说："敌人查我口袋，我倒给他看。他们就没想到口袋上边的补丁才是真正的'口袋'。"游击队员们听后，都会心一笑。

几天后，游击队回防沙塘沟，趁鬼子大意，打了一个漂亮的伏击。

（孙思升　池尚明）

百姓生命铺就血泪路

说起松树嘴子，很多人都不知道它在什么地方，但对于花盆村八九十岁的老人而言，首先让他们想到的就是那条松树嘴子公路。

这是一条修建于1940年的沙土公路，因为经过一个叫松树嘴子的地方，于是便被人们称为松树嘴子公路。虽然它只是一条沙土公路，质量也不是很好，但在当时那个年代，却是花盆村通往赤城东卯地区的重要道路，更是那段痛苦屈辱历史的直接见证。

那是1940年的春节，当人们还沉浸在过年的喜庆之时，花盆一带的乡亲们听到一个消息——日本鬼子要在花盆与赤城境内的梁底下村之间修建一条公路，美其名曰：爱民路。

在一片惶恐中，清明节很快就到了。村里一些勤快人开始刨地，因为他们担心，一旦公路开工，他们就会被抽丁去修路，就没时间种地了。

就在人们为春耕而忙碌的时候，日伪军和伪警察荷枪实弹进村了。他们一面在街上贴告示，宣传修建"爱民路"的意义，一面找各村甲长布置抽丁任务。这条由日本人操纵、由伪满政府策划、由日本商人承包的战略公路，起点是花盆村，终点是赤城境内的梁底下村，全长约4公里。只要把这段路打通，日伪的汽车就可以在花盆与东卯乡梁底下之间畅通无阻，提升运兵效率，强化对当地百姓的管理和对周边抗日根据地的进攻。

按照计划，工程很快进入实施阶段。为了搜罗更多民夫，伪满洲军首先从张家口坝上抓了几十名劳工，强行用汽车把他们拉到花盆参与修路。与此同时，这条路经过的村庄，包括花盆以及赤城梁底下等村庄都要出工。鬼子还威胁，如果哪个村子不按照要求出工，就以强制手段抽丁，违抗者格杀勿论。各村甲长们惹不起那些伪军和伪警察，也只能违心配合了。

为确保工程顺利推进，伪满洲军将工程承包给了日本的一个"土木课"（负责土木工程施工的机构）。"土木课"首先画了个大饼，承诺参与修路的民夫每天发小米2升、现金补助2角（伪满洲币），作为劳务报酬。在日伪的重压下，花盆村周边的收粮沟、水泉沟、前山、鹿叫、平台子等村庄共抽调了100余名民夫参与修路，现在还能记住名字的有王富、杨廷顺、刘春起等人。

那段日子，人们天不亮就来到工地干活，一直干到天黑看不见人影为止。进度稍微慢一点，就会遭到监工的拳打脚踢甚至鞭子木棍抽打，打伤之后也不允许休息，继续干活。人们受尽欺压和凌辱，但只能忍着。

很快夏天到了，天气逐渐热起来。烈日当头，不要说干活，就是坐着都浑身冒汗。当地的人还好，每天可以回家，好歹换件衣服，而那些从坝上抓来的民夫就遭殃了。他们刚被抓夫时，天气还很冷，都是穿着羊皮袄和棉衣从家里出来的。现在天气一天比一天热，他们连换洗衣服都没有，每天只能穿着棉衣干活，很多人因为炎热脱水死在了工地上。但残忍的日本人却不管不顾，视若无睹。更可怜的是，民夫一旦死后，尸首被推到马路牙子边上，用土草草埋掉；有的被狼被狗撕拽，死后连个全尸都落不着。

干活本来是给工钱的，但人们干了一段时间后，日本"土木课"对之前的承诺却只字不提。如果有人提工钱，就要遭到辱骂和毒打。那些从坝上抓来的民夫，实在忍受不了这样的压迫，个别胆大的人就趁着黑逃跑——这样，虽然领不到工钱，至少还能保一条命。但很少有人能跑掉，一旦被抓回来，就会遭到更严厉的毒打，还不给饭吃，有人因此饿死。

经过近一年的紧张施工，公路修建完成。据估算，这段公路前后投工近30000个，其中当地人投工超过25000个。其间，热死、病死、饿死和被砸死、被打死的人不计其数。可以说，这是一条用百姓生命铺就的血泪路。这条花盆历史上的第一条公路，成为日本侵略者侵略中国、压榨和奴役当地人民的历史罪证。

（杨东旭）

小年枪声

说起柳沟豆腐宴，许多北京市民都不陌生，今天就给大家讲一个与柳沟和豆腐有关联的抗战故事。故事的名字叫"小年枪声"。

1943年腊月初八，昌延县县长郭韫带着通信员李春来到柳沟召开党员会，部署春季反"扫荡"工作。过些天，郭县长要到曹官营村召集党员开会，了解村内情况，部署春节前后的抗日工作。他让李春来了解一下敌人动向，选个日子动身。会后两天，李春来通过内线了解到，最近接近年关，日伪军活动特别频繁。延庆、井庄、中羊坊、永宁各个局子的日伪军屡屡换岗，有六七拨人经常到各个村搜查共产党，掠夺老百姓的财物。根据确切情报，腊月二十三这天，各据点的鬼子都集训，相对来说比较安全。李春来向县长做了汇报，县长把日子定了，两个人分头去做准备。

腊月二十三是北方的小年，虽是晴天，却出奇的冷。一大早，郭县长和李春来就从南山沙塘沟的驻地出发了。为了躲避敌人的据点和哨卡，他们一路上翻山越岭，走小路、抄近路、绕远路，后半晌才来到曹官营。走到村口，迎面碰上了村里的粮秣张怀英。张怀英见县长来了，倍感亲切，热情地招呼着，非让到他家里去。郭县长说："你去忙吧，我到广田家看看。他在家吗？""在，在，广田今天家里做豆腐，保准在家。您去了，也许正赶上喝豆腐脑儿哩。"一边说着，一边往曹广田家走。张怀英转过头冲着李春来说："你是越来越精神了，跟郭县长也快两年了吧？天天跟着县长，知道的事儿多，肩上的担子也重啊！"李春来腼腆一笑："您记性真好，前年腊月到今年腊月整两年！"他想纠正她，两年前郭县长还不是县长，但是话到嘴边又咽了下去。"您放心，我的任务就是保护县长安全，及时收集和传递情报。有什么好消息，我会及时告诉大家的。"这时，郭县长已经迈进了曹家大门，李春来紧跑几步，跟了进去。

郭县长来到曹广田家，也没那么多客套话，他吩咐曹广田，立即让村通信员王春和通知各村党员，到这里召开秘密会议。各村党员到齐的时候，天已经擦黑儿了。曹广田家里五间北房，东头屋是两间大通炕，此时关门闭窗，也不点灯，会议在秘密状态下开始了。李春来凭借两年来给郭韫当通信员的锻炼，有着丰富的经验和高度的警惕性。虽然有打入日伪内部的同志送来消息，说鬼子今天不会出动，但李春来还是多了个心眼，做好了应对各种突发情况的准备。他检查完后门之后，又来到前门，打开街门，向西一看，顿时惊出一身冷汗。三四十个日伪军，黑压压一片，已经摸进村里，离开会的地点只剩五六十米远了。李春来立刻意识到，这是有人向鬼子报了信儿，敌人是奔郭县长来的。这时，如果他返回院子报信，恐怕敌人随后就把会场包围，那时郭县长连从后门逃走的机会也没有了。时不我待，刻不容缓，鸣枪报警是最佳选择。李春来迅速从腰间拔出手枪，瞄准鬼子就是一枪，鬼子的翻译官应声倒地。就在李春来向鬼子开枪的同时，敌人罪恶的子弹也向李春来扫射过来。李春来倒下了，一颗子弹顺着他的太阳穴向耳后划了一道血槽，另一颗子弹钻进他的大腿根儿里。

正在开会的郭县长听到枪声，顿时明白了外面的情况。他一个箭步跳出屋门，在大门道里见到了血泊中的李春来。见到和自己出生入死的通信员倒下了，弯下身抱住他的头，李春来着急地说："快！快走！鬼子就在门外，再不走就来不及了！"他又冲着村通信员喊："春和，县长就交给你了，赶紧保护县长从后门撤！快走！"曹广田是个干练果断的人，他把郭县长和王春和拉到院里，又推了一把："你们赶紧撤，春来这儿有我呢。"回过头招呼几个党员，抬着李春来随后撤走。

李春来开第一枪的时候，敌人就都卧倒了。因为天色已黑，看不清院子里情况，翻译官疼得嗷嗷乱叫，鬼子也不敢贸然行动。观察一会儿，发现曹广田家没有任何动静，也没有人出来，搞不清到底有多少八路军。本来是偷袭，现在已经暴露，万一中了八路军的埋伏，后果不堪设想。鬼子下达命令，后队变前队，伪军抬着受了重伤的翻译官，往县城撤去。

村里的党员把李春来抬到阜高营，这时的李春来已经昏迷了。老百姓不懂得包扎止血，只知道负责转送。阜高营的人负责抬到老仁庄，再由老仁庄的人抬到大庄科的西三岔。西三岔有八路军的卫生队，可以治疗枪伤，但由于李春来伤势过重，转运路途遥远，时间太长，流血过多，抬到卫生队的时候已经牺牲了。人们又把他抬了回来，葬在口子里的果树园。李春来关键时刻临危不惧，舍生忘死，保护同志，为了民族抗日大业献出了年轻的生命。

李春来是柳沟人，牺牲时年仅21岁。

（池尚明　孙思升）

军法从严，为民申冤

共产党从严治军，从土地革命时期到抗日战争时期，再到解放战争时期，人民军队恪守"三大纪律八项注意"，对于破坏军纪的官兵严惩不贷，绝不姑息。柳沟村至今还流传着一个"军法从严，为民申冤"的故事。

1941年秋，白露那天，柳沟村城外的南堡街发生一起命案。一向老实巴交的平头百姓刘裕，被人杀害了。他是让人用石头活生生给砸死的。现场血淋淋的，惨不忍睹。这是怎么回事儿呢？也没来日伪军，难道是土匪干的？一时间村里人心惶惶，说什么的都有。

柳沟村有个叫胡成的人，当时任县参议会的议员，觉得此事有些蹊跷。人命关天，不能不管。他带着死者刘裕的家人，一起来到沙塘沟村，找到昌延联合县议会的议长温克明，把柳沟村的命案一五一十做了汇报。

温克明听完胡成的汇报后，不禁心头一颤，心想："难道是他？前几天，听说岳坤带人去柳沟局子，抓了个汉奸，给处死了。难道刘裕就是那个汉奸？"想到这里，他不动声色，心平气和地问："刘裕是个什么人？"胡成说："刘裕是我们村出了名的老实人，除了种地，平时连个大话都没有，老婆常年住娘家，日子过得跟光棍子差不多。""那么，他会不会是汉奸、特务呢？"温克明低着头，挑着眼皮子问。

"冤枉啊！"家里人刚张嘴，胡成就抢着说，"别人不敢说，刘裕这个人，我敢拿性命担保，他跟日伪连边儿都沾不着，绝对不可能！"胡成的话斩钉截铁，进一步印证了温克明心中的疑虑。温克明深深地点了点头，心里做出决定，誓将此案查个水落石出，将杀人者绳之以法，绝不能让平民百姓无辜丧命。温克明站起身说："家里人先回去吧，胡成同志先留下。正好县委书记和县长都在这里，此事刻不容缓，我们马上向领导汇报。"

县委书记史克宁、县长郝沛霖听完温克明的案情汇报以及他的一些疑虑，感觉兹事体大，直接影响到革命队伍的纯洁性和根据地的军民关系。如果不解决，对开辟根据地的工作极为不利。县委书记史克宁表情凝重，沉默片刻后，与县长郝沛霖做了简短沟通，最后决定，由温克明同志牵头，组织专案组，秘密调查，查清案情，揪出真犯，为民申冤。

温克明领命以后，立即组织人马，对嫌疑人进行全面、深入细致的调查。经过多方取证，很快有了结果：1940年，平北工委在南山沙塘沟一带开辟抗日根据地，收编了一伙土匪，土匪头子叫岳坤，老家是东北大兴安岭人。收编后，岳坤任我游击队第五中队三排排长，经常活动在"后七村"一带。土匪出身的岳坤，虽然参加了革命队伍，但恶习难改，经常违反纪律，为非作歹。岳坤利用排长身份和在这一带活动的便利，长期霸占柳沟村民刘裕的妻子韩氏。虽说刘裕老实巴交，可岳坤毕竟是游击队的人，不敢明目张胆地常来常往，于是就怂恿韩氏以住娘家为名，长期在沙梁子村韩氏娘家姘居鬼混。也是鬼迷心窍，时间长了，岳坤和韩氏厌倦了偷偷摸摸、明铺暗盖的生活，起了歪心思，想把刘裕除掉，名正言顺地在一起过日子。在白露节那天，岳坤带着手下人出山，赶到柳沟村，以抓捕汉奸特务为名，把老实巴交的刘裕骗至村东山坡的张家沟，用大石头将其砸死。为了掩人耳目，岳坤等人回到沙塘沟后到处宣扬，说自己在柳沟局子里抓个汉奸特务，给就地处决了。

岳坤这种掩耳盗铃、欲盖弥彰的做法，很快就被温克明和胡成看透，并被专案组查个水落石出。昌延联合县政府立即下达抓捕犯人岳坤和韩氏的命令。罪犯归案后，马上进行突击审讯，二人对犯罪事实供认不讳，签字画押后，报请平北领导机关批准，在沙梁子村召开军民公审大会，判处岳坤、韩氏死刑，并立即执行。此举清除了隐藏在游击队中的败类，为死者申了冤，为人民除了害，挽回了政治影响，老百姓拍手称快。

（孙思升 郭昆）

胡成智救史克宁

柳沟是延庆民俗旅游的发源地，也是英雄辈出的红色村庄，昔日的红色抗日故事为今天的乡村旅游发展注入了厚重的文化底蕴。

1940年8月徐志甫、胡瑛牺牲以后，史克宁接任昌延联合县委书记。史克宁是河北涿鹿人，宣化师范学校毕业，浓眉大眼，中等身材，30多岁，平常身穿大襟夹袄，脚穿麻绳纳帮山鞋，头搭蓝布手巾，说起话来既稳重又干脆，一见老乡就是大娘兄弟相称，十分亲热；遇事灵活果敢，乡亲们很乐意与他打交道。他写有一笔好字，让人耳目一新。

当时，昌延联合县委在军都山南，距山北根据地有近百里。大庄科、井庄、清泉铺、四海等地游击区刚刚建立，游击队战斗力不强，难以在延庆地区产生较大影响，这使昌延县委十分担心。1941年，县委把发展北山游击区当作重要任务，书记史克宁率先垂范，亲赴大庄科、井庄访贫问苦，发动群众。在夜间，他经常秘密带领县委干部，披星戴月，爬山越岭，到南山根据地靠近川区的柳沟一带活动，发动群众，建立抗日组织。

柳沟村在延庆盆地东南，依山面川，可进可退，是建立游击区的好地方。村里有个叫胡成的人，50多岁，为人善良，办事公道，读过村学，做过买卖。因日伪的破坏，使得他房不能修、地不能种，买卖折本，生活十分困苦。长期以来，胡成因为他的特殊经历和人品，在柳沟一直是上层人士。他当过村正、保长，在民众中很有威望。抗战期间，他仇恨日寇侵华，拥护共产党抗战。他的亲戚老乡在昌延县议会做议政、议长，也有抗战经历，对共产党有一定感情并和异地党组织有沟通。这样，胡成在柳沟明着给敌人办事，暗中却做抗战工作，收集敌寇情报，收集公粮支援游击队。

史克宁了解这些情况后，对胡成格外看重，一到柳沟，就进了胡成家，主动与他聊家常，向他讲述全世界反法西斯斗争和国内的抗日形势，尤其是共产党依靠人民群众抗日救国的主张。听了史书记的话，胡成豁然开朗，精神倍增。经过几次交往，胡成不仅接受了共产党的抗日主张，还和史克宁等人成了好朋友。每次史克宁到柳沟活动，都住在胡成家。有时县委来人，为了隐蔽，胡成就安排他们到村南的土窑洞里，秘密商谈发展游击队员、打击敌伪势力等事情。

1941年10月6日，秋高气爽，满地飘香，乡亲们正忙着收获庄稼，史克宁又带人悄然来到柳沟。下午，胡成约史克宁到土窑洞研究反击鬼子清乡的事。讨论正在酣处，外边有了响动，哨人报告有敌情。胡成听后，伸头一望，只见驻柳沟局子的伪警察队长李大鼻子带领30多名警察，围在窑洞四周，叫嚷着要查户口，让洞里的人赶紧出来。听到外边的声响，史克宁双目炯炯，拔枪而立，准备突围。关键时刻，胡成一把抓住书记，往左一拉，右手迅速打开炕洞的暗门，把人送进暗室。原来，在安排史克宁进窑洞前，为确保安全，胡成特意在窑洞的炕下挖了一个隐蔽的暗室，以防不测。胡成伪装好暗门，大模大样从窑洞里出来，眉开眼笑地向李大鼻子一干人打招呼。伪警长不问所以，直入洞内，命手下搜查。警员拿着刺刀一阵乱捅，翻箱倒柜，东摸西撬。忙活了一气，仍无所收获。李大鼻子用枪指着胡成大声道："胡成，你把八路藏在哪里啦？不怕杀头吗？"见李大鼻子气急败坏的样子，胡成气定神闲地说道："李警长，这是有人想害我，往我头上扣屎盆子。你明知道的，八路是我的死对头，我能藏他们吗？你连我都不信，就好好搜吧。"李大鼻子命人搜了一气无果，又听胡成说得句句在理，只好有气无力地把枪放下，嬉皮笑脸地说："胡先生息怒，我这是执行公务，请不必在意！"说完，带着手下人灰溜溜地走了。

敌人走后，史克宁安然无恙地从炕洞里出来，顺利回到县委。不久，胡成智救共产党县委书记的事迹在游击区传开，成为美谈。

（孙思升　郭昆）

智擒赵麻子

西二道河村位于延庆城东南部，距城区10公里。这里北与柳沟相连，东与大庄科乡紧邻，南与昌平交界，进山入川十分便利，战略地位非常重要。抗日战争时期，这里流传着一个"智擒赵麻子"的故事。

西二道河村有个到处游荡的地痞流氓，日本人来了以后，他投靠一个姓赵的铁杆汉奸当干儿子，干的坏事和他脸上的麻子一样多，人送外号"赵麻子"。

1941年初夏，伪蒙疆延庆县政府在西二道河设置伪乡公所，姓赵的汉奸在日本人面前推荐他干儿子任所长。当上所长后，赵麻子仗着日本人撑腰，有恃无恐，经常耷拉着脑袋，耸着狗鼻子，到处嗅探八路军的消息。他把捞到的情报出卖给日伪警察，撺掇日伪警察搜捕抗日干部，并配合日伪军到根据地"扫荡"。赵麻子横行乡里，恶贯满盈，昌延县政府决定除掉这个汉奸。

得到八路要除掉他的消息，赵麻子惊出一身冷汗。为此，他夜不能寐，惶惶不可终日，于一个月黑风高的夜晚，偷偷摸摸跑到了柳沟日伪军据点。

赵麻子进了据点，自觉进了保险箱。逃到柳沟的赵麻子白天在庙里办公，晚上则龟缩在大庙里，好像收敛了许多。

常言道：狗改不了吃屎。没过几天，赵麻子仗着据点的日伪军给他撑腰，又故技重演，继续干破坏抗日的勾当。

昌延联合县政府决定加快锄奸的脚步，即使是虎口拔牙，也要尽快拔掉赵麻子这颗毒瘤。马场区区长雷英秘密会见胡成，请求协助。胡成是延庆县议会议员，是内心倾向抗日的民主进步人士和我党统战对象。胡成得知抗日政府的意图，欣然答应为锄奸队开城门、做向导。

初冬的一天夜里，适逢农历十五，圆圆的月亮爬在日伪军据点的西山梁上，清冷的月光笼罩着柳沟城。朦胧月色下，32名荷枪实弹的民兵锄奸队员在雷英区长和游击队长黎光辉的带领下，在柳沟城外南窑上整装待发。午夜12时过后，雷区长和黎队长一身伪军打扮，按时出现在东城门下。此时守城门的胡连芳、王怀恩等4名伪军，正是胡议员安排的内线。城头上听见三声击掌声，胡连芳手提着灯笼晃了三晃，作为回应。留下两名伪军守城，胡连芳手提灯笼随着王怀恩走下城头开城门，民兵锄奸队迅速进城。而后，兵分两路，胡连芳领着一队人马直奔伪乡公所，王怀恩引着另一队布防在城门附近掩护策应。

关公庙伪乡公所门前，站岗的两个哨兵抱着枪来回晃动。雷区长和黎队长带领民兵大摇大摆地走了过来，哨兵举起枪问："哪一个，口令？""查岗的！眼瞎了，连老子都不认识？"雷区长掷地有声地回应，吓得哨兵诺诺道："得罪了，得罪了，长官，小的有眼无珠！"哨兵刚松下一口气，雷区长和黎队长一个箭步冲到哨兵跟前，喝道："我们是八路军，缴枪不杀！"两个哨兵一听，吓得屁滚尿流，赶紧把枪丢在地下，浑身哆嗦着举起双手。

雷区长和黎队长带领民兵冲进庙门，直奔赵麻子的老窝。外面的响动惊醒了赵麻子的美梦，他趁黑摸枪，企图顽抗，但区长的枪已顶到了赵麻子的脑门上。"我们是八路军，你被捕了！"黎队长随即下了他的枪。赵麻子吓得浑身哆嗦，磕头如捣蒜。民兵用麻绳麻利地捆住赵麻子的双手，顺手拽过火炕上的臭袜子塞进他嘴里。雷区长带领两个民兵押着赵麻子和两个哨兵向大门外撤退。黎队长断后，迅速打扫完战场，背着缴获的物品，与负责掩护的民兵一道，跟着雷区长出了东城门。

明亮的月光洒在燕羽山上，引导民兵锄奸队撤退到安全地带。

农历十六下午，抗日政府将罪大恶极的汉奸赵麻子处决了。

（卢志鑫　郭昆）

海陀山送军粮

北京冬奥会让海陀山举世瞩目，可是在70多年前，来到这里的人却少而又少，除了密林深处几个小村庄里的村民，就是来去匆匆的八路军游击队和前来围剿的日伪军了。

1941年，抗日战争进入最艰苦的时期，对敌形势由战略防御进入战略相持阶段，日寇的"扫荡"和"清剿"更加频繁和残酷。除军事进攻外，日寇与伪满、伪蒙疆、伪华北政权相互勾结，实行了严密的经济封锁，妄图以此切断老百姓与八路军之间的联系，断掉八路军的"烟火"，让八路军饿死、困死。然而，我英勇的平北抗日军民没有被敌人的疯狂气焰吓倒，军民团结一心，沿着用血肉之躯建起的"秘密通道"，把粮食、盐、药品运往平北军分区司令部，运到海陀山根据地。

立冬时节，海陀山头悄然戴上了雪白的毡帽，由东向西缓缓流淌着的妫水河，正向人们报告着即将结冰的信息。在妫水河下游，有个村叫张老营，明代成村，为明代军屯，200多户人家800多口人。村里有个军屯后裔叫张殿考，名字透着学问。在这块地势平坦、土壤肥沃的妫水河冲积平原上，一家人务农为业，勤俭持家，小日子过得红红火火。

日本人进入延庆后，实行保甲制，张殿考被推举为保长。身为伪保长，明里给敌人做事儿，暗地里为八路军筹集粮食、衣物、布匹。眼看着八路军无衣无食缺药，他心急如焚。11月18日一大早，区干部秘密找到张殿考，让张老营村务必在一两天内筹集4石粮食送到北山，好多伤员等米下锅，并叮嘱，送粮通道近两天安全，尽量按时送达。

4石粮不是个小数目。从早上开始，张殿考就秘密地跑东家，进西家，张罗着筹粮。张家一斗，王家五升，东凑西凑，到天黑总算攒够了4石米，集中藏到张国全家。有了粮，还得找送粮的人和驮粮食的牲口。找了一晚上，还差一套人马。最后，张殿考走到村东头一座三间土房前，轻轻推开栅栏门，来到窗下，压低声音，叫醒了已经入睡的张玉平。

张玉平刚满19岁，母亲去世早，他跟父亲在河边开垦了几亩荒地，打点粮食，勉强度日。他恨透了日伪军，自打来了八路军，激发起他的抗日热情。送"鸡毛信"，给八路军带路，跟民兵游击队一块割电线、扒铁轨、填"封锁沟"，从来没怕过。今天这么晚了，保长找自己干什么呢？没等张殿考坐稳，张玉平急着问："叔，这么晚了有啥急事儿？"

张殿考说："玉平，你小子机灵，今晚叔委派你个重要任务，想让你带领张得勇、张岩岭赶上四条驴，把咱村的粮食送到北山去。你们先到河对岸的狮子营，再听工作人员的安排，有困难没有？"

"嗳，叔，您就别说困难了，您让送哪儿，我就送哪儿，这又不是头一回。八路军为老百姓打小日本，东奔西跑受冻挨饿的，和咱们相比，不是更困难吗？您尽管放心吧！"说完，张玉平穿好衣服，带上粮袋，径直奔向牲口棚。他备好鞍子，牵着毛驴，刚走出门，又转身返回。张殿考心里正纳闷，只见张玉平从家里出来，肩上还背了多半袋小米。张殿考知道，玉平家也不富裕，下午之所以没有收他家的粮食，是准备让他出人、出牲口的。他对玉平说："粮食都攒齐了，你家就不必交粮了。"张玉平说："叔，你就别解释了，事是大伙的，粮食是给八路军的，谁能出多少力就出多少力，多点总比少点好。"

午夜时分，在张国全家院子里，人都到齐了。大家装好的米袋给牲口上了驮。张玉平把自己背的米袋在驮子中间绑牢，张殿考又悄悄地嘱咐了几句。张玉平拉着自家毛驴走在前面引路，张得勇、张岩岭赶着毛驴紧跟在后面，悄悄出了村，直奔妫水河北的狮子营。

赶着驮着100多斤粮食的牲口夜里蹚水过河，可不是一件容易的事情，弄不好驴脾气上来一折腾，粮食就糟蹋了。这次还好，他们顺利蹚过河，走过一片河滩，穿过一片果树林，沿着小道，往公路走。快到公路边时，张玉平一扭头，发现公路远处有灯光一闪一闪的，汽车的声响也越来越近。

"不好，有敌人。"三个人拉缰绳的拉缰绳，拍打驴屁股的拍打驴屁股，催打着四头毛驴迅速隐蔽在一个土崖下。等敌人的军车走远了，他们爬上高坡，穿过公路，驱赶着牲口，又赶路了。他们过了卓家营、芦凤营，黑灯瞎火地跑了10多里地，才气喘吁吁地跑到交粮地点狮子营。

张玉平三人赶着牲口，轻轻敲开院门，随工作人员走进一家高墙大院。偌大的院子里，毛驴就有三五十头，黑压压的人群都在整理各自的驮子。玉平他们正想把米驮子卸下来，让牲口歇歇脚，一个人急匆匆地迎面来到跟前，定睛一看，是区原来干部丁桂河。两个人紧紧握住手。丁桂河说："你们辛苦了！你们来得正好，折腾了大半夜，本来应该休息休息，可情况有变。据可靠情报，鬼子和伪军明天要来'扫荡'，所以必须马上连夜进山。你们先喘口气，喝口水，一会儿还得请你们打头阵呢。"

"好的，没问题。"张玉平话音还没落地，丁桂河又接着忙活去了。

时值深夜，弯弯的月亮当空挂着，数不清的星星眨着慵懒的眼睛。明亮的北斗星，为送粮队伍指明了方向。张玉平牵着缰绳，随着领路的老乡走在最前面，紧随其后的是张得勇、张岩岭，后边是其他村送粮食的老乡。丁桂河负责运粮的组织和断后。大家赶着45头牲口摸黑前行，送粮队伍沿着弯弯曲曲的山路蜿蜒移动，月光下形成一条长龙。这条长龙舞过了20多里的山路后，经寺口子，来到了预定收粮村——后沟村。

后沟村有十几户人家，住着八路军和区里的同志。送粮队伍早就闻到了烟熏的味道，来到村边一看，都傻了眼：房屋全烧了。丁桂河领着张玉平转了一圈，附近也见不到人影。找不到组织，怎么办？走！又走了十来里地，来到龙门口村。这个只有几户人家的村子，房子也被烧光了。怎么办？找！反正不管怎么苦，怎么累，也要把粮食交给队伍。这样想着，丁桂河大声地说："乡亲们，部队肯定就在这一带活动，咱们的队伍就要断粮了，饿着肚子怎么打鬼子？大家再加把劲儿，继续走，我们一定要找到队伍，大家说好不好？"

"好——"虽说回声不那么整齐、响亮，送粮队伍还是愿意继续前行。

此时已进入海陀山北麓深山区，山高坡陡，柴草丛生，夜间行走更加艰难。特别是阴坡上，不久前下的一场雪还没有化，牲口驮着粮食，走起来打滑。行走间，不是人倒了，就是牲口驮子歪了。赶牲口的人，不是肩扛驮子，就是拖驴尾巴。张玉平在所有的送粮人中最年轻，又有力气，他除了照看好自己的牲口外，还不住地帮助别人。

这一夜，走了20多里的山路，快晌午了，才到碾子沟，可还没有看到接应的人，令人大失所望。丁桂河看在眼里，急在心里，可也无可奈何，只得安排大家原地休息。

坐下来，张玉平才发现左脚的鞋脱了帮，右脚的鞋不知什么时候跑丢了，脚上渗出的血已经将布袜子粘在脚上了。玉平抬头一看，大家的状况比他也好不了哪去，有的衣服撕破了，有的脸上划出了血印子，有的鞋开裂了。张玉平把衣服的前大襟撕一块，把脚包上，用山榆扁子树条将开帮的鞋捆紧，休息一阵子，又带着队伍继续前进。

在丁桂河的鼓励下，送粮队咬紧牙关，又走了10多里路，终于赶到海陀山后的花沟村。这时已是下午4点了。这里有3间土房未烧，只见3个穿着灰色军装的八路军战士，跑步来到送粮队伍前。其中一位领导模样的人拉住玉平的手，激动地说："你们太辛苦了！快来，进屋歇一会儿。"八路军战士帮助乡亲们动手卸下粮食袋子，码放在3间土房的炕上。丁桂河与部队同志办理送粮交接手续。

看乡亲们饿坏了，八路军战士赶紧做饭，帮助乡亲们打草喂牲口。

吃完饭，太阳已经落山，大家赶着牲口又连夜顺原路返回。等张玉平他们到家时，已是第二天鸡叫三遍了。为了给八路军送粮，他们整整忙了一天**两夜**，走了百余里的山路，尽管很苦很累，但他们心里美滋滋的。因为他们知道，早一天将鬼子赶走，好日子就早一天到来。

（卢志鑫　韩玉成）

马玉娥送军鞋

抗日战争时期，许多延庆乡亲积极支前抗战，为平北抗战胜利做出了贡献。本故事说的是：马玉娥翻山越岭送军鞋，智计魄力胜须眉。

1938年至1940年，八路军晋察冀军区第四纵队（后组建为冀热察挺进军）三次挺进平北，终于站稳脚跟。为加强对所在区的领导，在军都山周边成立了昌延联合县，在海陀山周边成立龙延怀联合县和龙赤联合县。

在龙赤联合县后城镇的二十几个村子中，长沟是抗日模范村。男人参加游击队，站岗放哨、种地打粮，女人加工米面、缝制衣被军装，全都忙得不可开交。军事工作由区武工队管，后勤保障归妇救会负责。妇救会负责后勤物品生产的大部分。长沟村的妇救会主任叫马玉娥，因为家里穷困，8岁就做童养媳，八路军在此建立游击区后才脱离苦难。她30多岁，家有公婆二老，下有3个孩子，身强体壮，性情开朗，不怕吃苦，乐于助人，乡民很是敬重她。

1942年，抗战进入关键一年。10月8日是后城区委要求所辖各村妇救会上交军鞋的日子，一大早，马玉娥就急急忙忙到三十几个做军鞋的乡亲家中收军鞋，既要查质量还要数个数，忙了一大早晨，才把130双军鞋聚全，这时已是日上半竿了。把军鞋弄到家，玉娥又紧着归总打包。这130双军鞋装了两大袋子，鼓鼓囊囊，着实不轻。为运送方便，她用一条结实的布条把两个袋子连起来，搭在肩上背运。这两个袋子，有百十来斤，把它背到二十几里外的后城，不仅要爬山过河，还要躲避敌伪的搜查，实在是一件不容易的事。玉娥人高马大，身强体壮，送粮送物到区里已不是第一次。面对两大包东西，她面色坦然，毫无惧色。她轻轻抹下额头上的汗，准备出行。正在这时，查哨的丈夫下班回来，一进门见妻子正弯腰低身往肩上套口袋。看着这么重的两大包东西，妻子要把它运到区里，丈夫不禁心生怜爱。

"今天非得送去吗？"

"今天是区里规定的日子。"

"听说这几天特务活动频繁，这么重的东西，你一个女人，又是小脚，在山路上碰到生人不好躲闪，我跟你去吧。"

"下午区上还有人来，你还要汇报，我的事我干。"马玉娥冲丈夫一笑，没有一丝犹豫。

山乡八月，骄阳似火。一个小脚女人身负两大包东西，离开家门。长沟藏在白河南面的深山中，爬沟翻梁走20多里山路才能到后城。马玉娥出了院，上了村北那座山。山高坡陡，脚下是羊肠小道，两大袋军鞋不时被道路两旁的树枝剐蹭，行走十分困难。走了3里多地，到得山头，玉娥已是汗流浃背。喘得一口气，她就随着山路拐向西南，继而往沟底疾行。走了七八里，沟底渐近，树木变高，枝杈遮天蔽日。玉娥年轻体壮有力气，可惜一双脚不耐久行，走到沟底已是又酸又痛。想放担歇息，小溪附近传来人的说笑声。透过树叶，发现200多米外河的上游有4个男人，正坐在石头上敞衣说笑。不用细想，秋忙季节能在此闲聊的，哪有什么正经人？玉娥脚下加快速度，直向西南山梁奔去。由于走得急，只听两个包袱划在树枝上发出"唰唰"的声响。不一会儿，玉娥已行到半山坡。走得虽然远，也与陌路人拉开了距离，但上山坡越高，身形暴露得就越明显。

"前面那个娘儿们，快站住！"看到往南山上疾行的人，几个男人边喊边向玉娥追来。

"定是个给八路送东西的，抓住一个赏50块钱。"长官模样的边跑边鼓励同伴。

看着如狼似虎的敌人，玉娥艰难地往山上跑。她边跑边想：不能把乡亲们千针万线缝制的鞋子送给鬼子伪军，游击队战士在焦急地等着鞋子穿呢。记得前年冬天，八路军的队伍进村后，他们不像鬼子汉奸进村那样搅得鸡犬不宁，而且晚上不进百姓家，只是睡在村中央戏楼里。有些伤员做手术后，伤残的腿锯下来，埋到村外的土坑里。这些人爱民如子，如今他们打鬼子没鞋穿，给他们做的鞋要是落在坏人手里，自己怎么向乡亲交代？！她这么想着，步子迈得也就更快了。

马玉娥负重在前边跑，4个空手男人在后面追。六七百米距离很快就拉近了。玉娥费尽九牛二虎之力，终于冲上西南山头。她来不及转身，径直朝东北奔去。

"站住，不站住就开枪了！"

玉娥耳边传来敌人声嘶力竭的喊声，紧接着是呼啸而至的子弹。负重女人的小脚跑不过空手男人的大脚，更跑不过飞快的子弹。千钧一发之际，玉娥闪身一抖，将两个包袱扔向陡峭的山崖，自己前冲几步，俯身钻入碧绿的灌木丛中……

特务气喘吁吁，追到石崖边，探头下望，只见山高坡陡，包袱正顺着山崖往下飞滚，看不到谷底。左右巡查，找不到路径，知道半天时间也未见能找到包袱和人，就是找到人，恐怕也早成冤魂。左思右想，四人垂头丧气，原路返回。玉娥藏在崖边草丛中，渐觉周边没了声响，把着崖坡的柴草慢慢滑向沟底，在溪沟旁寻到了包袱。沿着溪沟走了12里，玉娥找到了去后城的正路，天黑前终于把130双军鞋交给区妇救会。区领导看到马玉娥时，只见她衣衫破烂，满脸污泥，手脚被荆棘划破，情景苦不堪言。

"玉娥，辛苦了！"听着区领导发自内心的话语，跑了一天的妇救会主任面色坦然，毫无倦色。

这正是：千辛万苦为抗日，崇山峻岭斗顽敌。

（孙思升　孟繁华）

反"扫荡"艰险的十天

在和平年代，跑步是一种体育锻炼，许多跑步爱好者都喜欢到公园晨跑。在战火纷飞的年月，跑步是为了保存实力或达到某种军事目的转移或撤退，带有不确定的主动性，有时则完全是一种被迫行为。

1942年是抗日战争最困难的时期，日伪军集中兵力，频繁对延庆南山北山根据地进行"扫荡"，实行惨无人道的烧光、抢光、杀光的"三光"政策。10月的一天，昌延日伪纠集1500多人，分三路向昌延县"后七村"进攻。第一路由日伪军600多人从西二道河出发，向南山进发；第二路由60多名鬼子和200多伪军从青龙桥出发；第三路600多人从泰陵出发。

路自库是后平房村人，那一年他25岁，刚刚投身革命，是延庆县基干队（即后来的县大队）的一名队员。当时，基干队仅有不到80人，队长和指导员都姓李，是外地人，副队长孙得胜是延庆本地人。基干队由3个分队组成，每个分队相当于一个排，路自库是一分队二班的一名基层队员。那天，他们驻扎在南红门村，中午会餐，吃猪肉炖粉条儿和豆干饭，饭后不到一袋烟工夫，情报员送信儿说，有30多个便衣队特务在高庙屯村活动。基干队员紧急集合，迅速包围了高庙屯。一分队在村西，二分队在村北，三分队负责主攻。敌人被基干队的突然袭击搞得不知所措，乱作一团。在村西，几个便衣特务想冲出包围圈逃走，偏巧碰见守在那里的二班，赶忙往回跑，乌龟一样缩了回去。30多个便衣特务分成两股，一股奔蒋家台出逃，另一股奔下辛庄。

天光将暗，敌人逃跑过程中，便衣队长段克被基干队员击毙。天黑后，他们停止追击，住在小张家口村。当时十团二连住在上口，他们在下口。待了大约两个小时，情报员送来情报，说不好，延庆那股敌人要来了。听说有敌情，基干队二班紧急集合、转移。他们经西二道河到达箭杆岭，大家的肚子饿得咕咕直叫，就停下来做饭吃。好不容易弄好了饭，正要开饭，又接到情报说，敌人已追到孟家窑，离他们不过1里多地。结果，饭也没顾上吃，赶忙往南山转移。到了山头，遭遇一股日伪军，双方互相射击，半小时赶忙撤离。到达泰陵时，由青龙桥出动的那股敌人也追了上来。当时情况十分危急，山谷里有地方干部正组织乡亲们撤离，必须保护他们。基干队固守三道岭山头，同敌人战斗了一整天，打退了敌人4次进攻。

战斗结束时，已是两天一夜过去了，队员们只吃了一顿饭，基干队员又累又饿，浑身疲惫得像一摊泥。他们分拨下山找吃的，碰巧山沟里有两个散户人家正"供羊"。第一拨人下去把羊肉吃了，第二拨下去把一屉饸饹吃了，第三拨下去，只剩下豆腐菜了，没吃两嘴就没了。后来向北地转移，伙夫和司务长忍着饿去搞饭吃。他们拖着沉重的双腿向前走着，又累又饿又困，累得实在走不动，就躺在大石头上睡着了。

第二顿饭是第三天的五更时吃的。饭后，原打算去深山老林隐蔽，正待动身，北地村干部报信儿说，敌人还在四道岭子，离北地不过两三里地。为了不被敌人发现，他们决定白天不行动，也不做饭。结果饿了一天，晚上10点多才做饭，饭后借着夜色的掩护向深山老林转移。

在深山老林里，基干队员隐藏了3天，没有吃的，大伙只好饿着。饿得实在顶不住了，米袋子还剩下六七斤小米，大家你一口我一口地嚼着充饥。俗话说，饿了糟糠甜如蜜，那生米嚼在路自库嘴里，还真觉得甜滋滋的。小米吃没了，就满世界找酸枣吃，吃酸枣连枣核儿咽，让胃里"充实"起来。

在深山老林的3天里，队长、指导员都非常辛苦，每天站在山头观察外面情况。一天，他们放眼望去，山下的村庄都起火冒烟，一个个村笼罩在灰蒙蒙的烟雾里。原来，是日伪军在烧房子。房子点着了，敌人将抢来的牛羊赶上，粮食让驴驮上，连院墙上结的老倭瓜也不放过，装了麻袋驮走。他们的目的，就是要断绝抗日军民的给养，饿死困死他们。队长把这个道理讲给大家，路自库等人义愤填膺。

第三天下午，一个交通员来到基干队，带来一个振奋人心的好消息——从霹破石过来一个30多人的伪警察小队，被十团打了个伏击，缴获机枪2挺、长枪30多支，俘虏20多人。大伙听了精神一振，备受鼓舞。

天黑时，日伪军突然进入"后七村"，试图"清剿"抗日军民。基干队员从青龙潭出来，迅速向头司、四司、西灰岭转移。出山后奔向新华营，而后是左所屯、后所屯、香营，最后到了北山根儿一个叫"山底下"的小山村。此时，东方天际已微微泛出鱼肚白。他们走了整整一夜。

在山底下待了一天，傍晚又转移到新庄堡北头。新庄堡北头位于半山坡上，只有六七户人家。这里地势高，望得远，容易发现敌情。他们又在这里待了一天。第二天白天，由新庄堡转移到柏木井子，在那儿又待了一天，之后又转移到高家窑子。在这村子待了一天后，又转移到小庄科待了一天。这天晚饭后，全体基干队员集合出发，奔往南山保卫县政府，先后经过新华营、西灰岭、四司，天亮时到达头司，部队停下来休息。

至此，县基干队经历了基干队有史以来最艰难最危险的10天。

（卢志鑫　赵岗）

卢占元抗日故事二则

大石窑村位于延庆县城东北部，新中国成立后，先后属红旗甸乡、千家店镇。日本侵华时期，当时归为伪满洲国热河省丰宁县所属。1940年5月，八路军开辟平北抗日根据地，属龙（关）赤（城）联合县。在大石窑村，至今流传着一个卢占元抗战的故事。

痛打伪军二少

伪满康德六年，也就是1939年，卢占元7岁。

那时，大石窑村驻守着一个连的伪满洲军。连长姓苏，他有一对双胞胎儿子。本来是中国人，他却给两个儿子取了个外国人的名字，一个叫欧里江，另一个叫K奇录（译音），与卢占元年龄相仿。平日里，这俩小子仗着他老子腰挎盒子枪和东洋刀，横行霸道，全村孩子敢怒不敢言。

那年还没立秋，衣不蔽体的卢占元饥饿难忍，从北边地里撅了两根玉米秆，边嚼边走。刚刚爬上北庙坡，迎头撞见伪连长那两个浑小子。这俩小子二话不说，饿虎扑食一般，开始抢卢占元手里的玉米秆。

卢占元平时就看不惯这俩小子，此时见他们抢自己的玉米秆，他那宁折不弯的倔脾性又上来了。他想：你硬夺，我偏不给，就不信你俩崽子有多厉害！欧里江用尽吃奶的劲儿也抢不过来，就咬紧牙关死拉硬拽，累得满脸通红，气喘吁吁。双方争斗时，引来围观伙伴一片哄笑声。卢占元紧紧攥着玉米秆岿然不动，欧里江只好松开双手，败下阵来，抓耳挠腮，表情尴尬。

二人败下，卢占元继续嚼着玉米秆走自己的路，没承想遭到欧里江偷袭，左腮挨了一拳。这小子玩阴的！卢占元顿时火冒三丈，就势一把将他摁倒在地，一通猛揍！双方争斗进行时，围着十几个伙伴，瞅着占元不吃亏，谁也不上前拉架。

一直站在旁边发愣的K奇录，一看这阵势，猛冲过来，试图撞倒骑在哥哥身上的卢占元。说时迟，那时快，只见卢占元猛一闪身，顺手牵羊，把失去重心的K奇录推到叽里呱啦乱叫的欧里江身上，把俩小子像柿饼似的摞在一起，踩在脚下。平时骄横无比的俩公子哥儿，一动真格的就成了豆腐渣。卢占元为伙伴们出了口恶气。大家心知肚明，自然是拉偏架，拽着他们，放走了卢占元。

后来，怕姓苏的伪连长借机报复，加上家里缺吃少穿，卢母带上儿子，连夜到坝外逃难去了。

等两个公子哥儿打算报仇时，早已不见了人影。

智惩恶汉奸

1942年春，日伪政府强迫延庆东部、南部山区修筑"围子"，强迫群众拆毁或烧毁原有房屋，搬进去居住，以限制人身自由。

这年年初，卢占元和母亲回到村里。不久，他和卢贤顺、王占明、谷秀清等几个不满14周岁的小伙伴被抓去干活、顶差。

吴文奇是万泉寺讨伐队总头目，这时做起了大石窑修围子的总监工。吴文奇是个铁杆汉奸，在日本人面前摇尾乞怜，极力显出巴儿狗的忠诚，对修围子的人则非常残忍。在村里他还觅了个相好的，隔三岔五地住在她家里。

那年夏天，刚入三伏的头一天，天气闷热难熬。卢占元和几个小伙伴跟着大人从山沟到工地，来来回回背大石头。顶着毒辣的太阳，几个小伙伴背了一趟又一趟，累极了，就瞅准机会，躺在树荫下凉快凉快。头一着地，就累得睡着了。

监工点名时，发现卢占元等几个孩子没在岗，吴文奇派人把他们抓回来，惩罚加倍背石头不说，还强迫他们双膝跪在粗糙的石子儿上"晒太阳"。可怜的孩子跪得双膝流血，他仍然不依不饶。卢占元恨死他了，一心要寻找机会，揍一顿这个狗腿子，好给大伙儿出出气。

机会终于来了。刚进中伏那天，卢占元和4个小伙伴往百石嘴子敌炮楼抬水。伪满洲军里有个当官的是日本人，叫卢占元给他找个花姑娘。卢占元灵机一动，神秘地告诉鬼子："前头院倒有一个，花姑娘大大的，不知你敢不敢找她？！"原来，卢占元说的花姑娘正是吴文奇的姘头。鬼子一听，高兴得手舞足蹈，马上从兜里掏出几块糖，塞到卢占元手里，让他"米西米西大大的"……

鬼子兴奋得急不可耐，按照卢占元的指点，一路小跑，闯进一个院子，一头撞进吴文奇姘头屋里。也是天遂人愿，大白天的，吴文奇竟和姘头鬼混呢。鬼子不太认识吴文奇，吴文奇抢了自己先，立刻暴怒。鬼子把他拖到院里，捡起木棍猛抽，一根抽折了又换一根。吴文奇只有哀求的份儿，不知道自己哪里得罪了日本人。

卢占元小小年纪，用自己的智慧，巧借日本人之手惩治了汉奸，给乡亲们出了口恶气。后来，村里人送他一个外号——小诸葛。

（卢志鑫　侯文革）

五里坡抗战故事三则

巍巍海陀山具有生态之美，冬奥之美，冰雪之美。在70多年前，这里的游击区军民团结，共战倭寇，留下了一段段感人至深的故事。

五里坡游击区地处海陀山腹地，南距延庆城60多里，北距赤城县城80多里，这个崇山峻岭中的小村庄一时间成为平北各游击区的大"后方"。伤员在这里救治，军需衣被在这里补缝，行军食品在这里加工，游击队干部在这里培训。五里坡附近有四五个小自然村，一千来人，外来干部、伤员、游击队战士还有近千，一时间，五里坡显得热闹非凡。

鬼子偷鸡不成蚀把米

1938年八路军初到平北开创根据地，环海陀山地区抗日斗争处于起步阶段。当时敌我混杂，鬼子汉奸时出时没。人民群众虽有抗日热情，但抗日组织还不健全。5月，八路军进入五里坡，开始组织贫农协会、妇救会、民兵。由于敌强我弱，抗日干部十分注重隐蔽。6月27日，骄阳似火，有消息说敌人可能要来"清剿"。游击队分析了敌我形势，决定坚壁清野，引蛇出洞。

临近中午，4个鬼子领着十几个伪军翻山越岭来到五里坡村前。日本人骑着马，伪军紧随其后。由于山路远，天又热，鬼子伪军都有些疲惫。他们在村边叫了一气，无人出来。东看西看，发现村东的一块玉米地里有一个年轻人。这个人二十五六岁，中等个子，一脸憨相，黑乎乎的面皮。他就是五里坡村游击队战士郑进辉。早晨，村游击队队长苏贵友对他说："不知谁跟鬼子告的密，八路军伤员的行踪让鬼子知道了，昨夜领导让咱们村儿出几个人保护伤员安全，你看这事儿咋办？"一上午，郑进辉在村东地头锄地，候着来人。似火的骄阳，肆无忌惮地扑在庄稼汉的身上，他低着头锄草，被烤得头昏脑涨。嘴渴得冒火，拿起水罐，想喝几口，可摇了几下，才知道里面已经没水了。他叹口气，看了看地东边儿的桥岭梁口，又抬头看了看日头，心想要等的"客人"不会来了，也许是情报搞错了，于是拿起锄头，提起水罐，准备回家。

这时，东边山头露出了钢盔，一队身穿黄军装的日伪军正从东边桥岭走过来。郑进辉有一种说不出的高兴，但还是一脸沉着。他放下水罐，把住锄头，狠狠地向地下锄去。一锄两锄，向前锄了十几米，汗出得更厉害了，脸变得乌漆麻黑。进辉正聚精会神地锄地，后背上被一个硬物重重一击，吓了一跳。回头一看，两个日本兵端着大枪气势汹汹地盯着他。

"你，什么的干活？"

"太君，我的本村的良民，地里苦力的干活。"

"八格牙路，你的良民的不干活，你的八路的干活，村里百姓都跑了，你留在这里想对付皇军。"

"太君，我的大大的良民，八路让我跟他们跑，我的没听他们话，溜出来在这里等皇军，给你们打水引路。"郑进辉指指水罐，看看远方的深沟，点头哈腰，一脸的真诚。

"哈哈，你的大大的好。"

领头的日本兵冲那个端枪的鬼子兵交流一下眼神，相视一笑，便把郑进辉带到一个老鬼子面前。郑进辉毕恭毕敬，低眉顺眼，连连向老鬼子行礼，颤着声说："队长，你的辛苦。"

老鬼子队长不动声色，上下端详郑进辉。

"你的大大的良民，我的问你，这里八路伤员的有？丁香花沟在什么地方？"

郑进辉心里一乐，沉思一下，边擦泪边说："丁香花沟伤员大大的有，就在那里的干活。"他指了指南方的四梁山。

"你的带路，抓住八路伤员，找到了，金票大大的。"鬼子军官发出诱惑。

在一群人的簇拥下，郑进辉爬上了前面的山路。山陡路窄，荆棘铺地，炎炎烈日下，人们没走多远就浑身是汗，气喘吁吁，一个个像拉套的牛"呼哧呼哧"喘粗气。走到山头，都累得够呛。一个鬼子用枪托在郑进辉的腰上重重地杵了一下，咂着干裂的嘴唇骂道："丁香花沟的这么远？"

郑进辉指着山沟下的一片树林，比比画画，告诉鬼子那里就是目的地，然后躲躲闪闪想往回走。鬼子又把他推到前面，直走到沟底。这时大家已是又累又渴。

"这里水的有？"鬼子问道。

郑进辉指了指前边，神色显得十分紧张。又走了100多步，渐渐听到水声，一条小溪从树林里钻了出来。看见水，日本兵什么也不顾了，你挣我挤地向前拥着，趴在石头上伸嘴喝水。此间，郑进辉不见了踪影。日伪军发现后，在树林边的灌木丛里乱喊乱找，不经意踏响了在这里等候多时的地雷。随着"轰轰"的声响，有的上了天，有的倒向河沟，地雷声、呼喊声响成一片。鬼子队长虽早有防备，千算万算还是入了这黑脸庄稼汉的圈套，偷鸡未成，反蚀了一把米，只好自认倒霉，组织手下抬着尸体和伤员赶回老窝。

站在山头上的郑进辉，看着鬼子的狼狈相，高兴得笑起来。

妇女踊跃救伤员

在五里坡村南五里的山下，有条山沟叫丁香沟，四周峰峦叠嶂，树木参差，遮天蔽日。山洼处有块平地，沟口西侧似石门相对，易守难攻。平北军分区十团的战地医院就设在沟内洼地里。1942年夏天，鬼子对游击区进行残酷的大"扫荡"，有不少战士负伤，被送到这里进行救治。由于敌人封锁，缺医少药，再加上暑天炎热，伤员困苦不堪。

7月23日，丁香花沟战地医院秩序井然，医生忙着护理伤员，临时找来的十几个邻村妇女也来帮忙。在一个病房门前站着几个刚转来的伤员，他们痛苦地挤在一棵山榆树下。夏日的阳光毒辣辣地照在树上，阳光透过树叶，喷洒在伤员身上，使伤口的疼痛更加灼烫。由于止痛药、麻醉消炎药还没有送到，医生不能立即手术，伤员们只好咬紧牙关，忍受着疼痛的煎熬。山坡下边，小溪里流淌着清水，几个妇女在给战士们洗刚换下来的衣服和那些带血的纱帘。

中午时分，炊事员把饭送到洗衣服的妇女面前，郑秀荣笑着看了看炊事员说："同志，俺们都不饿，你还是先让伤员们吃吧。"

炊事员说："同志，你们别客气了，快吃你们的吧，他们已经吃上了。"山榆树荫下，几个伤员正端着蓝边儿碗，就着玉米面打成的稀糊糊，吃着红高粱面饼子。对这些常人难以下咽的东西，他们几个却吃得那么香甜。妇女们打开干粮袋，里边装着几个金黄的玉米面窝头。一想到伤员吃的东西，妇女眼泪不由得流了出来。

"这饭是人吃的吗？"

"不能让伤员吃这样的东西呀！"张二嫂痛心地对郑秀荣说。

郑秀荣是妇女主任，她看了一眼正在吃饭的伤员，又看看大家，把几个妇女聚到一起说："姐妹们，咱们回去和村里的乡亲们说说，让他们把家里好吃的东西准备一些，明天咱们给他们带来，别让他们再喝糊糊、吃高粱面饼子啦！"

妇女们拿定主意，又到河边继续洗衣服。沉寂中，伤员的呻吟声不时飘过来。张二嫂心直口快，对妇女主任又提出了一个问题："二妹子，你说这大热的天，没有药，伤员们的伤口要是腐烂了，可咋办呀？"

"是呀，二嫂，可眼下没有止痛药。"

西坡村的二兰子赶忙献计，说："难道非得洋药片能治伤吗？我娘家后河村有个老中医，最拿手的本事就是治枪伤，咱远近几个村的人去山里打猎，受了枪伤，不是都找他吗？"

"对呀！"郑秀荣高兴地一拍大腿，"二兰子说得对，你今晚就去找那个老中医，不管花多少钱也要把他请来，赶快给伤员治病。"

妇女们洗完衣服，带着各自的任务匆忙赶回家。晚上，她们分头行动，走家串户将伤员们的情况一说，父老乡亲就忙开了，大家磨面淘米，宰鸡择菜，忙了一宿。郑秀荣和二兰子跑了 7 里路到后河请来老中医。老中医说给八路军疗伤，他分文不取。

第二天，丽日当空，群山含笑。五里坡 5 个村的 30 多个乡亲，驴驮、肩扛，带着为伤员准备的食物，来到野战医院，把东西交给了院长。老中医为伤员把脉疗伤，手到病除，丁香沟洋溢在欢乐之中。

手榴弹之争

五里坡村的男游击队员和女游击队员吵起来了，吵的原因，是因为分武器的事。

这个村的男、女游击队是去年成立的。男游击队队长是苏贵友，女游击队队长是郑秀荣。在这一年里，男游击队把从厂沟八路军平北军分区军工厂领来的地雷埋在敌人"扫荡"时必经的路上，请日伪军和汉奸吃了不少铁西瓜；女游击队员则是站岗、放哨、看消息树，配合八路军打了不少胜仗。可谓巾帼不让须眉。这天，村游击队从厂沟领了几颗地雷和手榴弹，地雷大家公用，手榴弹是一个队员两颗。可就在分手榴弹时，男队中的三虎又从女队那里多拿了一颗。这时，女队员不干，两边就吵了起来。三虎说："你们能干啥，大不过查查路条，看看消息树，这手榴弹给了你们也是聋子的耳朵——摆设，我看你们有一颗拿在手里摆摆架势就行了。"

女队的二丫说："查路条、看消息树咋的？那也得有人干，给俺们几颗地雷，也照样把鬼子送回老家去。"

听见这话，在一边的苏贵友和郑秀荣走了过来，对吵架的两个人说："你们不用吵了，三虎刚才的话是有些错误，在咱们的队伍里，干啥都一样，只是如今武器少，军工厂能供给咱们的只有这些，大家动脑筋想想，怎样用我们手里的这些武器杀伤更多的敌人。吵架不能解决任何问题。"

"对，二丫，别和他们置气。"几个女队员也劝着她们的伙伴，"咱们再想想杀鬼子的好办法。"

几个女队员坐在一起，小声地商量着，她们都说地雷给得太少，手榴弹又扔不远，炸不死几个鬼子。她们怕男队员笑话，手榴弹在自己手里真成了聋子的耳朵。

"咋会是摆设？"二丫突然叫起来，"咱把手榴弹绑在一起，把它们的弦拉出来拴在绳子上，把它们埋在鬼子常走的路上，不也能炸死鬼子吗？"

"对呀！"郑秀荣一拍二丫的头，"你真聪明，俺们咋就没想到，这还真是个办法，等我去和老苏商量一下。"

她走到男队员身边，看见它们还在脸红脖子粗地争论着，就把苏贵友叫过来，把刚才二丫的想法对他说了。老苏一听，一拍大腿："对，这真是好办法。"说完，他走回去，将女队员的办法对男队员一说，男队员欢呼起来，一个队员大声说："谁说女子不如男！"

（孙思升　孟繁华）

舞狮戏东洋

每年元宵节，延庆县城大街上都有数十支队伍进行花会行进表演，人们争相观看，一睹高跷、竹马、秧歌的喜气和热闹。小营村舞狮队非常有名，也历史悠久，抗战时期曾经戏弄过伪蒙疆政府的日伪官员们。

1943年，伪延庆县公署强迫四乡百姓花会班子正月十五到县城会演，妄图营造中日"共存共荣的新秩序"，粉饰屠刀下的"景气升平"。接到通知后，县城东关外小营村卢保长，找到本村狮子会会头"小灵玉儿"赵德山，要求准时参演，耍出花样，并叮嘱说："千万别惹日本人不高兴。"卢保长的话哪敢不听，赵德山一口应承下来。

常言道："夜赏龙灯昼观狮"，小营的狮子晚上照样好看。那天傍晚，华灯初上，薄云遮月，雪花飘飘，狮子队随着人流拥向县城。队伍里，在挑着的大红灯笼下面，挂着一条杏黄旗，"小营狮子老会"六个大字格外醒目，左下方"道光二十五年成立"几个小字金光闪烁。耍狮队一进东瓮城，半人高的大锣就开锣了，"撺金钱"表演径直撺到县城中心的玉皇阁。赵德山从褡裢里拽出一条皱了吧唧的日本国旗，随手贴在蓝狮子屁股上。

老县衙坐落在玉皇阁西街路北，1913年改为县府，如今成了伪县公署的所在地。县衙坐北朝南，衙门口上挂着一排大灯笼，血红的灯笼下面垂挂着"中日亲善与民同乐"的横幅，横幅下面是高门台，门台下的一排太师椅上坐着伪县长郝喜，日本首席指导官和事务官带着涂脂抹粉的女人分列左右，他们身后围着一帮狐朋狗友和汉奸伪警察。县衙门前东西街上，各村的玩意儿班子依次排列等候演出。衙门口附近，凡是能站人的地方，都挤满了看玩意儿的百姓，连玉皇阁上都站满了人。

郝喜谄媚的演讲，如同懒婆娘的裹脚布——又臭又长，日本指导官"呜里哇啦"一阵子鸟语过后，各村的玩意儿班子走过场，小营狮子会依次跟进。赵德山手持蝇甩子（拂尘），踏着鼓点的节奏，“咚咚咚，锵锵锵”，引导双狮登场亮相。他拱手向四周观众奉揖，又朝大门弯腰鞠躬，接着蝇甩子往空中一挥，鼓声骤起，两只雄狮抖起精神左突右撞打出了一片空场，十二盏马灯沿场子一围，只留出了大门的正面。突然，“哟西、哟西！”日本指导官发了神经，竖起大拇指，咧着大嘴连连称赞：“棒极了，棒极了！”原来，他瞅见了贴在蓝狮子屁股上的日本膏药旗。

赵德山将蝇甩子向下一抖，双狮开始表演。这天的舞狮人全是高手，耍黄狮的是刘裕德、张洪恩，耍蓝狮的是于祥、刘旺，续尾子的是卢河、赵廷福；锣鼓手有张志亮、王进昌、徐魁、刘荣。两头狮子被这班人耍活了，那动作刚猛雄健，干净利落，连狮衣上的鬃毛都抖奓了！这时，只见赵德山手中蝇甩子连画三圈，鼓乐队奏出平缓、温柔的旋律，双狮转着圈儿，互相摩挲挑逗着，亲抚着……鼓乐高潮渐起，狮子交替打卧儿，一只从对方身上跃过。此时，大鼓和大镲奏出了“咚！嚓！咚！嚓！”的单音节奏，只见蓝狮正卧在地上（门墩儿），黄狮脚踏日本膏药旗站在了蓝狮的背上，随着鼓乐，蓝狮驮着黄狮原地转了一圈儿。要在往常，两头狮子屁股对屁股转两圈儿也就完事儿了，如今这么一耍，双狮就像一对“背遭遭儿（交配）”的公猪母猪，把个日本膏药旗糟蹋得不亦乐乎！中国观众心知肚明，乐得前仰后合，日本人难解其意，附和着中国民众咧着嘴傻笑。

接下来，双狮纵身“跑方”，蓝狮跳到日本人跟前，女人们吓得往后躲，续尾子人展开蓝狮衣一把将一个日本娘儿们搂进狮子腹中，蓝狮绕场一圈，像生小狮子那样将女人放了出去，完成了“子母狮戏”的套路。

小营狮子老会，驱散了人们心中的阴霾，舞出了精气神。父老乡亲瞧得过瘾，笑得舒坦，叫好声、欢笑声此起彼伏，响彻云霄。

（卢志鑫　王昆山）

汉家川上演地雷战

在昌延联合县大庄科汉家川村，流传着长久不衰的歌谣。那就是：地雷好比大西瓜，挖了个坑埋上它；轰隆一声震天响，敌人脑袋开了花。

如今，汉家川村上了年纪的人一提起这首歌谣，就想起当年抗日英雄埋地雷、炸敌人的情景。

汉家川村位于延庆县大庄科乡莲花山麓东南，是一个群山环抱的小山村，抗日战争时期属昌延联合县二区。当时，大庄科据点住着一队满洲军，有四五十人，平时骄横跋扈，专门打击八路军游击队，欺负老百姓。

1943年3月28日，这帮伪满洲军从大庄科出来，到太平庄"扫荡"。从大庄科到太平庄都是山路，七弯八拐，爬坡过河，一去一回就是一天。

敌人早晨一行动，就被游击队发现。埋伏在莲花山北梁上的汉家川游击队把敌人的行动路线看得一清二楚。队长闫春生立即召集队员研究破敌办法。按敌人的一般行动规律，"扫荡"不在外边过夜，早去晚必归。归来时必然经过汉家川。而汉家川村北两山峡谷的出口处，就是伏击敌人的好地方。游击队就在出山的凹洼处摆好了战场：

"一定叫满洲军在这里尝尝咱们的铁西瓜。"

"咱们去石门子埋地雷，炸炸这帮兔崽子。"

王存芝和其他队员研究着对策，指导员温德瑞一看大家劲头这么足，十分干脆地下了命令："好，咱们马上出发。"

游击队员路熟，不一会儿，就赶到石门子。

石门子位于两座高山之间，沟口宽只有十几米。自沟口至东，山势开始逐步转缓，故此百姓叫它石门子。此处距离汉家川二三里地，是太平庄"扫荡"敌人归来的必经之路。冬末春初，山川料峭，坡上没有牛羊，地里没有耕种的农夫，一片萧然。时近中午，游击队员到达目的地，看了地形，侦察了周边情况，闫队长立即安排队员谢玉起、蒋兴上山放哨，温德瑞等其余队员破土埋雷。3月的延庆，大地刚刚苏醒、化冻，石门口山路土少石头多，被人畜践踏得很硬，挖起坑来十分费劲。埋雷队员右腿半跪，双手紧握铁锹在卵石遍布的土缝中挖坑。用力大了铁锹顶在石头上，用力小了又挖不成，干了一会儿，众人大汗淋漓。挖出了坑儿，小心翼翼地将踏板雷放在坑里，测试完弹簧，然后轻轻在雷上盖上细土，又在附近捧来干土、草叶盖在上面，用树枝画上几个驴蹄印子。粗眼一看，布雷区与路周边山坡情形相同，并无区别。队员们忙了半天，个个累得汗流浃背。一切完毕后，大家相视一笑，反身爬上高坡，躲藏到树林歇息，观看动静。

天高云淡，太阳西斜。倦鸟扑棱着身子飞进旧巢，远方的山风轻轻吹来，发出丝丝寒意。队员们等啊等，直等到汗落身凉，却仍旧不见动静。

"太阳快要落山了，伪满洲军会不会住在龙庙沟，今天不回去了？"一名情急的队员小声嘀咕。

就在大家等得心急无奈的时候，南山岭上的消息树倒了。很快，石门子内发出嘈杂的声音，紧接着沟口映出了一队人影。只见这队人有的骑马扛枪，有的牵驴赶羊，提着鸡的，扛着破麻袋的，散散乱乱，迤逦而来。鬼子伪军在太平庄鸡飞狗跳地"扫荡"了一天，满载而归，期望在夜幕降临前回到大庄科，吃顿饱饭，喝杯"庆功酒"。他们一个个大摇大摆，哼着低级小曲，嬉笑着，好不快活。

"狗日的，别高兴，好日子到头了。"坡上的队员悄声骂道。

日伪军走出沟口十来米，只听"轰"的一声，慌忙向路两旁蹦跳。随着一声声轰隆声，沟内冒起一团团浓烟，路两旁土块碎石乱飞，红血碎骨飞溅。石门子山坡上，沟底边，死尸横躺竖卧，驴跑羊叫，鸡飞狗跳，一片狼藉。敌人的惨叫声和叫骂声混在一起。眨眼工夫，一支扬扬得意的队伍被炸得七零八落，惨不可言。由于天时已晚，鬼子伪军顾不上上山报复，也顾不上再携带战利品，被地雷炸剩下的人用毛驴驮上死尸，扔下鸡狗、猪羊，扶起同伴，垂头丧气地向老巢逃去。

见此情景，山坡树林里的战士们乐不可支；莲花山麓左近几个村的老百姓听见地雷声响，知道敌人吃了铁西瓜，男女老少喜笑颜开，奔走相告。

后来，吃了亏的敌人也狡猾了，一到生地方"扫荡"，路不熟，情况不明，他们便使用探雷器，探到就把地雷起出来。为此，游击队员们又制出了硫酸雷。当敌人小心地把雷起出来后，随着晃动，硫酸流出来，还是要爆炸。真是狡猾的狐狸斗不过好猎手。

驻在大庄科的敌人，对游击队的地雷战动了不少脑筋，干着急，也无济于事。游击队员使用地雷到了出神入化的地步，在屋门下、筐里、树下随意使用。鬼子伪军进村时，只要想打点水喝，桶就响；只要想进门，一踢，门就炸，左右把他们送进阎王殿。几年下来，汉家川地雷战把敌人搞得六神无主，草木皆兵。

（孙思升　张进军）

李班长买盐

抗战时期，对于缺吃少穿的八路军战士来说，盐的作用非常大，有时它的价值超过了武器弹药。在柳沟，至今流传着一个李班长冒死买盐的故事。

时间进入1943年春天，在延庆南山柳沟、果树园、小金房一带活动的冀热察挺进军十团部队，一面开展对敌斗争，一面开荒种地。由于日伪经济封锁，部队吃盐成为问题。此时，柳沟村李燕田正在十团一连任机枪班长，组织上看他和当地人熟，安排他到敌占区执行为部队买盐的任务。

3月21日这天，正值春分，乍暖还寒。一大早，吃过早饭，燕田肩膀上搭着褡裢，信心满满地从驻地柳沟踏上去县城买盐的行程。

柳沟距延庆县城20华里，敌人封锁严密，没有"良民证"是不容易进城的，即便是混进去，也很难把盐带出城外。为了躲避敌人岗哨，燕田不敢走大路，跨越山岭，走田间小道，沿着妫水河边，曲曲折折绕行了30多里，走了3个多小时，快晌午了，才辗转来到延庆东关外的贸易市场上。

贸易市场不大，商铺不多，货物也不十分丰富，但是购物的顾客还不少，你来我往，熙熙攘攘的。市场门口和市场里头都有伪警察看管。他们手提警棍，挎着枪巡回检查，防止八路军游击队购买生活用品。专卖食盐的几个铺子无精打采地挂着牌子，上面歪歪扭扭地写着字："凭良民证，每人只售3斤盐，违者以私通八路论处。"

看了戒备森严的市场，燕田觉得很难完成买盐任务。怎么办？其实，燕田心中早有他的小九九……在商铺里，他挑选了一包糕点，买了两瓶酒，塞进褡裢的帆布口袋里，搭在肩上，直奔东关村姑姑家。

燕田参军打鬼子，好几年没来姑姑家了。姑姑刚出嫁那阵子，李燕田是姑姑家的常客。姑父也喜欢他这个妻侄子，亲友面前常夸他——"这小子明事懂礼，办事有个准！"姑父心灵手巧，多才多艺，为人豪爽，附近城里关外的，谁家有大事小事都愿意请他帮忙。

李燕田来到姑姑家，恰巧姑父也在。老两口见到久别重逢的大侄子，笑得合不拢嘴，心里乐开了花，甭提多高兴了。姑姑斟茶倒水唠家常，唠叨个不亦乐乎。

李燕田心里有事，心不在焉地应酬着，好几次见缝插针想岔开话题，都被姑姑的热情淹没了。

姑父看得明白，心想这小子当兵打鬼子，今天来这儿肯定有事儿，于是打断老伴的话题："大侄子，今天来姑父家有事没？"

姑母赶紧接过话题："大侄子，千万别见外，有啥事，告诉姑姑，姑父肯定会帮你！"

李燕田说："姑父姑姑待我亲如父母，今天确实有件为难的事情，想请姑父帮忙——买点盐！"

"买多少？"姑父问。

燕田答："三五十斤，多多益善。"

姑母一听吓傻了眼，直愣愣地盯着燕田："傻小子，没说胡话吧？！偷买食盐，这可是掉脑袋的事，人命关天呀！"

燕田心想，直言给部队买盐可是泄露了军事秘密，再说也可能吓着姑姑，于是改口说："您二老也知道，大侄儿能有今天多亏了乡亲们，您二老经常教育侄儿，做人要知恩图报，乡亲们的恩情不能忘。如今鬼子经济封锁，左邻右舍缺衣少盐，侄儿不能眼看着邻居们没盐吃。乡亲们委托的事，侄儿不能不办，不能辜负乡亲们的厚望，姑父姑姑您说是吧？"

姑父明知道燕田一席话是买盐的托词，但还是受到感动。他思忖良久，在鞋底上"嗒嗒"两下，磕掉烟灰，又从旱烟袋里慢慢地装上一锅。燕田见状拿起火石，在火镰上打着火，给姑父点上烟。姑父深深吸上一口，随着吐出的烟雾，蹦出了一句话："好吧，你等着，姑父帮你！""谢谢姑父。"燕田掏出买盐的钱，双手递给姑父。姑父接过来，核对了数目，抽出几张交给老伴，剩下的装在口袋里。他吩咐老伴安排家人至亲分头去买盐，一再嘱咐分头买，别声张。"放心吧，老头子。"姑姑出溜到炕下，颠着小脚跑了出去。姑父随后叼着烟袋，背着侄子的褡裢慢悠悠地迈出家门。

一个时辰过后，姑姑收到12斤盐，姑姑一再抱歉，觉得对不起大侄子。又过了不到一个时辰，姑父背着沉甸甸的帆布褡裢回来了，"大侄子，这是26斤，也只有这么多了。"

太棒了，38斤，超额完成任务！燕田双手紧紧抱着姑父，激动得说不出话，泪水滴在姑父的后背上。

吃过晚饭，太阳也快落山了。姑父护送燕田躲过敌人的岗哨，过了妫水河。望着燕田的背影，姑父一直也没有告诉他，自己是通过伪警察大队的一个铁哥们儿买的盐。

燕田沿着妫水河南岸，迈上了莲花池村东头的小陡坡。"站住，干啥的？"一声吆喝把燕田吓了一跳。他定睛一看，是持枪站岗的哨兵，枪口正对着自己。"干什么的，背的是啥东西？""长官，我是赶集的，进城买点东西。"燕田点头哈腰地应和着，不慌不忙地弯腰把褡裢放到脚下的地面上，把手举过头顶浑身哆嗦着等待检查。哨兵持枪走来，用刺刀挑他的褡裢。说时迟，那时快，燕田飞起一脚，踢翻了枪，缴了敌人的械。燕田端着三八大盖，指着敌人脑袋："爷爷是八路，不老实，毙了你！"一听是八路军，哨兵顿时筛起糠来，跪倒在地上磕头如捣蒜："八爷饶命，八爷请饶命！我是刚抓来的，穷苦百姓，咱井水不犯河水，饶过我吧！"原来站岗的哨兵是个伪自卫队员。燕田用哨兵的裤腰带将他捆住，嘴里塞上破布，推进旁边的土坑里，背上枪和盐，乘着夜色，一路小跑奔回柳沟方向八路军驻地。

去敌占区买盐又缴枪，李燕田受到部队表彰，在附近传为佳话。

（卢志鑫　郭昆）

王起脱险

延庆东南部山区大庄科一带分布的沙塘沟、霹破石、董家沟、里长沟、景而沟、慈母川、铁炉7个自然村，抗日战争时期，属伪华北政府昌平县管辖，因位于明十三陵后，俗称"后七村"。后七村为八路军开创平北抗日根据地、抗击日本侵略做出了巨大牺牲和贡献。

1943年7月，进入小暑时节。8日中午，湛蓝的天空没有一丝云彩，骄阳似火，火辣辣的太阳照在山岗上，热得让人喘不过气来。沙门村西边的一条山间小道上，一个中等身材、粗眉赤脸农民打扮的青年男子，正火急火燎地匆匆赶路，径直往小山包上奔着——他就是董家沟村民王起，昌延根据地一名不穿军衣的优秀侦察员。

这天清早，王起刚刚吃完早饭，昌延县委敌工部部长任民找到他，说有两个伪军从永宁跑过来，准备投靠八路军，让他把两个伪军秘密护送到昌延县政府所在地大铜沟去。接到任务后，王起二话没说，就跟着任民赶到敌工部，带着两名投诚的伪军经秘密通道奔向大铜沟。

完成任务已近晌午，因着急回家，王起决定冒险抄近路。从沙门村南刚刚爬上一个叫石壶的小山包，王起猛然发现有人正连跑带爬地冲到面前，要不是他躲得快，差点撞了个满怀。定睛一瞧，原来是老熟人闫德宝，沙门村抗日救国会主任。大热的天，闫德宝弯着腰，气喘吁吁，匆匆忙忙告诉王起："伪满洲军正在追捕那两个逃跑的伪军，你赶快躲起来吧！"闫德宝也顾不上停留，说罢径直往山下冲去。

王起听说敌人来了，心想，自己是侦察员，正好趁机侦察一下敌情，搂草打兔子——捎带手（活），也许会有意外收获。于是，王起打起精神，迅速朝山下跑去。他沿着弯弯曲曲的山路搜寻，远远望见山下人头闪动，赶紧拐进路边草丛，跃进一个草窝，"扑棱棱"惊起一只野鸡飞起，落在山崖上，咕咕嘎嘎叫个不停。听到母鸡叫，敌人发现草丛中有人，于是蜂拥而上，七手八脚用绳子把他反绑，押到大庄科据点。

捆绑王起的伪军，正是从永宁过来追捕那两个逃兵的伪满洲军。带队的排长姓石，脑门上有个大疤瘌，为人阴险毒辣，人们背地里叫他石疤瘌。今天投奔八路军的两个士兵，都是他的手下。上司恼火，他也觉得脸上挂不住，信誓旦旦要把人追回来。

石疤瘌很狡猾，尝试过八路军的厉害，其实也不敢真追，乘着大白天，提心吊胆地带着人瞎转悠，碰巧抓住了小伙子王起，就像抓住了救命稻草，赶紧押解过来审讯。伪军把王起推进据点一间屋子，绑在老虎凳上。旁边摆着其他刑具，还放着两盆凉水。

石疤瘌问："我们丢了两个人，你见到了吗？"

王起摇摇头，回答："没见。"

石疤瘌进一步逼问："那两个人就奔你来的方向去了，没见到，我不信，那你干什么去了，只要你如实说出来，我就放了你。"

王起忍着疼痛，咬紧牙关说："老总，我是走亲戚的，我们老百姓只知道种地、放牛，不懂得外面的事。"

"你们这里住着多少八路军，都住在哪里？快说，不说弄死你！"石疤瘌恶狠狠地举着皮鞭。

王起心想，打死我也不会告诉你。他强忍着疼痛敷衍敌人："就听说有八路军的一个什么十团，住处没准地儿，到处跑，我也没见过。"

石疤瘌又问："你知道他们的枪藏在什么地方？"

此时，王起的腿已被老虎凳咬出了鲜血，疼痛难忍，汗珠子直往地上掉。王起心生一计，对敌人说："我不是八路军，但我瞅见八路军藏枪了，就藏在董家沟村后面的北山上。"

石疤瘌心想，抓不到逃兵，天黑之前弄几支枪也好回去交差。他命令伪军赶紧给王起松绑，带着部下跟在王起的后头，匆匆忙忙走出据点。

大庄科离董家沟六七里地，王起打小就在这一带摸爬滚打，山高山低路宽路窄心里有数。他一边走，一边想着对策，七扭八拐，领着伪军乱走。下沟爬坡，上山翻梁，一来创造逃跑的时机，二来消耗敌人的体力。就这样爬了一个多时辰，夕阳西下，太阳快落山了，才爬到一座山的半山腰上。伪军个个气喘吁吁，汗流浃背，累得哭多骂娘。陡峭的山崖挡住了去路，石疤癞眼见无路可走，气势汹汹地举枪质问王起："快说，枪到底藏在什么地方？"王起心里清楚，这里压根儿就没藏过八路军的枪。他之所以把敌人引到这里，是想找个有利地形，和敌人斗一斗。于是他用手指着山崖上面说："枪就藏在上面的山洞里，你们上去取吧！"

伪军仰头望着直上直下的悬崖峭壁，目瞪口呆。你看看我，我看看你，大眼瞪小眼，谁也不敢往上爬。石疤癞见状也不好难为手下，用枪指着王起："你马上去取，取回来老子就放了你，否则小心你的脑袋。"

于是，王起就一步步往上爬，巧借地势及时休息，积攒体力。等爬到崖头上，他朝下面扫视一下，趁敌人不备，顺势搬起一块大石头，向下面狠狠砸去。真是无巧不成书，落石恰巧砸在石疤癞的后脑勺上，只听"哇"的一声，疤癞一头栽倒在地，一命呜呼。其他伪军吓得屁滚尿流，散身躲了起来。王起一跃而起跳下悬崖，乘势一个大出溜，滚到了山沟里。起来后，王起右腿被摔成骨折，鲜血染红了衣服。

好大一会儿，躲在沟坎后面的伪军才抬头望向山崖，早不见王起踪影。他们举枪胡乱射击一通，为自己壮壮胆，东瞅瞅西看看，没发现王起的踪迹，才知道中计。眼见太阳快要落山，又怕周边有八路军游击队，于是丢下长官朝山下跑去。

敌人逃跑了，村里民兵后来发现王起，把他抬回家，又紧急转送到八路军后方医院救治。命保住了，但他走路一瘸一拐的，从此落下残疾。

王起机智斗敌虎口脱险的英雄事迹，印在董家沟的土地上，留在"后七村"的记忆里，为八路军开创平北根据地增添了精彩的一笔，传为美谈。

（卢志鑫　杨东旭）

万合商店

延庆地处八达岭长城脚下，明代以来，逐渐发展成为关内关外商品的集散地，集市贸易兴旺。日军入侵后，延庆南山北山抗日根据地相继建立，引起日伪恐慌。为了切断抗日军民的血肉联系，对根据地实行严酷的经济封锁。县域内的工商业遭受到极大的破坏，没被毁掉的被日寇窃为己有，有的集市贸易场地变成日伪军的操练场。同时，日伪推行配给制，不许商家经营食盐、布匹、粮食和其他生活物资，压制本地商户，强售东洋货，致使本地工商业几近瘫痪。到1940年前后，延庆、永宁老店卤面铺、三义成面铺、元德永糖店、魁元永糕点铺、复兴号糕点铺、翔记车行等数十家商铺停业破产，即使勉强维持的，也是举步维艰。乡下一些作坊，则全部破产。

日伪对百姓日用品实行限量供应，延庆人民身无御寒衣，家无隔夜粮，过着缺医少盐的苦日子，村村都能见到端着破碗到处乞讨的"老讨吃"。每户每月不足一斤的煤油，用以照明难解"燃眉之急"；每人每月半盒火柴，用于点灯烧饭，简直是"杯水车薪"。烟民们只得用近乎原始的火镰取火，不足为怪。延、永、康三镇的城内居民连油盐酱醋都吃不上，每人每年仅供应麻布0.2~5尺，好多夫妻只能合穿一条裤子。四海和南、北山游击队活跃的区域，人民生活得更惨，一些妇女的下身只围块麻袋片遮羞。十团战士许炳昆跟别人说过，他多年赤皮露肉、缺鞋少袜，是光着脚丫子去参加八路军的。

为了打破日伪对抗日根据地的经济封锁，解决抗日军民生活困难，1944年5月，平北抗日根据地党政军领导决定，在海陀山西麓蔡家窑子村（今属河北省赤城县）成立"万合顺"商店，业务属宣化利民公司，以流动方式对以物易物等市场交易商业进行管理。同年7月1日，在延庆县碓臼石村成立"万合公"商店，隶属万合顺商店，资金仅有150元。

为了防止日伪的"扫荡"破坏活动，万合顺和万合公商店采取"游击战"方式进行经营。商店内设置了隐藏室和储物间，以备人、物躲藏隐蔽，同时安排专门的情报员打探消息。敌来我散，敌去我干，机智顽强地进行着"经济抗战"。在日伪特务、警察频繁骚扰破坏的日子里，商店管理人员巧妙利用山区有利地势，躲开日伪的上班时间，灵活机动开办早市夜市，在晨雾、暮霭、星光的掩护下，引导民众秘密进行商品交易。

万合顺和万合公商店经理高振平、张子丰和负责财务、采购、保管的同志，千方百计开拓货源，组织物资交流，满足社会需求。由于经营得当，来自延庆、昌平、赤城和怀来等地的交易者络绎不绝，日益增多，有时日达300余人。到年底，万合顺和万合公各拥资800万元(伪蒙疆币)。

延庆东南山碓臼石村地处3个伪政权的交接点，又是平北抗日部队和南山游击队活动和联络的地点，具有举足轻重的作用。村边沙河套一带成为商品交易的重要场所，抗日军民把它看成是解决温饱的供应处，竭尽全力保护它。中共昌延联合县委书记曾威明确要求，区游击队和当地民兵要狠狠打击来犯之敌，保卫"万合"商贸活动，确保当地人民生活之所需。

1945年6月，万合公商店迁到西二道河东沟村，为解放延庆县城进行物资筹备。1945年9月，八路军解放延庆县城。10月，万合顺商店和万合公商店迁到县城，合并为万合顺商店并开始自行经营，为延庆人民生活服务。

忆往昔峥嵘岁月稠。平北抗日军民为此编写了顺口溜，记述当年情况：

日寇侵占延庆州，家家惨来户户愁，

白日穿衣少棉布，黑夜照明无灯油。

昌延县委苦运筹，北蔡南碓商贸流，

万合带来温与饱，抗日杀敌有劲头。

(卢志鑫 马维德 王会才)

高山寺下口袋阵

延庆城东南20里，有个西二道河村，村东头有两座小山包。明嘉靖年间，在这座小山包上修了一座庙，名字叫高山寺。日寇侵占延庆后，就在这高山寺的山坡上，修筑了炮楼和土围子。这里地势较高，眼界开阔，又是东南西北的交通要道，是个卡脖锁喉的地方，成为日伪军的一个重要据点。平时，这里住着一个日本人和50余个伪满洲军自卫队员。日本人不怎么出来，倒是这帮伪满洲军经常下山，骚扰百姓，烧杀掠抢，无恶不作，成为当地百姓的一大祸害。与此同时，他们昼夜监视八路军和游击队的动向，配合日伪军，设卡堵截，破坏八路军和游击队的交通联系，早就成为游击队的眼中钉、肉中刺。但要想拔掉这个炮楼，也绝非易事，不光是地形上敌人占优，易守难攻；就是武器装备上，游击队也不具备这个实力。如何才能有效打击敌人？游击队队长、武委会主任黎光辉一直在思考，并且寻找机会。

1944年农历三月初二，黎光辉得到线报，高山寺据点的伪满自卫队将于三月初三到井庄、柳沟一带征集军粮。黎光辉得到消息，脑子里就有了一套完整的灭敌方案。从高山寺到柳沟，有一条必经之路，就是土口沟。这土口沟是一条狭长的土路，路两侧是2丈多高的土崖子，往前走，拐弯儿的地方有一条南北向的、1米多高的土圪塄，天生就是布口袋阵、打伏击的好地方。黎光辉对这一带地形十分清楚，很快拿定主意。他把自己的想法跟游击队员们说了，大家都兴奋得嗷嗷叫。晚饭后，黎光辉带领30多名游击队员，连夜从南山根据地沙塘沟出发，于拂晓前赶到土口沟，布下了口袋阵。南北崖头上的游击队员以手榴弹为主，东圪塄负责拦截和西口负责堵截退路的都以长枪为主。高坡土墩台地势高，可以观察到敌人的动向。黎光辉和通信员武志先装扮成锄地的农民，在后面佯装锄地，观察指挥。

　　7时左右，15个伪军大摇大摆向土口沟方向走来。这条路他们经常走，但做梦也不会想到，这里将成为他们的葬身之地。当敌人全部钻进游击队设下的口袋时，黎光辉以石击锄，向游击队员们下达了战斗命令。一阵密集的枪声和手榴弹的爆炸声响成一片，狭长的土口沟里顿时冒起滚滚浓烟。敌人毫无防备，遭到突如其来的袭击，顿时乱了阵脚，像没头苍蝇一样，抱着头东躲西藏，乱窜乱跳。开始，敌人想往前跑，结果密集的子弹紧紧地封住了"口袋"嘴儿；然后又掉头往回跑，子弹又紧紧地堵住了"口袋"底儿。敌人就像钻进风箱里的耗子，两头受气，只好乖乖贴在沟帮上或是趴在地上，胡乱放枪，负隅顽抗。仅仅两分钟的时间，战斗便结束了，除了3个敌人被活捉以外，其余12个都被击毙在土口沟里，游击队大获全胜。这次战斗，共缴获长枪13支、短枪2支，还有一些子弹。黎光辉把手枪插在腰上，拍打着身上的土，乐呵呵地说："太少了，不禁打，还没过瘾就完活儿了！唉——收拾收拾，撤！"游击队员们兴高采烈地押着3个俘虏，带着战利品，回到驻地沙塘沟。

　　这场战斗，有效地削弱了高山寺据点的日伪力量，他们再也不敢轻易下山欺压百姓了。

（孙思升　郭昆）

地藏寺锄奸

在以火盆锅豆腐宴著称的延庆柳沟村，至今还流传着一个"地藏寺锄奸"的故事，许多游客听得聚精会神，拍手称快。

高山寺是日伪军的据点，据点里有两个罪大恶极的铁杆汉奸，一个外号叫王邋遢，另一个叫司文友。他们仗着日本人撑腰，在柳沟一带为非作歹，祸害乡里。他们为了得到鬼子的赏识，从中捞取好处，到处搜集我方信息，刺探游击队的情报，并散布流言蜚语，蛊惑人心，借以瓦解我抗日力量。他们经常带领伪军，配合日军搜山、抓人、抢粮，搜捕抗日分子，强迫百姓为日伪军做劳役，乡亲们深受其害，对这两个恶魔恨之入骨。

王邋遢和司文友的所作所为，早就被我区武委会主任、游击队队长黎光辉盯上了。为了打击敌人的嚣张气焰，鼓舞军民抗日士气，组织决定迅速除掉这两个狗汉奸。于是，黎光辉同志做了周密部署，只等着两个汉奸离开高山寺据点，下手锄奸。

延庆城东有个柳沟城，柳沟城南堡街东头有座寺庙叫地藏寺。这座寺庙坐北朝南，两侧是禅房，禅房两旁有四尊比普通人还大几倍的塑像，就是四大金刚。柳沟村的村公所设在西禅房。

1944年农历四月初八，黎光辉得到准确情报，说是第二天王邋遢和司文友带领伪军到柳沟一带活动，中午在村公所吃饭。得此消息，黎光辉非常激动，当天晚上就召集人马，商讨锄奸方案，安排作战任务。第二天一大早，黎光辉带领游击队员来到柳沟村外。他们农民装扮，分散行动，神不知鬼不觉地包围了地藏寺。

上午10时30分左右，黎光辉带人突然闯进地藏寺，把寺里的人都控制起来。实际上，寺里只有4个人，一个是伪保长，一个是做饭的厨子，还有两个打杂的。伪保长是个和事佬，当他得知黎光辉来意以后，并不慌张。

黎光辉问他，是不是今天中午有"客人"，他倒也诚实，点头哈腰地说："是啊，是啊，是高山寺据点里的王邋遢和司文友，昨天派人给我捎个信儿，说今天带领二十几个弟兄到柳沟一带公干，中午到村公所吃饭，还点名要吃猪肉炖粉条子。这儿正准备着呢！"黎光辉见他还算老实，也并不难为他。"你们都别紧张，别害怕，我们今天不是冲着你们来的，嘴都给我闭严实了，该干啥干啥，一会儿，那两个王八蛋来了，你们钻屋里别出来就行！""是是！好好！听您的！"伪保长点头哈腰退进西禅房，其余人各忙各的。黎光辉回过头跟队员们说："大家各就各位吧，都小心点！"于是上房的上房，进屋的进屋，寺庙内外都是人。其中，黎光辉等5人隐蔽在四大金刚塑像的后面；8名队员埋伏在寺庙院外，以作接应；另有10名队员埋伏在村口的角落，防止有漏网之鱼。一切准备就绪，就等着那两只鳖鱼入瓮了。

这天上午，王邋遢和司文友带领20多个伪军，以查户口、搜查八路军和共产党为名，来到井庄柳沟一带搜刮财物。11时30分左右，他们带着搜刮来的物品，大摇大摆地走进地藏寺。当最后一名伪军迈进庙门时，寺庙大门"哐当"一声关闭了，还没等他们回过神儿来，黎光辉、武志先等人迅速从四大金刚的身后闪出来，犹如神兵，从天而降，站在了两个狗汉奸面前。"不许动，谁动就打死谁！"伪军们稍有骚乱，就听得四周同时高喊："不许动，放下武器，举起手来！"两个汉奸和一群伪军一点防备都没有，被这突如其来的阵势吓蒙了。他们知道已被包围，只得乖乖地把手举起来。此次锄奸行动一枪未发，前后不到3分钟，就解决了战斗。游击队员们兴高采烈地押着两个汉奸，带着俘获的伪军和缴获的枪支，回到游击队的驻地。

经昌延联合县政府批准，游击队将罪大恶极、恶贯满盈的铁杆汉奸王邋遢、司文友处死，结束了他们罪恶的一生。

（孟昭旭 郭昆）

张三逸事

俗话说，人在屋檐下，不得不低头。抗日战争时期，许多中国百姓被迫当上日本人委任的甲长或保长，但是他们没有丢掉中国人的本性和良知，明修栈道、暗度陈仓，表面上为日本人做事，实际上为八路军筹粮筹款，为抗战胜利做出了特殊的贡献。

张三，原名张进荣，延庆县广积屯村人。因在家中排行老三，人们都叫他张三。抗日战争时期，张三当了村里保长。他表面上为敌人办事，暗地里却为八路军送粮草、筹枪款，甚至冒死搭救被捕的区干部。

硬着头皮当保长

张三祖籍延庆城杨家胡同，祖辈儿曾出过文举人。到了他爷爷那辈儿，因为分家，来到广积屯的。又经过两代人的努力和积累，到抗战前夕，张三已是拥有300多亩土地和一家客栈的财主了，家里雇了近10个长工。

张三生性豪爽，仗义疏财，从不克扣长工、短工的工钱。谁家有个为难着窄的，他都愿意帮衬，解决了好多乡亲的燃眉之急，在当地威望极高。

日军占领延庆以后，建立伪延庆县公署，隶属伪蒙疆联合自治政府察南政厅管辖。八路军在延庆开辟平北抗日根据地，建立昌延和龙延怀两个联合县政府。为了阻止抗日军民的血肉联系，日伪军极力推行"联保连坐"的保甲制度，把每个村由东向西或由南而北编户，十户为一甲，十甲为一保，然后联保成乡。如果一人或一家为匪、窝匪或通匪，则一甲之民必连带受罚。这种人身管制，把农民牢固地控制在他们的管理网络内。

伪乡公所乡长、副乡长及保甲员、司计员、事务员一应人员，在广积屯村转悠了好几天，最后找到七里墩张三家，通知他："承蒙本村各位甲长一致举荐，广积屯村保长非你莫属！"原来，那些大乡的职员个个财迷心窍，之所以让张三当保长，无非是看上了他家的地和客栈。让张三当保长，日本人要的苛捐杂税就有着落了；如果换个穷人当，那些苛捐杂税向谁要。

张三心并不想去当那个恶人受罪的保长，但是，他架不住那些"大乡豆子"的忽悠吓唬，只得硬着头皮答应下来。

既然当保长，就得为日本人办事儿。七里墩是个只有十来户人家的小自然村，离主村广积屯有1里路。张三当了保长以后，只得每天到设在广积屯的村公所上班。从当上保长那天起，张三才知道，这个保长实在难当。日本人今天来要钱，明天来要人，要钱说是军需，要人说是要修炮楼。张三心想，这年头，老百姓穷得都揭不开锅了，向谁要去，只得自己掏腰包。至于修炮楼的人，他还得自己花钱去雇。

张三当了一年保长，搭进去了200多块大洋。

为八路买枪卖地

1941年秋后的一天晚上，张三吃完晚饭，刚要睡觉，客栈的伙计推门进来，说："店里住的一位先生想找您聊一聊。"张三平常就喜欢和客人聊天，通过聊天，能知道许多外边的事儿。听到这儿，他忙说："让他进来吧。"

不一会儿，伙计带着一个中年人走进了堂屋。

中年人自称姓王，是做买卖的。王先生和张三聊了一阵家常，接着就问："你知道不，山里来了一批共产党的队伍？"张三说："你说的是八路军吧，听说是专门吃大户的，要共产共妻，不是让'三大队'给灭了吗？"

王先生一笑："那全是日伪军蒙人的话，八路军不是专门吃大户的，共产共妻简直就是没影儿的事，八路军也没有被消灭，而是更强大了。"接着，王先生讲起国家的形势，说起共产党的政策，并劝张三往后多为抗日做点事儿。

张三琢磨着王先生的话，越琢磨越觉得透亮，心里不禁有了主张，便问："我能为抗日做些什么呢？"

"我们的政策是，有钱出钱，有力出力，全民族共同抗日。你现在是日伪的保长，可以明着为鬼子做事，暗地里为共产党做事，为八路军提供方便。现在山里最缺的就是枪了，你可以出点钱，为八路买些枪。"

"你是八路？"张三终于明白了。好久，他才说："明天我卖些地，给你们凑500块大洋，也算我对抗日的一点儿心意。"

经过深谈，张三懂得了很多道理。第二天，他变卖了100亩地。3天后，他亲自把500块大洋送到了北山根据地。

救人

自打张三为八路军送钱以后，他提心吊胆了好一阵子。见没有出啥事儿，心也就宽了下来，便接二连三给八路军干起事儿来。

七里墩距延庆县城7里，门前就是延（庆）永（宁）大道，加上张三家又开着店，每天来来往往的人不断，为八路军做事儿，确实风险很大。但张三也认准了一个理儿，那就是给八路军干事儿，反抗侵略和压迫，没有错。他白天支应着大乡，到了晚上，便帮助区干部到广积屯村去发动群众。遇有区干部住在客栈，他总是千方百计地照顾好，确保安全，并把城里的一些情况及时报告给他们。

1943年春，王先生找到张三，说："我们的一位同志被抓了，关在县城大牢里，你能不能想法儿保出来？"

第二天一大早，张三就带着礼品赶到县城，托关系找到了伪警察队长王成起的家。王成起从前也是八路军，后来投降了日本人，在县城当警察队长。他经常到张家客栈吃吃喝喝，从不给钱。

王成起见到张三，皮笑肉不笑地说："张三，这么大早，你来干什么，是不是请我们吃饭？"

张三一笑："吃饭的事儿好说，今儿个我找王队长求个情，我的一个亲戚被您的部下抓了。"

"谁呀？"

张三说出了那人的名字，并说："他是我亲戚，孩子小，不懂事儿，在外边瞎跑，回去我一定好好管教管教他。您放了他，俺们一家会记您一辈子恩德的。"说着，张三从衣兜掏出两大摞洋钱，放在桌上："这是100块，您先用着，不够，您说话。"

见到钱，王成起顿时眉开眼笑，但又故意装出十分为难的样子："我说张三呀，咱们平时都挺不赖的，我有心放了他，可日本人那边不好说话。他可是游击队，死罪。"

"常言说得好，'救人一命，胜造七级浮屠。'王队长，我今天求您了，还需要多少，您大慈大悲说个数，我就是卖房卖地，也要把他保出来。"

王成起伸出了5个手指头。

张三赶忙回到家，又凑了400块大洋，写了保状，才把那个区干部保出来。为了这，张三又忍痛卖了100亩地。

巧送军粮

1944年端午节刚过，北山根据地的干部给张三带信，说山里缺粮食，让他千方百计筹集到1500斤粮食，送到山上。

这下，可把张三难住了。筹集军粮倒没问题，关键是送军粮。以前送军粮都是在夏天，有青纱帐掩护，又有区小队护送，可现在没有青纱帐，怎样才能把军粮送到北山去呢？

这天傍晚，张三正愁眉不展，在客栈里喝闷酒，两个伪警察走了进来，张三赶忙让伙计炒菜烫酒。

伪警察一边喝酒，一边聊天，说黑峪口又有劫道的了……

听着听着，张三眉头一皱，计上心来。他担心地说："怎么又有劫道的啦？这可怎么好呦！"

两个伪警察听张三话中有话，赶忙问是怎么回事儿。

张三叹了口气说："不瞒二位说，我本想弄点粮食，到口外去换点白薯母子，今年准备种点白薯，多养几头猪，大伙好有肉吃，可黑峪口闹土匪，谁还敢过去呀！"

两个伪警察听后，笑了："这也容易，张保长破点财，俺们哥俩儿辛苦一遭，给您押运。"

张三赶忙把头凑过去："二位长官，此话当真？"

"您出100块钱，就听好儿吧！"原来这两个伪警察没安好心，他俩当腻了伪警察，准备趁机敲张三一笔，然后在黑峪口劫了粮食，也去占山为王。

"咱们一言为定。"张三说道。

第三天一早，张三把筹集到的1500斤小米装上马车，让两个伙计赶车，往黑峪口方向而去。马车走到七里墩附近，两个伪警察也从一旁闪出来。他们一行四人直奔黑峪口。

伙计赶车过了黑峪口，沿着山路慢慢走着。两个伪警察开始嘀咕起来，商量怎样下手。

突然，路旁一声断喝："站住，举起手来！"

两个伪警察顿时吓得一哆嗦，定睛一看，路旁站着十来个八路军战士，立刻乖乖举起双手。

原来，张三早已看出了伪警察的心思。第二天，他就托人把消息送进了北山根据地。张三听到粮车"被劫"的消息，表面上又气又急，还到伪警察局报案，背地里却乐了好多回。

被捕

1944年10月的一天深夜，张三被一阵急促的敲门声惊醒。他让伙计打开街门，一看，门外站了20多个伪警察。

张三赶忙赔笑："各位长官，请进。"

打头的伪警察看了一眼张三，问道："你是张三张进荣吗？"

"对，我就是张三张进荣，广积屯的保长。"

"那好，跟我们走一趟。"打头的伪警察一挥手，几名伪警察不容分说，把张三给五花大绑起来。

家人见掌柜的被抓，一个个跪下求情。

张三还是被伪警察带走了。原来，山里的一个区干部叛变，把张三支持八路军的事报告了敌人。

在日伪设的延庆大牢里，敌人对张三严刑拷打，追问八路军的下落，但张三始终说："我是皇军的保长，为皇军征粮、收税，没有给八路军一粒粮、一分钱，也不认识他们。"

严刑拷打无果，敌人无可奈何。张三在大牢关了4个多月，到年根儿，被放了出来。

当张三拖着羸弱的身子，一步一步挪回家中，才发现家里人为了保他，又卖了80多亩地和3头大牲口，连客栈也盘给了别人。现在，家里仅剩下30亩地了。

张三回家的第三天，家里来了一个叫花子打扮的人。张三定睛一瞅，原来是区干部老王。老王带来了区政府对张三的问候和50块大洋，并告诉他，八路军很快就要反攻了。

张三拉住老王的手说："我也早看透了形势，请区上放心，跟共产党干，我是王八吃秤砣——铁了心了。"

（卢志鑫　张和平）

石佛寺抗战纪实

雄伟的万里长城，犹如一条巨龙，从延庆南部群山之间蜿蜒舞过。八达岭长城脚下有个村庄，叫石佛寺。京张铁路、八达岭公路沿村而过，是通往京城的咽喉要道，历来是兵家必争之地。抗战期间，石佛寺村民积极抗日，通过送信、救伤员等形式参与对敌斗争，为抗战胜利做出了的贡献。

"爱路村"

京张铁路是詹天佑先生主持、中国人自主修筑的第一条铁路，是中国北方重要的交通设施。

抗日战争期间，日本人派重兵对京张铁路沿线防守，以便保证侵华物资的输送。他们把铁路沿线两边各5里范围内的村庄划为"爱路村"，对村民特殊照顾，原则上不打、不抢、不杀、不烧房子。石佛寺村地理位置特殊，铁路周边路险沟深，铁路一旦遭到破坏，维修成本很高。

石佛寺是关沟为数不多的"爱路村"。日伪军时常在村里搞些笼络人心的文体活动，营造和谐气氛。他们组织村民开运动会，设小孩组、青年组、成人组，分别参加包括投远、赛跑等不同的田径项目，成人组又增加了抱着小孩子跑的项目。奖品五花八门，费尽心机。妇女领梳子、肥皂、粉盒，小孩子得到糖果、馒头，青壮年拿到镬头、薅锄，各有所得。

日伪军猫哭耗子假慈悲的"同化"攻势，蒙蔽了个别人贪欲的双眼，村子里果真出了几个汉奸。绝大多数老百姓还是心知肚明，骨子里都明白盐打哪咸醋打哪酸，巡查铁路时，马马虎虎应付差事，暗地里为八路军通风报信。靠近深山自然村落的老百姓，在八路军和共产党的影响下，积极参军参战，涌现出不少的抗日英雄事迹。

高桂英带头做军衣

当时，平北抗日根据地军用物资靠地方政府提供。在石佛寺一带坚持斗争的八路军游击队和地方干部，过冬的衣物极度短缺，经常食不果腹，衣不蔽体，生活十分艰难。村里的老百姓看在眼里疼在心上，宁肯自己少吃一口，也要让八路军游击队的人填饱肚子。村干部常常利用晚上积极为八路军筹集军粮。

高桂英是石佛寺村妇救会主任，聪明能干，积极组织村里妇女制作军衣、军鞋。当时村里有40户人家，她按照老中青年龄差距给妇女分配定额，落实到人，每个月都能出色地完成制作军衣、军鞋的任务。当时，做军鞋需要自己备料，高桂英就带头把家里的被子、褥子拆了，打袼褙、纳鞋底，好一点的棉被改成棉衣送给八路军。妇女家里布料的颜色不统一，做出来的棉衣五颜六色，八路军穿起来不整齐。高桂英开动脑筋想办法，把采集来的木兰树的叶子煮成汤，再把各种颜色的布料放进锅里，染成灰黄色，做成军衣。八路军战士穿起来颜色统一了，整齐了，精神抖擞。

高桂英是一位响当当的平北抗日支前模范，在三里五村都很有名。

彭玉森视死如归

彭玉森，中共地下党员，石佛寺村抗日武装委员会（简称武委会）主任。八路军开辟平北抗日根据地后不久，他便参加了抗日活动。1943年，因汉奸告密，彭玉森被俘，壮烈牺牲。

彭玉森身材魁梧、壮实，经人介绍，娶了昌平县虎峪村的一位姑娘。本来，他应该拥有一个幸福美满的家庭，但是日伪军发动的侵华战争，把他这个家搅得支离破碎。彭玉森是八路军的干部，出于工作需要很少回家，直到最后牺牲，结婚都两三年了，也没有留下后代。

石佛寺村是兵家必争之地，敌我双方活动都很频繁。1943年，靠近铁路的半个村子里边，有几个人被日伪军迷魂汤灌晕了，鬼迷了心窍，相约一起到三堡投靠日伪军当特务。彭玉森得到消息后，赶到连家湾追上其中两个人，质问道："你们还有没有中国人的骨气？你们还顾不顾村里人的脸面？还不赶紧跟我回去！"这两个人看到只有彭玉森追来，虽然感觉理亏，但还是壮着胆子对彭玉森说："这个你也管不着，你不是一边和八路军打交道，一边和日本人关系很好吗？咱们都是一个村的，你当地下党的头头我们都知道，你也是为了吃饭，我们去日本人那里也是为了吃饭，大路朝天、各走半边，你甭管！"

彭玉森用身体挡住两个人："你们误会了，我做地下党不是为了吃饭，是为了赶走日伪军！"

"什么时候能把日本人赶走？"

"这需要一段时间，不过时间就是再长，你们也不至于非要去当汉奸啊！"彭玉森坐在道边的石头上想和两个人多聊一会儿，让他们回心转意。可没想到，其中一个人趁着彭玉森不备，飞起一脚把他踹倒，两人飞快地跑下山梁，向鬼子据点奔去。彭玉森站起身，一边在后面追，一边喊："快回来、快回来，当汉奸不会有好下场！"彭玉森腿脚快，把他们再一次截住，和两人在山坡上打起来。彭玉森形单影只，最终没有抵挡住两个人的拳脚，他们跑下山当了汉奸。

投敌当汉奸的几个人，仗着日伪军撑腰，耀武扬威，无恶不作。他们还想除掉彭玉森，处心积虑寻找他的下落，有好几次发现了他的踪迹，赶紧向日本人报告，但彭玉森十分了解日本人的行动特点，每次都机智地躲脱了。汉奸们大为恼火。

一天晚上，听说鬼子第二天从据点出发到山区"扫荡"，中途要经过石佛寺村，正在村里执行任务的彭玉森赶紧带上父亲彭善林和13岁的弟弟彭存森向山里躲去。他们一路从东沟跑到庙梁，从庙梁跑到半亩地，又从半亩地跑到碓臼石。天亮的时候，3个人跑到了一个叫作门坎石的地方。一家人累坏了，坐在地上休息。

　　3个人又累又饿，父亲提议回家弄点粮食，彭玉森虽有顾虑，但是父命难违，只好跟着他和弟弟返回石佛寺。

　　中午时分，3个人回到家中。到家后，彭玉森进到北屋，彭存森和父亲在东屋从柜里灌玉米。不久，就听见院子里响起凌乱的脚步声。原来日伪军并没有走，而是在汉奸的带领下埋伏在村周围，等着抓彭玉森。窗子被日伪军砍坏了，明晃晃的刺刀交叉架在门口，把胆小的彭善林吓得够呛。

　　因彭存森年龄小，鬼子只抓走了彭玉森和他父亲。父子俩带到三堡过堂，日伪军端着明晃晃的刺刀分成两列，一个个气势汹汹，如凶神恶煞。彭玉森和彭善林被绑在两根柱子上。他们两天没有吃过一口饭，喝过一口水，体力逐渐不支。

　　彭善林老人没经历过这种阵势，枪、刺刀、皮鞭、刑具、日本兵……恐怖的场面，让他心惊胆战。鬼子军官的枪口在老人面前晃来晃去，老人闭着眼睛，低着头，浑身冒冷汗。鬼子军官说："我们可以把你放了，你回去能不能劝一劝你的儿子，让他别再为共产党办事了。"

　　彭善林十分了解自己的儿子，便老老实实地说："我儿子挺偏的，我管不了！"鬼子军官大为恼火，狠狠踹了老人几脚，恶狠狠地说："管不了你儿子，你就死去吧！"说罢，开枪把老人打死了。

　　接着，鬼子把彭玉森押到南口的一座大庙里。鬼子队长小桂对彭玉森说："其实你也没有什么大事情，只是你们村里的几个人想把你弄死，等过两天，我们就把你放了。"彭玉森知道，村里的几个汉奸确实想把自己除掉，即使日本人把他放出去，自己也会让汉奸杀掉。

　　日军一直不肯放彭玉森出狱，后来又对他说："你把你知道的八路军情况说出来，不然就把你交给那几个你们村里人，后果你自己很清楚。"彭玉森什么也没说。

　　后来，在几个汉奸的催要下，日本人把彭玉森交了出去。汉奸们把彭玉森押解到青龙桥的一块大沙地。他们虎视眈眈，彭玉森对他们怒目而视，一言不发。灭绝人性的汉奸特务轮番上阵，把彭玉森活活刺死。

彭存森送信

彭存森的父亲和哥哥被鬼子和汉奸杀害以后，小小的彭存森心里便充满了对日伪军的仇恨。1945年，在党组织的安排下，他当上了交通员，负责为八路军秘密送信。上级领导把信交给他之后，不管白天黑夜，也不管是风霜雨雪，彭存森必须赶紧送走。每次送信时，彭存森一般都背着挎筐，假装拾粪，沿途不走大道，顺着田野或山间小路走。如果路上有敌人把守，还必须绕很远的路。

彭存森15岁那年的冬天，上级领导突然在凌晨时分找到他，让他把一封十万火急的信件送到昌平沙岭子八路军驻地。彭存森出发的时候，天刚刚发白，他穿着破旧的衣服，在崎岖的山路上行走，冷风从他的衣领和裤脚拼命地往里钻，冻得他瑟瑟发抖。天上的雪花借着风势撒落在脸上。山路难走，尤其是下过雪之后的山路更加湿滑，一不小心就有摔倒的可能。翻过最高的山梁之后，他四面一望，只见四周白茫茫一片，根本找不到路。他发愁了。在山里，如果不能顺着路走是非常危险的，因为沟坎里经常有猎人挖的陷阱和下的夹子，一旦落入陷阱或被夹住，后果不堪设想。

走了一大会儿，彭存森凭经验判断，认为已是八九点，距离中午还有两三个小时。如不加紧赶路，就会耽误八路军的行动。他仔细地观察辨认，寻找能够下山的途径。雪停了，但是风刮得更加猛烈。他顺着山梁向下滑，手抓着树干、枯草、荆棘，一点点往前摸索。不一会儿工夫，双手就被荆棘刺得鲜血流淌，洁白的雪地上留下点点殷红。

此时，他的两只手已经失去知觉，裤子也被剐坏了，露出了大腿、屁股；上衣被汗水湿透了，结出了冰碴……突然，彭存森脚下一滑，摔倒了。他顺势往地上一倒，一只手在雪下抓住了一件东西，拨开积雪一看，原来是一个死人的大腿。如此近距离与死人接触，他还是头一次，15岁的彭存森感到很害怕，脊背阵阵发凉。

等他把信件送到地方后，天已大黑。回来时，他不敢原路返回，绕了很远的山路才回到村里。但是能够顺利地完成任务，他觉得十分欣慰。

姬庆踩雷

20世纪40年代初，日寇通过军事手段控制了连接关内关外的重要铁路枢纽——平绥铁路。党领导的抗日武装采取各种手段，千方百计实施破路计划，牵制日寇兵力。其中，一批地下交通员为党组织收集、传递情报，想方设法把粮食、药品、弹药等重要物资运到山区，为根据地的发展与巩固做了大量工作。

当时，平北根据地的广大军民同仇敌忾，进行了艰苦卓绝的反"扫荡"斗争，并在延庆、昌平、怀来、赤城等县的接合部建立起众多地下联络站。这些交通员大都是农民出身，忠实可靠，立场坚定，一年四季，无论刮风下雨，还是烈日酷暑，他们都能按时完成任务。送情报具有很大的危险性，稍有不慎就会被捕或者牺牲。石佛寺村当年50多岁的老交通员姬庆，就为此献出了宝贵的生命！

在选择交通员时，党组织觉得姬庆的基本条件很好，他家庭贫穷，以卖杂货为生，经历的事情多，对周边环境比较熟悉；此外，姬庆和朋友及乡亲关系较密切，而且胆大心细，责任心强，处事冷静，非常适合做这份工作。经过党组织的秘密安排，姬庆愉快地担任起了交通员工作。

送情报要通过日伪军的岗楼、封锁线，日伪军盘查严密，不能有丝毫疏忽。一次，上级领导把一封信交给姬庆，要他连夜送出去。他收拾好杂货，把信藏在鞋帮夹层里，绕过敌人岗楼，大步往前赶。天渐渐黑了，远处突然传来一阵吆喝声。他估计可能是日本兵的巡逻队来了。藏在哪儿呢？他发现前面不远处有一个山坳，忙挑着担子跑过去，藏了起来。借着微弱的亮光，他发现敌人越来越近，而且就在离他不远的地方停下来。很快，敌人把一个五花大绑的人向前推了几步，紧接着枪声响起，那个人被打死。这事就发生在离他十几米远的地方，一颗流弹还擦伤了他的肩膀。

还有一次，姬庆从南口为八路军采购电池、手电、钢笔、墨水、盐等物资，挑着担子往庙梁的根据地送。每次运送东西，他都会提前和八路军联系，由党组织派人接应。这一次由于情况特殊，他耽误了时间，负责接应的人看天色已晚，以为他不会来了，便往回走。没走多远，接应人忽然听到一声地雷爆炸的声响，知道不好，判断姬庆就在附近，而且踩上雷了。为了抢救姬庆，接应人慌忙往回返，谁知没走多远，也踩上了埋在庙梁村外的地雷……

姬庆和负责接应的同志都牺牲了。两个人的事迹在当地久久流传。

狗汉奸的下场

在全民抗战的艰苦岁月里，日伪军为了保护铁路的需要，在石佛寺村建设"爱路村"，对村民施以小恩小惠，蛊惑人心，个别村民认贼作父当汉奸。当时，流传着一首描写汉奸的民谣，表达了人们对汉奸的痛恨和不齿：一副奴才相，两手往下垂，三角眼闪亮，四棱脸堆媚，五官不端正，六神透阴气，七寸长脖子，八两小脑袋，九根黄胡子，十分不像人。

石佛寺村出来的几个汉奸，本来就是好吃懒做、好逸恶劳的地痞流氓。他们仗着日伪军撑腰，更是明目张胆抢粮抓鸡。一旦怀疑谁家有钱没有拿出来，就带一帮打手挖地、拆炕，甚至揭瓦拆房，不少家庭倾家荡产。村民们忍无可忍，就到日伪军驻地告状。日伪军对爱路村村民实行怀柔政策，声称不许欺负平民百姓。有人告状，鬼子也不敢怠慢，把几个"被告"找来询问。汉奸在鬼子面前花言巧语，遮遮掩掩："太君，我们对大日本帝国大大地忠诚，刁民们这是诬陷，大大地诬陷。他们藏了粮食，藏了衣服给八路军，良心大大地坏啦。"鬼子信以为真，没有真的制裁他们。此后，这帮汉奸变本加厉，趾高气扬，把老百姓逼得无路可走。告状的更多了，有人声称："不惩办汉奸，我们没法护路，各村都没法护路了！"

鬼子十分怕"爱路村"出麻烦，要是老百姓不去维护铁路，反过来再破坏铁路，日本人的军用物资运输就会大受影响。权衡利弊，鬼子决定忍痛割爱，除去那几个汉奸。

那天，汉奸们接到鬼子通知，意思是为了保障他们的人身安全，要给每人配备武器，并约定时间准时在三堡集合，乘坐火车到康庄站领取枪弹。他们接到通知，乐得屁颠屁颠的。要是手枪换掉腰上别着的菜刀、手榴弹，多威风！接到通知后，汉奸们吃喝一顿，按照约定，带着酒气，七扭八扭地蹦到三堡站，被几个端枪的鬼子送上了一辆闷子车。

汉奸们在火车上说说笑笑，可是好久也不见火车开动。他们开始嘀咕起来。闷子车里没有一个打开的窗户，门也锁得严严实实，任凭他们怎样敲打，外边的鬼子兵也没有反应。

终于，闷子车轰轰隆隆地动起来了。可屁大工夫，又停了下来。车门一打开，汉奸们被阳光刺得睁不开眼。一下车，惊呆了，鬼子兵居然把他们五花大绑捆起来。汉奸们丈二和尚摸不着头脑，不知咋回事，立刻跪地求饶。结果，招来的不是吃枪托，就是挨脚踹。不一会儿，他们被赶到八达岭北门口外的滚天沟。只见一队荷枪实弹的日本兵走过来，没容他们申辩，一阵枪声过后，都把他们死在沟里。

第二天，日伪军贴出布告，枪毙汉奸的罪名是：一、欺男霸女。二、抢人钱财。三、破坏大东亚共荣圈建设。

这就是狗汉奸的下场。当时，石佛寺村有两个汉奸漏网了，但在解放后，还是被判了无期徒刑，得到了应有的惩罚。

（卢志鑫　连禾　张义）

果树园抗战故事

在延庆燕羽山下、柳沟村南，有一个叫果树园的村庄，这里民风淳朴，钟灵毓秀。果树园在20世纪40年代共包括5个自然村，分别为果树园、大水泉、口子里、南山坡、小金房。抗战时期，果树园既是八路军的活动区域，又是日伪势力极力争夺的地方。昌延联合县初创时，县委干部经常住在这里。果树园村在南山根据地中影响较大，后来被誉为"半老区"。

日寇罪行

日本侵略者占领延庆后，在距离果树园3里地的柳沟设立"局子"，经常出动对果树园一带进行"扫荡"。1942年腊月，日军在口子里抢走十几担粮食，抓走司文清、司文秀、王贵，并进行严刑拷打。日寇还在果树园打死村民武万发，打伤韩庆才。在"扫荡"小金房时，敌人实行残酷的"三光"政策，抢走他们认为八路军可以制造兵器的铁条以及衣物等生活用品。同时，还抓走司文兴、司文林、司文亮，并召集全村没有逃走的老人、妇女和小孩，当众审问司文兴等人，对他们实行惨无人道的折磨。司文兴被敌人灌饮三担凉水，昏迷不醒，后来被拖走关了6个月。

由于小金房的房屋被一烧而光，村里人不得不投亲靠友，有的去了柳沟，有的去了东沟，有的去了南山，有的去了二道河。没处去的就流离失所。后来，司文同哥俩悄悄搬回小金房，在八路军的帮助下，又盖了两间房，可是日伪军在第二年春天"扫荡"，司文同哥俩新盖的两间土房再次被烧毁。1944年，鬼子在两次烧毁小金房之后，又把目标转向口子里，烧掉房屋，抢走牛羊，抓走高亮、姜元起、辛福乐等人。

1945年，日寇再次到果树园"扫荡"，打死村民二柱、张志忠、韩庆安、高二囤等。柳沟村的李三也被打死在南山坡。那些年，人们有家不敢回，有炕不敢睡，要背上铺盖到山里睡觉，还时时提心吊胆。

在党的领导下奋起抗战

1938年9月，由刘国梁、史克宁率领的一支八路军队伍来到小金房。队伍只有10多个人，他们以小金房为落脚点，开始发动群众，抵抗侵略。白天他们去沙塘沟，晚上回到小金房，向群众宣传革命道理。

村民听说这支队伍是打日本的，十分高兴，就给八路军找住处、烧水、做饭，小金房很快成了八路军的活动基地。不久，村里成立联络站，司文成出任站长，姜元起当上史克宁的交通员。姜元起大高个子，腿长，夜间走路像飞一样，多次到北山为八路军送情报。

随着革命斗争的开展，来小金房的八路军人数越来越多，有时高达三四百人，家家户户都住满了八路军战士。这里成为八路军的宿营地和训练基地。八路军借此打探敌人情况，并与柳沟、二道河的抗日队伍形成掎角之势，抗日区域逐渐扩大到马场川。

八路军在小金房站稳脚跟后，立即在村民中发展党员，先后发展刘景礼、刘广义（父子俩）入党。两人积极开展工作，扩建党组织，又发展推荐果树园的武天相、武万昶、武万恒等人入党，由武天相担任党支部书记。后来，刘景礼和刘广义被调往别处，刘景礼曾担任区委书记。

同时，八路军积极发动群众，壮大抗日武装力量，建立抗日统一战线，共同开展对敌斗争。1941年，果树园村组建游击组、民兵队、抗青队、妇联会、儿童团等群众性组织，负责站岗、放哨、送信、袭扰敌人，给八路军做被褥、公鞋、棉衣，果树园村"全民皆兵"。

小金房村的房子被烧后，八路军在经济十分紧张的情况下，积极接济村民，帮助村民盖房。军民鱼水情深，抗日热情高涨。

端"局子"

日伪统治时期，高庙屯村是日伪的三分局驻地。昌延联合县政府决定端掉这个"局子"。

这天晚上，住在小金房的史克宁突然找到司文兴，严肃地说："今天夜里，我们准备端掉高庙屯的局子，你再找两个人，和我们一块儿行动。"

听说要和史克宁一起打"局子"，司文兴很高兴，不假思索推荐了两个人，一个是司文成，一个是司文亮。史克宁同意后，给3个人分派任务："你们任务主要是锯电线杆、割电线，电线一断，我们就进攻'局子'。记住，割下来的电线要盘好，能带回来多少就带回来多少。"

入夜，史克宁带着20多个战士出发了，司文兴等3人拿着锯子走在队伍前面。他们来到高庙屯附近，很快找到敌人通电话的电线杆。他们兴奋地锯断电线杆，一个人盘线，另两人抬着电线杆扔到村东河沟处。这时，史克宁方面的战斗已经打响，局子里的伪军不知道来了多少八路军，一听到枪响，落荒而逃。

战斗很顺利，可是到了小金房，史克宁一清点人数，发现少了两个人，弄得他彻夜未眠。第二天天刚亮，史克宁找到司文兴，低沉地说："昨天夜里，我们两个战士没回来，到现在也不见人影。这样，老司，你扛把镢头，假装是刨柴的，到咱们去端局子的路上找一找。如果发现了，把他们领回来，我怕他们人生地不熟的，别走丢了。"

司文兴二话没说，扛上镢头就走了。他来到山上，一路踅摸，转悠了大半天，也没有发现那两个人，只得回村。

回家后，史克宁告诉他，那两个人已经回来了。为了表示对司文兴的感谢，史克宁送给司文兴一袋白面。

夺机枪

在抗日战争期间，果树园村一批青年参加八路军，留下许多感人事迹。

韩庆德就是其中一位。他1939年参加八路军，转战平北，多次立功受奖。

1943年，韩庆德参加了在赤城孤山的对日作战。战斗打响后，敌人的碉堡与八路军进攻部队接火。敌人的碉堡射出的火舌压制了八路军的进攻，形势对我十分不利。韩庆德眼看身边的战友一个个倒在血泊中，心急如焚，暗下决心：绝不能让敌人的机枪再逞凶狂！他端着枪迂回到敌人的碉堡之下，慢慢接近敌人射击口。

身上没有手榴弹，也没有炸药包，情急中，他做出一个让人意想不到的举动——伸出双手，夺取正在射击的机枪！机枪的弹膛滚烫，他的手被烧了一层皮，但是他不顾疼痛，仍然把机枪紧紧抓住，使劲地夺枪。

碉堡里的机枪手发现有人夺枪，慌乱中赶紧射击。突然，一颗子弹射中了韩庆德的嘴，子弹从他的后脖颈穿出。韩庆德咬紧牙关，瞪着双眼，继续使出全身力气夺枪。此刻，他忘记了生死，夺出敌人的机枪是他唯一的目的。敌人射击受到干扰，也被夺枪的人吓坏了。韩庆德抓住枪管，几经较量，终于把机枪夺了出来。就在夺出机枪的刹那，他倒下了。敌人失去机枪火力，八路军迅速冲上来，冲进碉堡，夺取了胜利。

在抢救韩庆德的过程中，部队卫生员发现子弹是顺着他的下牙打入的，下腭骨已经粉碎。在场的人含着泪为他包扎，向他表示深深的敬意。抗战胜利后，韩庆德被评为特等残废。

抗日战争期间，果树园村人不畏强敌，跟随共产党、八路军，同日伪军进行了艰苦卓绝的斗争。其间，大批青年应征入伍，10人参加八路军，2人负伤，3人献出宝贵生命。

果树园，延庆一个普通的小山村，在中华民族寻求独立和解放的历史关头，抒写了一曲可歌可泣的抗战诗篇。

（周诠 武光）

帮水峪抗战故事

京郊延庆城南深山峡谷中，有个小山村叫帮水峪，隶属今八达岭镇，东邻八达岭长城，西接河北省怀来县陈家堡。元延祐三年（1316）已有村落。这里至今还流传着许多抗战故事。

怒砸日伪警察分局

日军侵占延庆后，伪蒙疆延庆公署内设警务科，共有股长、股员和特务28人。警务科下设延庆、永宁、康庄3个警察署，共有70多名日本宪兵和115名警察、特务分别驻扎。伪蒙疆延庆公署还有一支武装警察大队，共200余人，分别在黑龙庙等20余个据点驻守。这些据点称为警察分局或者警察所，老百姓称之为"局子"。当时的帮水峪村，就设有这么个局子。

这个局子设在村北龙王庙，伪警察向附近各村强派百姓做劳工，高筑围墙修局子。局子里住着黄武官、李副官、马教官、孙翻译等大大小小20多名日伪警察。老百姓称他们为"鬼子""黄狗子"。他们依仗日伪军的势力欺压老百姓，无恶不作。谁家妇女有点姿色，他们就往谁家跑，男人若是反对，就会招来杀身之祸。

局子里的活儿，都要老百姓给他们干。饭要老百姓给他们做，水要老百姓给他们担，岗要老百姓给他们站，衣被也要老百姓给拆洗，还得给他们打酒买烟。定期定人给他们到八里外的康庄去买大烟（鸦片）、白面儿（海洛因），还规定燃尽一炷香的时间必须回来，如果晚了，误了他们享用，就要挨鞭打、挨棒槌，甚至用铁丝烫或关禁闭，还得用钱赎出去。

服役百姓每天上班给狗子们干活，过了吊桥的大门口，要说洋话。一边说一边行礼道："邦高亮高哈吆沟达一马四（大日本皇军，狗到了，向您鞠躬，给您干事）。"这些所谓的洋话，都是黄狗子们编出来骂中国人、侮辱中国人的。

局子里的一切费用，都由帮水峪、石峡、陈家堡三村摊派，还让里炮、外炮、干庄子等六村补贴。那个年代，他们都要吃精米白面鸡鸭鱼肉，喝美酒吸洋烟儿，抽大烟吞白面儿。天长日久，黄狗子们在局子里待腻了、吃腻了，又想出了鬼点子。每个礼拜天，派饭到老百姓家，吃饱了喝醉了就在家过夜，还要派专人伺候。他们外出时，都指名道姓要好驴骑，谁家驴子好，也就倒了霉。老百姓对敌伪恨之入骨。

1940年八路军开辟平北抗日根据地，帮水峪、石峡、里炮、外炮属于平西抗日根据地的昌（平）宛（平）怀（来）联合县。当时我党地方工作队也经常到这一带活动，向老百姓宣传抗日救国道理。不少农民听过宣传，受到教育。乡亲们日想夜盼，一心要拔掉这颗眼中钉肉中刺。

那时有一支队伍，200多人，起初是土匪，后来打日本，归降了八路军，头目叫姚万臣。他们经常活动在关沟和南山一带。我党地方工作队与姚万臣部队取得联系，恰好姚万臣正想搞些武器弹药。一天深夜，部队、工作队和附近几个村的负责人坐在一起商量砸"局子"。村干部把局子里的情况说得明白无误，大家献计献策，最后决定里应外合，端掉局子。

1939年9月14日，农历八月初二，是一个月黑风高的夜晚。帮水峪局子里的黄狗子们得意地吃呀，喝呀，抽呀，玩呀，赌呀，一直到了后半夜，已经人困马乏，东倒西歪，睡得跟死猪一般。

三更时分，姚万臣带领八路军100多人，冯万发、董亮、奚万顺、陈瑞庆、董兴、彭亮、赵凤才等人带着本村精干青年，共300多人，把局子围了个水泄不通。

夜正四更，3个火团从局子西墙内抛出，姚万臣一挥手，战斗队迅速跨过已经放好的吊桥，冲进了敞开的大铁门。在内线的引导下，战斗队按照事先的部署各就各位：有的围房、堵窗、把门，有的投弹、射击、缴枪，有的刀劈、斧剁、锤子砸，平时不可一世的黄狗子，在半睡半醒中就一命呜呼或者成了俘虏。

军民打扫战场，忽然听到小东屋里有响动。彭亮小伙子手脚麻利，三步并作两步闯了进去，仔细一看，伸手从墙角的破麻袋下，揪出一个筛糠般战栗的人——教官马玉良。他跪在地上，又作揖又磕头，嘴里喊着："爷爷饶命，爷爷饶命！"彭亮举刀就砍，被一人举手架住："刀下留人！"原来这人是姚万臣的兵，是马玉良的朋友。马玉良捡了一条命。

这次砸"局子"歼灭黄狗子23人，俘虏1人，缴获步枪22支、手枪2把、手榴弹2箱、子弹2箱、东洋大刀4把和粮食衣物若干。随后，大家商量，枪支弹药和马玉良由姚万臣带走，粮食衣物分给各村，发给贫苦群众。

抗战军民怒砸日伪警察分局，老百姓无不拍手称快。

帮水峪惨案

帮水峪局子被砸之后，日伪军龟缩在延庆老巢和康庄小穴，不敢轻举妄动。老百姓的日子虽然过得依旧贫苦，却安稳舒心了许多。

马玉良被姚万臣带走后，借着朋友的面子，又凭着巧舌如簧能说会道的一张嘴，赢得了姚万臣的信任，不但没治罪，还当上了小队长。

马玉良捡了一条命，在部队里也确实老实了一段时间。常言道：狗改不了吃屎。比狐狸还狡猾的马玉良，来年正月十五，瞅准了机会，怀揣手枪，挎着步枪，偷偷摸摸地从驻地溜出来，借着私人关系投奔了康庄警察署。在警察署的引荐下，又进入康庄日伪军大队部，把局子被砸相关的人和事，一股脑地报告给日本人，并信誓旦旦效忠皇军，为死去的弟兄们报仇。

1940年5月，日伪集中5000余兵力对昌延中心区进行"扫荡"，实行"三光"政策。16日上午，康庄日伪军100多人在马玉良的引导下，全副武装，坐着汽车来到帮水峪。同时，3个小队的黄狗子分别到石峡、陈家堡、里炮等村去抓人。他们在帮水峪沿街敲锣，召集乡亲们到局子外的大场里开会，喊叫着："打土匪保家乡，马上就给青年小伙子发枪喽！"因为近来时有土匪大帮绑票骚扰，乡亲们确实也需要枪支弹药自卫，个别人信以为真，大多数乡亲不信日伪军这一套，能藏就藏，能溜就溜了。

会场上，陆续来了一些人。随后一队一队的黄狗子，把从外村抓来的好几十人也押来了。会场中央架着机枪，旁边坐着几个鬼子当官的。鬼子堆里，身穿长袍、头戴礼帽，还卡着墨镜的那个人，跑前跑后的特别显眼。有人认出来了，他就是去年砸"局子"被带走的黄狗子教官马玉良。

"老乡们，现在我们给好样的青年发枪啦！"马玉良的女人腔里透着奸诈。在他的暗示下，黄狗子从人群中搜出了曾经参加过砸"局子"的英雄。冯万发、董亮、李元、奚万顺、赵凤才、龚连、陈瑞庆、董文洪等8人，被推搡到对面沙河套边，站成一排。马玉良终于露出了真面目，恶狠狠地嚷道："你们谁能说出砸'局子'的人还有谁，就免掉死罪，另赏银圆100块。"没人理睬，没人搭茬儿。他戳着冯万发脑门："你该说了吧。"冯万发蔑视地一摆头，横了他一眼，没答话。马玉良使个眼色，黄狗子用刺刀直插冯万发的大腿，鲜血顿时流了下来。"你说不说？""不知道！""再给我扎！"两把刺刀同时刺向冯万发的大腿。"现在该说了吧？"冯万发忍着剧痛，挺直腰杆大声说："有你爹，有你爷，还有你八辈祖宗！"马玉良瞪大眼睛，一摆手，乱刀刺向冯万发，英雄倒在血泊中。

马玉良指挥两个黄狗子，把刺刀穿入董亮的双肩，进行逼供。董亮毫不畏惧，高声骂道："日伪军一定要完蛋，汉奸走狗绝没有好下场，你马玉良更活不了几天。"敌人的刺刀刺入他的胸腔，他也倒下了。

接下来轮番拷打审问，敌人仍一无所获。马玉良像只发了疯的野狗，狗爪子在空中一晃，机枪向8位壮士扫去……

机枪的硝烟尚未散去，一个鬼子军官站了起来，挥举着东洋刀号叫着："通通地死啦死啦的！"

见鬼子要大开杀戒，人群中匆匆走出一个人，直奔会场中央。他叫彭银。彭银向鬼子和狗子行了个礼，拉着杨翻译的手走到空闲地儿，趴着耳朵说："咱们都是中国人，别太心狠了，把事做绝了。明天给你送钱去。实话告诉你，南山里来了不少八路军，枪声一响会招来大祸……"杨翻译听完脸色煞白，赶紧跑向鬼子官，嘟噜嘟噜了几句。鬼子军官一听，愣了愣神，指挥日伪军："开路，开路的。"

敌人急忙爬上汽车，匆忙向康庄方向逃去，还抓走了十几名乡亲。半路上，一个被抓的叫董兴的青年跳车逃跑。黄狗子打了一枪，意思让汽车停下去追捕。驾驶楼里的鬼子以为是八路军追来了，命令司机加大油门儿，汽车飞似的跑了。董兴捡了一条命。

帮水峪的赵凤才，就是惨案中8位壮士中的一位。机枪扫射时，他肩上中弹，昏迷过去，倒在血泊中。他苏醒过来后，鬼子还在号叫。他装着死去的样子，一直坚持到敌人离开。

2002年，赵凤才老人87岁，身体还很硬朗。他告诫人们："日伪军怎么样？完蛋了。黄狗子们呢？都没得到好下场。马玉良怎么样？给日伪军当汉奸，给国民党反动派做帮凶，解放后还不是被政府镇压了。善恶有报，这是永远不变的理儿！"

彭亮遇难

1947年金秋十月，延庆南山，庄稼熟了，树上苹果也露出了笑脸。当年参加砸局子的精干青年彭亮，早已锻炼成为中共党组织的骨干成员。那天，他正和村干部商量与国民党反动派斗争的事儿，忽然有人跑来送信，村里来了国民党大乡队，让彭亮赶快躲躲。彭亮觉得组织上交给的任务还没有完成，没有马上走。在场的杨静奎说了句："没事儿的。"这其中包含两层意思，一是不会来这里抓人，二是抓走了也能救出来。杨静奎在村里很厉害，明着给国民党服务，暗地里为共产党八路军办事。大家都相信他的能力，彭亮不会出问题。

常言道："天有不测风云，人有旦夕祸福。"谁承想，偏偏这天彭亮就被国民党大乡队抓走了。

国民党大乡队把彭亮带回康庄，日夜逼供审讯。他们用棍子打，用鞭子抽，绑在老虎凳上用烧红铁棍烫，用遍各种酷刑，逼他供出地下党组织和南山一带的共产党员。彭亮是个铁骨铮铮的硬汉子，强忍剧痛，怒斥敌人："你们快完了，打死我也不会说的。俺怕死就不参加共产党了。"弄得敌人没有一点儿办法。

杨静奎还没来得及疏通国民党大乡队头目，敌人就把彭亮押回本村，吊在观音庙大树上，让他在亲人面前服软。敌人把帮水峪的老百姓赶到大树下，声嘶力竭地对彭亮喊："你们家里人和乡亲们看着你呢，你要是再不把共产党组织供出来，就砍掉你的头，让你永远看不到他们。"彭亮的侄女看着吊着的叔叔，难过极了，往叔叔嘴里送了块苹果。彭亮看在眼里，暖在心上，意志更加坚定。他横下心，忍着痛，怒目圆睁，一字未吐。敌人气急败坏，当众砍下彭亮的头，吊在大槐树上示众。

彭亮牺牲时，年仅27岁。新中国成立后，人民政府追认彭亮同志为革命烈士。位于岔道村的延庆人民公墓有彭亮烈士的英名。

（卢志鑫　冯志讯　孟广臣　孙钊）

一包"明前茶"的故事

2015年清明节前，平北抗日烈士纪念园管理处主任高德强收到一个邮包，来自江西省资溪县。打开邮包，高德强发现，里面装着6小袋鲜绿细嫩的茶叶，是清明节前采制的春茶——"明前茶"。寄茶人是92岁高龄的离休干部，名叫郭仲禄。他逢人常讲一句话："延庆是我的第二故乡，是延庆的父老乡亲给了我第二次生命啊！"

故事还要从郭仲禄老人的传奇人生开始讲起。

1924年5月，郭仲禄出生于北京市怀柔县桥梓镇山立庄村，家中有兄妹四个，他排行老三。由于家庭贫困，1936年，年仅12岁的郭仲禄就告别了家乡，只身一人来到北平城区一家织布厂当童工。在那里度过7年的苦日子，直到19岁才回家过个年。此时，共产党领导的抗日活动风起云涌，烽火燃遍平北大地。日本侵略军的种种罪行和八路军英勇杀敌的故事，在郭仲禄心中早已打下了深深的烙印。经与家人商量后，郭仲禄决定参加八路军，去打日伪军。1943年10月，他扛起枪，开始了军旅生涯。

初到部队，郭仲禄被编入冀热察挺进军第十团，在特务连一排一班当战士。当时，他用做工赚的钱买了一件新衣服，穿在身上显得格外显眼，这也引起了接收新兵的班长、排长的注意。排长问他："打日伪军不是做客，要能吃苦、不怕死的，你怕不怕？"郭仲禄坚定回答："我从来就不怕死，怕死就不来当八路。"排长又说："当八路军要经常爬山越岭、打游击，你受得了吗？"郭仲禄说："我12岁就当童工，什么苦都吃过，我不怕！"郭仲禄用铿锵的回答打消了领导心存的疑虑。之后，郭仲禄跟着团长王亢、副政委曾威一起，以延庆南山为中心，分散活动于妫川大地，在延庆、永宁地区与鬼子展开游击战，沉重打击了日伪的"蚕食"进攻。

1944年3月2日，是一个让郭仲禄终生难忘的日子。上级命令十团主力进驻双营村，随时准备消灭来犯之敌。不久，伪警察100多人在日伪军的督促下从延庆城出发，疯狂向双营村扑来。敌人用迫击炮开路，把我驻军团部和营房炸出许多弹洞，老百姓的住房也被炸开了不少窟窿。团长王亢果断决定，采取诱敌深入的战术，命令十团在通往龙庆峡山路两侧埋伏，由游击队长周德礼带领县游击队和七区游击队伏击。当敌人行进至米家堡村北时，隐蔽在其后的十团主力立刻进入战斗状态，随着一声令下，枪炮声骤起，敌人被打得晕头转向，日军参事官恒野和指挥官毛利当场被击毙。

这是郭仲禄入伍后打的第一仗，打得很漂亮，大大鼓舞了八路军官兵的士气。可就在这次战斗打响的十几分钟后，敌人的弹片飞入了郭仲禄的右额头盖骨，郭仲禄顿时昏了过去。蒙蒙眬眬中，他感到有人背起他使劲跑，还不停地嘱咐他：“别害怕，坚持住，马上到，马上就到了！”冒着枪林弹雨把他送到指挥部，那个人就匆匆离开了。郭仲禄没来得及问姓名，只记得是一个20多岁的年轻小伙子。

在指挥部进行简单包扎后，当晚，郭仲禄又被两位老乡用担架抬着，连夜送到了海陀山战地医院。那天是正月二十六，正值冬末春初时节，塞外延庆依旧寒风刺骨。从指挥部去海陀山医院，需要从龙庆峡进去，穿过一条长长的山谷，道路崎岖高低不平而且全是上坡路。黑夜里空手走山路，都难免深一脚浅一脚磕磕绊绊，两个人抬着担架负重前行，艰难程度可以想象。到达医院，放下郭仲禄，两个人连饭也没吃，便匆匆离开了。

经过3个多月的疗养，郭仲禄慢慢恢复过来。因为弹片隐蔽在头盖骨和太阳穴之间，要取出来危险太大，所以弹片至今一直留在郭仲禄的头盖骨里。这次战斗，郭仲禄受到部队的嘉奖。

每每回忆起自己得救的场景，郭仲禄老人总是心生感慨：“延庆人对我的救命之恩，我一辈子也忘不了啊！”

在此后的日子里，郭仲禄先后参加过出击十三陵敌占区、样田镇、太子沟等战斗，一直奋战在抗日的最前线。1944年7月，在攻打样田镇的战斗中，郭仲禄不幸被炸伤腰部，衣服也被烧出了一个大洞。郭仲禄因为受伤坚持不下火线，得到部队的表彰奖励。自那次腰伤后，领导就把他安排到连长身边当通信员，一年后，又调到怀柔、昌平、延庆三县支队队长身边协助工作。

1949年年初，郭仲禄随部队南下，后调到湖南湘潭军分区，先后任管理员（正连级）、政治部管理股副股长（副营级）。1954年，郭仲禄转业到地方，在江西省工作。1966年，郭仲禄为支援江西山区战备建设，又来到资溪县创办医药公司并担任总经理，直到1982年离休，定居资溪。

离休后，郭仲禄享受着儿孙绕膝的天伦之乐，但心中时常怀念家乡，怀念平北，怀念曾给予他第二次生命的延庆。

2004年，年逾八旬的郭仲禄回怀柔老家探亲，专程赶到位于延庆的平北抗日战争纪念馆参观，馆长高德强热情接待了他。这位老八路穿着简单的布衣，精神矍铄，目光坚定，斗志依然不减当年。走进展室，低头审视着展柜里当年使用过的旧棉袄、行军水壶等生活用品，老人的思绪又回到那炮火纷飞的岁月；抬头望着展板上那一张张熟悉的面孔，老人感慨万千，热泪盈眶。郭仲禄向高德强讲述了自己的革命经历，多次强调延庆老乡救他的细节，并与高德强互留了联系方式。

次年，老人回乡探亲再次来到延庆，高德强陪着老人到双营村探访，希望能找到当年把他从战火中背出来的那个年轻人。双营古城是延庆地区乃至华北地区唯一现存的原生貌土城墙结构的古城，也是现存较完整的明代土城，《地道战》《三进山城》等影片还在该村拍过外景。郭仲禄仰望古城门，走过两条东西向主街，摸一摸似曾相识的房屋，仿佛又闻到了当年的味道。高德强陪着老人寻寻觅觅，几乎寻遍了所有村中老人，认定一位姓孟的老人可能就是当年救他的那个年轻人。年代久远，无法确认，但郭仲禄说，只要是救过八路军的，都是他的恩人，当即给那位老人留下了500元钱，以表感激之情。

在高德强和纪念馆工作人员的陪同下，老人还到龙庆峡故地重游，因为这里曾是当年老乡用担架抬他去医院经过的那条山谷。看着今非昔比的山谷，老人感叹道："真是大不一样喽！"

这次探访，让郭仲禄老人与平北抗日战争纪念馆工作人员结下了深厚友谊。此后，每年清明节前后，郭仲禄老人都会与高德强通个电话，而每次通话，他都有一句反复说的话，那就是："延庆是我的第二故乡，是延庆人民给我了第二次生命。"

2013年清明节前，年近90岁高龄的郭老给高德强又打来电话，希望纪念馆能够代他扫个墓，因为起初参加革命时的部队首长王亢是他最敬佩的人。3月31日，高德强带领工作人员赶赴密云县石城镇烈士陵园，来到王亢团长墓前敬献花圈，完成了老人的嘱托。事后，老人收到扫墓的照片，打电话连声道谢。

近年来，每逢清明节，高德强都会收到郭老的茶叶。淡淡清香的茶叶里，饱含着平北老八路对延庆弥足珍贵的深情。高德强从来舍不得喝，用他的话讲："我们可'没资格'喝啊！"高德强特意在茶叶包上添加了一张小卡片，上面写着"平北十团老战士郭仲禄来自江西的心意"。他打算留一部分作为馆藏，另一部分等纪念馆里来了其他老战士或者烈士遗属时，再把茶叶拿出来让大家品尝。

走南闯北数十载，多次参战两次伤。无论在哪里，郭老始终牵挂着家乡，牵挂着平北，牵挂着延庆，缕缕茶香历久弥新，情深意长。

（卢志鑫　胡玖梅）

参考书目

1.《巍巍海坨山》（1—4卷）

2.《海坨风云》（1—10卷）

3.《延庆县志》

4.《北京地区抗日运动史料汇编》

5.《北京英烈传》

6.《缅怀》

7.《开国将军——段苏权画传》

8.《开国将军——伍晋南画传》

9.《抗日民族英雄——白乙化》

10.《延庆故事》

11.《太行儿女妫水情》

12.《延庆军事志》

13.《赤城县志》

14.《怀来县志》

15.《大庄科乡志》

鸣谢

单位

延庆区委党校

延庆区作家协会

平北抗日烈士纪念园管理处

《海坨风云》编写组

北京顿河文化传媒有限公司

个人

孟广臣　李士林　徐红年　翮　峰　吴　明　胡　成　胡寿录

郑秀荣　莫　名　梁国安　吴明起　张　瑞　许复之　杜春合

王会才　张明善　赵国良　赵　成　刘先武　路自库　赵　山

王进昌　李志祥　董振才　武志先　刘　仁　彭存森　谢耀斌

罗凤学